刘昌毅 主编

威海市社会科学优秀成果
获奖作品文库

（第十四卷）

社会科学文献出版社
SOCIAL SCIENCES ACADEMIC PRESS (CHINA)

编 委 会

序

"物之所在，道则在焉"。哲学社会科学是人们认识世界、改造世界的重要工具，是推动历史发展和社会进步的重要力量。习近平总书记指出："人类社会每一次重大跃进，人类文明每一次重大发展，都离不开哲学社会科学的知识变革和思想先导"。在推动社会发展进步的过程中，哲学社会科学与自然科学宛如"车之两轮""鸟之双翼"，相互依存、相辅相成，缺一不可。

党的十八大以来，以习近平同志为核心的党中央多次强调要大力加强中国特色新型智库建设，发出了推动哲学社会科学大发展大繁荣的号召，提出了繁荣发展社会科学的战略任务。在哲学社会科学工作座谈会上，习近平总书记明确提出要坚持以马克思主义为指导，解决好真懂真信、为什么人、怎么用的问题，为繁荣发展哲学社会科学事业提供了思想指南和实践动力。同时，贯彻落实威海市第十五次党代会精神，深入实施"全域城市化、市域一体化""产业强市、工业带动、突破发展服务业"等重大战略，争当全省"走在前列"排头兵、实现现代化幸福威海建设新跨越，也需要丰硕的理论创新支撑。时代呼唤哲学社会科学的繁荣发展。站在新的历史起点上，立足威海发展实际，深入研究回答重大理论问题和实践问题，不断推进理论创新和实践创新，提供更多更好的智慧产品，是实现威海现代化宏伟发展蓝图的迫切需要，也是进一步增进共识、凝聚合力的现实要求。

长期以来，威海市委、市政府高度重视哲学社会科学事业的发展，不断完善机制、加大投入、优化环境，打造了一批有特色、有影响的社科品牌，造就了一批知名专家和学术带头人，推出了一批理论创新成果和学术精品。全市广大哲学社会科学工作者坚持以习近平总书记系列重要讲话精神为指导，深入研究和回答党和国家以及我市经济社会发展中面临的理论和实践问题，在理论普及、学术研究、决策咨询等方面，做了大量卓有成效的工作，为推进现代化幸福威海建设事业提供了有力的智力支持，做出了积极贡献。

经过 20 年的实践，威海市社会科学优秀成果奖评选工作，逐步走上科学化、规范化、制度化的轨道，其公信力、权威性和影响力不断增强，成为推介优秀成果、引导研究方向、展示我市社科水平的重要平台，成为促进研究成果应用、转化的有力杠杆，成为发现、培养优秀人才的学术摇篮，对激发广大社科理论工作者的积极性创造性、推动新型智库建设、繁荣发展我市哲学社会科学事业具有重要意义。

《威海市社会科学优秀成果获奖作品文库》（第十一卷～第二十卷）的出版，是对近十年来全市社会科学优秀研究成果的再次认可，也是对哲学社会科学研究的激励与推动。这是一个回顾，是近十年社会科学优秀成果的一个归集；但更是一个展望，是督促全市哲学社会科学进一步繁荣发展的一个新起点。希望全市社会理论工作者，在以习近平总书记为核心的党中央的英明领导下，坚持马克思主义理论学风，深入实际、求真务实、与时俱进、锐意进取，以更加昂扬的斗志，不断取得理论研究的新成果、新成就，为实现现代化幸福威海建设新跨越，做出新贡献。

中共威海市委常委、宣传部长　刘广华

2017 年 9 月

C 目录
CONTENTS

《后双层经营体制》内容提要

姚鸿健

以家庭联产承包经营为主的统分结合的双层经营体制,较好地解决了农民与土地的关系问题,极大地调动了农民的生产积极性,促进了中国农业的快速发展。但是,当中国农业经过近代史上第一个飞跃发展的辉煌十年,进入向市场化、集约化"两个转变"时期,由人多地少的资源条件所形成的小生产与大市场这对矛盾,越来越突出、越来越尖锐。农民在进入市场的过程中面临着诸多难以克服的问题。如果说农村的第一步改革,给了农民完全退出人民公社的权利,从而使生产过程的监督成本大大降低。那么,农民在相对独立、分散和生产规模狭小的状态下要走向集约化、市场化经营,则要付出极高昂的交易成本,甚至根本无法进入这种经营状态。于是就会面临着这样一个决策上的矛盾:一方面,双层经营体制,尤其是家庭经营的相对独立性,是中国农村第一步改革的重要成就,必须予以坚持;另一方面,中国的农业要进入集约化、市场化经营,要走向现代化,则必须有效地解决小生产与大市场的矛盾。这样,双层经营体制就需要完善与发展。

发展了的新体制与老体制相比,应具有较好的化解小生产与大市场矛盾的内在机制,同时又要继承老体制的成就。也就是在新体制下,农户的生产过程的监督成本与市场交易成本都应达到最低状态。由于新老体制的共同基础都是双层经营体制,所以,作者将其划分为"前双层经营体制"与"后双层经营体制"。本书的任务是在实践探索与大量调查研究的基础上,提出中国传统农业走向现代农业的战略思路,揭示出这种体制过渡的必然性,并设计出这种新体制的基本架构。这个任务的实质也就是围绕破解人多地少、小生产与大市场这两对矛盾的制约,而对农村未来经济组织构造进行创新。

(一)双层经营体制的产生及发展趋势。20世纪70年代末,实行长达25

年之久的人民公社，终于因为其自身存在的缺陷而走向解体，代替它的是以家庭联产承包经营为主、统分结合的双层经营体制。新体制由于较好地解决了农民与土地的关系问题，由于采取了家庭经营的方式，农民的生产积极性空前高涨，从而创造了中国农业的"第一个飞跃"。但是，由于双层经营体制中的集体经营层次的能力弱化和家庭经营自身所固有的缺陷，现实中表现出了小生产与大市场的矛盾。这对矛盾推动了双层经营体制朝着进一步完善的方向发展。当完善后的体制具备了有效化解小生产与大市场矛盾的内在机制后，事实上一种新的农村经营体制——"后双层经营体制"也就产生了。作者客观回顾记录了坎坷曲折的农村第一步改革历程，提出双层经营体制产生的原因，即人民公社解体的深层原因是制度设计与生产力发展相悖，其内在缺陷蕴含了双层经营体制产生的必然性；新体制优越性在于农村经营主体由集体转换为农户，同时保留了社区合作经济的统一服务功能。成功的根本原因是恢复了农民对土地的占有权和使用权。在此基础上，分析了双层经营体制面临的新问题，即第一步改革解放了被压抑多年的农民积极性，但未能克服家庭经营的缺陷，未做出化解小生产与大市场矛盾的制度安排。

（二）后双层经营体制的基本架构。根据近年来各地试验与探索，作者提出要解决小生产与大市场的矛盾，实现中国农业的现代化，必须积极推进农业产业化经营方式，最终将双层经营体制发展完善为以家庭经营为基础、以一体化农业为轴线、以农民的合作与联合的各种经济组织为载体的"后双层经营体制"。作者概括为"三个一"的体制模式。即：一是必须走一条路子：农工商一体化经营。理由：人多地少，劳动生产率低；产业链短，农产品商品率、附加值低；结构单一，产业关联度低，决定了我国农业是一个弱质产业。出路：拉开产业链，形成一体化经营；出路是资本替代劳动；劳动力由谷物种植业向畜牧业，继而向食品加工业转换。发展畜牧业以奶牛为主导产品。二是必须发展一个载体：合作社。农业产业化面对的必须是有组织的农民。组织形式是合作社。合作社是商业机构而不是生产机构。合作社与家庭相结合是农村微观组织的理想模式。合作社可以化解家庭经营与大市场、科技进步、政府管理、共同富裕之间的矛盾。合作社具有经济、政治、文化功能，对双层经营体制是个补充。构建我国的农业社会化服务体系，应以合作组织体系为骨架。这个体系组织成分为"三社一方"。"盟主"应由供销合作社担任。三是必须坚持一个基础：家庭独立经营。农村改革就是搞责任制、抛弃大锅饭、调动农民积极性。家庭经营是农业的原始动力。搞合作社绝不能动摇以家庭联产承包经营为主的双层经营体制。"规模情结"潜藏着走回头路的危险。美国的规模经营实际上也是家庭经营。在家庭经营基础上通过合作社予以整合，仍可形成规模经营。保持家庭经营独立性的基础在于土地政策。土地既是农业的生产资料又是农民的生存资料。制度、法律必须保护农民对土地的天然权利。后双层经营体制是"三个一"的内在统一。概言之，后双层经营体制就是在坚持家庭联产承包经营不变的基础上用合作制推进产业化经营。从农村经营制度、生产方式上来认识产业化，就是认识后双层经营体制。产业化方式将家庭经营、合作制、一体化融为一体。

（三）后双层经营体制下为农服务资源的重新整合。以"三个一"为基本架构的后双层经营体制，客观上要求计划经济体制遗留下来的为农服务资源，按照市场经济的要求转换职能，最终实现组织整合，也就是在后双层经营体制下形成与市场体制相适应的完善的农业社会化服务体系。一是供销合作社应以发展专业合作社为自身改革的突破口。供销社面临着角色不清、包袱沉重、系统解体、改革思路不明的现状。其改革仿佛置身于黑洞中摸索。供销社陷于两难：不回归农民没有出路；农民对其避而远之。出路要分三步走：植皮效应、突围效应、盟主效应。供销社要实施改革思路，需要处理好新社与老社的关系，要有海纳百川的胸怀，要有强烈的危机意识。二是涉农"站所"应通过发展专业合作社走出困境进而实现组织整合。由于体制创新滞后，农业技术推广体系"线断网破"，农业社会化服务体系亟待重构。领办专业社，落实服务职能，解决生存问题，按合作制原则重构新一轮社会化服务体系。涉农"站所"组织合作社有三大优势：人才与技术、政策、设施。三是乡镇企业在农业产业体系上应重新定位。发展乡镇企业是一种吸纳农业过剩劳动力的制度安排，其"二次创业"面临的问题不纯粹是个企业问题。结束与农业的二元化状态，将自身定位在农业产业化链条上的一个环节，是乡镇企业的根本出路。乡镇企业与合作社的具体结合形式：直接式、挂靠式、嵌入式、控股式、两合式。四是小城镇的发展应建立在农业产业化经营基础上。农业产业化将以其很高的产业关联度、就业机会推动农业村落走向城镇化。农业产业化与小城镇的经济功能是统一的：农产品加工、为城市与大工业服务、出口创汇。小城镇既是农业产业化发展的结果，又是推动其向更高水平发展的原因。小城镇是一种经济机制的产物。

（四）后双层经营体制下农业产业化组织方式的梯次递进规律。后双层经营体制的存在基础是农业的产业化经营。农业产业化经营面对的必须是有组织的农民，否则市场秩序就难以形成，农民的利益就得不到保护。维系这种秩序关系的最好形式便是合作社、龙头企业，尤其是合作社。合作社在龙头企业与农民之间所扮演的不同角色，反映了农业产业化经营方式不同的成熟程度。一是组织合作社是实现产业化经营的题中应有之义。在建立农业社会化服务体系上有两种主张：一种是建立企业化服务组织，一种是建立合作制服务组织。从市场制度与一体化农业的要求看，农工商利益的协调、农民利益的保护，需要依据合作制原则构造社会化服务体系。二是合作社是农业产业化经营方式成熟期的重要组织形式。"公司＋农户"：农业产业化经营初始阶段的组织形式。有多种具体形式。在秩序上的整合力有限。"公司＋合作社"：农业产业化发展到中级阶段的组织形式。秩序性提高。反哺机制开始孕育。"合作社办公司"：农业产业化发展到高级阶段的组织形式。两个意义上的共同体。利益反哺机制成熟。三个发展阶段，由于合作社介入及介入方式不同，在诸多方面反映出其由低级到高级的前进性。

（五）后双层经营体制下需要进行合作社启蒙教育。随着农业产业化经营的发展，大量的专业合作社、协会应运而生，说明合作社运动即将在中国复兴。但是，由于人民公社化运动的教训，使中国人对合作社存有种种模糊认识，以致"谈社色变"。为此，在全社会开展一次合作社启蒙教育，彻底消除人民公社给人们造成的阴影，显得尤为必要。从全国各地发展新型合作社的实践看，从各级负责农村工作的领导，到广大农村基层干部和农民群众，对专业合作社的认识远未完成，这其中既有"无知"，也有偏见，对各级领导干部尤其是对基层干部和农民进行合作社启蒙教育十分重要。甚至可以说，当前在合作社运动的复兴上，启蒙重于行动。一要对合作社历史有所了解。世界合作社发展历史：欧文为代表的早期合作社思想与实践。罗虚代尔原则的形成。国际合作社联盟与世界合作社日。我国合作社发展历史：起步时期，多元化时期，新中国建立初期，人民公社时期。二要搞清什么是合作社。合作社定义：人们自愿联合、民主管理、自治组织。宗旨：自助、互助、互利。功能：经济、社会、思想。职能：组织、经营、教育。合作社原则：自愿、民主、参与、自主、教育、联合、社区。三要搞清合作社与股份公司的区别。二者同源同宗。在集资方式、权力机制、责任形式等诸方面具有共同性。合作社以劳动为基元，股份公司以资本为基元，二者同宗不同性。四要搞清合作社与人民公社的区别。合作的前提和内容不同。人民公社是生产组织，新型合作社是商业组织。追求的目标不同。人民公社以变更生产关系为主，新型合作社以发展生产力为主。管理体制不同，人民公社是"政社合一"，新型合作社坚持"民办、民管、民受益"。指导方式不同，人民公社依赖行政干预，新型合作社坚持群众自愿、形式多样。经营管理方式不同，人民公社摒弃社员，新型合作社坚持以社员为主体。

（六）后双层经营体制是应对"入世"挑战的根本举措。从我国农业的现状看，加入 WTO 后，在这场实力相差悬殊的竞争中，中国的农业会不会"全军覆没"？中国的农民会不会成为继中国国企工人之后的新一轮下岗大军？挑战与机遇孰重孰轻？中国的农业应如何趋利避害，从而战胜挑战？这是一个于国于民皆生死攸关的大问题。何以解忧？唯有变革。变则通，通则进，进则胜。当我们把各种应对挑战的对策措施一一梳理清楚后，会豁然发现，建立以"三个一"为架构的后双层经营体制，是应对入世挑战的根本性举措。具体措施：一是知己知彼、应对挑战。从中外农业生产水平比较看，从我国农业自身存在的问题看，均可得出一个结论：入世后中国农民就好像舞着大刀长矛去打现代化战争。农产品关税减让、严格配额管理、削减国内支持、取消出口补贴、执行动植物检疫法规：中国政府承诺言之凿凿。"入世"是基于根本利益、长远利益的战略选择。虽挑战严峻，亦机遇多多。二是创新体制、综合应对。比较优势理论。天无绝人之路。一方水土养一方人。威海农业调整思路：用劳动力置换土地，粮食退出与畜牧业跟进。正确认识粮食进口。"入世"要树立"第三部门"意识。把发展合作组织作为应对入世挑战的基础性措施。把推进产业化经营作为我国农业的根本出路。三是重构服务体系、推动农业技术进步。我国农业科技差距巨大，科技成果转化率低，资源利用率低，科技贡献率低。国家、企业、民营三管齐下，建立农业科技新体制。"两保""两活""一增加"，加大国家对农业科技的资金投入。四是发展绿色食品、突破技术壁垒。农业环境污染，绿色贸易壁垒，农业可持续发展，均证明发展绿色食品势在必行。我们走出去很难，人家进入却相对较易。政府重视，多措并举，因地制宜，放长眼光。五是面对入世挑战、政府必须努力。重视例外条款，提高规则运用的技巧性，尽可能自我保护。引进、留住、用好，高度重视专业人才竞争。政策、法规、制度系统调整，全面改革农业管理体制。

（作者单位：中共威海市委办公室）

《产业集群租金与集群演进研究》
内容提要

何青松

    自人类社会存在以来，经济活动在空间上的集聚一直伴随着人类文明的脚步，生产要素在空间的配置问题则从柏拉图、斯密、配第开始就成为学者的重要研究对象。但是，自19世纪后半叶以来，新古典经济学一直沉溺于高度简化假设下理论模型的构建，经济地理问题由于假设的严格约束，长期以来没能进入主流经济学的研究视野。

    集群的实践并没有因为理论研究的淡漠而退出历史的舞台。当今经济全球化潮流席卷世界，企业的生产活动不是在全球范围内趋于空间上的均衡分布，与之相反，空间的产业集聚现象与日俱增，并成为支配当今世界经济版图的重要因素。在此背景下，自20世纪90年代以来国内外有关产业集群的研究方兴未艾。有关集群的文献可以说汗牛充栋，但系统研究集群整个演进过程的却很少，如果对产业集群各个演进阶段的主要特征以及支配集群发展变化的规律没有清晰的认识，公共政策制定者就难以根据集群生命周期的不同阶段有针对性地制定正确的政策措施。本书将产业集群的演进确立为研究对象，具有较大的理论意义与应用价值。

    研究集群演进需要选择基础的经济理论做指导，现有解释集群的理论基础有资源禀赋理论、劳动分工理论与外部性理论等，但利用这些理论难以对集群的演进做出圆满的解释。资源禀赋理论忽视了集群是动态发展的这一事实，劳动分工与外部性理论则难以解释集群的萌芽，而且这些理论都不能分析集群的衰败。本书从"租金"的视角寻找一个新的解释集群演进的理论框架。本书提出，企业通过地理上的邻近、组织上的接近和社会关系的亲近实现更大的生产力，并获得租金，企业对于租金的追逐成为集群形成的历史起点，对租金的分析便构成了研究集群演进的逻辑起点。接下来本书对以下问题进行了研究：什么是构成集群租金的源泉？租金诱导集群萌芽、促使集群兴盛的机制是怎么发生的？导致集群衰败的租金耗散何以成为现实？在分析过程中，作者力图回答这样一个问题：在集群演进的背后，是什么样的规律在主宰着我们所看到的一切现象？

"产业集群租金"是本书研究的首要概念工具。本书在回顾古典租金理论，并总结租金理论新的发展的基础上，提出了"产业集群租金"的概念，并由此衍生出三个子概念：地理租金、产业租金与组织租金。以产业集群租金为主线，本书首先分析了集群租金的来源，然后从地理租金、产业租金与组织租金三个维度，按集群生命周期所经历的萌芽、兴盛与衰败三个阶段，依次对产业集群的演进展开研究，就集群演进各个阶段与地理租金、产业租金与组织租金之间的关系，得出以下一般性规律：

1）生产要素对产业集群租金的追逐是产业集群萌芽的动因。生产要素可以通过地理上的邻近、组织上的接近和社会关系的亲近来实现更大的生产力，借助于产业集群获取租金。其中地理租金往往是当地自然资源优势、优良的文化习俗、悠久的传统工艺、信息技术外溢以及政府推动等因素影响的结果，当生产要素在该地区能够或者预期能够获得地理租金时，集聚就会发生，产业集群萌芽由此而生。

产业集群一方面可以通过生产要素在空间的自由流动集聚而成，另一方面，也可能是空间黏滞性要素在追求产业租金的动力下，由低利润产业向高利润产业转移，在当地形成产业集群。显然，如果产业集群是由区域外流入的要素和区域内生产要素共同集聚的结果，无疑其形成过程会加速。所以，降低市场进入壁垒和地区市场分割，减少地方本位主义不适当的行政干预，可以促进集群的成长。

2）随着集群租金主要来源由地理租金或产业租金向组织租金变化，产业集群由萌芽初期的非正式集群逐渐成长为兴盛时期的有组织的集群，而后者要比前者复杂和先进得多。在非正式集群中，企业仅仅是简单、被动地集中在一起，它们只能由于地理邻近而获得外部经济，在有组织的产业集群中，由于存在分工合作网络与集体协调行动，因此，有利于克服众多相互分散、独立的小企业所难以应对的不利因素。政府、行业协会等组织是推动非正式集群向有组织集群演进的重要力量。

3）当集群所从事的产业发生衰退的时候，集群生产的产品失去了市场，因而必然面临着衰败的命运；当集群地理租金耗散的时候，一个集群就失去了发展相应产业的外生比较优势，如果集群此时没有内生出足够强大的组织租金来抵制地理租金耗散所形成的离心力，生产要素就会迁移出该地区，集群也面临衰败的危险；当集群组织租金耗散的时候，集群如果难以通过创新走出发展的低谷，集群也终将消亡。

4）创新，尤其是革命性的创新，有可能从根本上改变产业集群生命周期的路径。可持续的产业集群租金是在经济非均衡状态当中通过创新实现的。创新的本质就是产业集群内企业在市场的某种失衡当中发现机会，通过创新获得租金。随着经济失衡程度的下降，产业集群得到的创新租金逐渐耗散，生产要素的边际收入趋于递减，直至下一次创新的来临。创新使要素报酬在这种从均衡到失衡、再从失衡恢复到均衡的循环往复过程中，演绎一轮又一轮的分工与报酬递增的故事，要素报酬表现为波浪式的递增，并基于因果累积循环机制不断集聚，促进产业集群的壮大。所以创新租金是产业集群租金不竭的源泉，创新才是产业集群生命的永恒动力。

在完成理论分析之后，本书以德国鲁尔地区钢铁产业集群的兴盛为案例，分析该地区形成的集群租金与钢铁产业集群演进之间的关系，以印证本书提出的理论。

基于理论分析与案例分析，本文进一步分析了中国在发展产业集群过程中所存在的一些误区。

近年来，中国各地政府争先恐后出台了发展产业集群的战略。他们的眼睛往往只盯着产业租金，当一个产业出现较高利润时，便一哄而上，在后续的发展过程中，由于缺乏地理租金、组织租金的支撑，区域内的产业往往经受不住价格战等恶性竞争的考验，最终一哄而散。联合国工业发展组织在其2002～2003年度的《工业发展报告》中提出："发展中国家的这些产业群需要进行以下转变，这就是从追求规模的静态外在经济效益，转到培养基于新技术、新技能和新网络的动态创新能力上来。"所以，各地发展产业集群必须与当地社会经济条件有机结合，重视地理租金的作用，同时要积极促进组织租金发挥作用，并引导产业集群向创新型集群演进。

此外，中国还有一些地方政府在狭窄的行政区划内规划出多个相关性不大的产业集群，这种发展思路是不科学的。一方面，由于特定的空间所能容纳的生产要素数量是有限度的，瓜分这些要素的集群数量越多，每个集群分摊到的要素总量就越少，当产业集聚到一定程度时，生产要素价格的提高、拥挤成本的出现往往会侵蚀集群的利润，集群的发展就受到制约。另一方面，如果这些集群的相关性不大，就难以享受到产业关联的好处。这些地方政府需要改变这种违背集群发展规律的规划。

在研究过程中本文遵循以下原则：①历史与逻辑相统一的原则。追求利润最大化是生产要素所有者的天性，生产要素所有者对地理区位选择与产业选择是产业集群形成的历史起点，本文以此作为研究产业集群的逻辑起点。租金的存在构成集群萌芽的诱因，租金主要来源的变化则与集群的兴盛与衰败息息相关。②辩证的原则。在研究集群的过程中，人们注意到集群作为一种经济组织形式，可以提高生产效率与交易效率，但是，世界上的万事万物都是矛盾的，中国的传统哲学易经与西方的辩证唯物主义哲学都强调事物的多面性与矛盾发展变化的特性，集群也不例外，在特定的条件下，集群内部过于强大的合作关系对其经济效率可能形成损害，集群演变为"问题地区"。本文不仅阐述了集群对经济效率提高和改善的一面，而且也分析了集群对经济效率的损害，以求对集群做出客观公正的评价。③从特殊到一般，再从一般到特殊的指导原则：本文从全球集群的具体现象抽象出集群发展的一般规律，为了将理论与实践相结合，将一般规律运用到具体的个体分析，本文一方面以德国鲁尔钢铁产业集群为例，印证本文理论的正确性，另一方面根据研究结论得出发展中国产业集群的政策建议。

本书的创新体现在以下三个方面：

1）集群本身是一种经济活动在空间集聚的现象，这是一个涉及空间经济学的问题，同时集群的发展、衰败又是一个涉及产业经济学的问题。要对集群的生命周期做出完整的解释，必须从空间经济与产业经济相联系的角度着手。本文建立以租金的视角来研究产业集群的框架，在"产业集群租金"这一概念的基础上，衍生出"地理租金""产业租金"与"组织租金"三个子概念，并相应确立了研究集群的三个维度，以此为分析框架，本书揭示了决定集群兴衰的产业集群租金的演变规律，进而为集群的发展给出理论解释，也为 Lynn Mytelka & Fulvia Farinelli（2000）所提出的集群分类给出理论依据。

2）从地理租金与产业租金不同的角度分析了集群萌芽的两种模式。本文首先建立数理模型，研究生产要素通过空间转移形成的集群萌芽，对地理租金与集群萌芽之间的关系进行形式化论证；其次，本文认为生产要素具有空间流动黏滞性，这些要素通过产业之间转移在原定空间集聚是形成集群的又一种模式。本文从产业租金的角度对此进行了研究，从而解释为什么有的地区不存在比较优势但仍形成产业集群的事实。

3）目前，从理论上系统地对产业集群衰败的研究比较少，本文利用产业集群租金的分析框架，从地理租金、产业租金与组织租金三个维度比较全面地分析了产业集群的衰败。

当然，本研究还存在一些不足与需要进一步研究的话题：

1）生产要素在空间流动受到约束的情况下，可以通过产业之间的转移形成产业集聚，本文没有建立数理模型给出严格的证明，这将是本文需要继续研究的问题。

2）本文认为地理租金包括传统手工艺、市场因素等优势，并利用这些优势来解释集群的萌芽。但是，就像应该解释集群是如何形成的一样，这些优势本身也应该是值得解释的集聚现象，如何解决解释逻辑上存在的"鸡生蛋、蛋生鸡"的问题将是本文作者继续思考的问题。

3）寻找一个已经度过了完整生命周期的集群案例不是很容易的事，但仅仅采用一个案例来印证本文所提出的理论应该说是不够的，如何加强实证检验显然是本文需要解决的又一个问题。采用计量经济学的方法对产业集群租金进行实证研究是一个诱人的话题，这涉及计量指标的选定、庞杂数据的搜集、计量模型的建立等工作，其工作量之艰辛可能抵得上又一部专著。

4）由本文提出的分析框架可以得出：集群升级的内涵包括集群所从事的产业的升级、集群本身组织结构升级与集群的支撑体系升级。目前关于集群升级的研究往往只关注集群所从事产业本身的升级，往往忽视了集群组织结构的升级问题。在研究中更加深刻地讨论地理租金、组织租金与产业租金三者相互影响的关系，由此出发，集群的升级、迁移、集群与全球价值链的互动关系等问题也许能得到更为深刻的认识，本文还需要在这方面做更加深入的研究。

[作者单位：哈尔滨工业大学（威海）]

《法律论证：思维与方法》内容提要

焦宝乾

本书是作者的博士后出站报告，是在之前《法律论证导论》一书基础上，继续对法律论证理论与方法的研究成果。《法律论证：思维与方法》对作为一种法律方法与思维方式的法律论证进行了细致探讨。本书立足于法律论证理论的既有成果基础，对法律论证所体现的法律思维与方法相关问题进行了较为系统深入的研究。研究问题涉及对法律方法的概念及法律论证作为一种法律方法做了厘清、法律论证的思维特征、法律论证的基本结构即内部证立和外部证立的区分、三段论在法律论证中的作用和运用、修辞学论证方法特别是论证图式、法律论证的理性重构，并对法律论证理论对当今法教义学观念转变的意义作了探讨。

鉴于法律论证相关问题在我国属于一个全新的法律方法论研究领域，因此该书第1章用了不小的篇幅，对国内法律论证研究状况予以综述、评析和展望。这为整个著作的研究提供了一个坚实的研究基础和语境。

近年来，我国法律方法论研究逐步兴起。但是，国内外学界对"法律方法"之用语的使用并不一致。第2章中，作者认为应当用"法律方法论"一语来指称自1990年以来国内学界关于法律解释、法律推理和法律论证等法律应用的研究。法律方法的研究是以法律适用为中心，从微观的视角来谋求法律自身的学问。作为一种职业性思维与技术，法律方法旨在处理事实与规范对立与紧张的难题，从而追求个案中法律判断的合法性与正当性，逻辑与经验构成法律方法的基本向度，法律知识、法律技能、职业伦理是法律方法的构成要素。法律方法的研究本身体现了一种建设性的研究方向，这跟批判法学等后现代法学的理论旨趣截然相反。近年来，国内一些学者否定法律方法自身的存在。在反驳这些观点的基础上，本书探讨了法律方法所具有的规范性、教义学属性和实践性等特征。在我国法治化进程中，法律方法的合理功能应予重视，国内法律学者需要认真对待法律方法。

国内学界对法律论证的研究近年刚刚起步。因此，在综合考察法律方法及其相关状况的基础上，本书第3章对法律论证作为一种法律方法予以"论证"，并进而探讨了法律论证在整个法律方法体系当中的地位。作为当今法学研究的新领域，法律论证具有目的性、论辩性、交涉性、合理性、实践性等特征。法律论证既是一种理性思维活动，也是一种职业技术与法律方法，因而法律论证一般被定位为一种法律方法。法律论证体现了当代法律方法论研究的重要成果。如何将法官做出的判决予以正当化、合理化，已经成为当今法律方法论研究的重要课题。法律论证充实并扩展了现今法律方法的内涵，法律论证范式在整个法律方法体系中具有十分重要的地位与意义。本书通过对法律论证在整个法律方法体系中重要地位的探讨，主要厘清了法律解释、法律推理和法律论证这三种方法之间的关系。并指出从更广泛意义上，这三种方法跟法律发现、漏洞补充、价值衡量等其他法律方法在司法实践中的运用往往是交织在一起，有时候很难分清它们之间明显的界限。它们的相互关系，只能从学理上给出一个大致的阐释。法律论证作为法律方法体系中的基本方法，在实际运作中，需要跟其他法律方法结合起来，加以运用。可以说，每种法律方法各具特色，共同担负着维护法治的责任。

鉴于法律论证是一种新兴的法律方法，跟传统的较为恒定的法律思维方式相比，本书对法律论证思维特征的探讨主要定位于"思维方法"这个层面。法律方法转向法律论证研究带来了一些新型法律思维方法。法律论证的出现对传统的法律思维模式形成一些深刻的改变，并形成了一些新的法律思维形式，诸如主体际思维、对话思维、论证思维、开放体系思维、论题学思维等。这些在第4章作了详细探讨。法律论证思维方式对当今的法律观念与法学观念都具有重要的影响和意义。法律论证思维内含着合作与对话、据斥强制与被迫服从。因此，当今法观念的主流则是日渐淡化法的强制性一面，法的正当性与可接受性观念受到张扬。凡此均与法律论证思维相互契合。

法律论证的基本结构构成法律论证的一个理论基础，第5章对此作了研究。传统的法律推理研究中，人们对推理的前提关注不够。然而对前提的选择实际上是非常关键的步骤。由此引出了当今法律论证的一个重要理论基础，即内部证立和外部证立的区分。这个区分也是近年来国内司法考试新增的一个要点，它对于分析、重构和评价法律论证具有重要的意义。不过，国内学界对此研究甚少，而法学家们对此区分提出了不同的理论建构与解说。本书对内部证成中的三段论法律推理，及外部证成中的一些疑难问题作了系统探讨。经由此区分，内部证立的存在及其运作范围得以确定。而20世纪以来的强调论辩和对话的修辞学、商谈理论等思想资源被用来处理外部证立的法律难题问题。这个区分表现了法学家们将法律论证过程清晰化与精制化的理论努力，由此使得法律论证具备一个完整的和法律实践更相契合的分析结构。通过内部证成与外部证成的区别，使得法律论证具备一个完整的和法律实践更相契合的分析结构。这对传统法律方法论明显是一种超越。传统理论要么将法律适用单纯理解为一个三段论推理的过程，要么就是法官的直觉、灵感起决定作用。内部证立和外部证立的区分，并未完全抛弃三段论推理在法律决定或法律判断中的合理价值。相反，三段论推理在法律论证中实际上具有不可替代的作用。

第6章对三段论推理在法律论证中的作用进行了探讨。司法三段论这一近代以来占主导地位的法律推理模式，当今的法学家对其提出了诸多批判，法律方法论亦由此从总体上实现了向法律论证理论的转换。但是，三段论推理本身的合理价值依然应当予以承认。在法律论证中，形式方法仍然具有无可替代的作用。法律论证的逻辑有效性对于实际的论证活动依然是个比较重要的评价标准。足见三段论推理在法律论证理论中具有重要意义。可以说，演绎模式的说理规则表达了对于法律论证最低限度的理性要求。在事实与规范相互对应的法律适用观念下，三段论推理继续在法律论证，尤其是在内部证立当中发挥作用。三段论推理在内部证成中具有重要意义，但在三段论对法律论证的意义之问题上，长期以来，国内外学界存在诸多曲解、误解之处。本书指出逻辑有效性是法律论证的一个非常重要的标准。根据逻辑推理形式和逻辑演算，法律论证可以在很大程度上予以理性重构。法律论证的逻辑有效性对于实际的论证活动是个极为重要的评价标准。

长期以来，基于事实与规范二分观念的涵摄法律推理模式，已成为法律方法论上的主流观点。但在当今哲学解释学关于理解、解释与应用"三位一体"观念之下，事实与规范二元对立的态势得以消解。在此情形下，法学家关于法律发现的观点亦摆脱了传统上直线式的理解，法律发现的过程毋宁是同时兼容规范解释与事实解释，二者不再是传统上理解的各自独立的行为。总之，法官做出判决的过程并非如三段论所显示的那样直接。实际上，无论是大前提还是小前提，都远非固定的前在命题，而能是法官从具体案件事实情形的分析，以及从当事人各方为支持其各自主张所提出的论据当中逐步得出。因此，三段论的大、小前提往往并不表现为既定的因素，而是需要人们具体去探索、发现的。法律适用者必须检验他面临的"问题"是否并且怎样在法律秩序的某一个领域中得到规定。他的目光将在事实与法律秩序的相关部分之间来回穿梭。"目光在事实与法律规范间'来回穿梭'是法律适用的普遍特征。"总之，事实与规范的"来回穿梭"及其由此带来的涵摄观念的根本变化，构成了现今法学家关于法律适用的基本特征主流观点。事实与规范的关系亦不再表现为事实备受规范宰制的局面，而是呈现为彼此互动、交融的格局。事实与规范相互对应（来回穿梭）之观念的确立对法律论证具有重要的理论意义。这主要表现为它在内部证成中的意义。

第7章对三段论推理在法律论证中的运用进行研究。当代法律方法论固然完成了从传统司法三段论到法律论证理论的整体转换，但是三段论推理本身固有的合理价值依然在转换后的法律论证理论中具有发挥作用的空间。无论如何，人们无法放弃形式方法的运用。跟法律论证理论相比，德国拉伦茨及其以前的方法论着力于对法律结（效）果的探求，而对得出结论的过程的研究则相对欠缺。法律论证理论中，涵摄的过程往往不是简单的三段论形式，而是含有多个前提的推论。因此，跟那种精确地表达了涵摄的逻辑结构的复杂模式相一致，即需要如上尽可能充分地展开逻辑推导步骤这样的证立要求。具体的司法中，为保证裁判的合理性与可接受性，须将所有隐含要素予以明晰，重构使三段论完整所需要的那种要素。法律论证的优势即在于，具有比较清晰的规则和形式，来使法律决定或判断正当化。这跟传统的涵摄推论模式有着根本的不同。

三段论推理在法律论证中起作用的同时，其运用也有一定的局限性。这是因为，三段论推理作为一种逻辑学方法，毕竟仅是诸多法律论证方法当中的一种。它只能在自身合理的范围内发挥作用。作为一种逻辑学方法的三段论形式对法律论证的形式分析和评价固然颇为重要，但是它并不提供那些用以评估法律论证实际方面和程序方面的规范。而这就是修辞、对话等其他法律论证方法的用武之地。

因此，第8章对修辞论证（论辩）方法予以研究。修辞论证（论辩）方法同样是一种重要的法律论证方法。在司法实践中，这种方法具有广泛的实际应用价值。裁判中的事实问题还是法律问题，均涉及修辞论证方法的运用。亚里士多德曾区分了修辞论辩的三个要素：ethos、pathos、logos。亚里士多德关于论辩要素或策略的如上区分具有很重要的启示意义。本书具体结合一些实例分析了以理服人、以辞服人、以情感人、以德/势服人等修辞策略。本书将从以下几个方面探讨法律修辞论辩（论证）的具体策略修辞论证（论辩）方法往往因为其不确定的实际效果，也招致人们的各种猜疑和批判。其中同时也存在人们对修辞论证方法一定的误解，对此应予澄清。法律论证应注重对修辞的合理功能予以发挥，尽量避免或排除其负面影响。当然，有关法律修辞（学）的相关问题，本书只是做了初步探讨。这方面还有很多理论问题与实践问题有待深入研究。

论证图式在西方有着比较悠久的研究传统。近年来，国外的语用—论辩理论和"人工智能和法律"研究都试图利用论证图式来对法律解释和法律事实证明中的复杂论辩形式予以重构，用来补充那些应用于法律推理的逻辑。论证图式所研究的是从论据到结论之间推论的关系问题。无论是一般论证还是法律论证研究中，均涉及各种具体的论证图式。在法律领域，论证图式的选择与适用，对于法律解释还是法律事实的确立，都有重要的意义。第 9 章对此做了研究。

在上文研究的基础上，第 10 章对法律论证的理性重构进行探讨。法律论证作为一种正当化的方式，任何一种论证理论均需提出对理性重构的理论建构。如荷兰法学家菲特丽丝提出的法律论证研究的五个主题之一即为重构的主题（the reconstruction component）。论证理论中，通过理性重构，人们可以对论证过程的各个阶段、论证的结构、明确的论据和隐含的论据、获得一个清晰的印象。同样，通过在一定的分析模型中对法律论证予以重构，可以将各种复杂法律论辩形式背后的结构给揭示出来。法律论证的理性重构不仅具有一定的学理意义，还有很强的实用价值，在法律论证的实践中有诸多运用。

本书最后，即第 11 章从法教义学的立场，对法律论证的知识属性问题进行研究。研究法律方法，就不能不对法教义学予以考察。在西方，尤其是欧陆法学语境中，法教义学有着悠久的历史传统。法教义学有着独特的内涵与意义，并为法学知识论奠定了重要基础。在当今思想背景下，特别是随着法律论证思维与方法的出现，人们对法教义学的理解已经发生了一些深刻的变化。尤其是，在法律论证理论这一新的法律方法论的视域中，法教义学之作为传统独断解释学的那种知识品格与印象日趋淡化，而具有了开放性、实践性，不断趋近于现实社会生活。法教义学的实践性日益彰显出来。

总之，本书基于国内外相关研究，对法律论证思维与方法相关的诸多理论与实践问题，从多角度作了较为系统的理论研究。国内今后的法律论证理论研究，还需要在方法上注意以下几个方面：注意研究的跨学科、跨地域、跨行业相互沟通的问题；加强国际学术交流问题，大力译介国外相关研究成果，尤其是对欧陆国家法学家的研究。当然，如何对待西方法学理论，则是我们在具体的研究当中需要认真对待的另一个重要问题；此外，还应该结合中国的历史与现实语境研究法律论证，并认真调查法律制度与司法运作实践，真正将法律论证理论转换为中国法学知识的组成部分。

[作者单位：山东大学（威海）]

《高中语文有效教学与集体备课案例研究》
内容提要

于国贞

怎样才能使新课程改革的宏观理念变成每一位教师每堂课上的有效教学效益？这是所有基础教育学科教师面临的共同难题。本书以"有效教学"研究与实践为任务主题，以威海一中郭文秀老师带领的语文备课组所进行的教学探索为模本，以备课组团队组织和实践过程为途径，通过大量的生动案例分析总结出了以备课组为单位进行课堂有效教学的基本操作范式，呈现了集体备课在教学活动和学生、教师成长中的重要作用，为所有学科教师提供了可摹样板，也以期获得学校以及教育行政部门对备课组建设重要性的重视，通过有效的组织和建设措施，使课程改革的新理念、新思想能够进一步化身为教师群体自觉的教学行为，进而提高教育教学质量，提升教育的内涵和特色品质。

本书主要内容包括：引言，有效教学之备课组建设篇，有效教学之学习过程设计篇，有效教学之备课流程篇，有效教学之集体备课篇，有效教学之课堂篇。每个章节采用"前言 + 案例 + 案例分析 + 相关链接"的体例形式。其中，"前言"是对本章节内容的概述，"案例"则围绕本章节内容形象、直观地展示威海一中郭文秀团队的相关活动，"案例分析"则从理论的高度总结相关教育规律，"相关链接"则是对本章节内容的进一步拓展和丰富。

引　言

在引言《有效教学，从有效的集体备课开始》中，本书主编于国贞同志明确指出，"有效教学"目的在于让学生形成有效收获，而在新课改背景下教师团队有效的集体教研活动是实现有效教学的必由之路。引言系统阐述了在具体实施过程中集体备课应遵循的基本理念和策略，指出备课组要有自己共同的价值取向、目标和鲜明的个性，优秀的备课组长是备课组的灵魂，尤其指出集体备课的研讨内容必须着重关注学生的学习过程和个性发展，关注教学效率与效益，关注教师的课堂调控能力、信息反馈能力和评价指引能力，并且指出集体备课是学科团队群体专业成长的基石，离不开学校、教育行政部门和业务部门的大力支持和悉心引领。

第一章　有效教学之备课组建设篇

本章分为"备课组长的魅力"和"备课团队的建设"两节内容。

"备课组长的魅力"一节从不同教师的视角解读，优秀的备课组长，首先应该具有较高的品德素质，是教育理想的不懈追求者；其次必须具有较高的业务素质和能力素质，是教学改革的思考者和实践者；第三，更重要的，他还应该是教师状态的解读者和成长引领者，是集体备课的组织者和领导者。

"备课团队的建设"一节解读了对于一个备课团队的发展，需要立足于教师个人发展和团队共同发展的目标设置，最大限度地激发团队成员的内在潜力；需要注重过程管理，让读书成为习惯，让教研落到实处，让反思伴随左右；需要人性化管理，发扬民主，全员参与，营造和谐的工作氛围；需要倡导自我管理，通过"教师课堂成长手册"促进教师的自觉、主动成长。本节呈现的《备课组教师发展档案》《我们自己的制度》《教师课堂成长手册》《读书笔记》《读书研讨会》《博客随笔》等案例，生动而全方位地展示了备课组建设的立体性。而本章所述正式进行有效的集体备课的重要保障。

第二章　有效教学之学习过程设计篇

本章以高中语文教材必修三册第四单元为例，全程展示了以《智慧苑》为学本的、单元内的整个自主学习模式，即"自主学习—课堂展示—巩固练习—拓展阅读—课内外写作"五个环节。《智慧苑》是教师以学生为主体设计的单元学案，包括前言和四个篇章，前言部分有三个内容："单元导读""学有目标""学有计划"。四个篇章包括"我读我思""巩固拓展""文苑撷英""写作园地"，是学生自主学习的重要载体。《智慧苑》的设计以学生的认知现状为基础，以学生的兴趣激发为动力，以学生主动的学习方式为根本，有效整合课内外资源，实现从课内到课外、从阅读到写作的，在教师引领下的学生自主学习，它把语文教学变成集有效预习、有效展示、有效拓展、有效写作为一体的系列学习过程。

第三章 有效教学之备课流程篇

本章指出个人备课和集体备课相结合是有效备课的重要方式，展示了有效备课的基本流程，即"自我草备—小组合备—集体研备—个性精备"。

"自我草备"是基础，本节以《林黛玉进贾府》个人草备为例，展现教师的自我研读、自行设计过程，要求教师从一般读者、作者、学生、教师等不同角度审视文本，找到教和学的最佳切入点。

"小组合备"体现集体备课的雏形，关键在于明确分工，有效合作，注重反思意识。

"集体研备"是有效备课的核心，是在往年授课实践反思的基础上进行的深度研讨和有效改进。本节以《小狗包弟》设计研讨为例，全程展示集体备课从反思到主讲人说课到群组研讨的过程。研讨的重点是学生的认知现状和认知规律分析，是对文本特征和教学目标的确认，以此探讨小组合备的教学目标是否合理，教学设计是否恰当，这是团队成员最大程度贡献和收获的时刻，是教师群体成长的最佳时机。

"个性精备"是有效备课的提升环节，它体现的是个人在集体备课基础上的二度创作，是基于教师个人风格、不同学生特点而进行的进一步完善和创新，是教师风格走向成熟的必要途径。本节以《祝福》的备课研讨为例，展示在集体备课之后教师的个性方案设计，体现了同中之异，异彩纷呈。

无论在哪个环节，以学生的"学"为根本出发点进行备课是核心内容，这就体现了有效备课之所以"有效"的实质，即围绕学生在学习中"学什么"（学习内容）、"学到什么程度"（学习目标）、"怎么学"（学习途径）三个关键问题进行研究，科学设计教学流程与具体环节。

第四章 有效教学之集体备课篇

在前章论述"备课流程"的基础上，本章着重从课程标准中对"必修教材""选修教材"的不同要求上，分两部分分别重点呈现集体备课的不同内容和方法。

在"必修篇"部分，秉持删繁就简的原则，围绕学生有效学习的关键因素，着力突出了集体备课中对有效的目标设计、问题设计、活动设计、作业设计、作文指导及随笔设计的研讨。

有效的目标设计，是集体备课的重中之重。本节以《〈师说〉预习课"学习目标"集体研讨片段》为例，指出有效的目标，应该设在课程标准与学生需求的交点处，要结合学情，适时、适量、适度地设置目标，让学生实现"跳一跳摘桃子"的愿望；同时目标的叙写要精准、明确，力求具有可操作性、可评价性。

有效的问题设计，关乎学生的学习兴趣、学习效益、思维发展，是激活学生的重要手段。本节以《关于〈赤壁赋〉有效设问的研讨》为例，指出有效的问题设计，必须突出"这一文本"的个性特征，立足学生的认知基础和认知规律，注重激趣点的选择，注重层次性的设置，给学生充分的思维空间，并做到问题的表述严谨明确，给学生清晰而明朗的引导和示范。

有效的活动设计，是有效学习的重要途径，其根本在于对学习规律的研究和尊重。本节以《一次关于〈我不是个好儿子〉的活动设计的反思与改进》为例，指出有效的学习活动设计应该立足于学生学习的效益，注重对学习规律、学习心理的研究，做到所有的课堂活动都能围绕目标有序展开，使活动内容重点突出，层次清晰，保证学生在课堂上始终保持积极活跃的思维。

有效的作业设计，是课内学习活动得以有效巩固和延伸的保证。本节设置了四种作业形式：一是基于教材的作业，其目的在于对课堂学习内容的巩固，多采用活动化作业形式，注重情境设计，尊重学生个性，注重应用，激发作业兴趣。二是基于非教材的指定性阅读作业，来自围绕教材而进行的拓展阅读材料，这类作业立足于文本而又不局限于文本，做到了在有限的学习时间内开阔视野，又通过教师的引导和读后课堂交流达到高效阅读的目的。三是基于非教材的推荐性阅读作业，是对第二类作业的进一步拓展，为学生的不同发展倾向提供更大的学习空间。四是基于语文学习多元途径特点而设计的，通过案例《打开语文学习的另一扇窗——走进生活学语文》，引导学生带着发现的眼睛去拓宽语文学习的途径，在对生活的观察、思考和感悟的基础上主动记录生活，变无意识的生活为有意识的、比较系统的语文知识的积累、语文能力的提高。这种作业是对生活的积累和梳理，它让学生了解了语文的本质，检验了学生对语文知识的应用，掌握了真正学语文的方法。

有效的作文指导，其根本不在于作文技巧和方法的灌输，而是思维的训练。本节展示了一次关于"诗意地生活"命题作文构思指导训练的集体备课，案例中在主备老师的引导下，所有教师换位做学生，真实体验写作心理，暴露思维中的种种问题，然后再换位做回教师，针对问题想办法，做到"引"有方向，"导"有重点，"讲"有力度。

有效的随笔设计，引入了网络博客的形式，用"纸博客"的方式引发学生的写作兴趣，提高写作质量。所谓"纸博客"就是同学 6 人共用一个"博客本"，每人固定一天作为自己的写博日，包括撰写自己的博文，浏览同伴博文并跟帖评价。这种与时俱进的课外随笔形式，革新了传统中的"周记"，利用同龄人之间的相互关注，激活了学生潜在的创作才能，变"要我写"为"我要写"。

"选修篇"部分，首先以《一次有关选修课的实施策略的集体备课》为例，通过教师对往年选修课教学的反思与学情调查，通过进一步学习课程标准，把握其核心理念，阐述了选修课的选择、定位与实施策略，特别指出要根据选修课的不同类型来确定不同的学习目标和教学方法，要着眼于学生的终身发展，要着力培养学生的探究能力。接下来提供了《唐诗宋词选读》和《〈史记〉选读》两个专题设计，形象展示了选修课程立足基础、依序拓展的特点，尤其突出了选修课教学与必修课教学的不同之处，在于选修课程着眼探究、有效提升的发展目标，在培养学生探究能力方面也给出了具体的方法指导。

第五章　有效教学之课堂篇

本章内容主要论述在"有效备课"基础上怎样进行"有效上课"，包含"有效课堂的奠基石——备课预案的高效实施""有效课堂的神来之笔——课堂生成的有效引导""有效课堂的助推器——科学测量工具的有效操作"三个方面。

第一方面，强调了要做到将集体备课的预案变成具体的高效课堂，离不开教师高效的执行力，而这份执行力在很大程度上源于教师对学生的热爱、对课堂的热爱，真诚地欣赏学生，做"平等的首席"，做智慧的引领，才能营造出课堂上和谐民主的对话空间，才能推动学生在积极主动中走向思想的高峰。

第二方面，强调了学生的智慧发展很大一部分来自课堂生发。要做到机敏灵活地把握课堂生成，就要善于把握课堂上的"意外变故""另类声音"，并将其变成课堂的有效资源，顺势引导，这离不开教师深入细致的备课和高超的教学艺术，更离不开教师热爱的态度和开放的胸襟。

第三部分，强调学生和教师成长在课堂，建立科学专业的听评课评价方法，是实施有效课堂的重要保障，也是教师专业发展的重要途径。基于"学生维度"和"教师维度"而设的《有效教学课堂评价量表》，体现了以课程标准为评价依据、以"学生学的过程和效果"为重点评价内容、以确立具体观测点为听评课方法的新理念，它改变了传统听评课中只关注教师教得怎样而忽视学生学得怎样的评价角度，更新了传统中泛泛的听评课堂、多批评而少建议的评课方式，评价量表充分发挥了课堂评价诊断、调节、指导和激励的作用，其根本目的是引导实现有效教学，是为打造有效课堂服务的，是为促进教师的专业成长服务的。

本书最大的特点是寓教育理论于生动的案例之中，因为取材于教学一线的研究和实践，取材于 4 年艰辛努力获得成功的体验和感悟，有过程的具体呈现，有方法的具体指导，体现了教育者最富有实效性的思考和研究。教育部语文课标组组长、华东师范大学教授巢宗祺先生评价说：

这是一本颇有特色的书，书中有对语文教育问题和课程改革理念的思考，有对有效教学理论的探索和尝试，有学生对语文学习的困惑和烦恼，有丰富、生动的语文课堂教学案例，有语文备课组教师群像的素描——丰满，自然，多侧面反映了威海一中语文备课组积极投身于课程改革实践、努力提高教学效率和效益的思想和行动。值得语文老师们借鉴，可供语文教育研究者参考。

这是一个可以引发我们思索的案例集和问题集。在教师对理论问题的讨论中，在教学实践的案例中，有许多值得进一步研究的问题，在中学语文教学中，最重要的功夫要下在哪里？在课程实施中，如何调整好设计、教学、训练与提供条件、创设环境与氛围的关系？怎样才算是教学效率的最优化、效益的最大化？在语文学习和教学中，应当怎样去"摆布"学生的一言一行、教师的一招一式？在这里，实践有效教学思想的案例，对有关理论展开的讨论，对新教师会有帮助，对老教师也会有启示。

（作者单位：威海市教育学会）

以城铁枢纽建设为契机的
城市副中心综合开发研究报告

周永迪

一 研究背景

1. 中国即将迎来高铁时代

高速铁路是联系区域与区域之间的国家级铁路干线，城际铁路一般是联系区域内中心城市的铁路。国际上将营运速率达每小时 200 公里的铁路系统统称为高速铁路，城际铁路也可以看作高速铁路的一种类型。

2004 年 1 月，国务院审议通过了《中长期铁路网规划》，标志着我国高铁时代的来临。规划至 2020 年，实现"四纵四横"铁路快速客运通道以及完成三个城际快速客运系统的建设。2008 年，国家又对高铁网进行了调整，规划建设客运专线 1.6 万公里以上，客运速度目标值达每小时 200 公里及以上。

高铁建设对高铁枢纽所在城市的功能提升、产业发展、地区开发、交通建设等具有十分重要的影响。做好高铁枢纽规划建设，充分发挥高铁枢纽提升城市区域职能的作用，引导城市空间布局、促进产业与交通发展和地区开发建设，是城市规划工作中需要解决的重大问题，对促进国家高铁规划与城市规划有机结合、有效衔接具有重要意义。

2. 胶东半岛打造"一小时生活圈"

2008 年 8 月 28 日，铁道部和山东省政府签订《关于加快山东省铁路建设有关问题的会议纪要》中确定，双方共同筹资建设青烟威荣城际铁路。

青烟威荣城际铁路设计为客运专线铁路，主要承担威海与青岛、烟台之间的城际客流，同时承担部分跨线客流。设计时速为 250 公里（线下平面条件预留 300 公里/小时），预计到 2020 年日客运量达到 19.9 万人，到 2030 年日客运量达到 29.3 万人，届时青岛至烟台的行程将由 3.7 小时缩短至 1.5 小时，青岛至威海将由 4.3 小时缩短至 1.7 小时，实现动车组"公交化"运行，真正实现胶东半岛群"1 小时生活圈"。青荣城际铁路的建设将进一步完善山东半岛综合交通体系，极大改善半岛区域交通条件，满足旅客运输需求，推进城镇化和经济一体化进程，促进地区经济社会协调发展。

二 高速铁路与城市发展的关系

1. 交通方式变革与城市发展

交通技术的不断革新带来了交通运输方式的变革，交通运输方式经历了水运时代、铁路时代、公路时代、高速公路时代，现在已经进入综合运输时代。每一次运输方式的变革都带来城市形态和区域城镇群体空间布局的变化，促使城市不断发展，并逐步形成多中心城市布局，最后进入区域城市化发展阶段，并在自然、区位和经济基础较好的地区形成发达的大都市连绵区。

2. 案例研究

（1）日本新干线建设

高铁建设对现代城市的发展起到了重要作用。以日本东海道线为例，东海道新干线建设对沿线城市的人口数量、土地价格、城市布局都产生了影响：从人口数量看，东海道线建设使当地城市人口增长约 22%；从就业岗位看，零售业、工业、建筑业、仓储业岗位增加 16% ~ 34%，信息部门就业岗位增加约 22%；从土地价格看，平均土地价格增幅为 67%；从城市布局看，仓储业更加集中于中心城市，零售业布局集中度与车站距离成反比。

新干线对当地经济发展做出了巨大贡献，吸引了大量游客，并带动了城市商业、旅游业的发展。东京都市区商业中心的 320 个商业中心，其中营业面积大于 1 万平方米、年营业额大于 100 亿日元的商业中心（即 1 ~ 3 级商业中心）共有 99 个，其中 95 个紧邻 JR 线、地铁或私铁车站。发达的轨道交通网还带动了轨道交通线周边旅游业的发展，人们经常乘坐便捷的交通工具到滨海或郊区旅游，并更倾向于时间更短、频率更高的旅行，改变了以往的长假期模式，而且这一趋势不会逆转。

（2）新横滨站发展历程

横滨是日本第二大城市，以多中心的空间结构为目标，包含横滨、新横滨 2 个中心及其他 5 个副中心。在新横滨站建设之初，周边是一片农田，与市区距离较远，交通联系不便。直到 1985 年横滨市区与新横滨站之间的地铁修建完成，极大地改善了新横滨站的可达性，新横滨站才以此为契机，进入快速发展阶段。

高速铁路开通 20 年后新横滨地区的人口与其他地块相比显著增长，该地区已经成为日本东京都市圈成长最快的区域之一。同时，该地区的成长也显著地带动了横滨原有城市中心的迅速增长。

目前，地区开发面积达 80 公顷，采取功能混合和具有弹性的规划策略。在新横滨站周边地区的规划中，只有四类用地，即中心商务用地、复合住宅用地、商业住宅混合用地和流通业务用地。

在车站周边规划新城建设、各种公共设施、基础配套设施完善之后，车站客流得到了切实的增长，现在新横滨车站已被称为首都圈西南部的门户，同时其周边也成为横滨市的一张城市名片，商业、文化、娱乐非常活跃，城市建设成熟、完善。新横滨站周边已成为横滨市最为重要的城市副中心。

（3）京津城际铁路推进京津冀一体化进程

京津城铁示意图

2008 年，京津城际铁路开通运营，拉开了天津铁路高速化时代的序幕。京津城际的开通，对京津两地城市发展产生了显著的影响。

①形成"多核双中心"网络结构

京津冀地区高铁布局呈"十"字形网络结构，在满足中心大城市之间的物资、能源、信息资源交流的同时，也将加强中小城市之间的资源交流。因此，新的网络空间格局不仅推动了北京、天津的发展，更进一步提升了冀中南的区域地位，促进了京津冀一体化的有序发展。京津冀地区的城市空间结构在有序的高铁网络结构引导下，将由原有的北京和天津地区中心构成的

"双中心"结构演变成"多核双中心"网络结构。

②"双十字"高铁网络增强对天津"双城"战略的支撑

按照《天津市空间发展战略（2008～2020年）》，双城是指中心城区和滨海新区核心区，是天津城市功能的核心载体。而滨海新区核心区在新的高铁枢纽引导下，通过集聚先进的生产要素，实现城市功能的跨越，成为服务和带动区域发展的新经济增长极。新的高铁"双十字"网络结构通过支撑"双城"战略，加快滨海新区核心区建设，与中心城区分工协作、功能互补，实现市域空间组织主体由"主副中心"向"双中心"结构转换，构成双城发展的城市格局，促进北方经济中心建设。

③塑造新的城市门户

高铁枢纽地区作为城市重要的门户地区，同时又是城市未来大规模建设与改造的重点区域，其形象展示成为高铁与城际枢纽地区的重要功能之一。随着京津城际高铁枢纽引入滨海新区于家堡金融商务区、京沪高铁枢纽和津秦高铁枢纽进入天津西站城市副中心，于家堡中心商务区和天津西站地区城市副中心将成为天津新的增长极核，共同展示天津城市门户新形象。

（4）虹桥枢纽拉动上海两翼齐飞

上海虹桥综合交通枢纽于2006年底开工建设，2009年底竣工，2010年投入使用，总用地约26.26平方公里，建筑面积约90万平方米。建成后的虹桥枢纽已成为高速铁路、城际和城市轨道交通、公共汽车、出租车及航空港紧密衔接的国际一流的现代化大型综合交通枢纽。虹桥枢纽客流主要来自上海及长三角地区、京沪高速铁路沿线，一是吸引大量的商务客流，二是吸引大量的旅游客流。这既是上海通往长三角的重要门户，也是上海城市东西发展黄金走廊的西延伸，对虹桥交通枢纽为核心的周边地区的城市经济和社会发展带来深刻的影响。虹桥交通枢纽的建设，给上海西部特别是虹桥地区带来巨大的人流、物流和现金流，使得上海东西两翼同时发展。虹桥地区曾是上海贸易、会展、酒店、高档住宅最为集中的区域，但进入2000年之后，由于浦东新区的崛起，虹桥地区在上海经济发展中的功能和作用被弱化了。虹桥交通枢纽的建设不但可以使虹桥的服务业地位得到发展，而且区域范围的外扩和交通功能的完善将进一步打通虹桥与其他区域的联系，进而促进上海经济重心向西转移。同时，上海虹桥交通枢纽不仅仅只是交通中转枢纽，而且将逐渐发展成为商业枢纽，可以提供商业服务、旅游服务、会议服务、物流服务和商务对外管理服务等。这更是上海提升服务业水平，服务长三角、服务全国的一个重大契机，使上海与中国经济最发达的江浙地区客流加速，从而为长三角一体化迈出坚定步伐。

（5）沪宁城铁对沿线城市的影响

沪宁城际铁路是在中国上海与南京市之间建设联系区域内部交通的高速铁路，从 2008 年 7 月开始兴建，2010 年 7 月 1 日竣工通车。沪宁城际铁路是长三角地区城际客运专线的重要组成部分，是加快长三角经济一体化的战略举措。作为目前我国乃至世界上标准最高、里程最长、运营速度最快的一条城际铁路，沪宁城际高速铁路的建成通车对于推进我国城际铁路建设具有引领、示范作用，并将对中国第一区域经济板块——"长三角"带来不可低估的助推效应。

沪宁铁路是世界最紧张最繁忙的干线，所经地区是我国人口最稠密、城市群最密集、生产力最发达、经济增长最强劲的地区。沪宁铁路的衔接与串联，不仅成就了上海的经济中心地位，催生了中国第一区域经济板块——长三角，更使长三角区域成为极具国际竞争力的世界第六大城市群。而沪宁城际高铁的开通运营，使这条"黄金通道"更加名副其实，每年可增加货物运输 5000 万吨，日发送客流 9 万余人次。

三 城际铁路建设与威海城市发展

1. 青荣城际铁路对胶东半岛区域发展的影响

（1）"一体两翼"发展新机遇

省委省政府在 2007 年适时推出"一体两翼"经济发展战略，从过去东、中、西横向发展转到侧重北、中、南纵向发展。"一体"是从山东东部沿海沿胶济铁路向西到省会济南周围，主要由山东半岛城市群和省会经济群两大板块构成，包括济南、青岛、淄博、烟台、威海等 10 个市。"两翼"则分别是北临渤海湾的黄河三角洲和南接苏豫皖的鲁南经济带。青荣城际铁路为我省"一体两翼"区域经济发展布局构想中的"一体"发展带来新的发展机遇，使得"一体"中青烟威这三个最重要的沿海城市实现无缝对接，一直以来存在于规划设计中的"1 小时经济圈"将真正成为现实。

（2）半岛"同城时代"来临

全球范围内的"大都市区""都市连绵带"经验显示：几个相邻的城市，以存量资源，带动增量发展，增强整体竞争力；以优势互补、相互依托，完善城市功能，形成辐射力、扩散力与竞争力越来越强的板块经济。

半岛城市群是山东省区域经济发展最具活力的地区之一，青烟威荣城际铁路通过便捷的交通瞬间缓解了距离的矛盾，形成威海至青岛、烟台一小时交通圈，以及覆盖半岛主要县市（区）的城际轨道交通网络，实现胶东半岛同城化。

具体到威海市域来看，2004 年威海市总体规划确定了城市发展阶段目标，计划到 2020 年左右，确立威文荣组合型城市的基本框架；到 2050 年左右力争建成结构形态较为完整的威文荣组合型城市。青荣城际铁路的修建正是这一目标的集中展现和催化剂，威文荣组合型城市的发展设想有望提前实现。

2. 城际铁路对威海城市发展的影响

2010 年 3 月青烟威荣城际铁路在青岛破土动工，施工周期 3 年 6 个月，预计 2013 年 9 月 30 日建成通车。城际铁路的修建将对威海城市发展带来深远影响。

（1）吸引更多外来人才，促进产业更新和进步

资料显示，京津城际列车开通后半年，天津引进的优秀人才增加了 40%。像京津城际列车一样，青烟威荣城际铁路的开通，对威海市引进优秀人才也将起到重要作用。发达的交通将吸引更多企业和人才落户威海，带动相关产业快速发展。此外，城际铁路开通还可以充分发挥威海作为半岛乃至东北亚几何中心位置的辐射作用，与其他兄弟城市资源共享，分工协作、优势互补，实现共同发展，进而加快蓝色经济区和高端产业聚集区建设。

（2）加快商业格局形成，带动服务业升级和提高

青烟威荣城际铁路的建设开通，将实现青烟威三市的城市资源，特别是消费资源的共享，提升威海商贸、旅游、服务业水平。

首先有利于加快城市"一主两副商业中心"格局的形成。市区存在以华联、振华等大型商业设施为支撑的城市中心商业区，经区以火车站、汽车站为核心，以圣迪豪业、佳世客、乐天玛特等商业设施为载体的城市副商业中心也已初步形成，而高区仍然缺乏具有凝聚力和辐射力的大型商业设施，城市副商业中心尚未形成。城际铁路在经区和高区两个站点的设立，将增加区域内尤其是高区北站周边的人气和客流集散，对促进区域商业中心发展产生积极的推动作用，"一主两副商业中心"格局将真正形成。

其次，为威海市发展和培育特色消费提供广阔空间。在传统购物、餐饮等商贸消费领域，威海市发展基础薄弱，但依托区位和自然条件形成的韩餐、韩货、温泉洗浴等特色消费，则优势突出。城际铁路开通后，特色消费群体将不再局限于本市，而是扩大到青烟威三市。特色消费群体的增加，反过来会促进特色消费设施的建设，并且不同程度地带动传统领域消费的增加，加快威海市

消费亮点和品牌的形成。此外，区域间便利的交通联系，使消费者拥有更多的选择空间，激烈的市场竞争客观上带动威海商贸服务业的提升和进步。

（3）提升交通运输能力，加快航空业发展步伐

城际铁路的开通，必将促进区域经济要素的快速流动，促进经济社会发展，改善人民生活，从而产生更多的航空运输需求，使威海市民航业面临更大的发展机遇。

城际铁路在威海市大水泊机场附近设站，将大大改善市内到机场的交通条件，使广大市民又多了一种交通方式到达威海机场。由于威海与韩国间的地理优势，将会吸引更多韩国客人优先选择乘坐飞机到达威海机场，再乘坐城际铁路到达青岛、烟台。

另外，烟台机场正计划由莱山搬迁至蓬莱潮水镇，城铁也不再途经未来的烟台机场，此消彼长的区位优势将为威海机场带来更大更多的客源市场，是威海机场做大做强的重要历史机遇。

（4）分流铁路公路客运，提升物流业发展空间

威海地处山东半岛最东端，属于交通网络的末端，物流业发展的底子薄、基础差，尤其是运输途径和渠道有限。近年来，威海的物流业虽然有了长足发展，但整体行业发展始终没有质的提升。

青荣城际铁路虽不能运输货物，直接增加威海市的货运能力，但也将间接促进全行业的发展。首先，城际铁路的贯通，可有效分流原桃威铁路上的客运流量，余出更多的运输能力，发展铁路货物重载运输，形成高速度、大能力、安全畅通的货物运输通道，以满足威海市日益增长的货物运输需求。其次，城铁开通后威海至烟台、青岛只需要30分钟、90分钟，对高速公路客运形成巨大冲击，减少私家车在三市之间的来往率，大大缓解青威、烟威高速公路的交通压力，使公路货运效率明显提高，形成更加快捷的物流通道。

（5）推动旅游产业进步，吸引外地人来威置业

城际铁路的开通，将大大加快半岛城市一体化进程。以京津城铁为例，城铁通车后，很多北京人在天津买房，实现"生活在别处"的活动模式，促进了北京人才向天津流动，带动了天津的旅游、物流、餐饮、房地产等行业快速发展，推动京津两个城市的经济融合。这种发展前景也将随青荣城铁的修建而呈现在半岛城市当中。

未来京沪铁路、胶济铁路、太（原）青（岛）客运专线以及青荣城际铁路相互联通，彻底打破威海的交通瓶颈，为威海市带来环渤海圈范围内4亿富裕人口的发展腹地，旅游度假产业有望"井喷"式增长。

旅游业在经历了景点竞争、线路竞争、城市竞争三个阶段后，已经进入第四阶段——区域竞争阶段。通过整合区域内旅游资源、重新规划旅游线路、共同开发旅游市场等形式开展区域旅游合作成为各地方旅游产业发展一大趋势。威海拥有诸多优美的自然和人文资源，必将在区域化合作之路中占有一席之地并发挥更大作用。

此外城铁开通将拉近威海与北京、上海及其他大中城市的距离，有效吸引外地人来威置业，提升威海高端旅游地产发展水平。

四 城铁枢纽建设对威海城市空间的影响

1. 枢纽对城市用地布局的影响

（1）交通枢纽与城市用地的关系

城市用地是城市范围内具有一定用途和功能的用地的总称，用于城市建设和满足城市功能运转所需，是城市生活的载体。城市交通与城市用地之间存在相互联系、相互制约的循环作用与相互反馈关系。首先，不同的城市用地所承载的城市功能是交通需求的根源，其决定了城市交通源、交通量及交通方式；其次，城市交通系统的实际运行水平又能影响到城市用地的使用状况，特别是城市交通可达性对居住用地、商业和办公等公共服务用地的空间分布具有决定性作用。

交通枢纽对城市用地的影响主要表现在可达性对城市用地的影响。良好的可达性对各类城市用地功能都具有较强的吸引力，从某种意义上说决定了土地的价值，而土地价值又是土地使用的主要影响因素。因此在地价因素影响下，城市中空间各点可达性将对城市用地布局的重新整合产生作用。

（2）威海市区用地布局现状

经过近几年的努力，威海市建设用地总量增长有所放缓，建成区由单中心式的外延拓展，逐步向多中心组团式的"精明增长"转变，以土地为投入要素的粗放式发展模式得到初步改变，但各类用地布局结构仍不甚合理。

截至 2009 年底，威海城市建设用地 130.95 平方公里，其中居住与工业用地所占比重最大，并超过国家标准。新增工业用地集中于城市西部、南部园区发展，但高区、经区原有工业用地搬迁置换仍存在困难。此外公共设施用地仍有较大提升空间。高区作为城市主要组团之一，公共服务设施特别是商业、商务设施尤为匮乏；经区商业、文化服务设施发展迅速，但居住人口和住宅建设量仍存在较大缺口，客观上造成了现有公共服务设施人气不足，这些都严重影响地区经济均衡发展。

（3）两站枢纽的影响作用

两站枢纽的规划建设将有可能从根本上解决上述问题。首先，两站枢纽特别是城铁北站选址于城市欠开发地段，周边多为工业用地或闲置地，地价较低。而综合交通枢纽本身将大大提高其周边区域的可达性，从而提升土地价值，为工厂企业搬迁提供财政支持；其次，当前各地高铁站规划实践往往倾向于变单一交通枢纽为综合经济枢纽，在周边土地上综合各项城市功能尤其是商务、商业、金融服务等打造城市副中心，将交通便捷所带来的效益最大化。城铁南北两站的修建将大大推动旧城更新改造和生活用地拓展，降低工业用地比重，从而最优化使用宝贵的土地资源，对各种用地功能布局产生积极影响。这也是威海市城铁南北两站枢纽的规划目标。

2. 枢纽对城市空间结构的影响

（1）城市空间结构概述

城市空间结构是众多城市活动所依托的基础结构，其含义是指城市各功能区的地理位置及其分布特征的组合关系，是城市功能组织在空间地域上的投影，是城市的政治、经济、社会、文化生活、自然条件和工程技术以及建筑空间组合的综合反映。城市空间结构是城市规划和建设的重要依据和表现形式，直接关系到总体布局和城市内部各组成部分以至于城市建设发展的综合效益。城市空间结构通常可以概括为：单核点状结构、带状结构、星状结构、多核网状结构等。

（2）威海城市空间结构现状

2004 年威海市总体规划将市区空间布局结构归纳为"一线、多核、多组团"的带型城市结构，而"多组团"则包括环翠中心城区、西部主城区（高区）、南部主城区（经区）以及其他五个片区。但受自然地形及社会经济等多方面条件限制，市区"一主（环翠）两副（高区、经区）"的多中心布局仍有待完善：高区、中心区、经区三组团之间由两条主要道路联系，没有建立有效的快速交通联系；同时，"两副"组团的城市功能仍比较单一，如高区居住、旅游度假氛围浓厚，但商务商业设施匮乏，经区近几年商业、商贸办公服务设施快速增长，已初步形成功能较为完善的城市组团，对中心区的交通和人口拥堵带来一定程度的缓解，但中心区组团的吸引力和活力对于周边组团而言仍较强大，城市结构呈现"单中心式"的发展格局。

（3）两站枢纽的影响作用

城铁两站枢纽的规划建设将对这一空间结构现状带来改变，极大地推动

"一主两副"空间格局的形成。这是因为交通枢纽本身是城市空间结构中的重要节点，它可以整合和规划多种交通设施，提高交通运行效率，从而增强城市各区域组团的相互联系，同时对城市用地和功能保持强大的集聚作用，能够引导城市空间结构匀质、均衡发展。

首先，南北两站枢纽以及快速公交系统所带来的高可达性和集聚性将有效疏解中心区的交通压力，吸引更多居住、就业人口向高区、经区转移，达到中心区的"有机疏散"；其次，两站枢纽并不单纯是交通枢纽，而是高密度开发周边土地，融入居住、商业、商务、金融等多种城市功能，打造综合经济枢纽，最终形成高区、经区城市副中心；再次，城铁两站枢纽所引导的城市用地复合开发模式，将有效减少不必要的居民出行，从而客观上提高了交通运行效率，优化城市空间结构；最后城铁以及两站枢纽的建设将有效带动城市功能向东西两方向拓展，促进东西滨海战略储备用地（双岛湾旅游度假新城、泊于东部新区）的开发建设。

3. 枢纽对城市发展模式的影响

（1）城市发展模式分类

目前国内外的城市发展模式主要有两种，一种是以欧洲城市为代表的紧凑型模式，也即集约化发展模式，在有限的城市空间布置较高密度的产业和人口，节约城市建设用地，提高土地的配置效率。另一种是以美国为代表的分散型模式，人口密度偏低，但消耗的能源要比紧凑型模式多，其蔓延式的、郊区化的发展特征会对城市造成巨大的污染。

（2）威海城市发展模式现状

威海城市用地受地形限制，以山体为绿核，沿海岸线轴向带状拓展。作为我国沿海中小城市的代表，威海以环境优良、风景秀美、低人口密度、低强度建设的宜居城市品牌闻名于世。市区建筑以多层为主，红瓦白墙，尺度感强烈；建设用地沿交通干道轴向分布，空间布局较为松散；由于历史发展原因，居住用地的分散发展带来了土地使用粗放、城市用地带状蔓延、交通成本增加等一系列问题。但我们应该认识到：高层建筑、集中住区与宜居城市并不矛盾，集约、紧凑式的城市发展模式不仅能够提供舒适宜人的生活空间，更是一条可持续、和谐稳定的前进道路。

（3）两站枢纽将产生的影响作用

威海市受地形限制，土地资源较为匮乏，集约式城市发展模式是实现城市可持续发展的关键。青荣城际铁路的建设将在高区与经区南北两站周边地区形成城市新的增长极，成为城市中功能最为多样化、经济活动最为频繁、人口密度最高、土地集约利用度最高的地区。

首先，城铁站作为威海市未来的交通枢纽和经济枢纽，城市功能复合发展：北站正对的核心区域集中建设商业商贸、金融服务、文化娱乐等各种公共设施，周边的后峰小区、威高厂区改造、田村小区以及外围的居住设施提供了充足的服务人口；南站商业氛围已颇为浓厚，站点西侧的工业用地改造为公共设施和居住用地更增强了自身中心位置。南北两站区域自身良好的环境条件使得本地生活消费活动要远远大于机动车的交通出行，将成为城市集约式发展最为显著的地区。

其次，城铁站及周边地区由于自身的高可达性和集聚性，对城市其他地区具有很大的吸引力。南北两站作为未来城市交通枢纽，成为城市的重点开发地段和经济发展重心，能有效吸引原本流向中心区的人口和资本，既有利于中心区"有机疏散"，同时抑制了城市向外围无序蔓延的现象，保护大量山野绿地并节约了土地资源，最终从整体上影响城市向紧凑型的城市发展模式转变。综上所述，威海市宜把握此次城铁修建契机，采取以公共交通为导向的集约式城市发展模式，提升宜居城市内涵。

4. 两站枢纽规划设想

（1）城铁北站规划设想

城铁北站为青荣城铁的新建中间站，位于威海高区后峰西村以南，环山路与科技路交叉口附近。车站布置为2台夹4线形式。考虑到城铁对于地区经济发展的重大带动作用，将周边地块纳入北站枢纽的规划范围。整个北站枢纽规划地块北临世昌大道，西至后峰西，南至柳沟河，东接田村，总用地面积1.91平方公里。现状用地性质以绿地和工业用地为主，现状建筑多为低层工业厂房。规划以城铁站综合交通枢纽为核心，城铁、长途汽车、BRT、常规公交、私家车等多种交通方式相互衔接，实现"立体化、无缝化、公共化、快捷化"的交通发展模式，同时在站北侧核心区域建设以商业、商务办公、居住、文化娱乐四项主要功能为支撑的高区城市副中心。

铁三院规划设计方案将威海北站定位为一般中间站，站房面积3000平方米，不适应我们围绕北站打造高区城市副中心的规划设想。为此，我们建议应与铁三院深入协商，将站房规模扩大到2万平方米，与规划的长途汽车西站相互衔接，形成综合交通枢纽，共同支撑高区经济发展和城市建设。

（2）城铁南站规划设想

威海南站为改建车站，位于威海经区长途汽车站西，渤海路南，该站为桃威线的终点站。设计青荣城际车场与桃威普速车场分场分线并列布置，站房位于东侧，站房侧为城际轨道车场，对侧为普速轨道车场。城际车场布置为4台6线形式，普速车场布置为2台2线形式。在铁三院南站站场规划设计方案中，在现有火车站北侧，将城铁与普铁合设修建新站房，现有火车站另作他用。这种布局方式与威海市沿上海路打造经区城市轴线的规划设想相矛盾。我们建议应与铁三院进行深入协商，力争在现有火车站原址进行改造升级建设，同时将站房规模由原来的1万平方米扩大到2.5万平方米，延续多年来经区已经形成的城市轴线，打造城铁、普铁以及其他交通方式相互换乘的综合交通枢纽。

南站枢纽地区规划以城铁线为界分东区和西区两部分：东区已经初具规模，已建成的有长途汽车站、时代广场、圣迪豪业、乐天、佳世客等，已批未建的有九隆乐天、阳光天地及蒿泊居住小区等，规划对现有资源进行整合，实现交通零换乘，以交通枢纽为核心带动周边设施的发展；西区现状以工业、对外交通用地为主，规划以城铁站修建为契机，进行用地结构调整，将工业用地置换为商业、商务办公等公共服务设施用地，提高土地使用价值和集约性，同时打通统一路、齐鲁大道，与渤海路、成大线配合联系东西区交通，将东区人流吸引、疏散到西区，实现城铁东西两区的紧密联系，打造集商业、商务、居住、文化、游憩于一体的经区城市副中心新形象。

五　应对策略研究

1. 以城铁枢纽建设为契机打造城市副中心

（1）经验借鉴

近年来我国高铁建设如火如荼，而高铁站及周边区域的定位成为这些城市面临的首要问题和重中之重。高速铁路枢纽周边地区的发展经验显示，以高铁站建设为契机打造城市（副）中心是切实可行的发展策略。以京沪高铁经过的天津西站为例，天津市围绕天津西站建设客运交通枢纽，发展高档商务、休闲娱乐、金融保险、物流等行业，打造天津城市西部副中心。而德州市东部新区则以"京沪高铁"为开发引擎，以"德州东站"为核心，以"都市门户"为开发主题，融商贸会展、产业服务、商务金融、商业娱乐、生活居住等多功能于一体，打造独具特色的"交通枢纽型"城市副中心。

京沪高速铁路德州东站位于德州开发区以东，是京沪高速铁路及太青客运专线的中间站，站房建筑面积为19810平方米，是京沪高铁沿线地级城市中规模最大、等级最高的车站。在京沪高铁规划之初，铁道部只将德州东站作为一般中间站进行设计，预留面积 6000 平方米。德州市委市政府适时做出调整，提出以京沪高铁建设为契机、以德州东站为核心打造德州东部新区。德州市发改委与铁三院进行深入协商，最终确定了 20000 平方米的站房面积以及在整个京沪高铁沿线车站中的地位，为德州东部新区的规划建设打下坚实基础。

（2）城铁北站发展前景

城铁北站位于威海西部片区中部，地理位置独特，土地供应充足，交通便捷，且周边已开发或规划大量住宅，拥有良好的发展机遇和不可比拟的优越条件。由于原高区商业中心用地局促，未来扩展余地有限，因此北站枢纽具有形成新高区商业中心的发展潜力。同时枢纽区域连接高区及张村，在城镇土地资源日渐紧张的形势下，基地具有集中建设行政中心的有利条件，可以实现用地的集约化，充分发挥土地价值。城铁北站区域应把握半岛区域一体化和威海城市经济快速发展的机遇，以北站枢纽建设为契机，充分发挥"综合交通枢纽"对城市发展的催化作用，实现由交通枢纽向枢纽型商业商务中心区的转化，综合发展交通换乘、商务办公、商贸购物、会议展示、居住等多种功能，成为提升威海城市地位和形象的西部商务、商业中心。

（3）城铁南站发展前景

城铁南站位于威海经区中心位置，地理位置优越，交通便捷。目前东区为初具规模的经区商业圈，而西区主要为工业和铁路用地。城铁站的修建实现了东西区有效联系，西区为东区的发展提供了良好的土地储备，借助东区已有的人气和公共资源，可以实现西区产业结构调整，提高土地利用价值。城铁南站区域应把握城铁站的建设机遇，整合完善东区已有的交通和公共设施资源，并发挥其带动作用实现西区快速转型，依托交通快捷换乘，综合发展商业购物、商务旅游、休闲游憩、高端社区等多种功能，成为威海经区乃至威海南部区域的综合中心。

2. 实施 TOD 策略发展

（1）TOD 发展模式

城市综合交通枢纽作为区域交通体系与城市交通体系之间的联结点，必然将同时成为城市各种交通方式的换乘中心，尤其是与城市公共交通，如公交汽车、BRT、地铁、城市轻轨等的联系更加紧密。近年来各地新建高铁枢纽区域往往被定位为城市中心或副中心，作为城市重要的功能节点服务周边居住人群。因此，基于公共交通的公共交通导向开发（TOD）模式应作为城市综合交通枢纽地区主要的开发方式。

依据 TOD 发展模式理论，枢纽地区以交通枢纽为核心，呈现高强度、紧凑、混合、圈层式的布局结构：核心区——其中交通枢纽、商业、商务、贸易、办公设施等城市公共设施布置在核心区域，服务半径在 800m 范围内，以步行为主；拓展区——居住和公共服务用地相混合，同时对外与对内服务，服务半径 1500m 左右；影响区——半径 1500m 以外的区域，布置对外服务功能以及为主体功能配套的功能区。

（2）威海市城铁枢纽 TOD 模式发展思路

TOD 发展模式是各地高铁枢纽地区建设普遍采用的土地开发模式，主要遵循以下四大原则：公交导向、高密度开发、混合功能、步行交通体系。

①以公共交通为导向。公交是 TOD 的核心要素，成功的 TOD 有赖于公交的吸引力。城铁南北两站地区应紧紧围绕以站点为核心的城市大型综合公共交通枢纽，实现城铁、长途车、常规公交车、BRT、出租车及私家车等交通方式的零换乘，同时大力发展公共交通和绿色交通，合理布局公交站点和公交车停靠场，实现服务半径全覆盖，有利于集聚人气，吸引客流。

②站点周边高密度、混合功能开发。高密度开发可以增加土地使用效率，遏制蔓延，同时为公交提供必需的客流量，并支撑 TOD 地区消费市场基础。根据 TOD 圈层理论，应在南北两站枢纽周边 500m 范围内的核心区布局高中低档搭配合理的现代化商业、商务、文化娱乐设施，重点发展混合用地和建筑的综合功能。以高层、超高层建筑为支撑构建优美的天际轮廓线，将核心金融区位于正对站房的主轴线两侧，作为区域制高点，形成标志性空间；在金融区两侧布置商办混合区，将商业、办公和餐饮娱乐休闲等功能混合使用，既为居民提供便利服务，又能减少车辆交通需求，提升区域人气，同时可为未来留有一定功能调整的弹性余地，提升土地的可利用性。

在站点周边 1500m 范围的拓展区，开发强度降低，主要布设大型居住社区以及区级公共服务设施，为 TOD 核心区发展提供支撑；1500m 范围外作为城铁北站的外围影响区，布设多种城市功能与枢纽站区域相互配合，为城市副中心服务。

③建设舒适宜人的步行系统。TOD 的空间尺度是基于步行距离来界定的，良好的步行环境是 TOD 街区成功的关键。城铁枢纽周边的高密度、混合功能开发，尤其是大规模商业商贸服务设施能有效减少区域内的过境交通和机动车交通，为步行系统的存在打下良好的基础。但在规划设计中还应注意步行与其他交通方式的接驳整合，通过环境宜人的公共活动空间营造良好的步行氛围，吸引和鼓励居民采用步行和公交方式出行。例如城铁北站区域可以在

正对站房的轴线上布置中央绿地、绿轴等塑造舒适宜人的活动空间；南站可以结合上海路绿色通廊修建地下通道穿过城铁线向西延伸，两侧布置精品店、零售店等灵活舒适的商业设施，既联系了东西区交通，又为步行活动提供了优良环境。

3. 近期行动计划

城铁枢纽以及城市副中心建设是一项长期、复杂而艰巨的任务，目前仍处于规划论证阶段，但其重要性和必要性毋庸置疑。我们建议近期重点做好以下几个方面。

（1）做好工厂企业搬迁工作。将工业、企业搬迁纳入议事日程，尽早落实搬迁问题，并将该地块的搬迁工作列入 2011 年市区城建重点工程项目，力争 2 年~3 年内搬迁完毕。

（2）启动站房的前期规划建设。建议由发改委牵头，和铁道部进行沟通研究，从威海城市发展的角度，扩大站房规模，重新研究南站站房选址。由市政府追加投资，按照高起点、高品位、高标准一步规划建设到位。

（3）设立启动区，带动核心区建设。优先启动高铁站房周边地块，引领核心区发展，按照既定的分期建设路线图，循序渐进开发建设。

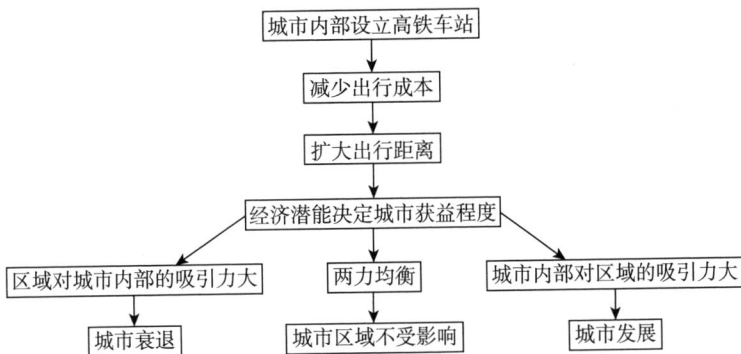

高速铁路对城市经济影响示意

六 思考与展望

国内外高铁建设跟踪研究发现：高速铁路的建设通常会强化中心城市与节点城市的集聚效应，增强这些城市在既有的城市等级结构中的地位。具有高速交通网络服务和完善基础设施的城市体现出更强的竞争力，产业和经济发展不断向区域集聚。但并不是高铁沿线所有城市都会得到明显的增长，站点周边地区也不一定会发展成为新的城市中心，那些实力不强的城市则面临被削弱的危险。例如在日本东海道新干线连接的三大都市圈中，由于名古屋都市圈的吸引力要弱于东京和大阪都市圈，略呈现衰退趋势，而东京和大阪等城市的实力更为突出。

威海在胶东半岛城市群中的规模和经济实力处于上升阶段，特点突出，同时"宜居城市"的品牌效应也已深入人心并在全国范围内得到认同。我们应紧紧抓住宜居城市和生态旅游城市，半岛高端制造业核心这一城市定位，发挥自身特色，与半岛城市群其他兄弟城市优势互补、协同共建、配套发展、错位竞争，力争以城际铁路修建为契机实现城市形象和功能的再一次飞跃。

（作者单位：威海市规划局）

职业生涯管理体系：
中国国营饭店实施了哪些？

孔海燕

一 背景介绍

随着中国旅游业的快速发展，中国的国营饭店业经历了一系列的改革。由过去严重依靠政府的政治性接待单位变为如今自负盈亏的业务单位。在中国饭店业的所有制体系中，国营饭店仍然占超过40.3%的比例。通过将国际先进的管理技术与中国文化有机结合，国营饭店已成功地发展和创新了一套属于自己的管理方式。面对全球竞争，国营饭店正在寻求进一步扩张与发展。在中国国营饭店的发展过程中，与国际酒店集团的合作与竞争一直贯穿始终。许多著名的国营品牌酒店不断涌现，比如上海的锦江饭店集团、南京的金陵饭店集团、北京的建国饭店集团、深圳市华侨城国际饭店管理公司，以及广州的白天鹅饭店集团。通过不断吸收先进的管理技能，有效结合国际信息和本土文化，国营饭店和其他类型的国内企业"很可能在中长期变得更强大"。

中国饭店业的快速发展迫切需要大批高素质人才。但是，人力资源问题却成为中国酒店发展的掣肘。目前存在的主要问题有：操作层及管理层高素质人才的短缺，比国际酒店相比低下的劳动生产力水平。在2002年的一项调查显示，饭店从业人员对于目前的工作不满意，对专业发展前景不乐观。无论在招聘人才还是在留住人才方面，中国饭店正面临着非常困难的局面。那么，如何吸引并留住高素质人才？多项研究表明，为员工提供职业生涯发展机会是饭店留住人才的有效策略之一。因此，对于中国饭店业来说，有效的职业生涯管理已经变得日益重要。因此，本文旨在探讨饭店职业生涯管理实施情况，以及员工对职业生涯管理的认知和需求。

文献分析

组织职业生涯管理（OCM）

组织职业生涯管理（Organizational career management，OCM），也被称为"组织对职业生涯发展的支持"或"组织赞助"，是指组织为支持和提高员工职业成功所提供的一系列计划、程序和帮助。关于组织职业生涯管理，国内外学者进行了大量探讨，比如 Bowen and Hall，Gutteridge，Louchheim and Lord，Baruch，and Baruch and Peiperl 等都曾在这个领域做过许多研究。

Baruch 和 Baruch & Peiperl 对组织职业生涯管理实践进行了详细分析。在对 254 家公司及 25 位著名学者的调查基础上，Baruch 等确定了 20 种组织职业生涯管理实践活动。其调查的样本范围广，并具有一定的代表性，其调查的组织单位包括服务类公司（17%）、制造业部门（39%），以及公共部门机构（44%）。本次研究结果全面，几乎包含了所有职业生涯管理活动。不仅如此，Baruch 还对每一种具体的职业生涯管理实践进行了详细的解释。

由 Baruch & Peiperl 开发的这 20 项实践活动对于当今的研究非常重要。这些具体的组织职业生涯管理措施包括：以职业生涯规划为基础的绩效评估；评估中心；同事评价；上级（下属）评价；由直接领导提供的职业辅导；正式指导；职业生涯讲座；职业生涯路径；双重阶梯（二元路径）；员工职业生涯规划计划书；退休准备计划；继任计划；有关职业生涯的书籍和/或小册子；职务公告；作为职业发展一部分的正式培训；以及岗位轮换。

Gutteridge et al. 提出了可能是迄今为止最全面的组织职业生涯管理活动。他们调查了美国一千多家大型组织并确定了 32 种职业生涯发展活动，这 32 种活动又被分为 6 组：员工自我评估工具，组织潜力评估程序，内部劳动力市场信息交流，个人咨询或职业讨论，工作匹配系统及发展系统。由 Gutteridge et al. 等人提出的组织职业生涯管理实践为后期研究奠定了基础。然而，他们的研究只是集中在美国这一组织职业生涯管理实践相对发达的国家。本研究不同于以往研究，将重点探讨职业生涯管理在中国的实施情况，同时也将借鉴海外的研究对职业生涯管理进行分类整理。

饭店业的职业生涯管理研究

关于饭店业的职业生涯研究主要集中在以下四个主题，即职业生涯选择，职业生涯路径，职业承诺和职业成功。

关于职业生涯选择的研究多集中在饭店业职业生涯选择影响因素方面。以往研究表明，有许多因素影响到饭店业职业生涯选择，主要有就业，职业态度和爱好，工作经历，职业锚，以及职业期望 O'Mahony，McWilliams，& Whitelaw 发现很多大学生选择进入酒店业是因为他们通过做临时或者兼职酒店员工的亲身经历和个人观察，或者是从媒体了解到酒店业的增长趋势，因而对饭店业的前景较为乐观。因此学者们建议实施实习，建立以培训为导向的教育项目非常重要。

职业通道一直以来是个热门话题，因为它反映了职业流动，职业方向，职业步伐，职业目标，职位奖励，职业障碍，职业动机以及人力资本积累。Guerrier 认为在英国饭店的总经理共经历了三个生涯阶段，即培训/教育，协助/职能部门职责，总经理。关于职业路径的研究涉及职业流动，所需技能，教育背景，成为总经理所需要的时间，以及职业发展中特殊工作的重要性等。因为职业生涯逐渐趋于自我管理，因此饭店经理们都积极地进行长期职业规划，并且研究发现管理能力是饭店管理中所需的最重要的技能。

饭店管理者的职业承诺状况越来越引起研究者的关注。研究发现，酒店经理主动地管理自身的职业生涯，并且他们的组织承诺和职业承诺的水平受到其工作性质的影响。如果酒店致力于满足员工的职业需要并提供具有挑战性的工作，那么员工更有可能对他们的职业或工作忠诚。通过对会展业人才的研究，Montgomery & Rutherford 发现与那些职位较低的员工相比，高职位的员工拥有更高水平的职业承诺。影响职业承诺的最重要的因素之一是饭店对会展服务的重视程度。

关于职业成功的研究主要集中在工作技能以及个人性格对职业成功的影响作用。许多学者分析了管理者成功所需要的知识、技能以及能力等。研究发现，组织能力、人际交往能力、沟通能力，以及专业技术能力，都对职业成功至关重要。Chung 发现分析问题、解决问题的能力，沟通能力、工作管理能力，以及创新能力都是取得职业成功的重要因素。近年来，金融管理能力似乎成为成功的重要指标，金融管理也似乎成为决定学生未来是否能找到成功职业的最有价值的知识。随着会展业的发展，Antun & Salazar 发现会展产品分析技能关系到旅游管理专业毕业生的工作满意度和职业成功。人格特质是关系到饭店业职业成功的另一个重要因素。研究发现一个人的内在属性及个人性格是取得职业成功的最重要因素，比一些技能因素如金融管理知识还要重要。

尽管许多研究设计到职业选择、职业路径、职业承诺和职业成功，但是关于饭店业组织职业生涯管理的研究比较有限。而关于国营饭店的职业生涯实施情况的研究就更少。自1984年到2007年，发现只有66篇关于中国饭店的英语论文。而在这些论文中还没有发现对中国饭店职业生涯管理的相关研究。组织职业生涯管理对中国饭店业来说还是一个新的现象，并没有引起足够的重视和研究。

研究目标

本研究旨在探讨中国国营饭店职业生涯管理实施情况，以及检验这些职业生涯措施是否能满足员工的需求。研究目标主要有：

（1）探讨目前国营酒店职业生涯管理实施情况；

（2）调查员工对饭店职业生涯管理的认知态度；

（3）确认组织职业生涯管理与员工职业认知的关系；

（4）分析饭店人力资源管理实施情况，并为其实践管理提供理论指导。

因为缺少相关的研究，本文运用定性研究方法以期在较短的时间内尽量收集到丰富的资料（Berg，2008）。

研究方法

以下部分将详细介绍研究设计，以及个案分析、小组讨论、深度访谈的实施情况。

研究设计

本文运用三种研究方法，即案例分析，小组讨论及深度访谈。个案分析探讨了一家著名国营饭店的职业生涯管理状况。小组讨论主要从高层管理者层面来了解饭店职业生涯实施情况。参加小组讨论的主要是饭店总经理，因为他们对饭店职业生涯实施情况有一个总体的了解。深度访谈旨在搜集基层管理者和员工对职业生涯管理的认知情况，以及他们是否满意目前的职业生涯措施。深度访谈的对象主要是饭店中层经理和主管。之所以选择中层人员是因为他们既可以从管理者的角度，也可以从员工的角度来反映饭店职业生涯管理的真实情况。他们关心自己的职业生涯发展，因此也能为本研究提供有价值的数据。三种研究方法的结果互为补充，有效整合，能充分反映目前组织职业生涯管理在饭店行业的实施情况，以及员工的认知程度。

由于有关饭店业的职业生涯管理研究非常少，难以提供有效的理论借鉴，因此本文扩大了文献回顾的范围，从广泛的管理学文献中梳理对本研究有益的资料。通过系统的文献分析，最后确定 Baruch 和 Baruch & Peiperl 所提出的 20 项职业生涯管理（OCM）作为本研究的文献参考。之所以选择 Baruch 等人的职业生涯管理活动做参考，是因为这些活动是在对 254 个公司的调查和对 25 位权威学者访问的基础上开发出来的，参与调查的公司组织具有合理的广泛性和代表性。其综合研究结果基本包含了所有范围内可能的职业生涯管理活动。Baruch 在做访谈时，也对每一个作为参考的职业生涯活动做了详细的解释，这些也将为本研究开展深度访谈提供资料。

所有的访谈按照如下程序进行。访谈首先以开放式问卷的形式进行，要求每个调查者写出本单位在组织职业生涯管理方面的具体措施。开放式问卷使收集的信息比较全面具体，丰富了饭店职业生涯管理的相关资料。为避免相同措施在中西方中的名称差异，研究者又向被调查者解释了文献中搜集的资料，并询问了这些职业生涯措施在其单位所实施的程度。研究者通过分析被调查者的信息，对搜集的资料进行最大程度的理解并归纳整理。

个案分析

个案分析的研究对象为国内一家著名的国营酒店。之所以选择这家饭店是因为它较早地引入了国际先进的管理模式和职业生涯管理措施，因此能为本研究提供必需的数据和资料。

为了了解这家饭店职业生涯管理的实施情况，研究者从不同角度搜集到大量资料，主要的方法包括对人力资源部经理及员工的访谈、新闻报道、期刊文章以及饭店网站等。首先，研究者与人力资源部经理及员工进行一些会谈并询问一些问题，如饭店目前实施的职业生涯管理措施有哪些？你最满意的职业生涯措施是什么？哪些措施需要进一步改善？其次，从报纸和杂志中搜集到许多关于该饭店职业生涯管理的信息。最后，登录饭店的网页（尤其是招聘网页）以查找到相关资料。

小组讨论

为了从高层管理者的角度了解饭店职业生涯管理的实施情况，我们组织了两次小组讨论。第一次小组讨论是 2007 年 9 月在中国南部地区进行，第二次小组讨论在中国北部进行，时间是 2007 年 2 月。参加这两次小组讨论的共有 13 位总经理和副总经理，他们的平均年龄 45 岁，都有在国营饭店超过 8 年的工作经验。

小组讨论按照提前准备的程序进行，在讨论中如有不清楚的地方，研究者会提出问题或请讨论者详细解释以便获取最清晰的理解。小组讨论是以中文的形式进行，然后翻译成英语。为了确保翻译的准确性，我们运用了回译的方式。

深度访谈

进行深度访谈是为了调查员工对职业生涯管理的认知态度，共访谈了 16 位饭店人员。选择访谈对象是根据有效抽样的理论，尽量选择那些能提供丰富的多样化信息的人员。访谈的目标样本主要具有以下特点：在四星或五星级酒店有两年以上工作经验，年龄介于 20 到 38 岁之间的中层管理者。多数参与访谈的人员拥有旅游管理相关方面的教育。

所有的访谈按照如下程序进行。访谈首先以开放式问卷的形式进行，要求每个调查者写出本单位在组织职业生涯管理方面的具体措施，他们对目前实施的职业生涯管理措施的认知，以及他们自己的职业发展计划和需求。研究者对所有的信息进行记录整理。然后，研究者又解释了 Baruch 的 20 个职业生涯管理措施，为避免相同措施在中西方中的名称差异，研究者又向被调查者解释了文献中搜集的资料，并询问了这些职业生涯措施在其单位所实施的程度。

数据分析及编译根据 Auerbach & Silverstein 所推荐的过程进行。研究者对参与者提供的信息进行充分理解并从中获得启示。对数据的分析采用内容分析法和对比分析法。将深度访谈的资料进行归纳整理，并将其与文献中列出项目进行比较。结果发现有些项目重复，于是对项目进行提炼整理合并，将三种方法中多次提及的项目提炼出来并在本文中标明。定性研究的分析过程主要按照内容分析法的原则进行。

发现与讨论

结果表明西方国家实施的职业生涯措施在中国并未全部实施，有些措施在我国并不适用。另外，被访谈者也描述了一些在中国的酒店中所特有的职业生涯管理（OCM）活动。例如，有别于西方国家，我国目前虽然也有职业生涯方面的咨询，但其具体过程并非正式。因此，将西方职业生涯中的"正式辅导"替换为"非正式辅导"。另外，多数饭店并不提供正式的学历教育，而只是对参加继续教育的人给予一定的支持，如报销部分学费或路费。因此，将数据中的"MBA 教育"合并入"教育经费支持"这一项中。

将定性研究整理出来的 13 项职业生涯管理措施进行分类，分类的标准采用 Gutteridge, Leibowitz, and Shore' 的研究结果。Gutteridge 等调研了美国 1000 家大型公司并开发出 32 项职业生涯管理措施，并将他们分为 6 组：员工自我评估工具，组织潜力评估程序，内部劳动力市场信息交流，个人咨询或职业讨论，工作匹配系统及发展系统。Gutteridge 等开发了最为全面的职业生涯管理措施体系，因此可以为后续研究提供借鉴。基于 Gutteridge 的研究，本文开发出的 13 个项目分成四个维度，分别是职业评估工具，职业发展信息，职业培训及提升系统。

表 1 是目前中国国营饭店主要实施的职业生涯管理措施。

表 1　中国国营饭店职业生涯管理措施

维　　度	项　　目
A. 职业评估工具	1. 360 度考评 2. 清楚的反馈 * 3. 内部评估中心 *
B. 职业发展信息	4. 直接领导/人力资源部经理的职业发展建议 5. 非正式辅导（职业建议）* 6. 职务公告
C. 职业培训项目	7. 导向培训 8. 教育经费支持 * 9. 培训项目 10. 职务轮换
D. 职业提升系统	11. 双重阶梯 12. 职业路径 13. 继任计划

注：* 代表本研究开发的项目

下列章节总结了个案分析的结果，以及从总经理和部门经理层面获得的信息。因为个案分析与小组访谈的目标一致，都是为了调查饭店职业生涯管理的实施情况。因此在后续研究中将个案分析与小组讨论的结果进行整合，共同反映饭店职业生涯管理的情况。

职业评估工具

饭店管理者的角度

尽管饭店实施了业绩考评，但是考评标准因饭店而异。研究表明多数的高星级饭店实行了相对系统的业绩考评措施，并把业绩考评作为奖励和提拔人才的标准之一。比如，为了评价管理者的潜能，一些饭店推行了均衡考评卡，评估工作业绩，并鼓励员工做得更好。对员工的工作情况，多数饭店能够提供清楚的反馈，并且邀请优秀员工进行经验交流。但是，在一些饭店里，360 度考评主要用来考核员工并警示考评分数较低的雇员，其主要的作用是警示而不是为了员工的职业生涯发展。

考核中心，在许多国际饭店里是一种有效的职业生涯管理措施，但在中国境内饭店还没有得到充分的推广和应用。在中国，这种考评职能通过饭店内部的考核中心进行，其实施的方法与美国饭店不同。通常饭店的考核中心隶属于人力资源管理部门。

员工的角度

通过调研发现，员工希望建立一个公平合理的考核机制。他们认为饭店考核体系应有固定的标准权重，并且考虑到多方面因素如工作类型、工作水平、工作量以及工作时间等。其中一个员工谈道："360 度考评，有时候会有一些感情或个人因素参与其中。比如，如果在考评小组中我认识比较多的人，那么有可能我得到的评估分数就会比别人高一点。"因此，需要建立一个多方位的考核体系，参与考核的人不仅有主管，也应有自我评价和同事评价等，这样可以减少只靠一个评估中心所造成的主观影响。

另外，业绩考评的最终目的应是为员工的职业发展服务，而不是仅仅为了惩罚员工的不足之处。其中一个被访者就谈道："我非常希望有机会能详细分析自身的优缺点，这样可帮我确定正确的方向，有效地发展职业生涯。"因此，饭店应开发有效体系用来评估管理者的潜在能力，并为他们的职业发展指引方向。表 2 总结了管理者及员工对职业生涯评估工具的认知情况。

表 2　员工职业考评工具的发现总结

职业考评工具	饭店的角度	员工的角度	认知差距
1. 360 度考评	该考评体系在许多高星级饭店实施，但缺少标准的评估标准	员工需要建立公平合理的评估标准和体系	评估管理者或未来管理者潜在能力的功能还没有得到实施
2. 清楚的工作反馈	对员工的工作有反馈，同时也提供相应的培训和提拔机会	除了工作反馈，员工们需要得到职业生涯发展建议	员工需要得到更多的关于职业生涯发展的建议和指导
3. 评估中心	一些高星级饭店实施了临时性的评估中心，但其他一些国营饭店还没有推行	员工期望应建立有效的评估中心，并把评估结果作为人才发展的有效工具	给员工提供职业发展信息比较少

职业发展信息

饭店的角度

职业发展辅导作为一项有助于员工职业生涯发展的举措，在中国还没有得到充分实施。但是，有些饭店实行了一些非正式辅导，比如职业发展讨论、职业计划及管理者提供的职业建议等。在一些高星级饭店，还实施了另外一些有效的措施，如"下一步发展规划"，"草根会议"等。这些措施旨在倾听员工心声并为员工发展提供建议。但是，由于缺少相关的咨询专业人士和培训，职业辅导在许多饭店目前实施起来比较难。有一位饭店管理者说道："我非常了解职业咨询的优势，但没有人帮我实施这项措施。目前饭店的人力资源部经理缺少相关的职业辅导知识，社会上的专业公司也比较少，因此要有效地实施职业生涯辅导还是比较难的。"

在大多数饭店，工作通告得到有效实施。只要饭店有职位空缺，都会通过内部网络、报纸、新闻、广告牌等将信息发布给员工。有些饭店也为员工制定了职业生涯发展计划。其中，在一家饭店的招聘工作通告中写道："饭店将针对员工的具体情况，量体裁衣式地设计发展计划。"但在一些低星级饭店中，职业生涯座谈会以及有关职业发展的宣传册还没有广泛实施。

员工的角度

对于员工来说，他们强烈期望为他们提供正式的职业生涯发展辅导。由于缺乏清楚的职业生涯发展阶梯以及充分的激励，许多被调查者反映他们对目前的工作不是很满意，还有一些对未来的发展感到困惑。"在过去，我的主管像叔叔一样为我的职业发展提供建议。但是自从他离开这家饭店，没人关心我的职业发展。因此对自己未来的发展感到很无助和困惑。"除了职业发展辅导，职业规划也有利于饭店经理人长期的职业发展。对于他们来说，有一个明朗清楚的发展规划，是最大的激励。许多被调查者表示通过参加各种职业讲座受益匪浅，尤其是一些介绍未来职业发展的讲座使他们得到启发。表3总结了饭店和员工对职业发展信息的认知情况。

表3 职业发展信息发现总结

职业发展信息	饭店的角度	员工的角度	认知差距
1. 直接领导/人力资源部经理的职业辅导	由于缺乏相关的知识，很难提供正式辅导	员工非常渴望得到职业生涯发展的正式辅导	目前实施的是非正式的辅导，但员工对正式辅导有强烈的需求
2. 非正式辅导	有些饭店推行了"对话式辅导"，即管理者与职工通过对话形式提供一些职业生涯发展建议和指导	一些四星级/五星级饭店比较重视员工的职业生涯发展，但是，其他一些饭店只是提供非正式辅导。因此员工对未来职业计划和发展感到迷惑	饭店目前的措施与员工的期望有差距，并影响到员工的未来发展和职业满意度
3. 工作通告	在多数饭店得到很好实施。饭店实施了内部工作通告，并为员工提供提升信息	容易得到饭店内部的招聘信息	多数员工对此项措施感到满意

职业培训项目

饭店角度

饭店实施了系统的培训项目。中国国营饭店实施了多种形式的内部培训、在职培训等。在一家著名的高星级饭店，各层员工都得到相应的培训机会。比如，饭店有计划地安排新入职的员工到北京总部参加导向培训。同时，饭店业组织不同部门之间的交叉培训，以增进各部门之间的关系，了解不同部门的工作性质。但是，与国际著名品牌饭店相比，中国国营饭店在培训资金、培训多样化方面还有待进一步拓展。有些饭店重视管理者的培训，对基层员工的培训相应较少；也有的饭店重视岗前培训，但缺少对员工的教育培训和技能提高培训。

关于对管理者的培训，多数饭店组织管理者进行外出参观学习或考察外地饭店。也有饭店会根据管理者对饭店的贡献及工作时间，为他们报销一定数额的正式教育费用，鼓励他们进行学位学习。比如，一家饭店的经理就获得单位的资助去继续攻读硕士学位。

许多饭店也实施了导向培训，向新入职的员工介绍企业文化、正确的行为、态度等。但是有些饭店只是为新员工简单介绍了一些相关知识，缺少员工与主管及中层经理的进一步交流沟通。职务轮换在国际饭店比较流行，但在国营饭店实施的比较少，只是在岗位空缺的时候作为一个临时性的解决方法。

员工角度

饭店员工渴望正式培训及安排有序的培训项目。研究发现，大多数饭店非常重视岗前培训。当工作需要时，培训项目比较多。但是一旦员工通过培训掌握了相应的工作技能，那么后续的培训就比较少。管理者会把培训的重点放在高层经理的身上，为他们的继续教育培训提供财政支持。有些饭店经营者表示，他们更希望招聘有工作经验或提前得到相关培训的人员，这样他们一上岗就可以工作，节省培训的费用和时间。

但是，对于员工而言，他们并不认为相关的课程教育和岗前培训能使他们充分地应对工作。一些中层管理者希望通过培训得到未来发展的机会，也希望获得职业生涯发展所需要的技能，如语言知识、沟通技能、谈判技巧等。参与调查的人也表示，工作轮换可帮助他们扩大视野，并从不同的工作岗位学到新知识。表4总结了关于职业培训的研究发现。

表4　关于职业培训的总结

职业培训项目	饭店角度	员工角度	认知差距
1. 导向培训	多数饭店实施了导向培训	许多员工通过导向培训了解了公司文化与正确行为	在导向培训之后，希望得到主管或经理的进一步指导
2. 对正式教育的财务支持	饭店实施了内部培训和在岗培训	只有少数高层管理者有幸获得饭店的资助，接受正式教育或学位教育	除了个别的高层管理者，多数员工表示没有获得继续教育的机会
3. 为经理提供的培训项目	许多饭店为经理提供了外出学习与培训的机会	许多年轻的管理者渴望能提高技能并获得有益于职业生涯发展的知识	尽管有些培训还不能满足员工提高技能的需要，但是大多数饭店的职业培训还是有序进行
4. 工作轮换	在一些四星级或五星级饭店工作轮换得到实施	参与者认为工作轮换扩大了视野，并使他们了解到不同部门的工作	工作轮换有利于提高管理者的管理能力

职业提升系统

饭店角度

饭店经营者认为继任计划和共同职业通道有利于饭店的未来扩张和发展需要。继任计划为饭店和个人的未来发展培养和发展了一些有能力的人才。"我喜欢从饭店内部招聘经理，除非内部没有合适的人选才会从外部招聘"。另外，许多饭店也实行了双重阶梯用以吸引和留住高技能的厨师和技术人员。根据雇员的技术能力和管理水平分为三种系列：管理系列、技术系列和服务系列，并根据不同的系列和级别发放工资和补助。

但是，在一些低星级饭店里，上面提及的双重阶梯、职业路径和继任计划并没有得到实施。许多饭店管理者认为如果有合适的薪酬管理系统，可以实施双重阶梯。但是，在少数国营饭店里，还是按照论资排辈的形式而不是按照贡献或能力来提拔人才。

雇员的角度

员工希望按照能力和业绩来提拔人才。调查发现，激励员工的有效因素主要有内部提拔、工资福利、以及为员工安排有益的活动。"职业生涯发展和进步在我的工作中占有重要地位。因为我现在还很年轻，因此更关注未来发展而不是钱。"除了公平透明的提升系统，对员工工作的认可和合理的薪酬也是重要的激励。但是，通过调研发现多数饭店与员工之间缺乏沟通渠道，不能很好地理解员工的职业生涯发展需求。表5总结了关于职业提升系统的认知情况。

表 5　关于职业提升系统的总结

职业提升系统	饭店角度	员工角度	认知差距
1. 双重阶梯	一些高星级饭店实行了双重阶梯，但一些三星级饭店还没有实施。	职工希望饭店实施双重阶梯。	建议饭店建立系统的全面的双重阶梯管理。
2. 职业通道	因为缺乏相关的人才和知识，多数饭店难以实施共同的职业通道。	员工对此有强烈需求。	还没有得到充分实施，因此员工对未来发展感到迷惑。
3. 继任计划	一些五星级饭店已经系统地实施了继任计划。	员工对此感到满意。	需要建立沟通渠道以便很好地了解员工需求。

实践意义

随着中国饭店业的迅速发展，饭店职业生涯管理变得日益重要。而在设计具体的职业生涯体系时，管理者需要深入了解员工需求。本研究的调查结果为饭店管理者提供了大量的信息，有助于很好地开展职业生涯管理。比如，员工对正规的职业辅导有强烈的需求愿望，但是这项措施在大多数的饭店并没有得到实施。另外，饭店需要经常与员工沟通，才能在制定出合理有效的职业生涯管理措施。因此，中国饭店应尽量有效地开展职业生涯管理，以满足员工职业生涯发展的需求。同时，饭店还应该考虑员工的个人兴趣爱好和未来发展，尽量为员工提供长期的职业生涯发展规划以在动态的劳动市场留住员工。系统的职业提升系统有助于评价工作业绩，测量未来经理的潜能，并制定继任计划。

总之，探讨员工对职业生涯管理的认知情况，为饭店管理者提供了详细的真实资料，有助于中国饭店制定合理的职业生涯管理措施。关注职工的职业生涯发展，不仅能吸引和留住合格员工，也有助于提高企业的核心竞争力。

学术意义

本研究详细探讨了中国饭店职业生涯管理实施情况，以及员工对各项措施的认知和评价。研究发现，组织职业生涯管理在中国饭店业还属于一个比较新的领域，并没有得到充分的研究和实施。已实施的一些职业生涯管理措施并不能满足饭店人员职业生涯发展需求。未来研究可进一步在该领域开展理论研究。比如，业绩考评虽然在很多饭店得以实施，但是缺乏统一的标准和公正的评判，因此后续研究可进一步探讨职业生涯管理的评价标准。还有一个有趣的研究空间是关于正式辅导。员工对正式辅导有强烈的需求，但是该项措施却并没有得到广泛实施。因此未来学者可研究如何为员工提供有效辅导，如何通过支持员工的职业生涯发展来留住合格人才。

因为组织在职业生涯体系中的角色由原来的"命令和控制"变为现在新的"支持与提高"角色，分析组织的主要作用和未来方向也就成为有趣的研究议题。未来研究可详细分析哪些职业生涯管理措施最能满足员工的需求，并且能有效地支持员工的职业发展。

该研究对中国国营饭店的职业生涯管理状况进行了详细调查，并提供了真实资料。因为在该领域的研究较少，因此本研究成果可为后续研究奠定基础。但是，本文提出的四个维度是建立在定性研究的基础上，没有进行实证研究。因此，后续研究可在此基础上进行大量的实证研究，并进一步检验已开发维度的信度和效度。

总　结

研究发现职业生涯管理在中国饭店业并不完善。职业辅导与员工的职业发展紧密相关，但并没有得到有效实施。许多年轻的饭店人，尤其是那些受过高等教育的人，渴望获得相关的职业生涯知识并热切关注自己的职业生涯发展。但是，由于饭店业只实施了有限的职业生涯措施，这影响了员工的职业满意度。

培训系统在多数国营饭店实施良好，并且与员工发展也息息相关。但是只是通常的岗前培训或在岗培训不能满足饭店人的需要，饭店经理们希望通过继续培训不断增长知识，丰富阅历。对于员工来说，日复一日地重复同样的工作消减了他们的工作热情和积极性。因此饭店需要提供多种形式的培训，比如学位教育、技能提高以及相关知识培训等。

总之，目前饭店业实施的职业生涯措施只能部分地满足员工的需要，大量的有效措施有待进一步实施和推广。饭店管理者需要首先了解员工的需求，然后有针对性地开发有效的职业管理措施。为了留住合格人才，饭店业应充分重视职业生涯管理，一些有效措施，如职业辅导项目、职业提升系统以及职业培训计划应得到有效实施。

研究局限性

研究的局限性首先表现在调研对象方面。因为调研对象只是中国的国营饭店，没有包含所有的饭店类型。但是，因为国营饭店是中国饭店的主要力量，在所有饭店中处于主导地位，因此其研究结果可以为后续研究提供有效数据和基础。另外，定性研究的样本量较少。但是参与调查的人员来自全国不同地区和饭店不同阶层，具有代表性，并且他们在访谈中踊跃发言，愿意提供最多的信息。根据定性研究的抽样标准，被调查者满足各项要求，具有代表性，并且为本研究提供了丰富的资料和必要的信息。基于此，研究结果具有满意的信度和效度。

［作者单位：山东大学（威海）］

零售品牌形象与顾客满意度、忠诚度研究

中国加入 WTO 后，世界著名零售企业纷纷加大了在华投资开店力度，使中国零售业开始从单纯地注重交易转向注重顾客关系，充分了解并满足顾客的需求。与此同时，这些国际零售大鳄的加入也给中国内地零售企业带来了极大冲击。它们进入中国时选择的零售业态基本上都是最能迎合顾客"一次购足"需求的大型综合超市和购物中心，而且它们具有资金实力雄厚、管理经验丰富、品牌形象强势的特点。与这些强势零售品牌相比，中国内地零售企业无论在营销理念、资本实力，还是在技术能力或管理水平上都存在较大的差距。在此背景之下，中国内地零售企业更需积极研究消费者心理及行为特点，探究中国消费者心目中的零售品牌形象对他们的消费行为的影响具有重要意义。因为消费者在对某一个特定零售商店做出拜访还是不拜访、购买还是不购买的决定时，其对这个商店的品牌形象认知是非常重要的。这类研究在西方发达国家已有许多学者做过探讨，但在以儒家文化为代表的东方发展中国家尚不多见。本文将以在中国内地经营的零售企业为例，探究零售品牌形象对顾客满意度及顾客忠诚度的影响。

一　文献回顾与研究假设

（一）文献回顾

1. 零售品牌形象。Martineau 是最早研究零售品牌形象的学者之一，他认为零售品牌形象就是顾客在心目中对零售商的定义方式，顾客给零售商的这种定义对他们的光顾愿望起着非常重要的作用。自 Martineau 开创性的研究之

后，零售品牌形象成为理论界和实践界关注的一个热点问题。零售品牌形象被视为多重属性的集合，它既包括与商店、服务等相关的各种物理特征，也包括顾客心中的情感反应。如 Arons 认为所谓零售品牌形象就是提供给人们的有关商场特色的概念与关系的复合体；Bloemer 和 Ruyter 认为零售品牌形象就是消费者对零售商店不同属性感知的集合。这些关于零售品牌形象的概念都是建立在消费者对形象要素感知的基础上的，这有利于我们了解零售品牌形象的构成要素。而 Kunkel 和 Berry 从行为科学中的视角研究了零售品牌形象，认为零售品牌形象是一个人在一个特定的零售商店购物所获得的对该品牌商店的整体概念或预期，是过去在此品牌商店购物的结果，因此过去的经验是形成零售品牌商店形象的重要因素。这表明，顾客对零售品牌形象的认知是通过对该零售品牌形象的物理要素的不断接触和品牌个性持续不断的体验而得到的，这类概念能帮助我们理解零售品牌形象的形成过程并进行零售品牌形象的测量。

2. 顾客满意度。顾客满意度是指顾客通过对产品的感知绩效与其期望值比较后所形成的愉悦或失望的感觉状态。如果感知绩效低于期望，顾客就会不满意；如果绩效与其期望相匹配，顾客就会满意；而如果绩效高于期望，顾客就会高度满意或欣喜。美国著名营销学者 Oliver 认为，顾客满意是顾客需要得到满足后的一种心理反应，是顾客对产品和服务的特征或产品和服务本身满足自己需要程度的一种判断。因此，顾客满意是顾客心理的一种感受，它既包含认知成分，又包含情感成分。对顾客满意度的测量一般采取两种方式，即顾客对具体某一次消费经历的满意程度和顾客对自己以往多次消费经历的累计满意程度，本研究将采取第二种测量方式。

3. 顾客忠诚度。顾客忠诚度是企业关注的核心问题之一，目前西方国家在这方面已经形成了相对比较成熟的理论。顾客忠诚度的研究最先是从行为的视角进行的，它通过对顾客购买比例、购买顺序和购买可能性等行为特征解释重复购买行为模式，以此作为顾客忠诚的表现，后来学者们认识到除考虑顾客购买行为外还应该考虑顾客忠诚的心理含义。Oliver 认为顾客忠诚是高度承诺在未来持续地重复购买偏好的产品或服务，并因此产生对同一品牌或同一品牌系列的重复购买行为，而且不会因为环境和营销努力的影响而产生转移行为。国内外学者对顾客忠诚度进行过大量的实证研究，他们所采用的测量指标虽然并不完全相同，但一般都是从行为性忠诚、情感性忠诚、认知性忠诚和意向性忠诚四个角度中的一个或几个来测量顾客忠诚度的。本项研究将从顾客对零售品牌的态度忠诚和行为忠诚两个角度来衡量顾客的忠诚度，而顾客的态度忠诚则用情感性忠诚和意向性忠诚两个指标来衡量。

（二）研究假设与概念模型

多位学者的研究都表明零售品牌形象与顾客忠诚度之间存在显著的关系，良好的零售品牌形象有助于顾客建立对该品牌的满意度和忠诚度，但也有学者认为零售品牌形象对顾客忠诚度并不产生直接的影响。形象会对顾客的购买行为产生影响，良好的零售品牌形象会带来顾客满意和顾客忠诚。Davies 和 Ward 指出，零售品牌形象能够潜在地影响顾客对于零售商店的选择和惠顾，也会影响到其忠诚度，所以品牌形象对于商店差异化的建立具有重要作用。Chang 和 Tu 以台湾零售企业为例进行的实证研究发现，零售品牌形象对顾客忠诚度具有直接的影响，同时又通过顾客满意度的中介作用对顾客忠诚度产生影响。Bloemer 和 Ruyter 通过对瑞士零售商店的研究考察了零售品牌形象、顾客满意和顾客忠诚的关系，发现零售品牌形象对顾客忠诚度的影响是通过顾客满意度的完全中介作用产生的，但他们的研究拒绝了零售品牌形象与顾客忠诚度的直接相关性。零售品牌形象是顾客对品牌形象要素的感知与联想的总和，顾客满意是顾客对零售品牌绩效满足其期望的感知，而顾客忠诚则是心理上赞同某零售品牌并在实际行动上付诸实施。由此可见，三者都有属于顾客心理层面的含义，顾客对零售品牌形象的评价越高，表明该品牌商店满足其期望的程度也越高，亦即顾客感到越满意，从而在心理上更愿意继续惠顾并可能付诸行动。基于此，现提出下述研究假设和概念模型：

H1 零售品牌形象对顾客满意度具有显著的直接的正向影响。

H2 零售品牌形象对顾客忠诚度具有显著的直接的正向影响。

H3 顾客满意度对顾客忠诚度具有显著的直接的正向影响。

H4 顾客满意度在零售品牌形象和顾客忠诚度之间起中介作用。

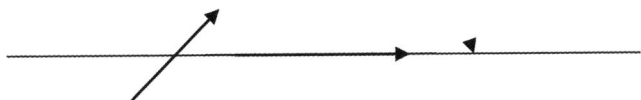

图 1　概念模型

二 实证设计

（一）量表设计

在文献回顾和调研访谈的基础上，本文设计了调查量表以探测零售品牌形象、顾客满意度和顾客忠诚度。整份量表由零售品牌形象量表、顾客满意度量表和顾客忠诚度量表三个分量表构成，其中零售品牌形象由设施设备、商品品质、有形展示、建筑装饰、购物便利、商品价格和商店氛围7个指标测量；顾客满意度量表由整体满意和期望满意2个指标测量；顾客忠诚度由行为忠诚和态度忠诚4个指标测量。研究中所有的指标我们都采用了李克特5点量表（Likert 5 Point Scale）进行测量，5分表示"非常同意"，4分表示"比较同意"，3分表示"一般"，2分表示"不太同意"，1分表示"很不同意"。

（二）抽样设计

本文选择了在山东省济南市、青岛市、烟台市和威海市四个城市实施问卷调查，这四个城市既具有比较知名的本土零售品牌如银座、利群、维客和家家悦等，又有著名的国际零售品牌如沃尔玛、家乐福、佳世客和大润发等入驻，具有较高的代表性。本次调研的对象是具有在这些零售企业购物经验的消费者。调查共发放问卷600份，其中收回有效问卷532份。对调查数据运用SPSS 14.0 forWindows数据分析软件进行了描述性统计分析、方差分析和信度分析等，并用AMOS7.0统计软件建立结构方程模型以验证研究假设。

三 数据分析

（一）样本特征

在所有被访者中，男性为251人，占47.2%，女性为281人，占52.8%；从年龄上看，21岁~30岁之间的被访者最多，约占57.7%，其次是31岁~40岁之间的被访者，约占20.1%；39.5%的被访者月总收入在1000元及以下，34.8%的被访者月总收入在1001元~2000元之间；从学历上看，受过高等教育的人比较多，其中，本/专科学历的占49.4%；而从职业上看，公司职员比较多，占29.3%，其次是学生和事业单位人员，分别占24.8%和14.1%。

（二）方差分析

研究中使用了方差分析，以探究不同地区的消费者对零售品牌形象的感知及其满意度和忠诚度是否存在差异。分析结果表明地区间的确存在显著的差异性，其中烟台在各方面的均值都比较高。为了进一步研究不同地区间的差异性，现用 Scheffe 法检测了两两地区之间是否有显著差异。结果显示零售品牌形象方面，除威海与青岛两城市间不存在显著差异外，其他城市间均存在显著的差异，其中消费者对烟台的零售品牌形象感知最高，对济南的零售品牌形象感知最低。顾客满意度方面，烟台消费者对零售品牌的满意度显著地高于济南和青岛的消费者，威海消费者的满意度显著地高于济南。在顾客忠诚度方面，烟台消费者对零售品牌的忠诚度显著地高于青岛的消费者，其他城市之间没有表现出显著的差异。

（三）量表的信度与效度分析

为了了解量表的一致性与稳定性，对量表进行了信度检验。结果表明量表具有较高的信度。零售品牌形象量表的 Cronbach's α 系数为 0.901，而顾客满意度量表的 Cronbach's α 系数为 0.707，顾客忠诚度量表的 Cronbach's α 系数为 0.838，所有系数值都超过了建议值 0.7。学者们在零售品牌形象、顾客满意度与顾客忠诚度方面已作了大量研究，本次研究中零售品牌形象、顾客满意度和顾客忠诚度指标主要参考了前人的研究结果，量表初稿生成后又请教了相关专家。因此，量表具有良好的效度，能够有效测出顾客心目中的零售品牌形象及顾客满意与忠诚的程度。

表 1　方差分析表

变　　量	城市	均值	F 检验	显著性
零售品牌形象	济南	3.5239	20.980	0.000
	青岛	3.7602		
	烟台	4.0012		
	威海	3.8420		
顾客满意度	济南	3.5650	9.982	0.000
	青岛	3.7759		
	烟台	4.0576		
	威海	3.9020		

续表

变　量	城市	均值	F 检验	显著性
顾客忠诚度	济南	3.8950	4.034	0.007
	青岛	3.8621		
	烟台	4.1745		
	威海	3.9966		

（四）概念模型与研究假设的检验

为了检验零售品牌形象对顾客满意度及顾客忠诚度的影响，特别是顾客满意度在零售品牌形象和顾客忠诚度之间的中介作用，本研究利用 AMOS6.0 软件建立结构方程模型，以检验变量间的路径系数是否显著。研究中一般使用卡方值（x^2）、自由度（df）、卡方自由度比（x^2/df）、比较拟合指数（CFI）、拟合度指数（GFI）、调整后拟合度指数（AGFI）和估计误差均方根（RMSEA）等指标来衡量研究模型的拟合效果。x^2/df 的值越小越好，一般来说以不大于 3 为宜；GFI 与 AGFI 的值在 0.8 ~ 0.89 之间是合理的，其值大于 0.90 时被认为效果良好；RMSEA 的值小于 0.08 时被认为是可以接受的，当小于 0.05 时为理想水平。由表 2 可以看出，模型统计参数均在可接受范围之内。综合各项指标值，可以判定本研究中结构模型与测量的样本数据的拟合优度较好。

表 2　拟合优度统计值

指标量	x^2	df	x^2/df	GFI	AGFI	NFI	IFI	CFI	RMSEA
数值	115.808	40	2.895	0.961	0.935	0.951	0.968	0.967	0.060

表 3 为变量之间的直接效果、间接效果与总效果，从中可以看出：（1）零售品牌形象对顾客满意度的直接效果为 0.88，由于没有间接效果，其总效果也是 0.88，且效果显著，因此 H1 得到检验。（2）顾客满意度对顾客忠诚度只有直接效果，没有间接效果，直接效果和总效果值均为 0.74，且效果显著，因此 H2 得到检验。（3）零售品牌形象对顾客忠诚度没有间接效果，其直接效果和总效果均为 0.11，且效果显著，因此 H3 得到检验。（4）零售品牌形象通过顾客满意度对顾客忠诚度产生 0.65（0.88×0.74）的间接效果，比其对顾客忠诚度的直接效果 0.11 更高，其总体效果为 0.76。也就是说，零售品牌形象对顾客忠诚度具有直接作用，但其对顾客忠诚度的影响有相当一部分是通

过顾客满意度的中介作用传递给顾客忠诚度的,这与 Chang、Tu 在台湾进行的实证研究结论是一致的。因此,H4 得到检验。

表 3 变量之间的直接效果、间接效果与总效果变量间的关系

变量间的关系	直接效果	间接效果	总效果
零售品牌形象→顾客满意度	0.88	0	0.88
顾客满意度→顾客忠诚度	0.74	0	0.74
零售品牌形象→顾客忠诚度	0.11	0	0.11
零售品牌形象→顾客满意度→顾客忠诚度	0.11	0.65	0.76

四 结论与启示

顾客满意度是顾客在接受产品和服务以后对其满足自己需求程度的判断,是一种心理的感知;而顾客忠诚度是顾客重复惠顾某商场的愿望和行为。通过前述对零售品牌形象与顾客满意度和顾客忠诚度之间关系的理论分析和实证研究,我们发现消费者对零售品牌形象的感知对其满意度和忠诚度均具有显著的直接影响,零售品牌形象还通过顾客满意度这个中介变量间接影响顾客忠诚度。良好的零售品牌形象是成功企业的标志,它可以降低顾客的购物风险从而简化其购物决策,驱使顾客保持对零售商店的满意和忠诚。因此,本研究对于零售企业的管理启示在于:

1. 零售企业应树立品牌意识,加强对其品牌形象的研究与管理。我国的零售市场已全面对外开放,这导致国际零售品牌对中国趋之若鹜。在这场激烈的竞争中,我国零售企业可以通过对国际著名零售品牌形象的对比研究,识别出自身形象在消费者的位置,尤其是在一些关键形象纬度上的优劣势,充分利用本土优势塑造消费者乐于接受的形象。

2. 综合利用整合营销传播手段,积极塑造消费者信赖的零售品牌形象。从品牌形象的概念及形成过程我们知道,品牌形象是顾客通过个人的实际消费体验以及亲朋好友的口头传播而在脑海中形成的整体印象与联想。为此,零售企业首先要在环境分析的基础上找准自身的独特优势,然后把他们转化成消费者易于识别和感知的信息,充分利用一切营销手段,以一个整体统一的形象向消费者传播其品牌信息。

[作者单位:山东大学(威海)]

成本分摊协议的税筹问答

毕明波

成本分摊协议是针对未来无形资产或劳务活动发生的成本如何在参与各方之间分摊而达成的协议，主要包括参与方的权利、义务等 10 个方面的内容。从税法规定可以看出，成本分摊协议的要求虽然较为严苛，却为纳税人提供了明确的纳税合规指引。企业在进行成本分摊协议的税务规划时，只要做好以下八个方面的工作，就能规避相应的涉税风险，实现企业的目标。

成本分摊协议是否应具有合理商业目的和经济实质？

成本分摊协议应是自由竞争环境下市场经济主体的合理选择，参与方之所以签署成本分摊协议是因为协议能够为其带来收入增加或成本节约，也就是说成本分摊协议不应以减少、免除或者推迟缴纳税款为主要目的。企业对成本分摊协议所涉及无形资产或劳务的受益权应有合理的、可计量的预期收益，且以合理商业假设和营业常规为基础；关联方承担的成本应与非关联方在可比条件下为获得上述受益权而支付的成本相一致，并且参与方使用成本分摊协议所开发或受让的无形资产不需另支付特许权使用费。企业与其关联方签署成本分摊协议，不具有合理商业目的和经济实质，其自行分摊的成本不得税前扣除。

成本分摊协议是否应符合独立交易原则？

竞争关系必然使独立企业彼此间的权利义务相当，即参与方在享有受益权的前提下承担相应的活动成本。判断成本分摊协议是否符合独立交易原则，可以参考独立企业在类似条件下能够接受的选择。

由于成本分摊协议属于新生事物，并且涉及税前扣除、加入支付、退出补偿、补偿调整等多种事项，因此税务机关判定成本分摊协议是否符合独立交易原则需申报国家税务总局审核。

企业与其关联方签署成本分摊协议，不符合独立交易原则，其自行分摊的成本不得税前扣除。

成本分摊协议怎样遵循成本与收益配比原则？

对已执行并形成一定资产的成本分摊协议，新加入者在进入该成本分摊协议时，因原参与方要向新加入者让渡前期活动成果的一部分利益，所以新加入者理应给予原参与方一定金额的补偿，即"加入支付"；某参与方在退出该成本分摊协议时，退出者实际上是向其他参与方转让了其在前期活动成果中的经济利益，所以理应从其他参与方获得合理补偿，即"退出补偿"；协议终止时也应按独立交易原则对协议产生的资产在参与方之间进行分配。

涉及无形资产的成本分摊协议，加入支付、退出补偿或终止协议时对协议成果分配的，应按资产购置或处置的有关规定处理。即企业"加入支付"时按购入资产处理；"退出补偿"时按资产处置处理；终止协议时对协议成果的分配体现在对资产经济所有权的确认上。

参与方的成本分摊是根据其预期收益而定的，如果实际结果导致参与方预期收益与实际收益差异较大，就需要在参与方之间做出"补偿调整"，使各参与方的成本负担比例与收益比例相一致。企业在做出或接受补偿调整的情况下，在补偿调整的年度计入应纳税所得额，即对于做出补偿的企业允许税前扣除，对于接受补偿的企业应增加应税所得。

企业与其关联方签署成本分摊协议，没有遵循成本与收益配比原则，其自行分摊的成本不得税前扣除。

企业需要按规定备案或准备、保存和提供有关成本分摊协议的同期资料吗？

除了税务机关判定成本分摊协议是否符合独立交易原则需呈报国家税务总局审核外，企业还应自成本分摊协议达成之日起30日内，申报国家税务总局备案。

企业执行成本分摊协议期间，除了遵照规定准备、保存，并按税务机关要求提供一般的关联交易同期资料（协议属于执行预约定价安排所涉及的范围可免于准备）外，还应准备和保存，并且在本年度的次年6月20日之前（无论成本分摊协议是否采取预约定价安排的方式）向税务机关提供有关成本分摊协议的同期资料。

企业与其关联方签署成本分摊协议，未按规定备案或准备、保存和提供有关成本分摊协议的同期资料，其自行分摊的成本不得税前扣除。

企业自签署成本分摊协议之日起经营期限的最低限度是多少？

企业与其关联方签署成本分摊协议，自签署成本分摊协议之日起经营期限少于20年，其自行分摊的成本不得税前扣除。

企业最好采取何种定价安排的方式达成成本分摊协议？

应该采取预约定价安排的方式。所谓预约定价安排，是企业依据规定与税务机关就企业未来年度关联交易的定价原则和计算方法达成一致而签署的协议。由于成本分摊协议涉税事项复杂，而预约定价为税企双方事前沟通搭建了平台，从而可以降低企业的涉税风险，因此税法特别规定，企业可根据规定采取预约定价安排的方式达成成本分摊协议。

需要指出的是，成本分摊协议如果属于执行预约定价安排所涉及的范围，税法规定可免于准备一般的关联交易同期资料，这对企业同样是非常有利的。

居民企业是否可以利用成本分摊协议来享受研发费用加计扣除？

税法规定财务核算健全并能准确归集研究开发费用的居民企业，从事规定项目的研究开发活动（即开发无形资产），其在一个纳税年度中实际发生的规定的研究开发费用支出，允许在计算应纳税所得额时按照规定加计扣除50%（或按照所形成无形资产成本的150%摊销）；对企业共同合作开发的项目，凡符合条件的，由合作各方就自身承担的研发费用分别按照规定计算加计扣除；企业集团采取合理的分摊方法分摊研究开发费的，应提供集中研究开发项目的协议（即成本分摊协议）或合同，该协议或合同应明确规定参与各方在该研究开发项目中的权利和义务、费用分摊方法等内容。企业申报的研究开发费用不真实或者资料不齐全的，不得享受研究开发费用加计扣除。

由此可见，成本分摊协议的内容与企业集团应提供的研发费用加计扣除资料有很多共同点。企业在签署成本分摊协议时，应当兼顾研发费用加计扣除的需要，这样就可以收到一箭双雕、事半功倍的效果。

跨国公司是否能利用成本分摊协议来优化资源配置？

随着经营活动与商业往来的日益复杂，跨国公司往往需要从内部和外部资源中寻求更大的支持空间，而成本分摊协议对跨国公司来说确实是非常有利的一种方式。

比如分布于不同国家的多家关联企业共同研发了一项无形资产，该无形资产的使用权可能属于国外的某个公司。

由于成本分摊协议能够使参与无形资产开发的各方将相关资源与开发风险汇集在一起，并使各方既能分享开发成果又能税前抵扣研发费用，因此跨国公司可以利用成本分摊协议来优化配置现有资源，以实现更好的整体业务管理与成本控制。

（作者单位：中共威海市委党校）

威海市农民专业合作社发展情况调查报告

王　晓

一　基本情况

截至目前，威海市已注册成立农民专业合作社 815 家，注册资金总额 2.44 亿元，社员 28218 户，辐射带动 8 万多农民。

辐射范围广泛。按涉及产业划分：果蔬 358 家、畜牧养殖 136 家、粮油 159 家、水产养殖业 50 家、其他 112 家。按涉及区域划分：荣成市 183 家、文登市 172 家、乳山市 243 家、环翠区 148 家、经区 53 家、高区 2 家、工业新区 14 家。

领办主体多元。龙头企业领办占 10.6%，村两委领办占 19%，专业大户领办占 50.9%，涉农部门领办占 4.1%，供销社领办占 10.2%。经营服务内容涵盖了农副产品生产、加工、流通过程，为社员提供农业生产资料的购买、农副产品的贮运销售、技术信息指导、农业标准化生产等服务。

典型带动作用突出。出资额超过百万元的合作社 30 多户，出资最多的 522 万元。荣成花山果蔬合作社被确定为全省 8 个农业部示范合作社之一。荣成圣农花生专业合作社被评为全国供销合作社系统"示范专业合作社"，与荣成崂山鲁家草莓专业合作社、文登汇通果品专业合作社、文登金凤肉食鸡专业合作社、乳山青山果品专业合作社、乳山白玉春萝卜专业合作社被纳入了全国供销合作总社"千社千品"工程。文登汇通果品专业合作社被评为"全省百佳农民专业合作社"。

有关部门积极扶持。从 2009 年开始，市财政每年安排 100 万元扶持合作社发展，要求市区财政按 1 : 3 配套。市财政局、农业局联合制定了奖励实施办法，扶持奖励合作社开展信息服务、技术培训推广、农产品质量认证、基础设施建设、市场营销等。市工商局采取"先发展、后规范、缓登记"等办法，引导合作社规范发展，并免费优先办理注册登记。市供销社积极领办专业合作社，建成了覆盖全市主要农业生产区域和行业的合作经济网络。

二 初步成效

威海市农民专业合作社虽然刚刚起步，但发展比较迅速。2007年7月1日《农民专业合作社法》实施，当年威海市注册登记农民专业合作社58家，目前数量已达到815家，仅2009年一年就注册成立487家。基层干部和农民群众反映：合作社在政府、市场、农民之间搭建了一座桥梁，解决了家庭经营与市场对接、政府管理、农技推广、共同富裕方面存在的矛盾和问题，成为发展现代农业的有效载体。主要表现在：

（一）拓宽了农产品销售渠道。合作社能提供质检、税票等财务依据，产品有注册商标，使用统一的标识代码，可以直接与超市对接，改变了过去单一农产品难进超市的局面。据统计，家家悦超市销售的农产品，除自身基地生产的以外，90%来自农业合作社。荣成的崂山合作社与国内外60家大型连锁超市长期合作，年供货额超过1亿元，带动四大特色产业产值从2007年的1.8亿元，增长到2009年的2.5亿元，7000户农民户均增收1万元。龙头企业＋农户、能人＋农户类型的合作社，农户基本上按订单生产，农民不需要自己联系市场，而且产品价格要高出市价。销售渠道的畅通直接增加了农民收入，据测算，文登汇通果品合作社社员比入社前人年均亩增收近2000元。

（二）有利于农业新技术的推广。合作社定期对农民进行专业培训，培养适应现代农业发展方式的新型农民，农民的农业技能和综合素质逐步提高，接受新技术的能力大大增强。涉农站所等有关部门在合作社找到了技术推广的契合点，改变了过去点多面大难推广、农民接受新技术不积极等问题。荣成一草莓合作社，采用蜜蜂自动授粉、叶面喷洒鲜奶等新技术，被国家农业部认定为无公害农产品，亩均收益由2万元发展到现在2万～2.5万元，增收20%以上。乳山一生产白萝卜的合作社，领办者从种子引进、技术管理、收购外销一直负责到底，每一个环节都有专业技术人员指导把关，社员掌握了生产白萝卜的全套技术。

（三）促进了农产品区域化管理。合作社是农民的自发组织，农民在接受区域化管理上比较主动。龙头企业＋农户、合作社＋农户、企业＋基地的生产模式，是实施区域化管理非常有效的组织形式。合作社推行"统一农资供应、统一技术指导、统一业务培训、统一农产品检测、统一产品销售"，把一家一户的零散力量统一整合，产购销一条龙，凝聚起分散产业的整体合力，改变技术规范不同、产品标准不一而导致的无序竞争，有利于生态农业、品牌农业、标准化农业等现代农业的推广实施。荣成崂山街道办事处把十几个合作社联合起来，实现了"投入无违禁、管理无盲区、产品无公害、出口无障碍"，市场竞争力明显增强，成为农产品区域化管理的典范。

（四）构建了基层新型管理体系。合作社突破了基层组织地域局限，打破原来单纯以行政区域划分的组织管理模式，把党组织组建在产业链上，通过合作社行业组织把游离的流动党员联结起来，有利于基层党建工作的开展。

三　合作社发展存在的主要问题

国内外规范成熟的合作社发展大体要经历"起步、发展、规范、做大做强"四个阶段，从总体上讲，无论从合作社内部运行机制看，还是从政府推动指导看，威海市农民专业合作社发展尚处于起步阶段。主要存在以下问题：

（一）思想认识问题。从领导干部看，表现出两个偏差：一是对合作社缺乏了解，对合作社在发展现代农业中的作用认识不够，缺乏必要的推手和措施推动，存在放任自流、无所作为的思想；二是对新型农民专业合作社的性质、地位认识不清，忽视合作社发展中农民的主体地位，对合作社负责人实行行政任命，政府包办代替，村社合一，致使合作社生命力不强，农民不认可。从农民群众层面看，有的合作社领办者更多地是为了销售农资获利，有的龙头企业组建合作社目的是为了利用合作社优惠政策"合理"避税，大多数合作社参与者只是为了销售产品，对参加合作社的好处、社员的权利等所知甚少、期望不高。

（二）政策扶持问题。财政方面，市里安排了100万元的扶持资金，三市一区配套资金大都没有到位，对合作社的发展可以说是杯水车薪。同时，财政扶持资金在发放范围、扶助对象的确定等方面存在诸多漏洞，缺乏公开、公正、规范，没有起到应有的作用。工商方面，虽然合作社注册不用交费，但每年变更登记时都要收取公告费。税务方面，三市一区税收政策不统一，有的将合作社作为普通企业收取所得税和增值税，有的发票服务不到位。融资方面，由于农民专业合作社缺少抵押质押物品，农业贷款风险高、成本大，导致农民专业合作社很难得到银行的信贷支持，贷款难问题非常突出。土地方面，合作社用地缺乏政策支持，难以获得用地指标。

（三）指导管理问题。从政府层面看，中央和山东省政府相继出台了《合作社法》和《合作社条例》，威海市委、市政府没有出台推动指导合作社发展的全面、具体的法规性文件，单靠个别部门、个别镇按照自身的设想推动合作社发展，致使合作社地位不明不白，入社农民权益得不到保障。目前农民设立合作社，只需参与者带身份证到工商部门注册登记即可，缺乏必要的资格认定程序，致使发展数字上很"繁荣"，实际上很多是"空壳"。农业部门作为省里确定的合作社行政主管部门，缺乏相应的抓手和工作手段，不能及时了解合作社发展的实际情况，很难对农民专业合作社行使指导、服务、扶持、管理的职责。由于缺乏明确的牵头组织部门，财政、农业、供销、各级政府扶持合作社发展的合力没有有效形成。从合作社层面看，合作社领办者大多是农村能人和专业大户，多数属于传统农民，文化素质不高，亟须进行合作社知识相关培训。而且，由于农业是弱势产业，许多专业技术人才不愿意投身合作社，因此缺乏专门的管理人才和技术骨干，直接影响到市场竞争力的提高，制约了合作社的发展。

（四）规范运作问题。部分合作社的运行方式和经营机制存在问题。有的管理、决策不民主，社务、财务不公开透明，特别是一些大户、龙头企业牵头兴办的合作社，凭借其优势地位，剥夺多数人的话语权，社员参与程度低。有的章程不完善，组织结构不健全，内部管理制度不完备，规范管理无章可循。有的只是在工商部门进行了注册登记，没有真正开展工作，形同虚设。有的产权不明晰，社员出资不到位，利益关系比较松散，合作社缺乏凝聚力。同时，原有供销合作社与新型合作社关系不清，出现相互争利现象。

四　对合作社发展的建议

农民是专业合作社的主体，"民办、民管、民受益"是合作社必须坚持的原则，但借鉴江浙等地发展合作社先进地市的经验，在农民文化素质低、民主意识差的现实条件下，发展农民专业合作社，必须在充分尊重农民主体地位的前提下，由政府引导发动、政策带动、强力推动。针对这一问题，提出建议如下：

（一）必须把握两个原则。一是突出农民的主体地位。办不办合作社，是农民自己的事情。政府的工作更多的在于教育引导、制度设计、行业规范、激励约束，不可强迫命令、包办代替。二是保证合作社的经济组织功能。合作社的主要功能是把农民有效组织起来与市场对接，从而共同抵御风险、减轻负担、增加收入，政府部门不可人为地把一些非经济组织功能强加于合作社。

（二）必须做好长期规划。浙江的台州市是我国现代农民专业合作社的发祥地，其合作社的发展从起步到做大做强经历了几十年的探索积累。市委、市政府要制定合作社发展的中长期规划，用三至五年的时间，强化教育培训，强化政策扶持，强化考核推动，全力做好合作社的发展规范工作。再经过二至三年的时间，培育出真正的龙头合作社，并推进合作社联社的建立和完善，让合作社在农业经济链条中处于举足轻重的位置。

（三）必须强化政策扶持。农民专业合作社是弱质产业（农业）和弱势群体（农民）的联合，政府必须给予政策扶持。建议以威海市委、市政府的名义出台《关于推动农民专业合作社发展的指导意见》，指导各方在合作社发展中正确处理好政府与合作社的关系、龙头企业与合作社的关系、供销社与合作社的关系、合作社相互之间的关系，在合作社登记注册、财政信贷、税费减免、项目立项、经营范围，以及供水、供电、用地、产品运输、检验检疫等方面给予优惠政策。

（四）必须加强组织领导。成立市级专门领导推动小组，农业、林业、渔业、供销社、财政、税务、工商、农业银行、农村信用社、国土资源、交通等部门为成员，明确市农业局作为主管行政部门，统一对专业合作社发展进行协调、指导、推动。充分利用电视台、新闻报纸、广播电台、领导干部论坛等各种形式、各种渠道加强宣传，在社会上营造合作社发展的良好环境，并对农民进行合作社知识教育。威海市委、市政府将合作社发展纳入县市区工作目标考核，着力培育骨干型、龙头型合作社。建立推进合作社发展辅导员制度，从县乡两级从事合作社管理的农经工作人员中抽调组成辅导员队伍（类似于企业特派员制度），联系、指导、服务于合作社发展。

（作者单位：中共威海市委办公室）

培育新的就业增长点

郭景璐

不能否认，我国目前已经开始向信息化社会挺进。那么，随着信息时代的到来和经济向非大规模化的渐进过度，信息交换将成为越来越频繁的工作内容。在这种大背景下，政府完全可以把家庭就业当作新的就业增长点来扶持。在此，作者强烈呼吁各级政府尽快出台积极政策，有效扶持家庭就业。

一 合理定义家庭就业的概念

党和国家之所以一再强调"就业是民生之本"，是因为就业是人民赖以存活的谋生手段。从这个意义上说，只要是通过劳动并获取一定报酬而维持正常生活的行为，均可以算作是就业。

我国目前家庭就业的组织形式，大多是组织规模较小的以家庭成员为单位的个体业户。在计划经济体制下，这种就业形式一般不被社会认可。随着市场经济的发展，大部分的家庭就业又被"零活就业"和个体工商户所涵盖了；而信息时代的到来，一些以家庭为单位，以电子信息为手段的新的就业群体又应运而生，但这部分人目前尚未被列入各类就业统计范畴。从这个意义上说，有关部门有必要确立家庭就业的定义，为政府出台积极政策，有效扶持家庭就业奠定基础。

就目前的经济形势来说，我个人以为，家庭就业可以定义为：以家庭固定场所为单位，以家庭成员拥有的固定资产为依托，以不超过一定人员数量并由家属成员组成的小团体或个人，通过正常劳动获取一定报酬的就业形式均可称为家庭就业。其中的内容大体可分为两部分：一部分可以称为"传统家庭就业"。主要指家庭成员一般不超过 5 人，且从事传统行业的就业组织。他们可能是母女幼儿园、父子修车行、夫妻饭店，也可能是姐妹服装屋或是兄弟家具厂等，以及其他未被用人单位招用的独立的手艺人，都可以称为家庭就业。如果政府想扩大扶持范围，甚至可以把以家庭成员为主要劳动力的耕种或养殖的农村业户也囊括进来。另一部分可以称为"新个体"。这部分人，主要是指那些以电子信息手段为依托的新新人类。包括网络写手、网络销售、文字编辑，文案策划，以及各类产品的设计人员。如果扶持能力强，当然也可以包括职业股民。总之，各级政府要鼓励那些无法被正规用人单位招用或吸引的人员，加入到以家庭为主的就业组织中来。

二 扶持家庭就业大有益处

就业，一直是各国关注的大问题。据了解，美国在 20 世纪 90 年代后期就有 1500 万项工作可以在家里完成。像我国这种人口大国，如果通过政府鼓励、扶持和引导，使家庭就业成为我国未来就业工作的发展方向，对国家、各级政府，以及大众百姓都有大益处。

（一）就业渠道将有效拓宽。当前，大学生就业问题已成为我国就业工作中的重点和难点。这群年轻有活力受过良好教育且富有朝气的青年人成规模地进入社会，如果不能很好地解决其就业问题，不仅会影响我国的教育发展、人口素质提升，甚至会影响整个社会的稳定和进步。可如果单纯让大学生们解放思想不挑不拣"从蓝领做起"，不但他们本人心有不甘，其父母家人也会因投入大量教育经费换来的却是"暗淡前途"而灰心。因此，在"白领"岗位有限，以及我国互联网业发展而产生出"电子家庭"的前提下，通过政府鼓励扶持，使众多大学生通过"家庭就业"体面地实现个人的劳动价值，不失为一条很好的就业途径。况且，我国目前已有许多年轻人，通过"电子信息手段"获得了可观收入。

此外，家庭就业还可以给那些出行不便的残疾人、身强力壮的退休人员，抑或是因特殊情况而被迫成为社会"非生产"角色的一些人，提供崭新的就业机会。

（二）环境保护能力将大大提高。当前，遏制气候变暖拯救地球家园已成为全人类的共同使命。如果有更多的人能实现"家庭就业"，一方面，每年可以减少因上下班出行带来交通产生的大量二氧化碳气体的排放；另一方面，还可以降低因能源成本提高而产生的交通费用。同时，还可以减缩企业要把雇员集中到固定地点而提供的食堂、更衣室、小停车场等所需的设施和空间。此外，由于家庭就业可以自然地消除上下班制度，人们更愿意走出家门、走进社区，进而形成更加良好的人文生存环境。

（三）非同凡响的个体就业组织将得到蓬勃发展。有官方媒体报道，我国目前私营个体经济实际从业人员已接近 2 亿，其中"家庭就业"者保守地估算也会超过 1 亿人。如果出台鼓励家庭就业的新政策，毕竟会带动新一轮个体就业组织的快速发展。

一方面，家庭就业可以吸引更多的"智力工人"名正言顺地加入到个体业户中来。随着民营经济的快速发展，以及国有企业改革步伐的加快，非大规模化的经济组织在市场经济当中的比重越来越大。在这种经济体制下，一些受过较高教育和具有特殊技能的智力工人会因原有工作环境的改变，游离出过去的用人单位而失业。但他们又有能力创造一些"无岗位工作"，在为消费者服务的过程中创造社会价值，进而获取劳动报酬。比如高档家具修补匠、智能开锁工，甚至调琴师和高技术汽车维修工等都可以成为被社会认可的家庭就业生产者。另一方面，家庭就业可以促使新新人类开辟新的个体行业领域。伴随全球化和互联网浪潮成长的新新人类，有着全新的价值观念、思维方式、生活理念和消费模式，他们是未来社会的主流和消费市场的主导者，如果能够引导这样一批人实现家庭就业，通过网络手段开展商品推销、广告代理、冲浪和游戏，以及下载软件等业务获得劳动报酬，必将使网络运营调研、网络产品开发、网络促销以及网络服务等新的电子信息行业在我国个体领域有一个大的发展。

时下，有媒体报道：浙江义乌工商学院约有 1800 名学生通过开设实体店或网店创业，其中 20% 的学生能够做到学费自理。校内已经形成了一条电子商务供应链，并且还带来多家快递公司进驻学院专门给创业学生提供快递服务。他们提出的口号就是："考试好是好学生，创业好更是好学生。"由于有相当一部分创业学生月收入已超过义乌当地 850 元的最低工资标准，学校正在和上级部门商议拟定标准，比如月收入 1500 元以上的学生就认定为自主创业、自谋出路，可以计入就业率统计。

此外，传统的个体工商业者的个人素质也会因此有一个大幅度提升，他们的自我管理能力和发展期望也会因之急剧提高和迅速发展，进而形成一个最大限度容纳人们以不同方式就业的多样性的良好社会。

三 扶持家庭就业重点应在从业者迫切需要方面入手

在我国，其实家庭就业一直以来都存在。之所以不被社会承认和接纳，原因就是这种就业形式不稳定，缺乏必要的社会保障。因此，要扶持家庭就业，必须从家庭就业人员迫切需要的方面入手，以解除他们的后顾之忧。

一是要解决家庭就业者的社保问题。可以参照个体工商业者的社会保险办法，把更多的家庭就业者纳入到社保体系中来。与此同时，还要出台积极的扶持政策，对他们在养老、医疗、生育等其他社会保险方面给予一定让利和优惠。目前，许多城市针对"灵活就业"者都出台了各项保险措施，但由于缴费比例较高，一些收入不稳定的家庭就业弱势者还徘徊在社保体系的边缘之外。有的只交纳了养老保险，只有少部分人员交纳了医疗保险。如果因某种原因使他们的收入中断或是受到意外伤害，他们的生活质量就会大大下降。

二是要在财政方面给予相应扶持。目前，许多地市对进一步拓宽"个体私营企业"融资渠道的政策落实情况并不乐观，一些以家庭方式就业的规模较小的个体业者的资金信贷情况更是令人担忧。因此，要出台积极的信贷政策，放开商业银行放贷额度、鼓励新增贷款向家庭就业者倾斜，甚或可以通过政策要求商业银行向家庭就业人员贷款应占的比率；要设立家庭就业发展专项资金，创建为家庭就业融资的社会担保体系，制定政策减低家庭就业者的各项税率，让家庭就业者切实得到实惠。

三是要拓宽家庭就业者的发展空间。构筑和完善专为家庭就业服务的公共信息和技术服务平台；制定鼓励未就业的大学毕业生、研究生在未找到合适的岗位前积极从事家庭就业的各项优惠政策。同时，建立相应的劳动关系、社保关系的接转政策，以便他们在找到合适工作的时候顺利实现各类关系的接续。

四是要提高家庭就业者的社会地位。一个良好的社会应该提供最大限度的多样性——有为你组织的，也有你自己组织的工作；有需要你参加，也有不需要你参加的工作。因此，要加大舆论宣传力度，树立正确的就业观、倡导新的工作方式、新的价值理念、新的差异和个性化的社会风气，使广大人民群众通过家庭就业的方式，实现自我管理自我完善，以达到适应消费者多品种、个性化、低成本和快速运转的要求，最终形成一个人与人之间相互依赖、相互促进、共同发展的新局面。

（作者单位：威海市劳动和社会保障局劳动就业办公室）

论我国公司劳务出资的合理性与可行性

金玄武

根据我国《公司法》的规定，公司出资方式包括货币出资和实物、知识产权、土地使用权等非货币出资两种。同时，国务院颁布的《公司登记管理条例》又对非货币的出资进一步作了限制性规定。其中，明确规定股东不得以劳务、信用、自然人姓名、商誉、特许经营权或者设定担保的财产等作价出资。可见，劳务出资方式是为我国现行公司法律制度所否定的。但本文认为，根据新制度经济学关于企业本质的有关理论，劳务未必不能作为公司的出资方式之一，并且我们还可以通过一系列相关制度的建立和完善，使公司劳务出资在实践中具有可行性并发挥积极作用。

一 当前我国学界对公司劳务出资的基本观点及评析

所谓劳务一般指"以体力劳动或脑力劳动的形式为他人提供某种效用的活动。法学意义上的劳务始终表现为某种行为（活动），而这种行为的结果（如物的制造、运送、出版、演出、设计等）通常是有形的、可视的、便于评价"。而劳务出资则是"劳动者将其劳动力的使用价值在出资契约约定的时间内交由公司支配，并将由此产生的收益归公司所有"。虽然我国现行有关公司法律禁止以劳务的方式出资，但学者们关于劳务能否出资的理论探讨和争论从未停止。

当前我国学界对公司劳务出资的基本观点主要可以归纳为两种，即赞同的和反对的，而其中反对者显然占据着绝对的上风。如顾功耘教授认为，劳务不可以作为公司的出资。原因在于，劳务的提供具有持续性，在一段时期里与特定主体的人身不可分离。劳务作为公司的出资，会造成一些麻烦：首先，劳务的估价是一个问题，即使做好了估价，在公司运作时特定人的劳务能否正常发挥作用也是很大问题。这是由劳务估价的不稳定性所决定的。其次，投入劳务出资的人一旦有什么变化因素，会影响公司的偿债能力，对于保护第三人不利。已发生的劳务，如其数额确定，当允许股东以此作为出资，实质上不是劳务出资，而是以劳务报酬出资。可以说，上述观点非常典型地代表了反对劳务出资的学者们的立场。而赞同劳务出资的学者则认为，公司劳务出资具有必要性，如它可以弥补劳动合同的缺陷，解决职工持股的困境和解决股票期权的尴尬等。左传卫教授指出："将劳务出资计入注册资本，一方面可保持各股东之间的平等，不至于在立法上人为地降低劳务出资者在公司中的地位，以体现知识经济时代对智慧性劳务的渴求和尊重，也便于股东间自主地安排公司的治理结构；另一方面，可为债权人提供更周到的保护。"

上述所引观点代表了反对与赞成劳务出资双方的基本立场或主张。其实，围绕公司劳务出资的争论主要集中在两点上：一是劳务能否量化评估；二是对公司债权人的保护。而本文认为，劳务能否用来向公司出资的关键既不在于其是否可评估，也不在于对公司债权人在多大程度上提供保护。对此，我们通过对这样几个问题的讨论来评析上述观点：

一是我国现行的公司法律制度关于禁止劳务出资的规定只是一种制度上的选择，并不具有必然的合理性，即该规定是探讨或论证劳务能否作为公司出资形式的指向对象之一而非出发点或论据。因此，无论是赞成还是反对公司劳务出资都应该首先摆脱现行公司法律既有规定的窠臼，真正从理论上进行论证才能得出客观而深刻的结论。

二是对于公司存在以及设计公司制度的目的而言，创造更多的利润或财富、保护股东和债权人的权益以及承担一定的社会责任等都是必备的选项，而其中最为重要的应该是为公司股东创造更多的利润，从而也增进社会的财富总量，即使作为公司最基本的制度之一——公司资本制度也应该服从并服务于这一目的。出资内容和方式是公司资本制度的基本体现，它最终都是为实现公司存在和运营的目的，即赢得更多的利润。至于对公司债权人的保护，那是在设计公司制度过程中必须考虑的一个事项，它体现的是公司运行过程中相关主体之间的利益分配和利益衡量的问题，而与公司的出资方式并无必然联系。

三是本文所讲的劳务指的是合法的、能够带来某种效用或创造财富的能力或活动。劳务不等于劳动力，但二者有着密切的联系。劳务是劳动力使用的结果，它的范畴广泛，既有简单的体力劳动，也有复杂的、高级的脑力劳动，包括技术性、管理性强的劳动。劳动力具有价值和使用价值，不仅可以作为商品来让渡，而且能够实现价值增值。所以劳动力是可以资本化的商品。但鉴于劳动力所具有的人身依附性，以劳务进行交易时，让渡的并非劳动力的所有权而是劳动力的使用权。虽然，劳务与特定的人身不可分离，但劳务出资并非以人身出资，除非劳务出资者遭遇特殊情况，出现了健康或生命等问题，出资者是可以满足公司运行需要的。至于赞成公司劳务出资者所强调的劳务出资的现实必要性，如解决职工持股或股票期权等问题并不足以用来作为支持劳务出资的理由，因为我们同样可以找出相应的反驳理由。

四是本文所讲的出资仅指的是公司设立阶段，发起人或出资人向公司缴纳资本或财产的行为。因此这里的出资与公司法规定的注册资本有着密切的关系。在很长一段时间内，注册资本受到许多学者的青睐也被我国现行的公司法律所重视，它被视为是债权人保护的重要手段，因为它不仅确保了公司在其业务开展之初有特定数额的资产，而且在股东各自认购的数额范围内构建了股东责任，这对公司债权人的保护是非常重要的。为此，我国公司法确立的原则是所谓的资本确定原则，又称为资本法定原则，即"在公司设立时，必须在章程中对公司资本总额做出合法的明确的规定，并由股东全部认足，否则公司不能成立"。固然，公司资本是公司信用的根基，但公司债权人权益的保护与公司出资方式并无必然的联系，而更多地取决于公司成立后的运行和盈利状况。因此，仅以保护债权人的保护为由而反对公司劳务出资是站不住脚的。尽管劳务不像货币或其他有形财产可以明确评估，但是一切非货币出资的目的并非仅仅为了公司设立时具有确定数额的注册资本，从而保证公司具备相应的资本信用，如前文所言，以出资为基本内容的公司资本制度要服务于公司设立和运营的最终目的——营利。

通过上面对反对和赞成公司劳务出资观点的评述及相关问题的论述，本文在这一问题上的立场自然明了，即我们赞成公司设立过程中的劳务出资。接下来，本文将结合经济学中关于企业本质的有关论述或理论，对劳务可以作为公司出资方式加以进一步的论证。

二　公司的本质与劳务出资的合理性

劳务究竟能否作为公司出资方式，这一问题绝非通过公司法律规定予以肯定或否定这么简单，本文认为，经济学关于企业本质的有关理论对此可以给出更为深刻的答案。可以说，企业理论是新古典主义微观经济学的核心，其中关于企业本质的论述则被视为企业理论的内核，因为企业的本质问题涉及的是对企业的根本认识，是企业理论的基本命题。

一般认为，企业理论的演进过程基本上可以划分为两大阶段，即新古典企业理论和现代企业理论。其中，新古典企业理论的基础是新古典主义微观经济学，它以完全理性和利润最大化为其理论假设，在这种假设下，企业内部的运行被视为一个黑箱，企业唯一的功能是根据边际替代原则对生产要素进行最优组合，从而实现最大的产量或最低的生产成本。而科斯（Ronald Coase）在1937年发表的经典论文——《企业的性质》标志着现代企业理论的诞生。在该文中，科斯利用交易成本的概念解释了"企业为什么出现"这一被新古典经济学家所忽视的简单问题。科斯认为，市场和企业是两种不同的组织劳动分工的办法，二者具有互替性，企业的存在是由于它能节约市场的交易成本，所以交易成本的差别是企业出现的真正原因。概言之，科斯的企业契约理论将企业视为一个由明示和默示的交易合同组成的网络，亦即合同的联结体（nexus of contracts），其目的在于节约交易成本。而张五常在区分企业与市场的基础上进一步发展了企业契约理论，他认为企业是要素交易的契约，市场是产品交易的契约。从中可以得出，契约理论隐含两个条件：一是作为签约人的企业参与者必须对自己投入企业的要素拥有明确的产权（财产所有权）；一是企业是由不同财产所有者组成的。

本文认为，契约理论对于我们分析和理解公司劳务出资的合理性有着重要的借鉴价值，它与企业理论中的另一个重要理论即人力资本理论一起可以用来作为支持公司劳务出资的理论依据。人力资本理论的"原始形态"可以追溯到西方经济学的开山鼻祖亚当·斯密，他曾对个人才能的资本属性进行过精辟的论述，即认为："学习一种才能，须受教育，须进学校，须做学徒，所费不少。这样费去的资本，好像已经实现并固定在学习者的身上。这些才能，对于他个人自然是财产的一部分，对于他所属的社会，也是财产的一部分。工人增进的熟练程度，可和便利劳动、节省劳动的机器和工具同样看作是社会上的固定资本。学习的时候，固然要花一笔费用，但这种费用，可以得到偿还，赚取利润。"被誉为"人力资本之父"的舒尔茨则认为，体现在人身上的技能和生产知识的存量，即人力资本。他说："我们之所以称这种资本为人力的，是由于它已经成为人的一部分，又因为它可以带来未来的满足或者收入，所以将其称为资本。"同时舒尔茨还主张人力资本是可以用来投资的。他曾将人力资本投资的范围和内容概括为五个方面：（1）医疗和保健；（2）在职人员训练，它包括企业的旧式学徒制；（3）学校教育；（4）企业以外的组织为成年人举办的学习项目，包括农业中常见的技术推广项目；（5）个人和家庭为适应就业机会的变化而进行的迁移活动。总之，舒尔茨的理论深刻地揭示了人力资本的可投资性，这对于我们理解劳务的可出资性有着重要的启发性。从根本上讲，劳务可以看作是体现在人身上的技能和生产知识展现或实践，以用来创造财富的过程及结果，是人力资本的现实化或物质化的过程。

根据经济学中的企业理论，再结合民法学的有关理论及现实需要，我们可以对公司劳务出资的合理性进行如下深入论述：

首先，根据企业契约理论和人力资本理论，企业是一个人力资本所有者与物质资本所有者达成的一个特别合约，人力资本与物质资本投入企业共同创造价值，共同享有企业所有权和企业控制权。换言之，企业可以看作是各种生产要素的所有者所达成的一种特别合约。合约的目的是通过生产要素的有机配置和运作实现各原所有者追求利润或其他目标。公司的设立可以视为这一合约订立的过程。而在这些生产要素中，劳务作为人力资本的实现方式当然可以用来作为合约的标的，即作为公司的出资方式之一。而且考察一下古今中外的立法，从罗马法到当代的立法，劳务都曾是契约的重要标的物，作为交易的对象，它在社会发展的任何阶段，都可被视为创造财富的不可或缺的要素。尤其是在工业文明相当发达、知识竞争日益激烈的现代社会，拥有高科技含量劳务的劳动者成为无价之宝，劳务出资成为笼络人才的手段。这也是为什么包括我国在内的各个国家都允许劳务作为合伙企业的出资形式之一的原因所在。

其次，意思自治原则是民法的基本原则，甚至可以视为整个民商法的基础。既然公司的设立可以视为各生产要素所有者所达成的一个合约，而这些生产要素的所有者又主要是法律上的民商事主体，那么根据意思自治原则，民商事主体以何种生产要素出资设立公司取决于他们之间的自愿协商以及他们对于达成该项合约的期待程度，而与生产要素的种类并无必然的关系。只要生产要素是有价值的，能够实现合约的目的，那么作为理性的民商事主体是不会拒绝的，而法律对此也应该最大限度地尊重合约当事人的意愿。再以合伙企业为例，既然劳务可以作为合伙企业的出资形式，为什么就不能作为公司的出资形式呢？

再次，公司的设立都需要经过出资这一必不可少也是至关重要的程序。葛伟军认为，出资主要具有两大功能，即一个是经营功能，指出资应当是有价值的，并能为公司用于日常经营。董事和股东最清楚地知道公司需要什么样的出资。只要经过股东批准和追认，任何种类的货币等值物，不管是有形还是无形的，都可以作为出资。另一个是担保功能，指出资应当确保债权人在交易中的利益。而这两个功能中，经营功能是首位的、主导性的。原因在于公司的基本目的是为了盈利、实现其价值最大化，向债权人承担还款责任只是公司经营的伴随物。因此，既然劳务能够为公司及公司的股东们带来利润，为什么还要拒绝呢？至于出资的担保功能我们完全可以通过制度的设计来实现，而劳务的可量化评估与否也并非不可逾越的障碍。对此，薄燕娜不无深刻地指出，"劳务不像实物等有形财产那样可以准确地量化，也不同于知识产权、债权、股权等一般无形财产有可以略加估计的价值判断依据，劳务的价值充分体现在投入公司后的运营绩效之中，事先的评估不免有些主观或片面"。不仅如此，"所有的出资形式，当然包括劳务在内，能够在多大程度上为公司带来预期的效益，除了受控于出资标的物本身，还取决于诸多外部因素的影响，如同公司的经营之中不可避免的风险存在，法律的取向绝对不可因噎废食"。

最后，在中国的公司改革及发展实践过程中，允许劳务出资实际上符合社会发展的需要，如劳务已被允许用于合伙及无限责任股东的出资，足以说明劳务拥有为实践所需的价值性。其实劳务出资在实践中也并非被一概否认，这可以从两个方面予以证实，一方面，为了鼓励大型企业雇员的重大贡献，地方政府允许企业在改革中留出一小部分比例的股份，分配给管理层或技术人员，或者将这些股份以非常低的价格出售给他们。这样管理层或技术人员不用支付或者支付很少就可以取得股份。另一方面，接受劳务或服务出资与雇员持股计划紧密相关。雇员在公司经营过程中发挥重要作用，为了激发雇员的工作热情，雇员持股计划变成了企业改革的重要部分，在这一计划下，如果雇员无力购买股份，在某些地区他们的劳务或服务（不管过去的还是将来的）是可以用来作为出资的。这些做法尽管在实践中不同程度地存在一些问题，但是作为制度的创新，它促进了公司制度的发展完善，也为投资者更好地创造财富提供了更多的机会。尤其值得一提的是，近年来随着我国就业形势日趋严峻，从法律上允许劳务出资对于创业者尤其是青年大学生的自主创业将起到重要的推动和激励作用。

三　构建我国劳务出资法律制度需要注意的问题

美国法学家博登海默讲过："人往往有创造性和惰性两种倾向，法律是刺激人们奋发向上的一个有力手段。法律不可能直接下命令使某人成为一个发明家或创造出优秀的音乐作品，但它可以为人们提供必要的条件。"虽然劳务出资在我国当前公司的发展过程中具有合理性和必要性，但是若要更好地发挥劳务出资的积极作用，必须通过一系列相关制度的建立来加以规范，真正使劳务出资切实可行。换言之，公司劳务出资制度的建立必须同现行的公司法律制度进行融合，既要对公司劳务予以法律认可，又不能放任劳务出资而损害公司信用和破坏市场秩序，既实现创造更多利润的公司目的，也不应该忽略对公司债权人的保护。具体而言，在建立和完善公司的劳务出资制度时需要注意以下几个方面：

首先，劳务出资仅限于公司设立阶段。公司的设立是一个形成法律人格，使公司在法律上得到认可的过程，即它是发起人为了组建公司使其具有法人资格而依照法律规定的条件和程序进行一系列连续的法律行为。出资是公司设立过程中非常关键的步骤之一，出资的内容和方式是否符合法律要求是公司能否得到法律认可的重要原因。劳务出资仅限于公司设立阶段包括两层意思：一是与合伙企业中允许劳务出资需要以全体合伙人的一致同意为前提相同，公司设立过程中发起人必然会通过协议对劳务能否用于出资、作价金额多少及其所占比例等事项做出约定。因此是否选择劳务作为出资方式取决于公司发起人的意思或者合意，如果公司发起人就劳务出资无法达成一致意见，那么要么放弃劳务出资，要么放弃公司的设立，公司法律、法规对此应该不予干涉；二是劳务只能在公司设立阶段作为出资方式而这意味着一旦公司成立并运行，投资者不能再以劳务的形式向公司进行投资，公司法律法规对此应该做出明确规定。

其次，劳务出资与公司其他可估价的出资相比应该处于次要的或者补充性的地位。因为与货币出资以及其他非货币出资，如实物、知识产权和土地使用权等不同的是，劳务作为一种特殊的非货币出资形式它一则很难进行货币估价，在价值上具有一定的不确定性，二则无法转让，从而不能作为公司的担保标的，也不能用来作为公司清偿对债权人的债务。因此，劳务出资在公司设立时与其他可估价的出资总额相比应该是次要的，只能作为其他出资的一种补充性的出资形式。出资人在设立公司进行出资时应该明确这一点，不能将劳务作为公司的主要出资形式，同时法律也应对此给予相应的规范，对于仅以劳务出资或者劳务出资占据过大比重的公司的设立申请应该给予禁止或者严格限制。

至于劳务的出资时的权利转移方式问题，根据我国现行公司法的规定，货币以及非货币财产出资形式不同，它们的权利转移方式也不一样，我国的法律法规一般都作了专门的规定，应该按照规定的程序要求进行转移。股东要按照法律规定按时足额缴纳出资，涉及非货币财产，还要按照规定及时完成财产的转移手续，才算完成了出资，任何拖延缴纳出资、不缴纳出资或者不合理缴纳出资，都会带来相应的责任。由于劳务与货币及其他可转移的非货币财产不同，无法实现有形的或现实的转移，因此在劳务的权利转移上法律应做灵活性规定，可以交由公司章程予以明确，主要针对劳务出资者参与公司经营的有关规则及注意事项等内容进行具体规定。

再次，劳务出资应当在公司设立协议以及公司章程中载明，劳务不能作为注册资本的构成部分，并且要进行登记。有限责任公司或者以发起方式设立的股份有限公司发起人应该订立发起人协议，以明确发起人在公司设立中的权利和义务。在发起人协议中除了对公司设立的可行性进行分析、确定设立公司的意向和组建方案等内容外，出资方式也是其中的重要内容之一。公司章程是公司必备的规定公司名称、宗旨、资本、组织机构以及组织活动基本规则的基本法律文件，是公司的内部宪章。出资方式同样也是公司章程的绝对必要记载事项。无论是具有约定效力的发起人协议还是具有法定效力的公司章程，发起人以劳务出资的内容必须在这两个文件中明确载明。

对于劳务与注册资本的关系，本文认为，出资人可以以劳务出资，享有股东权利，但为了保证公司资本的真实，劳务出资不能成为公司注册资本的构成部分。而有学者则在区分劳务基础上将劳务与注册资本的关系作了进一步界定，即主张对于已经履行的劳务和未来提供的劳务宜做区分对待：前者其价值是可以折算的，可允许股东以此充抵出资，并成为公司注册资本的一部分；而后者不具备明确性，是尚未履行的劳务，其实现与否处于不确定状态。未来提供的劳务是未来而非现在的利益，因其价值变现的及时性难以把握，它的价值性是不确定的，因此不能作为公司注册资本的一部分。但本文认为这种区分是不必要的，注册资本和劳务出资这样两种制度所承载的功能是不同的，前者被视为公司信用的重要基础，而后者则主要是基于公司营利的目的，因此与其将二者勉强地糅到一起不如完全区分开来。当然，法律可以做出这样的规定或者公司登记机关在实践中也可以这样把握，对于具有劳务出资的公司设立申请可以适当降低对注册资本最低额的要求，但降低额所占的比例不应过高，比如不能超过不具有劳务出资的设立公司所应筹集的最低注册资本总额的百分之二十等。

最后，法律应该明确劳务出资者的责任承担问题。这主要包括两方面内容：一是对公司的责任，如果劳务出资者因为自身的原因无法实现公司设立时所约定的劳务出资，即无法通过自身某项技能或劳动来为公司服务，从而无法达到出资人所预期的劳务出资的目的，那么劳务出资人应该承担相应的责任。这种责任既包括对其他出资人的违约责任，也包括对公司预期损失的赔偿责任，甚至还要承担有关机关处罚的责任。当然，法律、公司章程或发起人协议对此应有相应的规定或约定，包括承担责任的方式、数额的计算以及免责情形等。二是对公司债权人的责任。劳务出资者也是公司股东之一，其他股东以自己的出资额或所持股份对公司债务承担责任，那么基于劳务出资而获得股东身份的出资人也应该对公司的债务承担相应的责任。这种责任当然也是有限的，承担责任的方式应该主要是财产的方式，而且在劳务出资者承担责任的方式和内容方面，我们可以建立财产替代清偿制度。在一般现物出资中，如果用于出资的现物不能清偿，则出资者应以现金或其他财产替代。虽然劳务不能用于清偿债权，但只要有相当于出资额的财产可用于清偿，其债权人的利益同样会得到保障。这就要求法律明确规定劳务出资者的财产替代制度，即在公司清算时，劳务出资者应向清算组提供相应财产，公司设立时的股东对此承担连带责任。至于承担责任的多少要根据劳务的种类、对于公司的重要性，以及发起人的相关约定确定，法律也可以规定一个可选择的比例范围。

　　总之，法律应该充分尊重民商事主体的自主性和自治性，以劳务（包括信用、商誉等）方式向出资的前提是其他出资人或股东的认可以及相应责任机制的完善。如果说客观的履约能力和主观的履约品质是构成信用的两大要素，那么劳务同样也以这两个要素为评价指标。至于这种评价和认可的资格或权力则应尽量交给社会中的民商事主体，毕竟他们都是理性人。

［作者单位：山东大学（威海）］

《真伪之际——李约瑟难题的哲学—文化学分析》内容提要

郝书翠

　　一提到"李约瑟难题"，人们自然想到的是中国自然科学近代以来的落后，并由此产生求解的欲望。这一难题被饮誉世界的著名科学家——英国皇家学会会员、著名生物化学家、中国科学史大师李约瑟提出之后，便吸引了众多学者求解。该难题的答案到底在哪里？对此，学界众说纷纭。但是，求解的难度与争论还远远不足以概括该难题的丰富与深邃。20世纪70年代以来，该难题的真假又受到学界质疑，由此引发的争论愈演愈烈，有关"李约瑟难题"讨论大大超出了科学史的研究范围，关系到对中国社会的政治、经济、文化等方方面面。这一难题也因而具有了中西文化比较的范例的意义。

　　在当下中西文化交流与碰撞日益密切的背景下，从中西文化比较的角度探讨"李约瑟难题"真伪之争的学理依据，无疑是一种具有开创性意义的探索。山东大学（威海）哲学与社会发展研究中心郝书翠著《真伪之际——李约瑟难题的哲学—文化学分析》一书将"李约瑟难题"作为中西文化比较的个案，深入解析它所蕴含的哲学和文化的比较意义，在认真总结并批判地吸收以往研究成果的基础上，把东西方文化及其哲学作为基本背景，着重探讨了该难题所体现的哲学—文化学含义，诸如基于文化进化论而成立的时代性差别、基于文化相对论而成立的民族性差别、基于人类学本体论悖论而成立的理性与价值的分野，仔细甄别了"李约瑟难题"在何种意义上是一个真问题，在何种意义上又是一个假问题，所得结论，澄清了"难题"的真伪划界问题，在此基础上探讨了建构中西文化比较方法论的原则。这不仅对于更深刻地理解"李约瑟难题"具有直接意义，而且对于文化比较和哲学比较的一般方法论问题也具有重要的启发价值。

　　全书包括前言、正文四章和结语六个板块。前言部分在对李约瑟生平作了简要介绍之后，对李约瑟难题研究领域，包括解答难题的争论以及难题的真伪之争等方面的文献资料，做了翔实、清晰的整理。在此基础上引出本书关注的焦点内容：难题的真伪之争以及与此类似的中西文化比较潜含着文化学、哲学上的学理分歧。正文第一章"难题之真假的判准"，先是通过对文献的分析指出：与"李约瑟难题"类似的问题，从西方人一接触到中国科学时就提出来了。对"李约瑟难题"前史的研究本身就表明它是中西文化比较不可回避的一个问题。然后，系统总结了该难题的捍卫者与质疑者的理由，论证双方在该难题上的分歧乃是基于文化进化论与文化相对论的争论。接着对文化进化论与文化相对论的发展脉络进行了初步梳理。

　　该书第二章乃是对"李约瑟难题"的文化学分析。"李约瑟难题"的提出本身事关近代以来中国因其特殊境遇而特别关注的科学，有着深厚的时代根基。在第一章的讨论中，已经提到对于难题的两种截然相反的态度实质上文化进化论与文化相对论的对立。第二章具体讨论文化进化论与文化相对论这样两种对立的立场究竟怎样进入了人们的视野并影响了人们对"李约瑟难题"的认识和评价。该书指出难题所体现的这种比较之所以在这样一个时代进入人们的视野，这实际上是在进化论语境中进行中西文化比较的产物，而这种比较模式又恰恰是中国近代以来的主流文化比较模式。伴随着世界范围内文化进化论的发展与传播，加上中国当时特殊历史背景的强化，进化成为近现代以来中国人所普遍持有的进步主义信念的思想基础。如此一来，一方面，文化比较成为近代思想启蒙的重要形式，这是它的特殊历史贡献。另一方面，这种文化比较的话语模式，在赋予西方文化现代性的同时，也赋予西方文化普遍主义的优势地位，使之具有了世界文化的含义。这种文化高低定位的思维和高程度文明同化低程度文明的方式，始终对中国知识分子的文化比较和文化选择产生着重要的影响。在现实层面，被生存焦虑所笼罩的近代中国，急切地选择了进化的观念，但也很快就因这一观念对传统社会伦理道德基础的冲击而产生了文化焦虑，学者们纷纷转而呵护传统，文化保守主义借此扩大了自己的地盘。文化进化论自身的局限以及它在中国的"水土不服"共同成就了在文化比较中文化相对论与文化进化论的平等地位。在"李约瑟难题"的讨论中，文化相对论的视角也从未消失。如果说内因论者从这一角度解答难题还不能说是文化相对论的立场的话，有的学者从中国传统文化的特质这一角度否定难题则不能不说是文化相对论的体现和表达。

　　第三章是对难题的哲学分析。前文指出，文化比较领域，不仅包括"李约瑟难题"所涉及的科学史领域，而且也包括其他的领域，诸如历史学、法学、文艺理论等，总是被文化进化论与文化相对论的对立左右。这种对立本身又有着深刻的哲学依据——理性与价值的分裂。本章指出，中国学术界非此即彼的二元对立乃是中西文化之间分野的表现，这种分野并不仅仅是东西之分，亦不仅仅是古今之别，而是二者的纵横交错。通过对关于"李约瑟难题"争论的分析，可以看出，对于争论的双方来说，他们都只看到了东西之分或古今之别的一个方面。换言之，在双方那里，文化的时代性和民族性维度都不再具有超然的中立性质。相反，时代性坐标隐含于捍卫者的预设之中，民族性坐标则隐含于质疑者的预设之中。它们各执一端，而蔽于另一端，从而陷入偏执。而这两种偏执，又分别是理性与价值独断化的结果。在文化民族性方面，与西方文化相比，中国传统文化受诗性思维影响极深，表现出鲜明的个性。但是它同时也在发展科学方面先天不足，中国哲学自身的这种特色注定了它在总体上无法有过人的科学成就。有的学者因此拒绝接受"李约瑟难题"，也有的学者则因此拒绝中国传统文化。这不能不说是割裂文化民族性与时代性的结果。究其原因，乃是因为文化的民族性与时代性具有深刻的哲学意蕴。文化的民族性，体现的是一个民族的文化作为主体，对于域外文明所显示的相对性，归根到底是以主体性存在为最终参照的，带有价值的意义。文化的时代性则体现了以因果解释模式所代表的客观必然性在时间性的线性结构中的展现，带有历史（理性）的意义。在人类学本体论层面上，文化的时代性和民族性维度折射着理性与价值的二律背反。正是理性与价值的分裂导致了文化进化论与文化相对论的局限，并进而使得"李约瑟难题"以及学术界的其他领域争论不休。

第四章在前文对"李约瑟难题"进行了哲学—文化学分析的基础上，尝试给出超越二元对立的途径——只有从实践出发，才能真正超越理性与价值的分裂。也只有如此，才能终结关于"李约瑟难题"的争论。本章指出不论是浪漫主义还是后现代主义，他们对理性以及那种"以认识论为中心的哲学"的批判都是站在理性之外的，都无法克服理性和价值的分裂，进而无法找到扬弃文化相对论和文化进化论的哲学依据。其实，克服理性至上所赖以成立的"主—客"二元分裂的框架，进而弥合理性与价值的分裂，有两种完全不同的途径：外在超越之路和内在超越之路。前者则表现为一种外在的单纯否定，它是敌视生命的。后现代主义的"哲学终结论"是沿着外在超越之路进行的，所以缺乏内在的理由和足够的合法性。后者表现为"统一→对立→统一"这样一种按照"自己构成自己"方式的展开和完成，因而是有生命的。

对于这种分裂的超越，马克思的历史观提供了有益的启示。马克思既未陷入离开历史的现实过程的空想，也并没有因此而抛弃自己的哲学理念，把现存世界当作一种纯粹实然的中性事实来作为宿命论的理由，而是把他的理想（绝对价值追求）诉诸理性视野内人类历史的无限发展。正如德国当代哲学家施密特所说的，"在马克思那里，对状况的严密分析和顶见未来的意识，一起组成历史过程的要素"。这一态度使马克思历史观真正辩证地扬弃和历史地超越了理想主义（价值的）和历史主义（理性的）之间的对立。

结语部分以朴素的形式展现了该书的问题意识：近代以来，在世界的视角下认识中国的任务急迫且沉重，一代又一代的学人为之殚精竭虑，孜孜以求。时至今日，这一任务远未完成，学界却不能不说已经出现了不耐烦的武断的倾向，近代以来的学术发展中存在着一种无所不在的西方建构却在这样那样的意义上被遗忘或被忽略。对于当下的中国而言，不论是就文化而言，还是就人们的现实而言，二元对立的影响已由不得小觑和怠慢。

该书视角新颖，把对李约瑟难题的研究转向了对"难题"学理依据的深度研究，力求实现理论上的突破。这在李约瑟难题研究领域乃是一个崭新视角，对文化比较的方法论研究亦作了一番有益尝试。以往有关李约瑟难题的研究有两个角度：或者从不同角度解答"难题"，或者讨论"难题"的真伪。而该书的定位，既不是解答李约瑟难题，提供答案，亦非对"难题"的真伪做出判断。其立意在于以"难题"本身为反思对象，对"难题"本身进行哲学—文化学分析，剖析李约瑟难题真伪争论双方的学理依据。该书以李约瑟难题为个案，深入解析它所蕴含的哲学和文化学的比较意义，把东西方文化及其哲学作为基本背景，着重探讨了该难题所体现出来的哲学—文化学含义，诸如基于文化进化论而成立的时代性差别、基于文化相对论而成立的民族性差别、基于人类学本体论悖论而成立的理性与价值的分野，仔细甄别了李约瑟难题在何种意义上是一个真问题，而在何种意义上又是一个假问题。

该书视野开阔。作者并没有将有关李约瑟难题的争论局限于科学史的范围，而是作为一个中西文化比较的个案与范例，阐明了学界对于李约瑟难题形成的质疑和捍卫两种截然相反的态度乃是人文社会科学研究领域二元对立倾向的缩影与代表。近代以来，由于西方的势力和理论一直主宰着全世界，与大多数的发展中国家一样，中国理论界也主要使用西方理论来认识自己。在史学界、法学界、文学界、经济学界等人文社会科学的各个领域，传统与现代的分歧和西化与本土化的对立交织在一起，使得争论愈发复杂。该书对这些对立进行分析，揭示了它们与李约瑟难题引发的争论一样，具有相同的哲学依据。为完成这一理论任务，作者对于中国的法制现代化的话语被现代与传统的二分观所支配、中国史领域中长期借用源自西方经验的模式试图把中国历史套入斯密和马克思的古典理论的做法、经济学界西方化和本土化的对立以及文学领域传统与现代的二分进行了高度的归纳。

该书逻辑严密，线索清晰。首先，该书指出，李约瑟难题的捍卫者和质疑者的争论是文化人类学领域中进化论与相对论对峙的表现。在文化进化论者的视野下，追问落后的原因显然是必要的和有意义的。在文化相对论的视野下，追问先进还是落后的问题就丧失了合法性。然后，该书论证：文化进化论与文化相对论两种立场本身的对立则是割裂文化的时代性与民族性的结果。文化相对论之所以得出"不同民族的文化之间不存在一个统一的尺度进行比较"的结论，是其将文化民族性独断化的结果。文化进化论认为一切文化都要绝对重复相同的发展轨迹，则是其将时代性作为考察文化的唯一视角的结果。接着，该书分析了文化民族性与时代性割裂的哲学依据。文化民族性的独断化实际上是价值视野的独断化，而文化时代性的独断化则是理性视野的独断化。换言之，文化时代性和民族性的独断化是理性与价值分裂的结果。最后，该书通过对马克思历史观的解读，得出结论：只有从实践出发，才能真正超越理性与价值的分裂。

该书有着较强烈的现实关怀和鲜明的问题意识。作者从马克思关于理性与价值整合在逻辑上的必然性和在历史上的相对性相统一的角度，揭示了文化比较中对立双方及其争论存在的必然性，既解除了对立双方对对方视野的遮蔽，又指出了双方的发展方向——融合对方，达成"合题"。这一结论，不仅对于更深刻地理解李约瑟难题具有直接意义，而且对于文化比较和哲学比较的一般方法论问题也具有重要的启发价值。中西文化遭遇及碰撞乃是马克思所说的随着生产力的发展而必然出现的客观历史进程，中西文化比较中的二元对立问题似乎已成为近代以来的中国知识分子的一个宿命。事实上，思想家们从来都没有停止超越这种对立的努力。但是，在现代性的入侵之下，价值尺度的地位与理性尺度的地位是并不均衡的。而这种不均衡又恰恰是我们所处的时代和历史进程的反映。正因如此，学界仍然充斥着两种针锋相对的言辞和立场：一方面是关于中国传统文化的复古主张，另一方面却是这种主张被认为是一种情绪化的口号。这样的争论不能不让人感到忧虑。

中国近代以来的学术发展中存在着一种无所不在的西方建构，这虽然是现代性扩展的客观结果，但显然与认识中国的目标与任务背道而驰。更严重的问题在于，这种理论现实却在这样那样的意义上被遗忘或被忽略，中国文化与学术的主体性也因而更加欠缺。对此，作者指出，马克思的历史观表明，在历史的进程中，"恶"总是无法避免的，历史总是通过"恶"的展开为自己开辟道路。倘若人类历史不经过一系列的否定环节，历史就不可能实现自我扬弃和发展，从而真正完成自身，人的彻底解放和真正自由也就不可能获得。理性与价值的分裂源自于人的存在的二重化，它们的彻底整合有待于人的本质真正地实现。而我们当前所身处的时代，仍然是历史的否定环节，在这个意义上，理性与价值的分裂就具有了历史必然性。但是，这并不意味着我们无所作为。毫无疑问，自觉的历史永远要比自发的历史更加高明。正因如此，理论反思才能获得存在的合法性。为此，作者呼吁，学界应该确立以建构有别于西方的本土理论为目标的使命感和价值观，警惕并克服不耐烦的武断的倾向，以尽早完成在"世界历史"的视角下认识中国的任务。

[作者单位：山东大学（威海）]

法律论题学的逻辑基础

张传新

一 论题学的性质与特征

从词源学的角度讲，"论题"是一个表述空间的物理概念，其原本的含义是指物体处在一个地方，就是被它物所包围，而包围者即论题。亚里士多德借用该概念表示与特定问题相关的所有要素，意指一种并非严格因循规则、但仍值得信赖的论辩的出发点，其内容包括命题、概念或概念群。对于一个问题而言，它存在于特定的论题包围之中，我们可以通过对论题的考察，把握该问题。基于推理模式的不同，亚里士多德把推理分为以下四种形式：（1）当推理借以出发的前提为真实而原始，或者当我们对它们的知识来自原始而真实的前提时，它是一种"证明"。（2）如果推理从被普遍地接受的意见出发，它是论辩的。（3）如果推理从似乎是被普遍接受而实在并非如此的意见出发，或者，它仅仅似乎是从普遍被接受或似乎普遍被接受的意见出发，进行推理，它就是"可能引起争论的"。因为并非一切似乎被普遍接受的意见都真正被普遍地接受。（4）还有一种是从属于特殊科学的前提出发的错误推理。对于（1）类的证明推理而言，因为其推理前提是真，并足以确定得出的结论也为真，因此这类推理的逻辑基础是演绎逻辑。而对于（2）类论辩推理而言，其前提只是被普遍接受的意见，因此这类推理是论题学取向的，相对于演绎推理，这类推理的特点如下。

1. 前提的缺省性和开放性。我们一般要求通过推理得出的结论具有必然性，这就要求推理的前提是结论的充分条件，只要前提真，通过推理得出的结论也必然真。然而，对于包括法律推理在内的实践推理而言，推理的前提往往是不充分的信息，案件事实可能模糊不清，法律也存在着诸多漏洞，但是不得拒绝审判是近现代法治国家适用法律的一条通用原则，法官不允许在信息不充分的条件下拒绝对案件的审理，在这种情况下，基于论题学的推理要求尽可能地考虑各种关联论题，从中做出较合理的选择。同时，关联论题作为补充信息或前提参与论证，但是，关联论题总是以隐含、默示的方式存在，具有不确定性和开放性。"法院判决时所面对的实际情况不是在真空中，而是在一套现行的法规的运作中出现的……在这种运作中，根据实际情况而作的各种考虑，都可以被看作是支持判决的理由。这些考虑是广泛的，包括各种各样的个人和社会的利益，社会的和政治的目的，以及道德和正义的标准。"因此，论题学思维通常包括寻找前提的环节。例如，在法学之"提问辩难"或对话论辩的过程中，参与对话的人们所讨论的问题与其说是法律推论过程本身，不如说更多的是在争论、寻找、确定推论的前提（尤其是大前提）。按照现代科学哲学所揭示的，它属于发现的脉络。阿列克西认为，论题学这个词大致可以从三个方面来解释：（1）前提寻求之技术。（2）有关前提属性的理论。（3）将这种前提用于法律证立的理论。

2. 推理机制的弗协调性和实质论辩性。关联论题通常是复式的，并且可供发现的关联论题通常是不一致的，根据演绎逻辑的矛盾命题蕴含一切命题的原则，当前提存在矛盾时演绎推理就会束手无策，而对于论题学推理则选择不同的关联论题作为推理的前提，从而得出不同的子结论，并对最终结论的合理性、可靠性给出具有说服力的理由，这样一个说服的过程属于论证的脉络。由于前提的开放性和推理机制的弗协调性，基于论题学策略得出的结论是或然的，思维主体如果要求其结论具有必然性，就必须基于支持度、价值量、确信度等确定一个对子结论的评估标准，这些标准与特定领域的实质内容相联系，以外显的方式作为元规则参与论证。

3. 结论的可废止性和似真性。因为与问题关联的论题总是在不断变化之中，原本得出的结论可能因论题的变化而不再成立，面对新的论题，旧的结论或者被废止，或者被修正，即使要保持也要在融入新的论题后被重新论证。按照马丁·克里勒的描述：在法律思维开端，有一个规范假设，它从生活事实的洪流中，截取了一部分可能在法律上重要的事实，从而使对案件事实的描述和认定成为可能，而反过来，对案件事实的认识也会影响规范假设，可见，目光首先在生活事实和规范假设间流转；另外，规范假设也和法律规范相比对，规范假设指示了到什么地方寻找法律规范，而法律规范决定规范假设是否正确或（通过论证）它能否被法秩序所包括。这种论证的问题是，如果规范假设被承认为法律规范，会有什么样的后果。所以，目光的往返流转是在两个层面发生：在生活事实和规范假设之间以及在规范假设和法律条文之间。在这两个层面的往返流转中，对生活事实的认知、规范假设、法律规范的选择导致裁判结果的可废止性。由于论题学取向的推理的实质是在相竞争的不同解决方案中做出更合理的选择，是一种在论辩中求胜的推理。因此，基于确定的论题选择得出的结论可能是必然的，但由于对论题的选择不具有必然性，因此，整体来看结论具有似真性。尽管如此，由于根据论题进行推理所得出的结论契合当时的社会价值观念和法律目的，因而在一定范围中得到了承认，或者得到了那些最睿智、最杰出人士的支持（亚里士多德语）。

二　法学的论题学进路

虽然亚里士多德对论题学与演绎逻辑并没有表现出厚此薄彼的态度，但二者的命运却大相径庭，演绎逻辑逐渐成为理性主义的最重要的基石，而论题学则逐渐被人所冷落，在解释这一现象时，人们通常认为，演绎推理的结论是必然的，它能满足人们对确定性、稳定性、一致性的心理需求，而论辩推理的结论是或然的，提供的是增加说服力或者前提对结论支持度的方法，这种方法无法像演绎推理那样提供一套严格的可判定标准，而对前提的发现和选择虽然体现着经验与智慧之光，但对于一般的人来说显得神秘而不可捉摸，并且其开放性、可废止性等特点，似乎无法为法学的刚性提供可靠的基础。这种认识促使人们将法律制度的确定性、稳定性、一致性建立在了演绎逻辑学的基石之上。建构概念清晰、位序适当、逻辑一致的法律公理体系，对于所有的法学家都有难以抵御的魅力。道理很简单：假如法学家能够将法律体系的各个原则、规则和概念厘定清晰，像"门捷列夫化学元素表"一样精确、直观，那么他就从根本上解决了千百年来一直困扰专业法律家的诸多法律难题。有了这张"化学元素表"，法官按图索骥，就能够确定每个法律原则、规则、概念的位序、构成元素、分量以及它们计量的方法，只要运用形式逻辑的三段论推理来适用规则、概念，就可以得出解决一切法律问题的答案。法律的适用变得像数学计算一样精确和简单。

但是，这样一种愿望的实现必须满足以下几个条件或基本假设：第一，每一项具体的法律决定都是某一抽象的法律命题对某一具体"事实情景"的适用；第二，在每一具体案件中，都必定有可能通过逻辑的方法从抽象的法律命题中导出判决；第三，法律必须实际上是一个由法律命题构成的"无空隙"（gapless）的体系，至少也要如此被看待；第四，所有不能用法律术语合理分析的东西都是与法律无关的；第五，人类的所有社会行为都必须构成或者是对法律命题的"适用"或"执行"，或者是对它的"违反"，因为法律体系的"无空隙性"必然导致对所有社会行为的无空隙的"法律排序"（legal ordering）。但是，事实证明，这种认定制定法律完整无缺、法律和事实严格对应、法官如同"自动售货机"的法治观念，不过是一种幻想，一种"法律神话"。这一理论的缺陷是显而易见的，法律规则常常是模糊不清的，甚至是相互矛盾或者存在一些漏洞，因此在法律推理过程中往往存在着实质的争辩和驳难，在这些情况下，基于演绎逻辑形式主义法律理论的僵化和无奈就暴露无遗，使逻辑在法律中的作用日益受到挑战，法律思维中的道德和社会价值等实质性问题受到重视。也正是在这样的背景下，开始了对三段论推理模式、基于形式逻辑的法律逻辑进行严厉清算的过程，对传统法律逻辑的责难主要包括以下几个方面：（1）逻辑推理只能解决简单案件，而不能解决疑难案件。（2）法律文本的步骤言行、相互矛盾及缺漏，使得推理无法进行下去，因而需要实质推理加以补充。（3）真正的法律推理实际上从来没发生过，所谓的三段论式推理的依法判案，不过是一种包装。（4）逻辑推理模式使法律出现了机械性和僵化模式。同时，法律解释、法律论证理论等逐渐成为法律方法论的显学，论辩推理的模式被重新发现。自20世纪初以来，法理学者尤其是美国的法理学者，对法院审判案件的推理方式进行了广泛而深刻的批判性研究。在这些研究中，产生了各种各样的理论，这些理论虽然可以冠至于不同的名称，如论辩推理、实质推理、非形式推理、辩证推理等，但就其本质而言都属于与演绎逻辑推理相对的论题学取向推理。这些理论都在讨论司法判决过程中，常常模糊性的被称为"逻辑"的东西的实际或恰当的地位，其中大多数属于怀疑论。怀疑论者试图表明，尽管表面上演绎推理和归纳推理起着重要作用，但实际上它们仅起着次要作用。一般来说，这种理论倾向于主张，虽然司法判决过程的表面特点表现为逻辑方法和逻辑形式，但这种过程的真正特点表现为"经验""实质主义"或"合理的直觉"。根据这种理论的某些变种理论，虽然演绎推理和归纳推理意义上的逻辑不起什么作用，但仍由法院在判案中确实或应当遵循的其他法律推理程序或理性标准。"法学是一门有关法律实践的社会生活关系、通过规定性陈述来进行合理与不合理、有效与无效、正确与不正确、公正与不公正判断以理解事实与规范之意义的学问"。基于此，我们可以得出结论说，论题学是比演绎逻辑体系更符合法学研究和实践的方法取向。

三 法律论题学的逻辑基础

以上分析旨在表明法律推理不能在传统演绎逻辑体系中得到很好表达，但是，这并不表明法律可以不需要逻辑的规范，而是为其寻找新的逻辑基础，这一基础通常被称为非形式逻辑，但是，关于非形式逻辑是否可以被称为逻辑一直是一个存有争议的问题。一般认为逻辑是关于思维形式有效性的理论体系，它不关心思维内容问题。这一观点预设在思维内容和思维形式之间存在着明显的区分，事实上这是对逻辑的严重误解。我们的知识及基于知识的推理是一个整体，在思维形式和思维内容之间并不存在截然的区分。对此奎因的评论是："我们关于客观世界的陈述面临的经验认识的评判不是个别的而是一体性的。"通过经验形成假设性知识的复杂体系，如果结果是不可接受的，则必须通过对假设性知识的修正以重新获得其可接受性。修正可以在一体性知识的任意层面进行，或者是表达经验的一些陈述，或者是正关于事实之间一般联系规律的认识，或者是采用不同的逻辑，甚至是评价知识可接受性的标准。引导这种调整过程的合理性标准也是一体性知识的一部分，都可能成为修正的对象。知识这个概念是相当全面、包容的，不但包括传统所认为的假设性知识，还包括我们可能的认识世界的约束条件和合理性标准。事实上我们更倾向于修正或放弃这个复杂的一体性知识的这一部分，而坚持另一部分。其中最不倾向于修正的那部分就是关于推理有效性的理论，我们称之为"逻辑"。基于这种观点，逻辑不是传统所认为的经验知识的对立面，我们的假设性知识具有一定的连续性，从我们随时都准备加以修正的非本质性的信念，到只有存在非常强的对立证据的情况下才可能修正的牢固的信念。信念和标准都是相互联结的一体性知识的一部分，我们尽可能地使其保持"一致性"，这里一致性标准本身就是我们希望保持一致性的系统性理论的一部分。我们可以称这种一体性知识为一个"承诺集合"。逻辑属于这个承诺集合的一部分，并且是其最不愿意放弃的那部分。很明显，逻辑与该承诺集合的其他部分之间并不存在截然分明的界限。甚至也不存在为什么要在二者之间进行严格划分的根据，因为在逻辑和其他知识之间并不存在根本的不同，它们被认为是可以进行划分的基础。

演绎逻辑的假定和预设曾经被认为普遍有效的逻辑规律，甚至被认为是逻辑的本质，但是，随着研究对象领域的不断扩展，这些预设和假定只不过是作为数学基础的逻辑的特色，而并非永恒有效的，这些被视为逻辑基本原则的假设或预设不断地被修正和突破。根据奎因和哈克对逻辑修正主义的阐述，既然允许多个逻辑类型的并存，那么也就允许逻辑有新的逻辑类型的产生，甚至成为逻辑发展的主流。演绎逻辑发展的势头在 1940 年前后开始变弱，到 20 世纪 60 年开始处于相对停滞状态。但是，作为一种方法和工具，逻辑学研究的对象不断的扩展，从单纯的为数学研究奠定基础而扩大到认知、伦理、法律、经济、人工智能等领域，人们发现，不同的对象领域体现出不同推理、论证特征和要求，传统演绎逻辑一些基本的假定和原则已不能适应或者不符合这些对象领域的需要，要求对经典逻辑理论进行修正和补充，自 20 世纪初以来，先后出现了一些不同于传统演绎逻辑的新的逻辑理论，它们分别从不同角度解决传统演绎逻辑的异常现象。

这些逻辑理论的发展为法律逻辑的发展开辟了新的道路，一方面，它采用了现代逻辑强大的工具，使对逻辑思维的表达、判定更加精确和深刻，另一方面，它又摆脱了传统逻辑的一些限制，使现代逻辑不只是局限于作为数学分析的工具，使其研究范围更加广泛。特别是它和人工智能理论的融合，既可以通过功能模拟的方法建立智能法律专家系统，同时，这种模拟也使得人们第一次打开了神秘的法律思维的"黑匣子"，从整体和局部两个方面对法律思维进行分析和评价。自 20 世纪 70 年代，包括道义逻辑在内的现代广义模态逻辑日益成为国际上法律逻辑研究的重要领域之一。

以非经典逻辑为基础，建立法律推理和论证的广义模态框架是人工智能与法律研究者们提出的。他们企图将基于形式逻辑的框架和基于非形式逻辑的框架整合在一起，建构相应的法律论证智能逻辑模型。在人工智能与法律领域，第一个在具有对抗性质的条件下研究法律推理的也许是 Mc Carty 的（局部实现的）税收方案，其目标在于建构一个关于一些导向性的美国税法案例中持不同意见的仲裁员的论点的大多数的推理路线。第一个明确定义争论与对话的作用的人工智能与法律系统也许是 Rissland 和 Ashley 的 HYPO 系统，这是一个模拟运用法律案例的对抗性推理系统，它把一个法律案件中原告与被告之间的争论分为三个层面，其中的每一个争论层面都包括被告对原告主张的攻击和原告针对被告的攻击所做的防卫和反攻这样一个相互交替的过程。这一研究在 Rissland 和 Skalak 的 CABARET 方案、Aleven 和 Ashley 的 CATO 方案得以继续，这两个方案的研究同样面临设计的难题。这些方案的主要焦点都集中在定义说服性论证的步骤，这些步骤都是一个"好的"人类律师所应当做出的。

对于现代广义模态逻辑的法律方法人们存在着一种认识，认为它只是逻辑学家和人工智能专家感兴趣的事情，对于法律人而言似乎关系不大，至少在可靠的智能法律专家系统真正应用于法律实践之前，它是无用的。我们认为这种理解是错误的，一方面现代广义模态法律逻辑通过对法律思维功能模拟，有助于真正揭示法律思维的结构和模式，它通过分支融合的方法引入其他影响法律判断的时态、意愿、行为、主体等因素，使人们对这些因素在法律思维中的作用和意义有了更加清晰、深刻的认识。另一方面可废止、弗协调等推理模式被广泛地应用，从而对法律推理、法律论证的逻辑特征更富启迪性的认识。这种方法对于直接的实践而言也许因为其过于复杂而显得价值不大，但作为理论探索工具随着研究的深入而被不断地展现出来。

相对于演绎逻辑一般只研究推理和论证的形式结构，非形式逻辑更多地着重于推理的语境等实质性要求，强调自己的非形式特征就是把自己和演绎逻辑只关注形式结构的研究区别开来。他们认为法律推理的逻辑是一个区别于形式逻辑的完整系统。"在这个系统中，各种法律推理的方法都可以视为广义的逻辑方法，如演绎逻辑、归纳逻辑、类比逻辑、概率逻辑、模糊逻辑、辩证逻辑乃至实践理性的经验逻辑等等。"佩雷尔曼认为："逻辑不仅指形式逻辑，而主要是指价值判断。这也就是说，逻辑学已不仅是指研究思维规律的科学，不仅是从形式方面去研究概念、判断和推理，而主要是研究它们的实质内容。"很显然，这里的逻辑不只是局限于一般意义上的形式逻辑，一些所谓的非逻辑法律推理实际上是指非形式逻辑法律推理。1931 年德国逻辑学家 Scholz 在《简明逻辑史》一书中首次使用了"非形式逻辑"这一概念。图尔敏认为"演绎有效性对于真实论证的评价来说，既不是充分条件也不是必要条件"，进而提出了他基于法律论证的评价模型——图尔敏模型。佩雷尔曼认为形式逻辑对论证的评价是从真前提开始，但如何判定前提的真假，这已经超出形式逻辑所讨论的范围。真实论证未必都是从真前提出发的，往往只是从一致起点开始的。他们猜想主导非形式论证的理性可能来自修辞理论的原则，特别是听众的考虑与价值（一种非形式逻辑）。

四　形式法律逻辑与非形式法律逻辑的融合

论题学方法曾经因为演绎逻辑的强势和发达而被忽视，随着法律论证理论研究的深入而被重新发现，舒国滢教授曾设想将二者结合起来，构建"形式的法律论题学"。但他又认为这只是一种设想，真正要实现这个设想，还需要论题学与逻辑学各自发展自己的理论，使两者的分析技术均达到结合所要求的必要和充分的成熟条件。我们认为这不再是一个设想，而是许多人已从不同的角度在做了，近三十年来，广义模态逻辑、批判性思维、非形式逻辑的发展，使逻辑学不再局限于传统封闭、僵化的演绎推理模式，而是建立了许多开放的、多主体的、动态的、弗协调的、非单调的论证框架，这些研究对于探索法律内在的逻辑机制和方法具有相当的建设性意义。而论题学这门古老的技艺凭借现代逻辑的强大工具会迸发出更大的活力。

当代法学对论题学的重新发现具有重要的方法论意义，但是把论题学建立在否定演绎推理方法的基础之上，把二者对立起来的做法是对逻辑学的误解。实际上，论题学理论与当代逻辑的发展有许多耦合，例如，批判性思维所讲的基本的思维技能就包括：（1）解释，包括范畴归类、解读意义、澄清含义等。（2）分析，包括审查理念、发现论证、分析论证等。（3）评估，包括评估主张、评估前提、评估论证等。（4）推论，包括寻求证据，推测选择、得出结论等。（5）说明，包括陈述结果、证明程序的正当性、呈示论证等。（6）自我校准，包括自我审查、自我校准等。这些方法涉及发现的脉络和论证的脉络等，实际上完全可以理解为对论题学的同一主题不同视角的论述。而可废止规范推理框架可以理解为是基于问题的形式思维的刻画。其基本思路是：首先，就可能的论题提出最大的交集，作为讨论的平台和基本的前提这一点可以比较罗可辛所说的问题性思考的第一阶段，即"任意地选出或多或少带有偶然性的各种观点，尝试性地把它们拿出来"。其次，每一个不同的知识集可以作为补充前提，形成不一致的扩张（这应该理解为是第二个阶段，就一定的问题，预先形成各种观点的目录，即 topoi 目录，按照这个目录探求问题的解决）。最后，对不同的扩张进行审查，形成结论。假如一个可废止理论只有一个扩张，那么，就只会有一个结论，如果有不同的扩张，就会有不同的结论，对此可以有两种不同的策略：任意扩张都可作为最终的结论，这是一种轻信的策略；各种不一致策略的最大交集作为最终的结论，这是一种谨慎的策略。因为每一种结论都是基于基本前提和补充前提演绎推出的，所以，结论的不一致的本质在于补充前提的不一致，因此这种解决方案依赖于两点：一是补充前提及可废止规则的优先关系的确定，这不是逻辑所能解决的，而应该由主体以外显的方式予以明确，例如：法律价值、原则的优先关系。二是论证程序的基本规则，一个正确的论证必须遵守三个体系的规则：法律规则、逻辑规则、程序规则。当根据法律规则、逻辑规则无法确定最终结论时，论证必须按照程序规则进行，例如主张者履行论证责任规则、论证终止规则等。

近年来，把论题学取向的论辩推理和演绎逻辑推理结合起来构建较完整的法律论辩框架已取得了不少的研究成果，例如，普拉肯以非形式逻辑建构的法律论证体系本身就包含四个层面：第一，逻辑层面，它界定论证是什么，也就是说，一系列信息如何被组织起来以对某一个主张提供基本的支持。第二，论辩层面，集中讨论冲突的论证：它界定这样一些概念：如"抗辩""攻击""辩驳""击败"等，它也确定给定的一个论证的集合和评估标准，以决定哪一个论证成立。第三，程序层面，它规范论证如何进行，也就是说，论证主体如何提出或者挑战一条新的信息以及陈述一个论证。程序层面区别于前两个层面的关键点在于，其他的层面假定存在一个固定的前提集，而在程序层面前提集是在论辩的过程中被动态的建构的。这一点也适用于发现的层面，即第四，策略层面或者直观推断层面，它为一个争论能够在一个第三层面的程序进行提供理性的方法。在这四个层面中，只有逻辑层面的演绎推理方式是被经典逻辑看作是有效的推理模式，而论辩层面和程序层面则包括一些论题学取向的约定的非形式化的规则，策略层面或直观推断层面运用了大量的在演绎逻辑中被视为无效的推理模式，如溯因推理、似真推理等。我们认为，逻辑对于理性认识的作用之一就在于其能够为正确的推理提供明确的、严格的判定标准，而非形式逻辑则提供一些合情论证的方法，使前提对结论有一定的支持和评估。

根据以上分析我们认为论题学实质上是基于问题的论辩思维框架。它与演绎逻辑不是替代或竞争的关系，而是相互补充的合作关系。"所有的论证都是向形式分析开放的，同样也是向非形式逻辑开放的。前者是关于论证的有效性的，后者是关于前提的可接受性的。"并且，按照 AREND SOETEMAN 的观点，"或者这样一个论证可以通过增加一个可以接受的前提使其形式有效，或者不能。如果能使其有效，最好的事情就是增加这样一个可以接受的前提并使其保持形式逻辑的有效。如果一个论证不能通过增加一个前提而使其形式有效，那么，它就应该作为无效的论证而被抛弃"。因此，非形式论证完全可以发展成为演绎论证，并且由于法律结论对于当事人的严肃性，法律论证也应该建立在这样一个演绎论证的基础之上。

[作者单位：山东大学（威海）]

中等艺术学校待优生的人文关怀和心理疏导

原新国

一　课题含义

1. 待优生：智力发展正常的青少年，由于环境中各种消极因素的影响而形成个体不良的心理结构，从而导致学习、品德、行为等诸方面长期落后，且这些落后面又融合一起交互作用，需要特殊教育和帮助的一类学生。

2. 心理疏导：运用语言和非语言的沟通方式，通过解释、说明、同情、支持和相互之间的理解，来影响对方的心理状态，改善或改变心理问题人群的认知、信念、情感、态度和行为等，达到降低、解除不良心理状态的目的。

3. 人文关怀：要求人的个性解放和自由平等，尊重人的理性思考，关怀人的精神生活等。在思想政治工作视野中，人文关怀是指尊重人的主体地位和个性差异，关心人丰富多样的个体需求，激发人的主动性、积极性、创造性，促进人的自由全面发展。具体来说，包括层层递进又密切相关的几层含义：（1）承认人不仅作为一种物质生命的存在，更是一种精神、文化的存在。（2）承认人无论是在推动社会发展还是实现自身发展方面都居于核心地位或支配地位。（3）承认人的价值，追求人的社会价值和个体价值的统一、作为手段和目的的统一。（4）尊重人的主体性。人不仅是物质生活的主体，也是政治生活、精神生活乃至整个社会生活的主体，因而也是改善人的生活、提高人的生活品质的主体。（5）关心人的多方面、多层次的需要。不仅关心人物质层面的需要，更关心人精神文化层面的需要；不仅创造条件满足人的生存需要、享受需要，更着力于人的自我发展、自我完善需要的满足。（6）促进人的自由全面发展。人的全面发展应当是自由、积极、主动的发展，而不是由外力强制的发展；是各方面素质都得到较好的发展或达到一定水平的发展；是在承认人的差异性、特殊性基础上的全面发展，是与个性发展相辅相成的全面发展。

二 理论背景

（一）心理学理论

1. 国内的思想渊源。陈鹤琴从陶行知教育思想中获得启示，提出著名的"活教育"理论，并归纳出相应的十七条教学原则，其目的是"心理学具体化，教学法大众化"，由此可见重视情感心理由来已久。

2. 国外的著名论著。苏联一些著名的教育家，在其各自的教育和教学理论中也非常重视教学中的情感因素。赞科夫在《教学与发展》一书中说："教学法一旦触及学生的情绪和意志领域，触及学生的精神需要，这种教学就能发挥高度有效的作用。"美国著名心理学家、新教学论思想家布鲁纳（J·S·Bruner）提出了"动机原则"：即好奇心、胜任感等远比奖赏、竞争更具有学生对学习的驱动力作用。由此可见重视学习中的情感心理和认知心理是古今中外教育名家共同的思想精华。

辩证唯物主义告诉我们，要历史地、辩证地、发展地看待学生，特别是后进学生，反对用形而上学或主观唯心主义的观点看待学生。

（二）教育学理论

1. 苏霍姆林斯基说过："教育是人与人心灵上的最微妙的相互接触。"他认为教师对行为不良学生的教育一定要有耐心和恒心，抓反复，反复抓。他所提出了著名的"矫治""难教儿童"理论。

2. 赞可夫关于转化待优生的理论和实践。面对待优生无论是思想品德上的后进，还是学业上的后进，都不是一朝一夕形成的，而是长期慢慢发展的结果。最重要的是要帮助其解开心结，挖掘深层次的原因。

（三）现实背景

促进社会和谐发展，需要注重人文关怀和心理疏导。中共十七大报告提出在加强和改进思想政治工作中注重人文关怀和心理疏导，体现了思想政治工作以人为本的宗旨和与时俱进的创新。要加强心理健康教育，关注人们多方面的感受和需求，完善人文关怀和心理疏导机制。由于社会、家庭诸多因素的影响，学校教育的差异，任何一所学校的班级，总会相对地存在一些待优生。这类群体在青少年、儿童中居特殊地位，它不仅对学生个体社会化过程起着重要作用，而且还直接影响着一个班级甚至一所学校的整体教育效果，关系到儿童心理的健康发展，因此对待优生的心理疏导和人文关怀是整个教育的一项重要工程。

三 研究意义

1. 待优生自身心理需要。通过对待优生的心理疏导，让他们从心理上改变观点和思想，建立健康的人格，提高其学习成绩。待优生的最显著特点是具有"双向性"——既落后又能进步。采取科学的方法，可将其转化，从而向"好"的方向发展；若听之任之放任不管，就会使其很快向"坏"的方向堕落。如果从心理健康教育的角度开展工作，我们就必须抓住促进其转化的关键处"能进步"，优化其心理品质，矫正其不良的心理品质。

2. 提高教学质量的需要。通过对对待优生转化的研究，探索提高教学质量的方法。山东省威海艺术学校作为中等艺术学校，生源虽然更加广泛，但学生基础普遍下降。学生整体素质不是很高，待优生相对多一些。而且学生处于两极分化状态，从学习等各方面讲待优生比较多，为了建立和谐上进的班集体，很有必要做好待优生的转化工作。

四 研究内容

1. 中等艺术学校待优生人文关怀和心理疏导的必要性。
（1）待优生的心理现状。
（2）中等艺术学校现有教育模式的分析。
2. 中等艺术学校待优生人文关怀和心理疏导的改革尝试。
（1）孝顺为本的人文关怀。
（2）编写校本教材对学生进行心理疏导。
（3）学生情绪管理讲座。
（4）"自信在我心中、成功在我手中"系列讲座。
3. 待优生人文关怀和心理疏导典型个案的研究。

五 研究方法

1. 调查法：通过谈话、家访、调查问卷等方式，了解本校待优生的现状，并分析出原因。

2. 案例分析法：每一环节实施后，进行阶段性分析，注重个案分析和积累。

六 研究过程

（一）了解待优生的成因

1. 学校生活的不良影响。学校开设的课程不合理，不能激发学生的兴趣和爱好，没有一种合理的体制来激发学生的创新能力和培养学生的创新精神，学校一味追求教学进度，安排的课程超出了学生的接受能力，导致学生厌学逃学现象严重。个别教师教学方法不当，对待学生不平等，缺乏耐心和爱心，教育方式简单、粗暴，对待优生冷眼相待，批评待优生使用尖锐、刻薄的语言，直接导致一些待优生产生了自暴自弃的心理。

2. 家庭环境的负面影响。很多时候，家庭环境家庭教育对学生的影响甚至比学校都大，如家庭背景，经济地位和社会地位、家庭变故等，都对学生的心理、生理、学习产生了重大的影响，对学生未来的性格发展和人格培养也产生了深远的影响。很多家长一心希望孩子能够学有所成，却忽视对孩子思想品德的培养，忽视了关注孩子的心理发展，直接导致了待优生学习方面、生活方面和心理方面存在着各种各样的麻烦。

个别家长对学生缺乏必备的教育和抚养，把孩子完全推给学校来负责，缺少学校和家长的沟通交流，导致待优生在学校大错不犯小错不断，老师也没有办法。

3. 社会道德环境的不良影响。市场经济大环境的影响，加之新旧思想交替，以及国外腐朽思想的影响，对中等艺术学校待优生的人生价值取向产生了一定的误导作用，部分学生存在着自私自利的个人主义和拜金主义。和平年代的中职学生未经过艰苦生活的磨难，因此心理十分脆弱，承受挫折、抵抗诱惑的能力较差，甚至心理错位、行为反常。

4. 学业不良造成的挫折感过强。很多中等艺术学校学生选择中专学校，是由于学习的不顺利及考试成绩不理想，这导致他们对自身存在自卑情绪，加之社会上人对中等艺术学校学生的各种各样的偏见，直接导致一些待优生自暴自弃。另外，一些学生存在着口头表达困难、行为不成熟、行为较为冲动、交往技能不良等问题。

（二）选定研究目标

通过谈话、调查等途径选定了个案目标。研究主要从个案研究中分析待优生的主要心理障碍和人文需求。

（三）制定转化策略

研究过程中我从发生在待优生身上的日常学习、生活中发生的点点滴滴出发，对其实施心理疏导和人文关怀。

首先，确定转化待优生的原则：转化的前提是"认识"学生；要读懂"问题生"的心；贵在坚持到底；爱得适度，严得得体。

其次，探索转化的策略。学校方面，要把学生讲文明话、做文明事、做文明人三个方面融合，学校通过加强学生的基本思想道德建设，积极地对学生行为进行鼓励引导，切实做到重视基础和建设，积极引导和管理，改变完善校风、学风。要充分整合各种有效的资源，建立起相应的资源教育网络，通过这个网络，对学生进行全面的教育和培养。落实"百名教师进百家"制度，提倡教师"走近学生、热爱学生、理解学生"。

更好地和学生家长沟通，以便倾听和解决问题。开设了校长接待日，学校倾听意见接受建议，了解学生家长的忧愁和烦恼，接受来访和监督。经常开展一些有意义的比赛，比如拔河比赛、男生篮球赛、艺术表演等，通过这些比赛，增强了他们的自尊心和自信心，从而重新点燃起他们对学习和生活的信心。由于艺术学校女生占了很大一部分，而且很多女孩多才多艺，通过艺术表演，既让他们一展所长，增加集体凝聚力和向心力，又帮助他们在学习和生活方面向积极的方面发展。

学校通过在学期末给学生家长邮寄成绩单和公开信，及时向家长反馈学生在校的情况，通过这种手段，加强学校和家长的沟通，从家长和学校两方面抓起对待优生进行教育。定期邀请待优生家长来校座谈沟通，并且充分的掌握他们的家庭状况、经济状况等，了解这些学生家长的受教育情况和社会背景、政治地位。建立他们的资料库，取得宝贵的第一手资料。学校要经常进行相关的宣传教育，通过一系列的宣传互动和宣传手段，比如对学生进行宿舍用电安全教育、文明礼貌行为教育、宿舍卫生定期检测、评比等方法和手段来帮助学生改变不良的观念和不当的生活方式。

学校应该积极引导和鼓励待优生去关注社会，关注生活，让学生把所学的理论知识与社会实践相结合，通过实践，可以帮助培养待优生利用理论分析进行独立思考分析问题解决问题的能力，通过组织待优生参加社会上各种有意义的活动，可以加深他们对社会和生活的认识，起到最佳的教育作用。学校要引导教师真正做到与时俱进，只有这样，才能真正理解待优生，和待优生进行恰当的沟通交流。教师，尤其是班主任老师在对待存在品德问题行为的学生时，要注重技巧，可以根据实际情况采取不同的方法。

（四）形成典型的个案研究报告

个案研究报告之一：爱心感化法

爱，是人间最美好的词汇之一，有了爱，可以化干戈为玉帛，有了爱，会使矛盾减少增加和谐，有了爱，教育也会变得顺畅和高效。对于待优生，教师首先要关爱他们，用点点滴滴的努力汇成教育的溪流，再汇入持之以恒的精神，定会收到良好的教育成果。

【典型案例】

先种后收——"待优生"带给我的感动

有句话说，先做学生的亲人，再做学生的师长。我很注重与学生间感情的培养，注重与学生的感情沟通，利用课余时间与学生沟通，每次沟通都留有相应的记录，不仅记录着学生的日常行为表现，更重要的是记录每个学生成长的亮点，予以及时肯定，及时表扬，督促其不断完善自我，不断进步。我争取用师者的强大魅力感化学生，使其"亲其师，信其道"，服其管。每个班级都有几个待优生，我们不能歧视他们，冷落他们，应该积极教育他们。"待优生"同样拥有一颗真诚、纯洁的心灵。我教过的小寒，曾经是一名"待优生"。他父亲远洋捕捞长期在外，母亲忙生意，长期无人管束，养成了自由、散漫、不喜欢学习的坏习惯。我经常找他谈心，从生活上关心他。记得那是4月23日晚上全校集合于操场，观看法制教育片。我也按时到校组织学生，我看到了小寒，他很健康，很整洁，但是他只穿了一件T恤衫，与晚上的气温很不相称，他在冷飕飕的夜风中显得有些单薄。本来他是个经常违反纪律的学生，经常给我添麻烦，按理来说我懒得理他，他不值得我关心太多。

但是我还是将我的外套脱下来给他披上，经过一番推辞后，他穿上了。我穿着西服，一阵阵寒意侵遍全身，为了抵抗寒冷，我时不时地踱着步子，以此提高体温。教育片持续了近两个小时才结束。当小寒把衣服给我披上时，很羞涩地说了句："谢谢老师，您冷了吧？"一刹那，我本来有点寒冷的身体突地被一股暖流占据。我觉得我当时的决定是正确的，这样的孩子值得关心，值得改造。我很清楚地看到小寒的眼睛里有一些难为情，有一些愧疚，也有一些感激。

但是小寒仍然经常违反学校规章制度，我看到教育感化他的收效甚微，开始有些泄气了，难道我所有的努力竟都成为泡影？一次我实在很郁闷，就拨通了她母亲的电话，当我把极其失望的情绪表露出来时，他母亲突然问我："老师，你后天要上公开课吗？"我很奇怪："是啊，但是你怎么知道的？"他母亲说："小寒昨天回来告诉我，老师平时对我很好，他要上公开课了，我也不能为老师做些什么，你就领我去理个发，洗个澡，换套干净整洁的衣服吧。"

我一下子惊讶了，同时为自己曾有过退缩心理而惭愧：为什么距离成功只差一步之时，我却要选择放弃呢？第二天早晨，小寒悄悄递给我一个方便袋，里面有一包莲子心，他只说了一句话："老师，清清火，我平时让您费心了……"

当我与其他老师讲起这件事时，几次控制不住自己的感情，眼角悄然流下几滴泪水。这件事让我懂得了教育工作的持久性，也使我重新审视作为一名教育工作者，特别是一名班主任的历史职责。

花有花的光彩，叶有叶的荣耀，根也有根的感受。做一名班主任，让我真的很快乐。

有人说过，正是在给予中，教育者才会领悟到自己的力量、能力和魅力。德育工作确实很累、很苦，但当我们的学生看到我们手上贴的创可贴殷切地询问时，当有学生充满信任地坐到我们的身旁倾诉时，当看到我们的学生顺利地步入高校时，我们都会感到教书育人和管理育人的愉悦。

同时，爱是需要持久的，感化是需要时间的，很多问题的解决都是需要一个复杂曲折的过程，我们教育工作者要有打持久战的思想准备。

个案研究报告之二：适时培养法

待优生的主要缺点是学习态度不端正，学习目的不明确、懒惰、任性。因此，培养他们的责任感就显得特别重要。在做待优生转化工作时，要注重培养他们责任意识，要让他们认识到：青春是美好的，也是短暂的，不是所有的花都能结果，不是所有的过失都能弥补。利用班会课，反复谈责任问题，让学生明白责任感的重要性。一个对自己不能负责任的人，将来也不会对他人负责，更不会对社会负责。只有对自己负责任，才能对父母、对他人、对社会负责任。经过多种形式的反复教育，让这些学生有了较强的责任感，各方面都有了一定的进步。

【典型案例】

班干部任命中的"黑白配"

班干部是班级工作的主力军，班级管理中要坚定不移地走"群众路线"——重视班干部的选拔和使用，弱化班主任的权力。班干部选好了，做好了，比班主任事必躬亲效果要好几倍。通过实践中的不断摸索，我逐渐形成一种班干部任命方法——"黑白配"。

社会上有"黑道"和"白道"之分，在俗语中"黑道"就代表了黑社会、地痞流氓一些社会上不好的势力；反之"白道"代表了警察、清廉的政府官员等一些正面的人物。同理，"黑道""白道"也可以用在教育和引导学生的班级管理工作中。当然，班级里极少会出现黑社会等恶势力，因此所谓班级中的"黑道"指的是那些有较多不良习惯、行为不够自律、有时爱捣捣乱的那些学生；所谓"白道"指的是较为自觉遵规守纪、能较严格要求自己的那些学生。

《水浒传》告诉我们：只走白道不行，只走黑道更不行；行的是走黑白两道……我在今年班级竞选班干部时，就特别注意每个竞选者的仪态、语调、支持者群体，从中发现内在的必然性。比如，吴强最大的优势是学习刻苦，特别勤劳勤奋，从不惹一点事，支持他的大多是女生和学习较为努力的男生；孙晓体格健壮，粗粗大大，行为也大大咧咧，篮球水平高，擅长短跑，但是较为冲动，有时甚至比较霸气，支持他的是比较豪放的女生和一小帮爱玩爱闹的男生；邓奇学习成绩一般，长相帅气，且擅长体育，尤其是中短跑全校首屈一指，性格活跃但不冲动，工作细致但胆识不够，愿意为班级做贡献但自律意识不强……以上竞选班长的三个主要竞争者逐渐浮上水面。他们三人性格和处事风格不同，支持的团队也便不同，三人选票吴强最高，孙晓少2票，邓奇少5票，如何任命班长人选？经验和直觉告诉我——应当选择邓奇！

用文章开头的"黑道"和"白道"理论来解释一下：吴强循规蹈矩，地道的"白道"，孙晓粗鲁冲动，类似"黑道"，邓奇位于黑白两道之间。尽管邓奇的工作能力不是最强的，学习也不是最好的，自律意识不是最高的，但是他本身具有别的竞选者无可比你的位置优势——"黑道"与"白道"的联系者。于是我做出了任命，并马上面授机宜：

巧妙运用魅力。人均有爱美之心，我建议邓奇在工作和生活中尊重同学、关心同学，展示自己的个人魅力，赢得同学们尤其是女生的支持。与各科教师密切配合，全力打造学习型的邓奇，多提问，多帮助，多表扬，很快他就得到了爱学习的群体的大力支持。

迸发运动光芒。因为邓奇有着先天的运动天赋，所以在 400 米、800 米、1500 米、4×100 米接力、4×400 米接力等项目上无人能敌，为班级赢得无数荣誉，很快得到有较强集体荣誉感和归属感的同学的鼎力支持；他在篮球场上也是一员虎将，与孙晓一起配合默契，潇洒进球，很快两人成为好朋友，工作上孙晓也很快全力协助邓奇的工作。

弥补不足之处。成功地将班级"黑道""白道"两道势力连接起来、团结起来后，下一步就是提高邓奇的个人修养和驾驭能力了。面对面的交流，实际事件的剖析，具体流程的操作，工作中的疑惑解答，逐渐提高邓奇的管理素质，班级管理的水平也逐渐攀升。

我大胆地启用了票数最少的竞选者邓奇，因为他具有更广泛的支持者和潜在的支持者，他是"黑道"和"白道"的连接者。适时引导他利用有利的区位优势，加强班级各种群体的联系和融合，最终实现学生自主管理班级，达到和谐相处的境界。

对待优生，我们要多加以鼓励表扬，树立其上进的信心。每个学生都渴望得到老师、同学的信赖和赞扬。班主任要学做一个美的发现者，在细微之处见真谛，善于在平凡中找出不平凡，挖掘学生身上一些鲜为人知的优点。在学生表现出良好行为、取得一定进步时，一般应马上给予表扬，及时强化，及时培养。这些学生一旦做出较好的工作成绩，教师应大张旗鼓，当众称赞一番。这样能坚定学生做出正确行动的信念，维护本人的积极性。待优生在转化过程中也会犯老毛病，教师适时的批评应把握分寸，言语不要太刻薄，转化人的工作就好似颈椎错位推拿一样——急不得的！

个案研究报告之三：情绪疏导法

待优生的产生是由于各种各样因素共同作用的结果。很多学生存在的问题，不仅仅是由于品行方面存在的问题，很多还有其他的因素，所以，对于这些学生，必须从外部环境和学生内心两个方面做起。如家庭的原因、社会的原因、学校的原因等。由于这些种种原因，导致这些学生的自尊心和自信心受到打击，行为出现扭曲。所以，在对这类学生的教育问题上，最重要的是要发挥学校和老师的启发作用，真正地从各个方面尊重学生，及时地帮助学生排解情绪的疑难杂症，而且要讲求一定的方法和技巧。

威海艺术学校从 2007 年 5 月开始筹备建立心灵驿站，9 月正式挂牌，对在校师生免费服务。在班级内，选择一批学生组成心理委员。通过对他们进行培训和教育。各班挑选心理委员一名组成心理健康教育的学生团队，他们参加培训，在学生中宣传心理健康知识；每学期在全体学生中开设心理健康讲座，积极引导学生用正确的方法疏导自己的情绪，发现并鼓励有心理问题和不良行为表现的同学们到辅导室倾诉，给他们提供有力的精神援助。心理辅导对策是：帮助待优生克服成长危机，改善人际关系，培养健全人格，排除学习障碍，取得学业成功，使他们成为今后适应社会需要的合格公民、合格劳动者。并开展心理咨询和辅导工作，在矫治他们问题行为的同时，更重要的是督促、发展这些学生的心理适应能力，以使他们能正确处理各种问题，面对现实与将来。通过对他们采取心理辅导，使问题行为发生率可以降低，得到及时纠正，使学生身心可以协调发展，心理素质有了较大的变化。

威海艺术学校心灵驿站有专职心理辅导教师 1 人，兼职心理辅导教师 5 人，都经过心理专业培训且获国家二级心理咨询师资格证书。至 2010 年底，心灵驿站为学生进行心理咨询 400 余人次，举办心理健康教育讲座两次，制作分析量表 100 多份。2009 年 9 月开始加大宣传力度，除每月在学校网站发两篇有关心理健康方面的稿件外，还定期编辑《心灵绿汀》心理辅导小报，发放到各教学班和各处室，对待优生各种品德和行为问题进行疏导和关怀。

个案研究报告之四：家校合力法

学生是学校整个教育教学教育工作的主题。学校要做到"一切为了学生，为了一切学生"尤其要关注待优生的成长。为此，教师在完成正常的教育教学任务之外，要加强与家长的沟通，密切关注每个学生的每一阶段的成长。通过家校合力，使待优生真正的从内心认识到了自身的问题，并且为此愿意做出改变。

【典型案例】

三个场景一台戏，恼人秋风化春风
——班主任给青春期学生家长的建议

"为什么一阵恼人的秋风，它把你的人，我的情，吹得一去无踪……"用 20 世纪末流行的歌词来形容青春期的少男少女们，那是最恰当不过了。青春的他们表现为两极性，有时心花怒放，满脸春风，有时愁眉苦脸，痛不欲生，甚至暴跳如雷，就像"六月天孩子脸"。不少父母有说不出的酸楚，并有"孩子更听老师的"的深刻体会。在学校，老师用平等民主的方式与学生交流，易于见到实效，在家里，家长更应该保持平和的心态，用积极的态度、科学的知识、正确的方法引导孩子，在"恼人"的季节巧妙施以春风化雨般的教育。

场景一：超限效应

美国著名幽默作家马克·吐温有一次在教堂听牧师演讲。最初，他觉得牧师讲得很好，使人感动，准备捐款。过了10分钟，牧师还没有讲完，他有些不耐烦了，决定只捐一些零钱。又过了10分钟，牧师还没有讲完，于是他决定1分钱也不捐。牧师终于结束了冗长的演讲，开始募捐时，马克·吐温由于气愤，不仅未捐钱，还从盘子里偷了2元钱。

故事中这种因刺激过多、过强和作用时间过久而引起心理极不耐烦或反抗的心理现象，称之为"超限效应"。我们的家长教育孩子的过程中，大多出现过类似的情况，有的十分严重。教育孩子最大的投资就是时间成本，教育本来就是一个感悟的过程。家长需要时间转变角色，感悟教育的技巧；孩子需要时间理解为人儿女的义务，感悟很多的做人道理。过多的批评、过多的说教，只能引起孩子的反感，结果是适得其反，甚至可以说"话说的越多，有时误会也越多"，所以我们会经常听到"妈妈（爸爸），你都说过 N 遍了！"这样不耐烦的声音。家长对孩子多一分理解和宽容，少一分唠叨和指责，孩子青春期那"恼人的秋风"就不会轻易刮起来的。

场景二：春天就忙春天的事！

中国社会科学院社会所研究员陈一筠在萧山剧院做"2006 智慧母亲"报告时讲道："春天就忙春天的事。每一位智慧母亲都明白秋天的收获离不开春天的耕耘。"

多少家长因为孩子做作业时摆弄玩具大发雷霆，多少家长因为孩子放学没能按时回家而呵斥孩子，又有多少家长因为孩子花钱买了太多的笔、本而恶语相向……这对一个才十二三岁的孩子来说，是不是太残酷！他们初中在校学习起码8个小时以上，回到温暖的家，等待他的仍然是透不过气来的压制式家长式管制。孩子的情感需求的呢？孩子的自我空间呢？我们家长有了压力或苦恼，懂得自我调整；可孩子呢？他哪里懂那么多，他只能靠看卡通片得到暂时的放松，玩游戏（有时是不经意的行为）的过程中舒缓紧张的神经，或通过其他的事物来刺激紧张、焦虑的情绪。

孩子其实还太小，他们是春天的使者。"春天就忙春天的事"，家长要帮助青春期少男少女理解这一人生规律。当他们在外面受伤时，回到家时，家应该是一个可以大哭、大笑的地方，让他们宣泄，让他们平静下来，以便第二天，再以饱满的精神状态去经历成长。当他们发型服装追逐潮流时，他们不希望听到电视剧《青春期撞上更年期》中邓家齐的台词"什么难听什么难看，我就喜欢什么，我叛逆"的挖苦。当他们对性迷茫，对异性向往时，需要父母和他们一起"面对"性成长，牵手度过青春期。春天就要忙好春天的事，错过了，就是一辈子的事！

场景三：尺宽的肩膀能扛多少责任？
——电视剧《青春期撞上更年期》的经典台词

从青春期孩子所要应付的各种问题来看，青春期也是一个负担很重的时期。他们要逐渐担负一部分由成人担负的工作，环境可能不断把一些由成人来办理的事项交给他们去办理，加重了他们的负担，但这些负担是他们成熟所不可缺少的，如果不增加负担，日后不可能成熟。

家长要正确处理好孩子在家学习和劳动的关系，不能事事代劳，养成孩子养尊处优、好逸恶劳的不良生活作风。在孩子面前示弱也是一个比较有效的方法，家中只要是出力气的活基本让男孩去做，比如说换纯净水等，需要细致工作的活就让女孩做，比如收拾房间等。不同的分工，和适当的角色变化，有利于培养青春期男生女生的正确性度，对他们性心理的健康成长、对将来的婚姻家庭都有十分重要的意义。在"扛责任"的过程中，他们懂得了担当、责任、亲情，也收获了成长必需的精神营养。

青春期是青涩的，青春期也是甜美的。青春期是"从他律向自律发展的转变期"，也是"人生的十字路口"。做父母的应该坦然面对孩子，不要错过了孩子的春天，为秋天的收获作好早期准备。只要我们掌握好技巧，拿捏好火候，一定会把"暴风骤雨"演绎为"和风细雨"。

一个建议，成为教师和家长联系的纽带；互通信息，为待优生的成功转变和健康成长搭建平台。适时适量的家校合力，会带来不少教育效果。

个案研究报告之五：同伴影响法

很多中等艺术学校学生都是未成年人，年龄较小，各个方面都不成熟，但是由于他们都有很强的自我意识和自我独立的愿望，所以很容易产生思想上的极端行为，特别容易受到周围环境和同学的影响。如果班主任老师创造一个好的学习环境和生活环境，真心关注待优生，巧用"小团体"理论，将对待优生的问题行为向好的方面转化产生很大的促进作用。

【典型案例】

心结是这样解开的
——浅议"小团体"理论的妙用

"老师，成成的手又流血了……"接到班长的电话，我飞奔到教室。经了解，成成因情绪烦躁，用手用力捶墙导致血流不止，几个班干部正扶他前往医务室包扎。从进入这所中等职业学校一个月以来，成成这已经是第三次出现类似情况了。我感觉到了事情的严重，决心解开他心中的"结"。

通过家访了解，成成是单亲，两岁时父母离异，10 岁时母亲嫁给一位年长 12 岁的老实农民，给了成成一个"完整"的家。但"爸爸"从不管成成，母亲担负着全部的教育责任。另外，成成有重负。中考落榜后，成成与四名和他关系很铁的"哥们"相约到烟台闯世界，并歃血为盟，发下毒誓谁也不许毁约。赴烟台的前一天晚上，成成退缩了，另外四个朋友如约到烟台闯世界，成成进入中职学校读书。其他 4 人一直在烟台闯荡，并且谁也不打电话给他，他也觉得没脸打电话给"哥们"。成成不再活泼好动，甚至有些孤僻，用他的话说："跟班上同学交往没意思！"

原因分析：家庭离异给他带来了心灵创伤，缺少应有的关爱。特别是"爸爸"对其不闻不问，让他缺失了父爱，缺失了正常的男性度，不能在人生关键的时期树立男性的形象标准。在家得不到的男性标准，他将目光投向了学校中的同性好朋友。中学阶段同性交往仍是主要的人际交往形式，久而久之，几个经历和愿望相似的男生就形成一个小团体。后来，团体给予他应有的关爱，他又重新恢复了阳光和自信。正是因为男性度的缺失，导致成成在预约集体闯世界的关键时刻选择了逃避。

根据社会心理学的"小团体理论"和马斯洛关于人的需要的第三个层次"归属和爱的需要"理论，小团体的成员会相互依赖并产生隶属感、荣誉感。在这种群体中，成员间的关系比较密切，交往比较频繁，心理感受也比较明显。成成渴望在小团体中找到归属和爱、渴望尊重，但是他的逃避"背叛"团体，所以成成一直背着"背叛朋友"的重负，一直在负罪感中生活，他压力极大，情绪爆发时大多以自我伤害达到惩罚自己、麻痹意志为目的。

转化策略：通过家庭和小团体的力量实施"拯救"

重获"父爱"。与成成的家长，特别是"爸爸"协商，希望他能多多关注孩子的成长，让他在最需要父爱的时候拥有一份属于他的父爱。老实巴交的"爸爸"听到自己的不作为已经影响到成成的心理健康时，感到十分内疚，决心今后尽力做好榜样，为孩子的健康成长创造良好的家庭环境。

重负"下马"

"解铃还须系铃人"，成成因为"背叛"小团体而心存重负，我也要借小团体的力量为他卸除精神的枷锁。我为成成设计了一个别有特色的生日聚会。

生日的那天晚上，我和成成等班级所有住宿生聚在学校的生日餐厅，每位同学为成成献上一句祝福，这些祝福都是我和同学们一起商量定下的，包含了希望成成快乐、幸福、开朗、自信等期盼。当我们为其唱响生日快乐歌的时候，我发现成成眼角的泪水。此时成成的电话响了，他初中那个小团体的"哥们"来电话了！

——"成成，我们在烟台很好，因为忙，所以没时间回去看你！"

——"成成，别学我们啊，多读书，读好书啊！"

——"成成，我们不怪你的，那时我们懂得少……"

——"成成，今年过年回家找你喝酒啊，不醉不归……"

小团体中的四个"哥们"每人说了一句发自内心的话，成成抽泣着，接着电话那端传来了生日快乐歌，同时四人集体大喊："成成，生日快乐！"成成号啕大哭，哭得那么彻底，因为精神的解脱最后导致浑身酸软。可怜的孩子！在花样年华经历了不应有的磨难，经历了常人难以想象的巨大压力！他终于解开了"心结"，他终于释放了囚禁已久的心灵。

在小团体里，孩子们学着长大，他们不约而同地遵守团体的规则，学会分享和容忍，这也是个体社会化进程中一个很重要的阶段。在小团体里，孩子们摸索人际交往中自己的合适位置，一旦团体做出不当决定时，个体迫于群体压力，不顾后果地跟从，后果是难以预料的。我利用了小团体的感召力，破解了成成长时间的自责和内疚，转变了他的人生态度和价值取向，从此他逐渐走上良性发展道路。此案例告诉我们，教育者应当教育孩子加深对朋友、友谊含义的深层次理解，让信任、自由和正义成为班级小团体的主流，让健康的小团体成为孩子们健康幸福成长的重要平台。

（作者单位：山东省威海艺术学校 课题
组成员：杨同淑　钱海燕　林　燕　段云宁）

汉代育犁故城考辨

高玉山

"育犁"地名最早见于《汉书·地理志》："东莱郡,高帝置。属青州。……县十七：掖,腄,平度,黄,临朐,曲成,牟平,东牟,㠊,育犁,昌阳,不夜,当利,卢乡,阳乐,阳石,徐乡。"公元 29 年（东汉建武五年）,存在了 230 多年的育犁县被并入牟平县,此后再没有作为县名出现过。2100 多年过去了,育犁县治所在何处,《汉书》未有记载,各种志书所记也不一。代表性的有两说：今乳山市育黎镇城阴村、烟台市福山区奇章村。通过查阅若干历史文献,结合考古材料做出如下考辨。

一　有关史书的记载

第一次记载育犁治所的是北宋乐史所撰《太平寰宇记》："育犁,汉立县,后汉省并,入牟平,盖在今郡东南一百二十里㳠港水侧近。以地良沃,故以育犁名邑。"此后,元于钦《齐乘》云："育犁城在宁海州西北八十里。"明天顺《大明一统志》、嘉靖《宁海州志》、明嘉靖《山东通志》均称"在宁海州东南一百二十里"。清雍正《山东通志》云"在宁海州东南八十里"。

以上 6 部史书,虽然对育犁距"坐标点"（郡、州）的方位及距离说法不一,但有一个共同点,即都明确指出了育犁所在的地理标志或参照物以及县名由来,即"㳠港水侧""以地良沃,故名育犁"。这很关键。

那么,㳠港水在哪里呢?

清乾隆甲子举人冷泮林在《登州沿革考》中指出：㳠港发源于三海山,"东流为㳠港水,经育犁故城至海阳县地乳山口入南海"。清同治《重修宁海州志》、光绪《增修登州府志》、光绪《海阳县续志》均有相同记载。民国

《牟平县志》更加详细：“灅港河，长二百十里。按此水之下流，今尚有村曰圈港，圈、灅声相近，字随读变耳。发源三海山，东行经马石山之阴，隤山之阳，又东折而南，曲经由古之东，折而西南，流至龙角山，又折而东，经横道口南，又东南流，为玉林（一作育犁）南河。《太平寰宇记》云：育犁城在灅港水侧近，以地良沃得名也。又东至龟儿口半半山，与白石河会，折而南流，白石河二源：一出西分水岭，是为泽溪，一出嵝山之阳，是为午纪河，至白石河合流，南经曲水之西，是为曲水河，又南与灅港水会，又南经鲁济山之东，是为鲁济河，又南过黄家汪，又南左受铎水，铎水源出福山，会同福山以南黄山以西各水，西注灅港河，又南至萎根滩，右受朔水，朔水源出岠嵎山，东入灅港水，又南至乳山口入海。”

文献中提到的灅港、育犁、圈港、马石山、龙角山、横道口、曲水、鲁济、岠嵎山、白石、乳山口等地名都在今乳山境内，当地老百姓皆耳熟能详，呼之即出。这就明白无误地指出，具有显著参照物、显著地理标志的灅港在乳山，当然也就顺理成章地表明：育犁故城在乳山。

同治《重修宁海州志》考证育犁故城时大胆质疑：“按宁海北距海十里，据于钦所云西北八十里，则在海中矣。疑当在州西南城阴乡之城阴村南，玉林集北。玉林或俗呼育犁，之讹犁声之转也，且州西北并无灅港之名，灅港亦在州西南铎水，汪会而入于南海，城阴盖由是而得名欤。”

光绪《增修登州府志》进一步释疑：“育犁城，《齐乘》云宁海州西北八十里，《县志》谓县东北五里宫家岛后有旧城，土人呼为营子，疑即此城。按汉既置腄县不应仅去五里又置育犁县，今福山无灅港水，灅港在宁海西南，考其地势，此城当在宁海，今之育犁集即其故址。《齐乘》误西南为西北耳。”

1926年《牟平县志》对育犁故城位置记载得更明确：“育犁城在今县西南，距城一百二十里，《大明一统志》谓在宁海州东南者误。”“《州志》以育犁城为‘当在城阴乡之城阴村南玉林集北，（北字恐误）玉林或俗呼育犁之讹’。《府志》亦谓‘此城当在宁海，今之育犁集即其故址’。查城阴村距玉林集八里，命名之义，当系指居城后而言，其村南地名南碑子，掘地时有古物发现，且距城一百二十里，与《大明一统志》道里正合，其为育犁城故址无疑。”为防后世误传，牟平县志委员会于1935年立“育犁故城碑”，《牟平县志》总纂于清泮亲撰碑文记叙育犁故城之沿革，其碑现仍立于乳山市育黎镇城阴村前。

关于《齐乘》所记宁海州“西北”，《大明一统志》、明嘉靖《宁海州志》、明嘉靖《山东通志》、清雍正《山东通志》所记宁海州“东南”方位，笔者猜测是否前志误记，后续修志者未作实地考察，不以为然的抄袭前志？此后的《重修宁海州志》《增修登州府志》《牟平县志》不是都明确无误地指向宁海州“西南”了吗？不管怎么说，他们都是把育犁确定在宁海州内的。

至于“八十里”“一百二十里”之说，分析可能是史书记载的坐标点有“距濒港水八十里”“距育犁县治一百二十里”之异吧。其实，查胶东半岛方圆几百里，除乳山境内外，再也无濒港、育犁之地名的，也就是说，濒港、育犁确在乳山。

二 实地发现的证明

经乳山文物管理人员考证，育犁故城遗址位于乳山市区西北方向约 20 公里的育黎镇城阴村前的小平原上，背堐邻泊，南北皆山丘。新中国成立后，在故城遗址南、北山丘及东堐上陆续发现若干处汉墓，出土的青铜器多为剑、戈等兵器。遗址东南面的北勇家汉墓群南北长约 1000 米，东西宽约 100 米。城阴村北山丘上原有 3 座大古冢，“文革”中被掘破坏 2 座，尚存 1 座。20 世纪 60 年代以来，当地农民在整地、挖蓄水池和挖果树坑时，挖掘了许多古墓，出土了汉代画像石、石羊、陶器、木俑、铜镜、铜剑、鎏金睡鹅等文物近百件，也曾多次发现汉代砖、瓦、支座、柱础石等建筑材料。惜处于“文革”动乱时期，只有少量文物幸免。1972 年出土的 2 把青铜剑及青铜镜、青铜戈等文物均保存于乳山市文物管理所，青铜剑及鎏金睡鹅被国家文物局定为三级文物。1985 年秋，城阴村村民在故城址西部挖大口井时，发现耕土以下为淤沙土，厚约 2.5 米不等，淤沙土下面为草炭土，有砖、瓦片、柱础石和陶瓮、陶罐等，陶瓮收藏于市文物管理所。据调查村民，在已知的 20 万平方米范围内，浅处约 2 米，最深处约 5 米，即有汉代砖、瓦等遗物发现。从地下淤沙分析，故城可能某时被洪水泥沙所淹没。从文献记载与地下出土文物的一致，文物部门认定为汉代育犁故城遗址。1985 年 10 月被定为乳山县重点文物保护单位。1986 年 4 月，乳山县人民政府在城阴村前立“育黎古城遗址”碑。

濒港水，新中国成立后改称乳山河，发源于乳山境内马石山南麓的垛鱼顶，流经境内 7 镇，全长 65 公里，流域面积 954.3 平方公里，占乳山全境面积的一半，蜿蜒汇集众多小河支流，于乳山口湾入黄海。1960 年底竣工的库容 1.3 亿多立方米的龙角山水库，就在乳山河上游，为乳山市最大水库。

处于濒港水冲积小平原上的育犁一带，地势平坦，土壤肥沃，适于耕作。自古以来两岸村庄密布，人口众多，居民除种植五谷外，利用土宜，多种经营，收获颇丰。今为乳山小麦、玉米、果蔬重点产区。西汉时期，在以农业为主的小农经济社会里，高祖刘邦选择膏腴之地的灅港水侧建一县邑，并赐名"育犁"，这非常合情合理，且名副其实。

育犁故城东距灅港河仅有数里之遥，每到汛期，吸纳众多河流的灅港河水滚滚而来，平流漫衍，暴雨之时甚至洪水成灾，如果赶上涨潮，海水从乳山口逆流而上，灅港水宣泄不出去，上游的滔滔洪流，很容易使城阴、汪水、育犁周围成为一片汪洋。清代举人张崶在《幼海风土辨证》里记载：康熙五十六年七月初五日，水淹育犁（今玉林集）。结合遗址地下淤沙分析，有可能历史上故城多次遭受水灾而毁灭。

故城虽已湮没，但地名犹存，据乳山市地名办公室考证，育黎村名由来于古育犁县名，后因"犁"字太俗，更名育黎。城阴村名则意取城北之意，且两村均位于灅港水侧。地名形成绝非偶然巧合，而是千百年来人民对历史的记录，育犁故城确在今乳山境内无疑。

三 不能成立的"福山说"

1990 年出版的《福山区志》是"福山说"的主要代表。

首先，"福山说"置史书关于育犁的其他要素及勘误于不顾，仅从《太平寰宇记》中摘取"今郡东南一百二十里"几个字，就在地图上将育犁故城安在福山，并咬定"今郡"指的是登州府东牟郡，即今蓬莱市区，这未免有点武断。实际上北宋时期政区建置是路、州、县，并不设郡，何来"郡"之说？如果乐史在这里沿用唐制，要知道唐神龙三年（707 年）以前，文登、牟平也都曾先后当过登州治所呢。即使按"今郡"指登州府东牟郡来讲，位于今乳山境内的育犁的方位也是东南方向的。另外，"郡"字安得不知是"县"字笔误？或指文登县呢？要知道，"育犁"在《太平寰宇记》中是记载于文登县条目下的。故"今郡东南一百二十里"之言模糊，不足为信。

"福山说"言之凿凿地认为：《齐乘》所记育犁方位、距离，正合今福山县治不远，不容置疑。要知道，旧志记载的方位、距离并不一定正确，故不可过于看重和妄信。打开《中国历史地图集》对照看，《齐乘》不确记载还有："文登县，宁海州东百十五里"，实际上方位是"东南"。"莱阳县，莱州东北百八十里"，实际上方位是"东南"。"黄县，登州西南百三十里"——显然没有那么远，《太平寰宇记》说黄县在登州西南五十三里。"栖霞县，登州南百五十四里"，"福山县，登州东南二百八十五里"——从地图上看，登州距栖霞比距福山还要远些，但前者却比后者少一百三十一里。"福山说"的另一有力依据《太平寰宇记》中的方位、距离也很不严谨，略举一二："牟平县，登州东二百里"，实际上是"东南"方向，如东几十里就是海中间了。"莱阳县，莱州西南百八十里"，实际上是"东南"。"胶水县（即平度）莱州东八十里"，实际上是"南"方向。就本案而言，查东南方位，无论八十里，还是一百二十里，都在今文登境内，但文登境内并无类似古县城遗址发现，只有西南方面正好有育犁遗址出土发现，故完全有理由怀疑是误西南为东南。

其二，"福山说"还有一个依据，认为《齐乘》云："育犁城在宁海州西北八十里"，就是指向福山。需要指出的是，元代宁海州直属中书省，而福山属登州，如果育犁在福山境内，就应以登州为坐标点记载其位置，为何以他州宁海州为坐标点呢？只有一个解释：育犁在宁海州西南八十里，"《齐乘》误西南为西北耳"。清人王厚阶进一步指出其破绽："按宁海北距海十里，据于钦所云西北八十里，则在海中矣。"

其三，为了证明育犁在福山，"福山说"提出：20世纪80年代，奇章村尚存一块"卧龙桥"残碑，上有"厥""水"二字。其实，"厥""水"乃常用字，仅"厥"字就有名、动、代、连词等多义，"水"的用法就更多了，何况此"厥"字非彼"灏"字，而组合的"灏港"地名更是独一无二的。实际上，查上述文献，福山历史上从未有叫灏港水的河流，而只有"大姑河、清洋河、义井河、洋丹水、夹河"的记载。"福山说"还疑指"灏港"为"海港"，说"营子头下，今一片海滩，三里处便是黄海。从地质结构看，地表至30米岩石无土层，全是海沙。汉时的海边当在营子头下，是个天然良港。"这一断言真是牵强附会。海沙之地岂可等同于天然良港？冷泮林在《登州沿革考》中早已说过："福山志乃以灏港为海港，且谓育犁故城在福山北海上，非也。"

其四，"福山说"还考证说：奇章村后营子头即古育犁治所，"营子头是一个丘岗，依山傍水，地势险要，东有养马顶，西有福岚山，北濒黄海，南靠柳子河，是建城池佳地"。但是，这里说的是"南靠柳子河"，不是"灏港水侧"，也不符合"其地良沃"的地理特征。

至于奇章村营子头"也有出土文物发现"，也不能证明其所在地为育犁故城。《增修登州府志》称："然福山自来称古育犁，或云营子即齐康公城，备考。"笔者以为，这种猜测也未必不可，因为，齐康公城遗址所在至今未成定论。

（作者单位：山东省乳山市地方史志办公室）

外语隐性课程的审视与思考

史光孝

引　言

　　课程按其形态载体的表现形式可以分为显性课程（formal curriculum）和隐性课程（hidden curriculum）。近年来，显性课程研究在理论、方法和内容上都取得了丰硕的成果。相比之下，学界对隐性课程的研究和重视程度相对不够。陈晓端对 12 种教育杂志 1979 年 ~ 1999 年间发表的文章进行了统计，总结了 8 个"冷点"研究项目，隐性课程位列其中。他指出："尽管关于潜在课程影响学生发展的呼声并不低，但研究文章的数量仍显不够。20 年间共发表关于潜在课程的论文 21 篇。"笔者对 2000 年 ~ 2009 年间中国期刊全文数据库教育类核心期刊进行检索，发现其间共计发表隐性课程研究论文不足 20 篇。笔者又对其间外语类核心期刊进行查询，未发现有关外语隐性课程的论文发表。国内关于课程论的著作颇丰，但鲜有著作论及隐性课程建设，探讨外语隐性课程的著作更少。陈坚林对英语教学中的隐性课程进行了论述，但囿于篇幅，未进行深入探讨。本文拟就我国外语教育中的隐性课程进行探讨，旨在抛砖引玉，引起学界对这一问题的关注。

1. 隐性课程

1.1　国外隐性课程研究

　　隐性课程的概念产生于 20 世纪 60 ~ 70 年代。一说是美国学者杰克逊（Jackson，P.）1968 年在其《课堂中的生活》一书中提出的；另一说是 1970 年由奥弗利（Overly，N. V.）在其所编的《自发课程及其对儿童的影响》一书中提出的。其实，关于隐性课程研究的萌芽，在 20 世纪初杜威所讲的"附带学习"（collateral learning）、克伯屈（Kilpatrick，W. H.）的"伴随学习"（concomitant learning）和"副学习"（associate learning）中就已有所提及，概指学习过程中自发的或自然而然产生的态度、情感、价值等。杜威和克伯屈的理论是隐性课程的思想渊源。隐性课程提出后，引起了课程研究者的极大兴趣，一批美国学者展开了对隐性课程的研究并逐渐形成了三个关于隐性课程的流派。其一是结构—功能论流派：隐性课程是学生在学校及班级环境里（包括物质、社会及文化体系），有意或无意中经由团体活动或社会关系得到的正式课程所未包含的知识、规范、价值或态度。其二是现象—诠释学流派：就学习内容而言，隐性课程指与个体生活有关的情谊方面的学习；就学习过程而言，是从学习者的主体意识出发，在社会交互作用中产生经验的交换和沟通的动态过程。其三是社会批判理论流派：那些隐藏或渗透在学校组织机构、学生能力分组、课程实施方式及具体知识内容中的代表着不同社会阶层利益的道德规范、行为准则、价值观念等综合起来就构成了隐性课程。以上三个流派对隐性课程的研究侧重点虽不尽相同，但有三个相通之处：1）注意学生在班级或学校的社会关系中所进行的非正式学习，例如教师的期望、师生交互影响、能力分组对学生知识和道德学习的影响；2）强调学校及班级结构特征对学生社会化的影响，如学校文化、校规等对学生价值、规范学习的影响；3）重视情意学习和学生的身心特征对学习者的影响。

1.2　国内隐性课程研究

我国在 20 世纪 90 年代引进隐性课程这一概念。目前我国学界对隐性课程的界定主要有以下几种：1）非计划的学习活动，是学生在教学计划所规定的课程外所受的教育；2）学生在学校教学情景中无意识获得的经验；3）课内外间接的、内隐的、通过受教育者无意识的非特定的心理反应发生作用的教育影响因素；4）学校（含班级）社会关系结构以及学校正规课程有意或无意地传递给学生的价值、态度、信仰等非学术性的知识；5）学校通过教育环境（包括物质的、文化的和社会关系结构的）有意或无意地传递给学生的非公开性的教育经验（包括学术的和非学术的）；6）学校范围内除显性课程之外的，按照一定的教育目的及其具体化的教育目标规范设计的校园文化要素的统称。

1.3　本研究中隐性课程的定义

上述种种对隐性课程概念的界定和阐释，都从某个角度或侧面揭示了隐性课程的基本特征，对于我们理解隐性课程的内涵具有较大的启迪作用。同时可以看出，学界对隐性课程的理解并不尽一致，其分歧主要存在于三方面：

1）隐性课程所属的范畴：在不同的学者看来，隐性课程可以属于学习活动、经验或教育经验、教育影响因素、非学术性知识，也可以属于校园文化要素；2）隐性课程概念的外延：一种意见认为它既存在于校内也存在于校外，另外一种意见认为它只存在于校内；3）隐性课程的内涵：从结果上，把学生的学习结果分为学术性的和非学术性的，认为显性课程与前者相联系，隐形课程与后者相联系；从计划性上，认为隐性课程是非计划性的，因而对学生的影响是无意识的，潜在的；从外在表现形式和内容范围上，一方面，隐性课程是内隐的、不易察觉的，另一方面，隐性课程包含着学校教育计划没有规定的、确实对学生产生影响的那些内容，包括校内人际关系、教育管理体制、学校生活制度、学校教育制度、校园文化等。

关于隐性课程所归属的范畴，笔者认为以上意见均有失偏颇，有以偏概全之嫌。隐性课程的归属概念应确定为课程，其外延应限定在学校范围以内，因为隐性课程是课程的一个下位概念，教育学所讲的课程严格来说是"学校课程"，是在学校内部开设的，并不包括家庭和社会的影响。这符合它的属概念的要求，也符合它与显性课程的对应关系。关于隐性课程的内涵，第三种意见较为合理，只是其对隐性课程内涵的本质特征认识的全面性和准确性有待提高。基于此，笔者提出本研究中的隐性课程定义：隐性课程是在学校情景中隐含在人、事、物之中以间接、内隐方式呈现的课程。这里的隐性课程具有三个层面：第一是物质层面的隐性课程，包括校内建筑、校园自然环境和人文景观对学生产生的影响。第二是制度层面的隐性课程，是指学校的一些成文或不成文的制度对学生产生的间接、内隐的影响。第三是精神层面的隐性课程，比如一些思想观点、校内人际关系以及校风等。这三个层面相互制约，共生共通：隐性物质层面是隐性制度层面和隐性精神层面必需的物质载体，它处于隐性课程的表层；隐性制度层面是隐性课程的保障体系，它处于隐性课程的中间层面；隐性精神层面是隐性课程的深层结构，处于核心地位，它深深附着在校内各种隐性课程载体及行为主体上面，制约着隐性课程的另外两个层面。

2. 外语隐性课程

我国目前的大学外语和英语专业教学都把培养学生的文化素养和跨文化交际能力作为一项重要的教学内容和培养目标，这在《大学英语课程教学要求》和《高等学校英语专业教学大纲》中都有所体现。关于文化的构成要素，一个普遍认同的观点是文化由价值体系、思维方式、知识经验和语言符号组成。外语教育在传递文化的过程中，更多的是以隐性课程的方式得以实现的，隐性课程在一定程度上支配着显性课程，因为文化的四个构成要素，尤其是前两者，作为文化中根深蒂固的东西，在长期的传递过程中，会自觉、不自觉地由"表层结构"转向"深层结构"，成为控制人的思想观念和行为方式的强有力的工具。正是从这个意义上，有人对隐性课程作了如下界定：将影响或决定"正式课程"内涵和特性所蕴含的价值、规范、态度内化于教育过程中（有意的或无意的），而使学生习得这些经验完成社会化的过程。陈坚林认为，隐性课程具有"导向"功能和激励功能，下文从隐性课程的三个层面入手对外语隐性课程的功能进行探讨。

2.1 物质层面的隐性课程

作为隐性课程的一部分，隐性物质层面如校园建筑、教学设施、教室布置、桌椅排列等都对学生的学习起着一定的"导向"功能。大学的校园应该有一种"场所精神"，启发人在精神上的思考，它是大学的一种气质。石坚认为："21世纪的大学不再是一个场所，而是一种氛围。"大学的建筑不同于其他的建筑，就在于它是体现大学理念和大学气质的载体，呈现出教育的价值和意义。大学建筑所承载的这种"场所精神"和"气场"能够对学生产生一种"导向"和激励作用，使学生置身其中能够进行主动的学习，激活他们的创造力和想象力。反观我国近几年的大学建筑和校园，从外在形态上看，其建筑面积、占地面积和装修都较以前有了极大的改善，但在这样的校园里我们却很难体验到大学的"场所精神"。建筑的设计也没有充分考虑到外语教学中师生交流互动多、班级规模不宜过大等特点，而班级规模是影响教学活动效果的重要教学空间环境因素。座位编排形式也没有能够很好地发挥对外语学习的"导向"和激励功能。我国的外语课堂大多采取固定的秧田式座位编排形式，具有不可移动性，它直接影响师生在教学活动中的交互作用、学生之间的人际交往、学生参与学习活动的积极性和教学信息的反馈等，不利于外语教学活动的开展，而且这种秧田式的座位编排、前置与高抬的讲台与黑板助推了教师在教学中的中心和权威，无形之中给学生主体作用的发挥设置了障碍。按照多元智能理论的观点，理想的外语课堂中的座位编排应更加灵活，充分考虑不同学生的智能特点，使具有不同智能偏好的学生都能得到发展。总体而言，我国的大学校园和建筑在空间上缺少外语教育的规律性和本质性，不利于外语教学活动的开展。

可喜的是，我们看到一些学校开始意识到物质层面的隐性课程在外语学习中的重要性。比如有些学校着手建设"外语村"，大力开展外语第二课堂活动，为学生学习外语提供良好的活动场所，收到了良好的效果。金艳也注意到："自推行四、六级口语测试后，那些设立 CET－SET 考点（作者注：考点需要一定的物质载体）学校的学生学习英语口语的主动性和积极性大大提高，具体表现为：课堂气氛明显比以前活跃，学生在课堂发言踊跃，积极练习口语；报名参加口语选修课的人数激增，学生们积极争取机会以提高自己的口语能力，良好的学习氛围和学习热情有效地提高了学生口语能力。"也有学校设计了诸如圆形排列法、会议式排列法、U 形排列法等不同的课堂空间模式来进行外语教学，在一定程度上提升了学生的主体性，因为这些学校意识到课堂物质环境虽然是相对静止的物质结构，却有着广泛的教育学意义，隐含着丰富的教育内容。

2.2　制度层面的隐性课程

学校的规章制度是学校教育管理思想、管理体制及管理模式的凝结形式。学校和班级长期形成的制度与非制度文化的作用是巨大的，它使生活在其中的人潜移默化地受到影响，因为制度实际上是一种资源配置方式，它对教师和学生的价值取向和角色抉择具有明显的导向作用。

大学英语四、六级考试就是外语隐性课程的一个重要体现。在目前国内的教育环境下，考试是教育中的常态，外语教育亦是如此。大学英语四、六级考试的规模从 20 世纪 80 年代末的每年十多万考生发展到目前的一千多万，已成为世界上规模最大的单科考试项目。考试的实施提高了师生英语教与学的积极性，使大学英语教学受到学校教学主管部门和广大师生的重视，更多的资源被用于大学英语教学，更有效的教学手段和学习方法得以应用，对学生的英语学习起到了巨大的激励作用，但对考试认识的不足和对考试结果的不合理使用也使考试产生了一些负面影响：有些学校将四、六级成绩和学生的毕业或学位挂钩，而且将四、六级的及格率作为教师评估的主要指标之一，四、六级成绩甚至作为一个重要的指标列入了教育部本科教学水平评估方案中。为追求及格率，有些教师的教学内容、教学时间、授课方式等以考试为中心，不仅教学内容缩减了，而且把课堂上的宝贵时间用于大量的模拟练习，影响了正常的教学；有些学生以通过四、六级为学习目标，因而提前参加或多次重复参加考试；有的学生背词表、做习题，完全忽视了语言能力的培养和训练。为了避免各学校追求通过率与其他学校的盲目攀比，利于广大师生和学校行政部门根据本校的教学实际，合理使用四、六级考试的成绩和相关数据，自 2005 年 6 月起四、六级考试采用新的计分体制和成绩报道方式，分数在经过加权、等值、常模转换等数据处理后，报道为满分 710，均值 500，标准差 70 的常模正态分，不设及格线，取消证书，改发成绩报告单。这种新的计分体制和成绩报道方式对学生客观评判自己的英语水平起到了一定作用，但这并没有从根本上消除四、六级考试的"隐性课程"地位，其一是因为多年来四、六级考试形成的影响巨大：不通过四级往往不能如愿进入好的工作单位，有些大城市将四级证书作为能否落户口的标准之一，在国家公务员招考时也有对四、六级成绩的要求。其二是因为四、六级考试"及格线"并没有真正消失：各高校在执行过程中一般都把新的计分体制下的 425 分作为及格线，而实际情况也是四级成绩 425 分以下的学生不能报考六级考试。

制度层面的外语隐性课程另外一个重要体现是各学校对学生外语第二课堂活动成绩的认定和使用。不少学校每年都组织一定的外语第二课堂活动，并把学生的外语第二课堂活动成绩与各种评奖评优结合起来。笔者所在的学校每年都进行"十佳大学生"活动的评选，在评选过程中设有候选人必须用英语就某一话题进行陈述和答辩这一环节，其表现在评价体系中占有一定的权重。这些做法都是外语隐性课程在制度层面的体现，对学生的外语学习起着重要的"导向"和激励作用。再比如，课表的安排往往被认为是不重要的"技术性"工作，但其实它也是制度层面隐性课程的一个体现，对学生的学习有着一定的影响，尽管它不会直接影响学习的内涵，因为课表是学校资源（时间、空间以及人员）分配的一种机制，课表应将学习时间作最大的应用、富有弹性而且以学习为导向。据笔者了解，不少学校在进行课程安排时，优先考虑和保障外语课程的授课时间和教室，这无形中也助推了学生对外语课程的重视程度。又比如分级教学制度：一些学校根据学生的英语学业水平将其分配到特定的班级上进行教学。根据课堂异质理论（Classroom Heterogeneity Theory），学生能力呈自然分布，班级人数越多，学生间的能力差异越大，离散程度越高，对教师的有效教学带来诸多不利影响，但这种分级教学制度如果不允许学生流动（Student mobility）的话，往往会导致学生群体的阶层化，尤其对低能力分组的学生会产生一定的负面影响。

2.3 精神层面的隐性课程

作为隐性课程的深层结构，精神层面的隐性课程具体表现为校风、教学观念、价值取向、行为模式以及人际交往等。下文仅以校风和人际交往为例对精神层面的外语隐性课程进行分析。

校风是学校的一种集体行为风尚，是一种无形的环境因素，同时也是一种巨大的教育力量，它无形地支配着集体成员的行为和生活。胡文仲指出，"我国外语教育的成功经验集中体现之一就是开办外国语学校，为高等学校提供优质生源"。20 世纪 60 年代中叶在全国设立了 11 所专门的外国语学校，培养出了大批优秀的毕业生，为高校外语专业提供了高质量的生源，从而保证了外语院系培养出高水平的外语人才。改革开放以来，全国各地又成立了一批外国语学校和具有外语特点的中学，目前总数已有 400 多所。这些学校在办学过程中逐渐形成了鲜明浓郁的校风，潜移默化中影响和激励着学生，使他们不仅在外语学习上取得了优秀的成绩，而且在其他科目的学习上也成绩不凡，这从每年外国语学校的学生在高考中的成绩可见一斑。外国语学校的做法值得我们好好总结。一所学校的外语学习风气、"考证热" 和 "出国热" 等都会对学生的个体行为产生引导和激励作用。

师生关系是学校教育活动中最重要、最基本的人际关系，对学生的学习态度、学习成绩和个性发展及心理健康有着重要的影响。学生在教育活动中处于怎样的地位、学生能否成为发展的主体或者学生得到了怎样的发展，都能够通过一定的师生关系得到体现。在传统的外语课堂教学模式中，知识教学是教育的主要活动，教师是中心和主宰，是知识的拥有者和传授者，而学生只是被动地接受和服从。随着社会的发展和教育理念的更新，尤其是当信息技术进入外语教育领域后，外语教学由原来的 "2+1" 模式（理论、方法 + 教材）过渡到 "3+1" 模式（理论、方法、技术 + 教材），这种传统的师生关系已经受到越来越多的挑战。在基于多媒体和计算机网络技术的新的外语教学模式下，原来的那种忽视学生主体性、缺乏教育意义的师生关系必须进行改变，取而代之的应该是一种具有全面性、民主性和教育性的新型的师生关系。与之相适应，教师的角色也应当相应地由语言知识的传授者和语言技能的示范者转变为动态发展的多重角色，比如教学过程的设计者和组织者、引导者、促进者和评估者等。王俊菊指出："学习的建构性质决定了所有课程参与者都是课程的开发者和创造者，在高度信息化的今天，更没有谁是知识的权威，师生之间应通过平等对话和交流协商，实现知识、智慧和情志的共营与共赢。"

3. 隐性课程建设中的若干问题

作为显性课程的补充和完善，隐性课程以其特有的方式对学生产生着影响，使学生在潜移默化中受到教育，使他们的认识水平、情感意志和行为方式发生变化，而且隐性课程会渗透贯穿于学校生活的各个方面。因此，学校管理部门要在计划组织好显性课程的同时，认真地、尽可能地组织利用好隐性课程。在隐性课程建设过程中，应特别注意以下几个问题。

第一，克服传统的单一、狭隘的课程观念的束缚，改变只有显性课程才算是学校的正规课程的错误观念。建立大课程体系的概念，将隐性课程建设纳入学校的整体建设计划，实现课程结构的优化。学习既需要显性的学科课程为主体，又需要以隐性课程作支撑，外语学习的特殊性使得隐性课程的地位和作用更为重要。

第二，正确处理好显性课程与隐性课程的关系。显性课程与隐性课程不是对立的，而是一个统一体，二者以合力的形式对学生施加影响。在设计学校课程时，应区分显性课程和隐性课程的优劣，努力实现显性课程和隐性课程的一体化。合理设计的显性课程与有意建设的隐性课程相辅相成，使课程设计走向结构化、立体化和动态化。以外语教学为例，在抓好显性课程组织的同时，要重视开发和利用第二课堂，激发学生的学习积极性，为外语学习创造出多维的语言学习环境。

第三，隐性课程既有积极效应，也有消极效应，隐性课程的"导向"功能具有双向性。鉴于它的双重教育效应，我们需有意识地加强对隐性课程的建设，发挥和强化它的积极效应，减少和限制它的消极效应。比如针对学生外语学习中的"考证热"，我们一方面要鼓励学生的热情和积极性，另一方面要对他们进行正确的引导，避免一味地追求考试通过率而忽视语言综合应用能力的培养。

第四，尽快建立隐性课程评价机制。显性课程的评价指标体系和相应标准日趋完善，但隐性课程的系统性评价还有待完善。在搞好显性课程改革的同时，各学校应结合实际情况，组织、指导对隐性课程进行预测性的设计，并制定切实可行的评价体系，从而让教师和学生真正感到隐性课程的存在并把它真正地当作"课程"来对待，以促进隐性课程建设质量和水平的不断提升。

4. 结语

作为一种课程形态，隐性课程具有普遍性、弥散性和持久性等特点，其作用是显性课程所无法替代的。它不仅涉及学校的物质环境，而且涉及学校的精神氛围并渗透其中，通过间接的、内隐的、潜移默化的方式对学生的学习、情感以及价值观产生"引导"和激励作用。隐性课程的研究极大地充实和丰富了课程的内涵，使我们对课程有了更深刻的理解，但隐性课程因为其"隐性"的特征，所以研究和开发就面临严峻的挑战。李剑萍指出："隐性课程是研究热点，但关于其概念、构成、设计、实施等仍未达成共识。"这可能是与显性课程研究相比，隐性课程研究相对薄弱的主要原因。本研究在前期研究成果的基础上对当前国内外语教育中的隐性课程进行了分析，提出了隐性课程建设中应该注意的一些问题。我们应该看到，隐性课程是一个动态概念，它处于不断的动态发展之中，下一步的研究可以从动态角度对显性课程与隐性课程的关系、隐性课程在外语学习过程中的作用及其工作机制进行更加深入的探讨。隐性课程研究应该有所为，而且大有可为。

[作者单位：哈尔滨工业大学（威海）]

《神光沐浴下的再生——美国作家奥康纳研究》内容提要

黄宇洁

本书研究对象为美国当代作家弗兰纳里·奥康纳（Flannery O'Connor，1925－1964），该作家被公认为是美国 20 世纪最优秀的小说家之一，她生前和死后多次获奖，其中主要的有"美国文学艺术院奖"（1957）、"欧·亨利奖"（1957、1963、1965）、"全国天主教图书奖"（1966）、"全国图书奖"（1972）。另外，创办于 1972 年的《弗兰纳里·奥康纳评论》是专门发表奥康纳研究成果的学术期刊，对于一名作家而言，这不仅是一项殊荣，更充分显示了学术界对其作品的重视。

奥康纳一生出版了两部长篇小说——《智血》（*Wise Blood*，1952）和《暴力得逞》（*The Violent Bear It Away*，1960）、两本短篇小说集——《好人难寻》（*A Good Man is Hard to Find*，1955）和《上升的一切必将汇合》（*Everything That Rises Must Converge*，1965）。在奥康纳去世后，她的好友菲茨杰拉德夫妇又整理并出版了她的随笔集《奥秘与风俗》（*Mystery and Manners*：*Occasional Prose*，1969）和书信集《存在的习惯》（*The Habit of Being*，1979）。

一　中国的奥康纳研究

最早的奥康纳作品汉译本是 1979 年上海译文出版社的短篇小说集《好人难寻》。自 20 世纪 90 年代以来，奥康纳的名字及其作品频繁出现在国内权威的文学史与文学作品选集中，如《美国当代小说家论》（钱满素 1991），《现代美国小说史》（王长荣 1991），《20 世纪美国小说史》（傅景川 1996），《美国文学简史》（常耀信 1999），《20 世纪美国文学导论》（李公昭 2000），《新编美国文学史：第一卷》（刘海平等 2000），中国学术界对奥康纳的关注不断增加，已发表论文 100 多篇。

然而奥康纳在中国的接受却不尽如人意，其主要原因在于，作者创作语境与读者接受语境的错位。对于奥康纳的基督教作家这一规定性身份，我们往往有意无意地搁置起来，不去对她的基督教思想观念和文学艺术表达之间的关系做深入研究，而是对奥康纳作品进行批判现实主义式的解读，对于批判现实主义式解读所不能涵盖的异质现象则归结为她对不幸命运的宣泄，这几乎成为奥康纳作品被中国文学评论界接受的一种模式。

国内最早对奥康纳进行评述的是黄梅，在其所著文章《弗兰纳里·奥康纳——南方的预言家》中，她对奥康纳作品的人物、主题、情节和创作背景进行了全面的分析介绍，为后来的研究者提供了有益的参考，但从中可以看得出一名中国研究者与一位天主教作家之间的隔阂和距离。后来的研究者大都把奥康纳作品的宗教性和她本人的天主教徒身份仅仅作为一个事实接受下来，并在研究中把这两点悬置起来，而未深究宗教信仰与艺术创作的关系，最终把奥康纳作品的价值归结为对社会现实的批判和审视，延续和发展了批判现实主义式的解读。

二 奥康纳与启示主义

尽管奥康纳的作品具有现实主义的某些特征，但现实主义只是她笼络读者的表象，她的作品从本质上说是宗教寓言。本书把奥康纳的创作置于 20 世纪中前期西方基督教启示主义思潮语境中，从启示主义神学思想的角度进行阐释。

概括地说，基督教神学思想有两大类思路：理性化的和启示化的。倾向理性的神学思想认为人类应该运用逻辑思维能力来对信仰与否做出判断；而倾向启示的则认为信仰超出理性批评和分析的范围之外，人们只能用谦卑和恭顺的态度加以接受。理性与启示的辩难在基督教世界里并存了许多个世纪，从理性主义的角度看，启示作为一种认识形式已经包含了理性；而从启示主义的角度看，信仰是超验的，被经验理性证明的信仰与其说是对上帝的信仰不如说是对人类理性的崇拜，因此，经过论证的信仰，即在理性控制下的信仰是一种悖谬。奥康纳所倾向的是启示主义观念。

奥康纳天性中的思维方式倾向于启示，这不能不说是与她短暂、非常规的人生有一定关系的，她似乎生来就注定要成为一名先知式的人物。奥康纳

1925 年 3 月 25 日生于佐治亚州的萨凡纳（Savannah），一生下来就成了当地罗马天主教社团的一员，并在具有浓厚天主教气氛的家庭和邻里环境中度过了童年和少年。1945 年，奥康纳毕业于佐治亚州立女子学院（今日的佐治亚学院），获社会科学学士学位；之后借助奖学金就读于新批评重镇——依阿华大学的写作中心，1947 年获依阿华大学文学硕士学位；1948 年 ~ 1949 年间，奥康纳曾在纽约艺术家疗养地雅多从事创作。在经历了短短几年的外出求学游历之后，她于 1951 年重新返回南方，此后由于疾病的原因一直过着隐士般的生活。在与死亡相伴相随的十几年的创作生活中，她优雅地接受着疾病对她的生活所造成的局限和不幸，她说："我们所承受的与失去的，和我们所成就的与选择的一样，都塑造了我们的精神品质。"死亡作为一个"极限情境"（雅斯贝斯），还原了生存的本真，成就了奥康纳投身信仰的一跃，或许就是在这个意义上，她把疾病和死亡看作是促成其文学创作的福分，向死而生的一生确实在一定程度上成就了奥康纳启示主义风格的作品。这样的人生体验使得奥康纳能够在一个完全世俗化的环境中固守着神学的终极目标。这种独特而单纯的人生也使她的小说有着一种惊人的统一和完整，而对于这种统一而完整的形式，20 世纪中前期的启示主义神学是最直接的切入角度。

从奥康纳的藏书情况来看，奥康纳的神学思想更多地接受了欧洲启示主义思想家的影响。詹姆斯·A. 格林姆肖在《弗兰纳里·奥康纳指南》中，列举了影响奥康纳的基督教思想家，其中包括瓜尔蒂尼、马里坦（Jacques Maritain，1882 ~ 1973）、莫里雅克（Mauriac，1885 ~ 1970）、克尔凯郭尔（Kierkegaard，1813 ~ 1855）、帕斯卡尔（Pascal，1623 ~ 1662），当然还有奥古斯丁（Augustinus，354 ~ 430）和托马斯·阿奎那（Thomas Aquinas，1225 ~ 1274）。而奥康纳生活和创作的年代也恰好与 20 世纪中前期启示主义神学兴盛的时段一致。

现代文学是文学史上一个浓雾弥漫的时代，对价值意义的质疑、追问和锲而不舍的求索几乎构成了 20 世纪文学的全景，这里有真正的雾都孤儿，被城堡吞掉的无名小辈，将迷宫等同于世界的建筑者，树下等待却永远也不能出发前往寻找的人。于是现代派小说多有相似的面貌：人在文本之中游弋，受困、流连于为识别而设立的路标、门牌、名片，可路标下面没有一条真正的路，门牌后面没有真正的房间，名片里面永远都找不到一个有着温血的活人。现代文学作品中充满了各种各样悬而未决的问题。而奥康纳的作品却不是关于问题的，而是关于训诫与祝福的，这里的训诫不是道德教化，而是对超然奥秘的感知，正是在这个意义上，奥康纳被称为"文学先知"。奥康纳这种毫不含糊的启示主义表达在现代文学的雄辩论证和锲而不舍的探索思辨中，有时显得毫无道理，在此"信"排除了理性，这充分显示了启示主义文学的特点。

三 启示主义视角下的南方意象、距离现实主义和人物观

本书将奥康纳的文学创作放在 20 世纪中前期的西方基督教启示主义思潮语境中进行阐释，通过文化与文学文本互为参证式的论述，来发现奥康纳诗学中诸现象背后的文化成因。本书主要围绕奥康纳作品中的南方意象、距离现实主义文本形态和人性观展开。

美国南方是一个具有特定历史文化的独特区域，奥康纳生于南方，长于南方，因此南方历史文化成为切入奥康纳研究的一个常见视角。本书通过文本分析论证，南方在奥康纳的文学创作中始终处于一种工具的位置，她对南方的认同和排斥、对南方现实素材的取舍，都取决于宗教启示表达的需要，她把南方风俗（manners）看作是传递宗教奥秘（mystery）的载体，并借此来成就启示主义信仰的形象性。因此，在奥康纳极具南方特色的作品中，常有偏离南方文化和文学主流的现象；这些偏离主流的现象反映了奥康纳启示主义创作视角的纯粹性，死亡情节和南方异端宗教形态就是其中比较典型的两个例子。奥康纳通过死亡情节和南方异端宗教形态来传达启示主义信仰观念，而这两个现象也只有在启示主义宗教视角下才能退去从世俗视角（南方文化视角）解读可能产生的道德困惑，从而展开其朝向神圣化的一面。本书将分别从基督教末世论和基督教存在主义的视角，展开对这两个作品现象的分析。

在文本形态方面，奥康纳的作品颇具传统现实主义的表象，有明显的情节连续性，所描写的生活真实感强；然而，奥康纳的作品中还呈现出大量偏离传统现实主义创作原则的异质因素，这使她的作品呈现出一种具有冷峻明澈的个性气质的怪诞风格。奥康纳在 1960 年所写的《南方小说中的怪诞面面观》（*Some Aspects of the Grotesque in South Fiction*）中，把自己这种貌似现实主义，却又偏离现实主义的文本形态命名为"距离现实主义"（Realism of Distances），她对"距离现实主义"的定义源于其启示主义宗教思想观念中的现实观，这种现实观包含着可见和不可见的两个层面，奥康纳以对可见现实（Reality）的描写指向不可见的终极现实（Reality）。"距离现实主义"中的"距离"既是指经验世界和超验世界的本体论差异，也是指当时世俗化接受视野和奥康纳宗教化创作视野的错位。因此她在作品里以扭曲变形的手法创作

了许多能够兼容可见和不可见两个层次现实的意象，这些意象既是合乎情理的又是出乎意料的，我们只有兼顾奥康纳作为信仰者和艺术家的两种身份，才能把握她的作品中所传达的"距离"两端——可见现实与不可见现实——的平衡。

在人物创作中奥康纳也秉承着与基督教启示主义思想一脉相承的人性观念。基督教启示主义人性观源于对人类悖论性处境和对人性有限性的先验设定，它强调超越世俗的神性维度对人性的提升，是一种超验信仰。

在奥康纳的作品中既没有正面人物形象，也没有对理想人格的期待，这种人本主义悲悯情怀的匮乏和对"人"的搁置致使伦理视角归于无效。奥康纳的基督教启示主义观念造成了人本主义视角下人物阐释的困境。在国内迄今已有的奥康纳研究中，本书首先把人物分析还原到基督教启示主义文化语境中，发现并首先提出奥康纳的人物创作遵循了"解构—救赎"这一模式。她把所有人物作为"罪人"来描写，从而解构了现代人本主义思想中人的形象，并进而以笃定的热诚把神性维度引入对人性的提升上，为所有人物都写上昭示"救赎"的契机。罪人形象集中在两种类型上——农场主和知识分子。疾病缠身的奥康纳一生大部分时间都在她母亲的农场上度过，她以身边有限的素材锲而不舍地解构着人本主义的神话。奥康纳以暴力情节瓦解了财富和知识给人带来的安全感和优越感，并传递着这样的信息：人本主义思想赖以安身立命的自我完善乃至自我救赎的观念并不能承载起人的存在。归根到底，奥康纳的人物创作是对在径直奔向完美人性的道路上渐行渐远的人本主义人性观的反拨。那么，面对普遍有罪的状态，如何实现人的救赎呢？奥康纳以暴力这种艺术形式特有的震撼力来表达超自然的、超越人类理性认识能力之外的启示。暴力情节打破了人庸常存在的封闭性，使人摆脱世俗生活中的名位之争、货利之欲、声色之娱，从而开显了人与世界的相遇。人在向世界开放的瞬间与之产生了一种价值关联，相遇的这一时刻便是启示主义视野下的救赎。

奥康纳的创作反映着 20 世纪中前期启示主义神学思潮超越自由主义神学、恢复宗教超然性的一种努力。在 20 世纪上半叶短短几十年里接连爆发了两次世界大战，这种危机激发了思想者彻底批判、彻底超越的勇气；但是大灾难毕竟是历史的非常态，它引起的震骇以及由此产生的启示与反省在和平年代到来之后必将淡漠下去。所以在平淡的生活中，奥康纳的作品不免给人一种矫枉过正的印象，这或许是她作为一名世俗化世界中的信仰者不得不为之的矫枉过正，也正是这种矫枉过正的偏激，向人们提示着被平淡世界淡忘的启示。

　　格林姆肖把奥康纳称为"20 世纪文学中的反常现象"，这是因为她的作品表现出了浓烈的宗教启示色彩。虽然奥康纳曾被称为"13 世纪的女士"，但她的作品的接受语境毕竟是在 20 世纪，奥康纳不可能返回中世纪的宗教传统中去。在她对自由主义神学以及世俗化的反思中，既包括批判也包括借鉴和吸收，但这种综合并不一定意味着完善或准确，正如利文斯顿所说："我们可以把新正统主义理解为古典的宗教改革派后的基督教和 19 世纪自由主义的一种创造性的综合。……然而，这两种极为不同的传统的结合，到头来证明不仅仅是创造性的，也是很成问题的。"这其中的问题也有助于我们对奥康纳作品中的局限、虚幻乃至矛盾做出辨别。

[作者单位：哈尔滨工业大学（威海）]

《共生与互动——20世纪前期的文学观念
变革与语言变革》内容提要

泓　峻

　　这部书在"现代汉语与现代文学的相互关系"总论题之下，把20世纪前期（从现代文学的产生到延安文艺方针确定之前）中国文学观念变革与语言变革作为重点考察对象，试图描述这一关系展开的过程，发现其中的规律，总结这一过程留下的经验与教训。

　　本书第一章，是对晚清语言文学变革主张及其内在关联的考察与分析。19～20世纪之交同时产生的语言变革与文学变革，是相互依存，互为前提的。语言变革与文学变革要求的产生基于同一语境，那就是进步知识分子思想中存在的深深的现代性焦虑。近代语言变革与文学变革的合理性，首先是借助于现代性这一大叙事获得的。这使得20世纪前期的语言变革与文学变革有了太多的共同性：一方面，因为语言变革与文学变革事关民族生存与现代化事业的展开，因而它们被赋予了太重的历史使命，得到了太多的关注；另一方面，在热闹的语言变革与文学变革之中，语言与文学又总是处在工具的位置上，语言的文化继承功能、文学的审美性，往往是被忽视了的。实际上，白话是"维新之本"的断言，"要救国，就要提倡注音字母"的观点，"欲新一国之民，不可不先新一国之小说"的主张，使用的是完全同一的逻辑。现代语言变革在追求白话的言文合一、追求语言的当下交际效果、强调普通民众语言文字学习的权利等问题时，传统语言观中文言相对于白话的中心位置、书面语相对于口语的中心位置受到了触动。这种变化，与在传统文学格局中处于边缘位置的小说代替诗文成为文学的核心、文学把一般民众而不是士大夫阶层设定为自己的读者，具有同样的进步意义。小说界革命是晚清语言变革与文学变革的交汇点。一方面，白话的通俗化、大众化诉求借助小说这一本身就有大众化、通俗化倾向的文体得到了最大程度的彰显；另一方面，梁启超等人赋予小说的"新民"的使命，借助于白话这种更贴近大众的形式得以最大限度地实现。白话小说是近代语言革命的主战场，也是文学革命的主战场。白话小说创作的繁荣，既标明了近代语言革命的实绩，也标明了近代文学革命的实绩。

本书的第二章，主要是对现代汉语的写实性追求与写实主义文学观之间关系的考察分析。五四引入西方"科学"价值观的努力，在文学领域表现为对西方写实主义文学观念的服膺与宣扬。然而，就文学而言，无论是客观地再现，还是细致地描写，都不仅仅是靠文学观念的转换就可以真正实现的，还需要一种适合于客观再现与细致描写的语言的支撑。古代汉语，尤其是文言在表达上尚虚、尚简，重意会的特征，在美学上自有其独特的意义，但与西方语言相比，在对客观知识的表达上处于劣势，与现实主义文学重客观情景再现，重细节描写等观念有一定的冲突。胡适等人意识到，中国古典文学现实主义精神的缺失，主要应该由它所使用的语言以及与这种语言相关的表达方式、表达习惯负责。正是从这种逻辑出发，他们把文学的改良问题转换成了语言变革问题。在探索一种更适合于新文学的语言的过程中，胡适等人首先把自己的目光投向了古代白话。然而，古汉语的文言与白话实际上处于同一个文化体系之中，用写实主义文学在客观对象描写方面的要求去衡量，古典白话同样存在很大差距。在现代汉语形成过程中，对其写实能力提升最大的，是包括文学翻译在内的白话文翻译活动。另外，现代文学创作中大量存在的对西方写实主义文学作品的模仿及语体移植也在其中起到了重要作用。这一过程，不仅使现代文学培养起了写实性的表达习惯，获得了许多写实性的手法，也促进了现代汉语"欧化"的过程。而现代汉语形成的过程，从某种意义上讲，就是以西方的语言为样板对古代汉语进行改造的过程。现代汉语的书面形态从西方引入了全套的标点符号，现代汉语中大量状语在动词后的"倒装"现象的出现，第三人称代词阴性（她）、阳性（他）、中性（它）的区分，人称代词接受其他词语修饰的用法，以及明显加长的定语、状语、补语大量出现，都与西方语言习惯对汉语的影响直接相关。现代汉语语法建立的过程，在很大程度上也是用西方的语法体系解释汉语，用西方的语法规范衡量汉语的过程。这一过程在一定程度上其实也是按西方的语言模式"框正"汉语的过程，它对现代汉语的影响同样巨大。现代汉语写实性的增强与现代文学写实成就的获得是一个双向互动的过程。一方面，现代文学对西方文学的翻译及现代文学创作中对西方作品中写实性风格与写实性手法的移植，本身就是现代汉语通过西化，进行写实性改造过程的一个组成部分；另一方面，具有了明确的语法规范、对自身表达的逻辑性、清晰性有了更高追求的现代汉语，也为现代文学写实性成就的取得提供了支持。

本书的第三章，对"个性主义"文学的语言观及其与现代汉语形成期的修辞理想之间的关系进行了考察分析。五四文学在反对"矫揉造作"的古典文学时，既要求文学真实地反映现实人生，也要求文学真实地表现作家心灵。对中国现代文学而言，新的创作主体要表达的是古典文学创作主体从来没有体验过的全新的情感。这一感情的表达因此需要新的语言形式承接。胡适发动的以白话代替文言的诗歌革命，把白话假定为一种最接近内心的语言，进而要求以白话入诗，"话怎么说，就怎么说"，其实质就是要在诗歌中，越过语言形式，直逼语言背后创作主体的内心世界。为此，他提出了对新诗影响深远的"自然的音节""自然的韵律"等概念。郭沫若则把胡适的这些观点推向了极致。五四小说作家并不是简单地要求用文言取代白话，而是要寻找一种更具有主体性的白话表达方式。在西方小说中，他们发现了情节淡化的情绪化小说，书信体、日记体小说，进而在汉语文学中创造出了一种典型的五四语体——倾诉式话语。在这种话语中，人物、情节乃至人物的语言等叙事文学的要素，往往以碎片的形式"化"进一种情绪化的语言中，变成了思想与情感的材料。在语言风格上，一方面这种内心独白式的倾诉性表达给人一种不加修饰、流畅自然的感觉，给人一种脱口而出的印象；另一方面，经常出现的由很长的定语、状语或补足语组成的句子，又使它具有很强的书面语色彩与欧化色彩。个性主义文学的语言追求，与现代汉语建立之初的修辞理想，构成一种呼应与互动的关系。反对言不由衷，反对形式主义，要求语言越过形式直抵主体的内心世界，是试图与古代汉语保持距离的现代汉语最初的修辞理想。在这一理想的指导下，现代汉语的修辞学理论对古汉语的"修辞立诚""辞达而已"等命题进行了创造性的转化。"修辞立诚"这一命题原有的道德教化内容被淡化，"诚"被重新解释为"诚实"，"修辞立诚"的意思只剩下"诚实地讲出自己的话"。在古汉语中，"辞达而已"这一修辞理想是建立在"言有尽而意无穷"这一具有深刻中国古代哲学背景的语言观之上的，它要求语言在简单的背后追求内容上的含蓄，在古朴的背后追求形式上的"古雅"。语言表达上的直白浅露，是古代汉语力求规避的一种语言缺陷。而现代汉语建立之初，则把这一修辞原则解释为"刚合恰好"。"刚合恰好"的修辞观建立在对语言表达主体思想情感的能力高度信任的基础之上。这种语言观不仅反对形式主义地堆砌语言，同时也反对为节省语言而导致表达的含混多义。他们认为，好的语言表达应当是充分的，尽量不留任何空白。当内容的清楚明白与语言形式的简洁两个目标发生冲突时，现代汉语宁愿放弃后者而追求前者。提倡现代汉语的人真正关心的，是新的语言能否真实、准确、完整地传达语言背后的内容。这一语言观念，与现代个性主义文学观具有高度的一致性，是现代早期白话诗歌与白话小说进行语言选择时最直接的理论依据。

本书第四章，考察的是现代文学的口语崇拜与现代语言观念中口语地位的提高之间的互动关系。在新文学制造的各种文学崇拜中，最具时代特征的是"口语崇拜"。这种文学观念，与五四文学的写实主义追求、个性主义追求、大众化追求都产生了强烈的呼应关系，在现代文学建立之初，成为一个联结各种不同文学主张的关节点，一个很多现代文学作家与理论家挥之不去的情结。就汉语自身的文化传统而言，在现代语言变革发生以前，书面语的地位明显高于口语。而现代语言变革，就是要把原先的语言内部秩序彻底颠覆。因此，"言文一致"同时也是语言变革者为自己设定的一个目标。重视口语在语言中的作用，放弃距离口语很远的文言，在口语的基础上，以"言文一致"为理想重新建构汉语的书面语系统，作为一种现代语言观念，有其内在合理性。如果从通过白话文学的实践建设新的"国语"这一角度出发考虑问题的话，那么，语言学界为现代语言变革寻找的合法性依据，也适用于文学变革。现代文学变革者也确实把语言变革者提出的那些理由当成了自己变革文学的理由。然而，现代语言变革者在依据口语崇拜这种西方语言观念改造汉语的过程中，也遇到了十分棘手的两难处境：他们发现，白话不过是另外一种书面语言，离"言文一致"的要求总是有那么一段距离。其中的症结在于，汉字是表意不表音的，根本不可能像拼音文字那样，方便地录下口语中的声音。于是，汉字成了一些激进的语言变革者攻击的目标，他们声称要在文学革命之外，发起一场"汉字革命"。在以拼音化为目标的"汉字革命"中，钱玄同等人认识到，汉语的发音特点，决定了它与拼音文字是不兼容的：要改用拼音文字，就要抛弃汉语；要保留汉语，就得使用汉字，中间没有折中的路可走。而放弃汉语的严重后果，对绝大多数语言变革者而言，显然是难以接受的。这种情况，也导致了后来的人们对五四以降中国语言文字变革中提出的许多问题的反思，现代语言变革的合理性因此便受到强烈质疑，而以语言变革的逻辑为自己的合理性进行论证的现代文学口语崇拜观念，也因此暴露出了理论上的诸多盲点。

本书在第五章、第六章中，对形式审美主义文学观的展开与现代汉语的审美建构之间的关系进行了考察分析。在五四文学观念中，其实还存在着一种超越工具论观点，把文学自身的建设作为目的的倾向。这种倾向在胡适的文学观中已经有所体现。然而，有时候，胡适又用简单的文言与白话对立的观念，代替了以审美价值为标准，对文学语言形式的判断。这使得胡适文学观的影响表现出相互对立的两个方面：一方面，他文学观中文言与白话简单对立的倾向使他在探讨新文学的语言形式规律时提出了许多有违审美原则的命题，这些命题对新文学的创作产生了决定性的影响，新文学初期语言形式的粗糙与胡适这方面的影响密切相关。另一方面，胡适对文学自身价值的强调，对文学语言形式的关注，又超越了近代以来工具论的文学观，具有进步的意义，它直接引发了现代文学史上关于文学形式的论争。正是在这一论争过程中，对新文学语言形式的审美观照这一角度得以呈现出来，简单的新旧对立、文言与白话对立的立场得以被超越。尽管在五四时期，形式审美主义的观念在各种文学观念中处于边缘位置，受到主流文学观念的压制，但它为日后纠正五四文学中存在的误区，从语言形式上完善现代文学留下了伏笔。汉语表达具有追求形式完美的传统，这一传统在早期的白话文学中遭到了有意无意地破坏。五四之后，现代文学经历了一个由文言与白话之争到文学的美丑之争，由情感审美主义到形式审美主义的发展过程。在这一过程中，现代文学语言形式问题凸显出来。以闻一多、饶孟侃为代表的"新月派"理论家建立新格律诗的努力，"象征主义"文学理论家对文学音乐性的追求，朱光潜、朱自清等人对新文学语言形式的关注，构成从语言形式上完善现代文学这一努力的主体。在形式审美主义文学观的引导下，有人对中国古典文学传统进行了重新审视，发现了中国古典文学语言形式方面的审美价值及其对于新文学建设的借鉴意义，并站在形式审美主义立场上，对五四以来文学创作的成就进行了总结。现代文学对自身语言形式的审美关注，不仅是五四之后文学观念的又一次转换，而且也是五四之后现代汉语修辞观念的又一次转换。

形式审美主义作为一种文学观念，在 20 世纪 20~30 年代的许多小说、诗歌、散文作品中都留下了鲜明的痕迹。在中国 20 世纪从五四新文化运动到 30 年代的小说中，我们可以发现大量具有先锋意义的文本。与中国传统的小说相比，这种先锋文本在叙事策略、语言风格上都存在着很大的差异。在叙述方式上，第一人称限制叙事、逆时序叙事、第三人称间接引语的运用、变态心理描写与意识流式的心理开掘、情节淡化等修辞技巧，在这类小说中经常出现。这些来自西方的叙事形式与小说中那种富有中国古典艺术神韵的语言、意象、意境结合在一起，把古典性与先锋性同时带入到了现代汉语的表达之中，形成了一种古典与现代之间的"间性语体"，开拓出了现代汉语的新的审美空间。五四之后形式审美主义观念对新诗的影响，则表现为一些诗人开始把诗歌作为一种语言艺术来经营的努力。在这一过程中，如果说以闻一多、徐志摩为代表的标榜"古典主义"的诗人，其诗歌实践更多地着重于与中国古典的诗歌传统对接，更多地着重于开掘现代汉语形式方面的诗性潜能的话，以冯至、卞之琳等人为代表的标榜"现代主义"的诗人，其诗歌实践则更多地着重于与西方现代诗歌传统的对接，更多地着重于开掘现代汉语语义方面的诗性潜能。到了 20 世纪 40 年代以后，在中国早期象征主义诗歌中初露端倪的一些表达方法在"戏剧化""知性化""反讽"等新引入的诗学概念中得到固化与强调，成为新诗摆脱初期浅白直露的胡适式话语、狂热感伤的浪漫主义话语，从扩张的外显性写作走向凝缩的内敛性写作而臻于成熟境地的理论向导。新文学在这方面的成就，击破了一些语言保守主义者那种只有古代汉语适合艺术表达，现代汉语只适合于实用的观点，极大地增强了人们对现代文学与现代汉语的信心。同时，作为一种刚刚建立起来的新的"传统"，它们对以后的现代汉语表达，以及新的语言规范的建立，产生了举足轻重的影响。

本书的第七章，是对 20 世纪 30 年代前后文学大众化转向的语言层面及其对现代汉语影响的考察与分析。五四新文化运动过程中，用"言文一致"对新文学语言的实质加以规定是片面的。相对于古代文言，现代汉语有口语化、通俗化的倾向，但从本质上讲，五四新文化运动中诞生的现代形态的文学语言是以文字为中心的书面语言、文人语言，它与五四文学的启蒙立场与个性独立追求是浑然一体的。文学语言的欧化、雅化、审美化对现代汉语的建设有重要意义。文学语言大众化转向的倡导者，把这些作为清算对象，是相当盲目的。文学语言大众化转向中对民族形式的强调对现代汉语的发展具有一定的建构意义，但由于对大众化倡导者而言，民族化仅仅是大众化、通俗化的一种手段，在倡导民族化时，只强调对民间形式的利用，排除了对中国古典诗文传统的继承，因而 20 世纪 30 年代的文学语言民族化实践并没有取得应用的成果。

［作者单位：山东大学（威海）］

关于推动威海市服务业跨越发展的调查与思考

修振竹 唐吉秀 魏引庆

服务业是生产或提供各种服务的行业，是国民经济的重要组成部分。按时代特征可划分为，以商贸、住宿、餐饮、交通运输等为主要内容的传统服务业和以金融、科技信息、商务会展、文化创意、旅游休闲等为主要内容的现代服务业；按服务对象可划分为，以金融、物流、科技信息、商务会展等为主要内容的生产性服务业，以教育、医疗保健、商贸、文化、旅游、房地产、社区家政等为主要内容的消费性服务业和以政府免费或低收费提供的公共管理、基础教育、公共医疗卫生以及公益性信息服务等为主要内容的公共服务业。服务业发展水平是衡量现代社会经济发达程度的重要标志。

按照市政府领导的安排，最近，市政府调研室根据市委十三届七次全委会议提出的推动服务业跨越发展的要求，在市直有关部门研究具体政策的同时，对服务业的重点行业、产业进行了分类调研，提出了发展的方向、目标任务和对策措施，供领导决策参考。

一 威海市服务业发展的基本情况

近年来，威海市委、市政府高度重视服务业发展，全市服务业规模逐步扩大，结构和质量得到全面改善，在提升城市综合服务功能、拉动经济增长、扩大地方税收等方面，发挥了重要作用。

——服务业对 GDP 的贡献率大幅提高。2009 年，全市服务业实现增加值 595.9 亿元，占 GDP 的比重为 34.38%，对 GDP 的贡献率为 30.3%。今年上半年，全市服务业实现增加值 340 亿元，增长 24.3%，对 GDP 的贡献率提高到 56.9%，拉动 GDP 增长 8 个百分点，三次产业结构由去年底的 7.87：57.75：34.38 调整为 3.99：60：36.01，服务业占比提高了 1.63 个百分点。

——服务业成为拉动投资增长的主动力。在转方式、调结构政策的引导下，服务业成为投资的重点领域。2009 年，全市服务业完成投资 634.9 亿元，占全市规模以上固定资产投资的比重达到 54.5%。今年上半年，全市服务业完成固定资产投资 391.6 亿元，增长 31.8%，增幅居三次产业首位，分别高于一产、二产，26.6 个、24.7 个百分点；服务业投资占全市固定资产投资的比重提高到 58.9%，较去年同期提高 13.6 个百分点。

——服务业税收快速增长。2009 年，全市服务业实现税收收入 51.77 亿元，增长 6.7%，服务业税收占全部税收的 38.1%，成为全市税收快速增长的重要支撑力量。其中服务业地税收入 35.8 亿元，占全市地税收入总额的比重为 58.5%。今年上半年，服务业实现地方税收 23.8 亿元，增长 34%，占全部地方税收的比重达到 59.7%。

从产业发展看，主要呈现以下特点：

（一）现代物流业稳步增长。2009 年，全市完成货物周转量 184.4 亿吨公里，增长 16.9%。今年上半年，全市完成货物周转量 124.89 亿吨公里，增长 45.2%。一批新型物流企业迅速成长，形成了多种所有制、多种服务模式、多个层次的物流企业群体。威海港集团、交运集团、联运公司等传统交通运输企业已发展成为威海市规模较大的第三方物流企业。

（二）金融保险业平稳运行。2009 年末，全市金融机构人民币存款余额 1380.8 亿元，增长 27.5%；各项人民币贷款余额 953 亿元，增长 26.5%；各类保险机构实现保费收入 35.4 亿元，增长 14.9%。到目前，全市境内外上市公司达到 12 家，累计从境内外资本市场融资近 80 亿元。引进了招商银行，民生、浦发、光大等银行引进步伐加快。威海商业银行加快了跨区域发展，在天津、青岛设立了分行。证券营业部开户数达到 16.5 万户，市级保险机构达到了 32 家，全市融资性担保公司达 36 家。

（三）软件、信息及服务外包业迅速成长。2009 年，信息服务业实现营业收入 95 亿元，增加值 28 亿元，信息服务业从业人员近 6 万人，基本建成了以光缆为主、数字微波、卫星通信为辅的大容量、高速率、数字化、覆盖全市城乡的立体化通信网络，计算机、软件及系统集成服务业成长势头良好，主营业务收入 20 多亿元，综合指标位居全省前列。以动漫游戏、数字影音、通信内容服务等为主要内容的数字内容产业发展迅速，已有动漫企业十余家，央视新科动漫互动基地落户威海。信息咨询业市场迅速扩大，从事信息技术咨询企业达 20 余家。

（四）商贸流通业繁荣活跃。在国家一系列扩内需、惠民生政策的推动下，威海市消费持续快速增长。2009 年，实现社会消费品零售总额 576 亿元，增长 19.1%。今年上半年实现 317.75 亿元，增长 18.9%。住宿餐饮业得到进一步提升，全市星级饭店总数达到 90 家，在建的五星级酒店就有 8 家；已建成年成交额过亿元专业化批发市场 12 处，智能化配送中心 3 处；新建改造"农家店"总数达到 1973 处，镇、村覆盖率达到 100% 和 68%。以城区店为龙头、镇级店为骨干、村级店为基础，镇村结合、城乡相连的农村流通网络基本形成。

（五）文化旅游业势头强劲。全市各级切实把旅游业作为服务业的龙头，立足资源优势，规划建设了一批富有地方特色和文化内涵的旅游项目，打响了"千里海岸线，一幅山水画——走遍四海，还是威海"的旅游形象品牌，初步形成了以千公里幸福海岸为主线，以观光、休闲度假、温泉养生为主题的特色旅游体系。2009 年，全市共接待海内外游客 1870.9 万人次，旅游总收入 188.6 亿元，分别增长 15.9% 和 18.7%，占 GDP 和服务业增加值的比重分别为 9.5% 和 29.4%。全市文化产业实现增加值 54.7 亿元，增长 20.5%；文化产业投资额 61.8 亿元，增长 37.8%。

（六）房地产业快速发展。2009 年，在威海市具备房地产开发资质的企业共有 367 家，全年房地产开发投资 209.5 亿元，增长 39.4%。房屋施工面积 1462.62 万平方米，下降 12.8%；竣工面积 580.95 万平方米，增长 43.1%。商品房销售面积 560.8 万平方米，增长 40.9%。商品房销售额 194.5 亿元，增长 63.2%。今年上半年，威海市房地产业实现地税收入 12.7 亿元，增长 43.7%，占全市服务业税收比重的 53.5%。

在充分肯定成绩的同时，也应清醒地看到，威海市服务业的发展还存在不少问题。一是增加值占比较低。这几年威海市服务业尽管增幅很大，但增加值占 GDP 的比重为 34.38%，较全国平均水平低了 8.2 个百分点，较世界中等收入国家平均水平低 26.62 个百分点，说明威海市的服务业发展水平还比较低。二是结构层次不高。以交通运输、批发零售和住宿餐饮业为代表的传统服务业占服务业增加值的 72.4%，而以金融、科技信息等为代表的现代服务业仅占服务业增加值的 27.6%，说明威海市服务业内部结构不尽合理，现代服务业明显弱小。三是载体能力不强。中心城区功能仍不完善，辐射带动能力不强；服务业园区规模较小，承载能力较弱，布局分散，集聚效应不明显；服务业骨干企业数量少，规模小。四是专业人才短缺。服务业人才特别是中高级专业人才短缺，已成为威海市服务业发展的瓶颈，金融、物流、旅游、外包等高端专业人才引不进、留不住，严重制约了威海市服务业发展。另外，二产中的服务业没有完全剥离。目前，威海市销售收入过亿元的工业企业有 1000 多家，许多企业从事设计、研发、采购、运输、培训等服务业相关活动产生的价值没有从二产中剥离出来，一定程度上影响了服务业增加值的总量。

二 威海市服务业跨越发展的有利条件、 目标任务和产业重点

服务业是能耗低、污染少、门类广、关联度高、带动性强的产业，对于促进一、二产业共同发展、带动城乡共同繁荣、提高经济整体素质具有十分重要的作用。在当前转方式调结构的关键时期，服务业的发展日益成为城市竞争的制高点，此时的落差，或许会成为城市发展的永久性差距。威海市只有从全局和战略的高度，进一步提高对推动服务业跨越发展的认识，明确新时期服务业发展的目标任务和重点，强化集约发展能力，才能在转变经济发展方式和建设蓝色经济区、高端产业聚集区中，赢得主动，抢占先机。

从国际、国内，山东省威海市的实际情况看，服务业发展面临着重大的发展机遇和有利条件。从国际形势看，目前，服务业在国民经济中所占的比重和就业人数不断上升。在世界经济总量中，服务业产值已超过了 60%，其中一些发达国家的服务业产值已占国内生产总值的 70%，个别国家接近 80%，而服务业的就业比重，发达国家已高达 70% 左右，中等收入国家为 50%~60%。世界服务贸易占到贸易总额的 1/4，服务消费占所有消费的 1/2 左右，服务业对外直接投资占世界对外直接投资的比重已达 70%，国际产业分工协作从传统制造环节日益向生产性服务业等高端环节延伸，推动全球经济不断向服务经济转型，特别是服务业正在向发展中国家转移。可以说，世界经济实际上已步入了"服务经济"时代。从全国的情况看，中共十七大报告明确提出了"发展现代服务业，提高服务业比重和水平"，国务院出台了《关于加快服务业发展的若干意见》，要求把加快发展服务业作为一项重大而长期的战略任务抓紧抓好。南方各省市行动迅速，服务业发展水平较高，2009 年长三角地区 16 个市服务业增加值占国内生产总值的比重超过 45%，我们这里的差距超过了 10 个百分点。从山东省的情况看，近年来，省委、省政府分别多次召开会议研究部署加快服务业发展工作，今年，中共山东省委

九届十次全委会又提出了实现服务业跨越发展的要求，制定出台了一系列支持服务业发展的政策措施。从威海市的情况看，发展服务业具备诸多有利条件。首先，区位优势比较明显。威海市地处开放前沿，港口众多，同韩国、日本隔海相望，自然资源丰富，生态环境优良，文化底蕴深厚，具有得天独厚的服务业发展条件。其次，基础设施相对完善。城市供水、供气、供暖、供电、通讯等基础设施日臻完善，城市容量不断增加，为服务业发展提供了良好载体。第三，产业和经济基础良好。经过多年的发展，形成了良好的产业基础，经济发展积累了雄厚财富，2009 年，威海市人均 GDP 突破 10000 美元，为服务业跨越发展提供了坚实的物质基础。第四，城镇化步伐加快。随着城镇化进程的加速推进，更多的农村人口转化为城镇人口，由此必然增加对消费服务的需求总量，提升服务业的增长空间。第五，服务业发展势头强劲。近年，全市各级各部门推进服务业发展的热情高涨，干劲十足，强力推动了一批服务业大项目建设，特别是在旅游休闲、现代物流、商贸餐饮等大项目建设方面，取得了较大的成效，华夏生态城、仙姑顶如意园等一批重点项目投入运营，宝泉广场、东城国际、威海卫海裕城、九龙城休闲购物广场、乐天玛特和金线顶、双岛湾等项目正在紧张建设或规划招商中，这些项目的建成投运，不仅会大大提升中心城市的服务功能和承载能力，而且会成为威海市服务业跨越发展的龙头。同时，威海市服务业发展中的诸多问题，既是我们必须正视的现实差距，也是实现跨越发展的潜力所在。

威海市服务业跨越发展的总体要求是：坚持市场化、产业化、社会化、国际化的发展方向，坚持服务业发展与农业、工业发展，与推进城市化进程互促共进、协调发展的原则，以扩大总量、优化结构、增强素质、提高层次为重点，全面提升服务业发展的规模和水平，尽快形成附加值高、辐射力强、带动性大、覆盖城乡的现代服务产业新体系。

目标任务是：突出发展服务业重点产业，加快发展生产性服务业，实现与先进制造业的融合发展；不断拓展新领域，形成服务业发展新的增长点；改造提升传统服务业，提高服务业的质量和水平，力争"十二五"期间，全市服务业增长速度明显高于 GDP 增长速度，服务业增加值占生产总值的比重每年提高 2 个百分点以上，到 2012 年服务业在国民经济中的比重达到 40% 以上，到 2015 年达到 45% 以上，服务业投资增速高于全社会投资 5 个百分点以上，服务业实现税收占地方税收的比重达到 60% 以上，服务业从业人员比重超过 40%，在全省率先形成以服务经济为主的产业结构，为建设创新开放宜居幸福的现代化新威海提供有力支撑。根据国际较为通行的服务业产业分类，结合威海市实际，应重点抓好以下九大产业。

（一）旅游休闲业

旅游休闲业是世界上发展最快的新兴产业之一，被誉为"朝阳产业"。威海市旅游业的发展虽然吃、住、行、游、购、娱等六大要素样样具备，旅游资源众多，但特色不够鲜明、重点不够突出、龙头骨干少、发展层次较低。今后，应加快推进转型升级步伐，进一步打响"蓝色休闲之都，世界宜居城市"品牌，以建设国内外知名的旅游休闲目的地为目标，抓好"四个突出"：一是突出发展海上休闲旅游。重点建设钓鱼基地、国际游艇俱乐部、国际帆船基地、国际邮轮码头、沙滩休闲运动和海上夜游项目，形成国内北方最佳海上休闲旅游基地。二是突出发展温泉养生旅游。加大对"中国温泉之乡"品牌的宣传力度，着力提升温泉的综合利用水平，加快推进宝泉广场项目建设，深度挖掘温泉衍生产品，增加温泉旅游产业附加值。三是突出旅游与工业、农业、体育、文化、会展、商贸等行业的联动发展。加快规划建设特色餐饮、旅游购物、娱乐休闲等旅游集中消费街区，拓展休闲度假旅游产业链。积极发展休闲体育旅游，打造以休闲帆船、高尔夫运动为核心、各种休闲体育娱乐和美食购物活动相配套的休闲旅游品牌。对威海历史文化进行组合包装，推进演艺业与旅游业互动融合，充实旅游项目看点，丰富旅游的文化内涵。四是突出旅游精品景区和设施建设，不断提升景点观赏、服务水平。到2012 年，全市旅游总收入达到 320 亿元，年均增长 19%；到 2015 年，旅游总收入达到 435.5 亿元，年均增长 15%，占 GDP 的比重达到 12% 以上。

（二）现代物流业

随着市场经济的发展，现代物流业已由过去的国民经济末端行业，逐步上升为引导生产、促进消费的先导行业。威海市港口众多，发展现代物流业具有明显优势，但港口建设与沿海开放城市的地位很不相称，在全省港口布局中也没有应有的地位。今后，应面向日韩，突出抓好中心港口的大型化、专业化深水码头及港口配套设施、集疏运体系建设，整合现有运输、仓储等物流基础设施，促进各种运输方式的衔接和配套，使铁路、港口码头、机场及公路实现"无缝对接"。争取荣乌高速公路和青烟威荣城际铁路威海段项目尽早建设投运，积极开辟至日本、韩国等国家地区的鲜活品直达航空货运。加快物流园区（中心）建设，抓好威海国际物流园区、中海川物流园区、汇峰物流中心等重点物流项目建设。大力发展第三、第四方物流，加快发展海洋运输业，鼓励现代物流企业实现集团化发展、连锁化经营、网络化管理。到 2012 年，全市港口年货物吞吐量达到 6000 万吨，2015 年达到 1.3 亿吨。"十二五"期间物流业增加值年均递增 10% 以上。

（三）批零餐饮业

批零餐饮业是服务业中覆盖面最广的产业，是一个地区内需和消费水平的体现。威海市批零餐饮业的发展主要问题在于，结构布局不尽合理，企业经营方式较为传统，品牌塑造没有引起企业的足够重视，企业规模实力较弱。2009 年，全市重点调度的 15 户流通大企业实现销售收入 152.5 亿元，而苏宁电器一个企业的营业收入就达 583 亿元。今后，威海市批零餐饮业的发展，应按照布局合理、功能完善、骨干膨胀的原则，立足于改造提升、品牌塑造和创新，加快商业结构和业态调整，推进连锁经营、特许经营、电子商务、物流配送等向更大范围、更深层次发展，逐步培育起一批具有较大影响和较强辐射带动作用的商贸"航母"型企业。以宝泉广场、银座商城、东城国际、九龙城休闲购物广场、乐天玛特、威海高新商贸广场建设和百货大楼、威韩商贸城改造为主，提高中心区商业集聚度。依托荣成、文登、乳山现有商业集聚地，重点发展百货店、大型超市等业态，提高县域城市商业中心的规模和水平。继续实施"万村千乡市场"工程，不断规范提升农家店信息化管理水平和服务功能。依托区位优势，培育中转型韩货批发市场，重塑"买韩货、到威海"品牌。支持品牌餐饮业发展连锁经营，加快高星级饭店建设，引导中高档酒店向品牌化、专业化方向发展。引进有先进管理经验和营销技术的国内外大型流通企业集团。鼓励有条件的企业"走出去"，建立与国际市场接轨的贸易物流、餐饮服务体系，拓展威海市服务业发展空间。依托家家悦、长江糖酒、利百佳等本土化连锁超市和出口农产品安全示范基地全覆盖两大优势，加强超市与农产品生产基地对接，在全省率先打造"农超对接"示范市。到 2012 年，全市社会消费品零售总额达到 890 亿元，2015 年达到 1400 亿元，年均增长 16%；批发和零售业零售额年均增长 17%，住宿和餐饮业零售额年均增长 15.5%。

（四）科技信息服务业

科技信息业是当今世界产业中发展最快、技术最活跃、增值效益最大的产业。威海市科技信息服务业的发展，应以提高科技信息服务经济社会发展的能力为出发点，加快技术创新体系建设，支持科技信息公共服务平台建设，重点加快省级软件示范基地等信息服务业载体建设，推进高区创新创业基地火炬软件专业孵化器、汽车电子技术公共服务平台、科创科技孵化器产业园、哈理工荣成盛泉科技孵化器等项目建设，加强威海广泰、中国（北方）贝类等工程技术研究中心和省级农业信息化重点实验室等重点研发机构建设。加强与科研院所、高校的产学研合作，共同打造国家级、省部级和校地、校企等各种层次的研究开发平台，提升产业创新能力。以农友软件、渔翁信息等公司为龙头，大力发展行业应用软件，培育信息服务业新的增长点，实现企业的规模化、品牌化。促进软件业与工业的融合，推进计算机服务与软件业对传统产业的升级改造，以新北洋、卡尔电气、康威通信、华东数控、西立电子等公司为骨干，加快发展面向智能终端设备的计算机外设、通信、非接触式自动识别（RFID）、工业制造控制、汽车电子等产品的嵌入式软件，推进机械、电子、医药、纺织、汽车、造船、水产品等行业综合电子商务的发展。提升信息传输业，重点发展电信和互联网增值服务，通过技术与业务创新，研究开发面向大众和企业的增值服务业务。引导传统网络运营商向综合信息服务提供商转变，加速推进"三网融合"，争取在省内率先建成覆盖全市的无线宽带城域网。到2015年信息服务业年经营收入达200亿元，年均增长20%以上。

（五）金融业

金融业是推动经济社会发展的基础性产业。应以金融服务高级化、融资形式多样化、信用手段现代化为重点，加快金融服务创新，尽快形成与现代产业发展相适应的金融服务体系。紧紧围绕全市发展大局，立足传统优势产业和新兴战略产业，加强上市资源培育，努力打造一批高质量上市公司，争取2015年全市上市企业超过26家。积极引进股份制商业银行、政策性银行、外资银行在威海市设立区域管辖机构和分支机构，力争"十二五"期间，新引进股份制商业银行3家~5家。积极发展各类新型农村金融机构，鼓励股份制商业银行发起组建村镇银行，支持符合条件的小额贷款公司改制为村镇银行。加快征信市场建设，整合信用信息资源，健全覆盖面较广、统一高效的社会征信体系。积极拓展保险市场，建立覆盖多领域的商业保险体系。加大证券营业机构引进力度，统筹证券营业网点布局，建立区域分布合理、服务功能完善的证券服务体系。积极引进风险投资、私募股权投资和信托投资等各类金融性企业，规范和引导典当、金融租赁业发展，鼓励各类社会资本、民间资本发起设立融资性担保公司。

（六）文化创意产业

威海市的文化创意产业起步较早，但发展较慢，规模较小，特别是动漫产业在十几年前就开始发展，至今也没有形成气候。而杭州、长沙等地的动漫产业从 21 世纪初才开始起步，在政府的强力推动和大力扶持下迅猛发展，已成为全国的"动漫之都"，他们的经验值得我们很好地学习和借鉴。根据威海市经济社会发展的总体战略和资源特点，文化创意产业应着力培育影视服务、新闻出版、动漫、娱乐、工艺美术等产业板块，争取以特色企业和特色项目辐射带动相关产业，拉长文化产业的价值增值链。

影视服务业。充分发挥威海市独特的自然风貌、优美的城市环境等优势，依托历史文化、海洋文化和近现代革命文化等资源，建设影视拍摄基地，完善影视摄制服务设施，逐步发展壮大影视摄制服务，吸引国内外影视制作公司来威海市拍摄影视剧和影视广告作品，努力把威海打造成全国影视摄制中心。以有线电视数字化为突破口，全面推进广播影视数字化建设。2015 年，广播电视广告收入的年增长率要高于 GDP 增幅 2 个百分点，电影票房收入的年增长率高于 GDP 增幅 3 个百分点。

新闻出版业。加快体制机制创新，延伸报业产业链，培育新的经济增长点。引进国际出版集团的成功经验和现代出版营销模式，提升威海市出版产业档次。大力发展发行业，力争把威海市建成地区性的图书批发流转中心。

动漫产业。聚集人才，开发拥有自主知识产权的网络游戏产品。整合教育、培训、研发、孵化、营销等各种动漫产业资源，扶持鼎峰电子、拓荒岛动漫等行业龙头企业，促进设计、动漫等文化创意产业快速发展。

娱乐业。按照现代企业组织形式，以大型演艺项目为平台，推动演艺公司加快发展、做大做强。进一步繁荣城乡娱乐市场，因地制宜地发展游乐园和文化主题公园，有序发展娱乐场所，探索发展娱乐、游艺场所连锁经营，推进传统娱乐行业实现个性化发展，积极拓展在线互动等新兴娱乐行业。

工艺美术业。进一步培育艺术品交易市场，鼓励社会资本兴办古玩书画和工艺美术品经营企业，以美术馆、博物馆新馆为中心，建设中介机构聚集、经纪人云集、画廊遍布的美术品高端市场。争取到 2012 年，全市文化产业增加值占生产总值的比重达到 3% 以上，2015 年超过 5%。

（七）商务会展业

商务会展业主要包括企业管理服务、法律服务、咨询与调查、会展等行业。目前，威海市从事商务会展业的企业或组织虽然有 400 多家，但企业规模普遍较小，且处于无序竞争状态。针对这种状况，应坚持专业化、社会化和市场化的原则，拓展商务会展业的发展空间和专业门类，逐步完善现代商务服务体系。一是加快发展财务、法律、评估、咨询和市场交易等新兴服务业，积极发展证券、保险、人力资源、法律服务等市场中介组织，大力推广代理、代办、经纪、拍卖、担保等中介服务方式，为企业经营管理、居民消费和社会信息沟通提供有效服务。二是依托现代化技术，借鉴国际新的服务方式和经营模式，发展一批知识密集型商务企业。引导一般性商务服务企业向"专、精、特、新"方向发展，培育一批在全省、全国有一定知名度的商务服务企业。三是根据威海市产业特点，积极发展会展业。威海市的渔具博览会由于立足产业优势、组织和宣传到位，有效地调动了企业参展参会的积极性，实现了外出招商向主动参展的转变，场面异常火爆。今后，应选择渔具、海产品、地毯、皮革等有比较优势、代表行业发展方向的潜力会展项目，建立品牌会展引进培育机制，力争 3~5 年内，基本形成 5 个固定品牌的会展活动，带动各类中小会展活动竞相发展，使威海市不仅成为优势产业的生产基地，而且成为有一定影响的会展基地。

（八）房地产业

房地产业是国民经济中关联度最高、带动性最强的产业，是地方财政收入的重要来源。随着国家对房地产业宏观调控力度的不断加大，威海市应适应新的形势，依托优越的人居环境，坚持把房地产业与旧村改造、镇村改造和城区改造相结合，休闲地产与休闲产业相结合，商业地产和住宅地产相配套，加快建设、增加保障性住房和普通商品房供给，支持居民自住性住房消费，抑制投资性购房需求，加强房地产金融风险防范和市场整顿；大力发展休闲地产，适度发展高档、精品商业地产，加快建设具有较强吸引力的休闲度假基地。进一步打造"人居"品牌，大力推行节能型、环保型、智能型现代商业房地产项目建设。鼓励引导房地产企业重组联合，膨胀式发展，加快培育一批具有较强竞争力的大型综合性房地产开发企业和建筑企业。

（九）社区家政服务业

威海市的社区家政服务业起步较晚，经过多年的发展，逐步由"官办"转向"民办"，由零散无序向社会化、产业化和规范化的方向发展，以永进、保洁、妇联、邦洁等为代表的家政服务公司已成长为家政服务业的主导力量，祥云物业公司短短几年内发展成一个管理物业面积 460 多万平方米、在全省物业管理行业中颇具影响力和竞争力的金牌服务企业。针对社区家政服务业门槛低、投资少、吸纳就业量大的特点，威海市应以"便民、利民、为民"为宗旨，坚持社会化、产业化、规范化的原则，进一步拓展社区家政服务业领域，创新服务形式，提高服务水平，重点搞好物业、医疗、养老、助残、托老托幼、洗理洗浴和家政、家教、修理维护和礼仪等服务；吸引全社会的力量参与社区服务，加大市场整合力度，引导从业者成立行业协会，制定相应的服务和收费标准，实行自我管理，自我服务，推动行业做大、做强；有计划、有步骤地加强对社区服务从业者的培训，实行持证上岗、挂牌服务，逐步引导社区服务从业者走职业化和专业化道路；探索建立科学合理的社区服务业资质评估体系，定期地向社会免费公布社区服务公司的资质等级，帮助社区服务行业逐步建立信用机制，打造自己的服务品牌；通过引进市场机制，进一步改革"官办"社区服务管理体制，改善政府投资办服务的方式，对现有的一些不能发挥应有作用的"官办"社区服务中心和各类服务设施，可以采取入股、承包、拍卖等方式，引进社会资金和人才，盘活资产，激发市场活力。

三 威海市服务业跨越发展的保障措施

实现服务业增加值占 GDP 的比重每年提高 2 个百分点、推进服务业跨越发展，是一项紧迫而艰巨的任务，各级各部门必须增强责任意识，创新思路，加大力度，强化措施。

（一）强化服务业载体建设。载体建设是发展服务业的基础，应千方百计予以强化，着力抓好重点城区、重点园区、重点企业和重点项目"四大载体"建设，尽快培育一批新的增长点，以此带动威海市服务业跨越发展。一是抓好四个服务业中心城区建设。中心城区和荣成、文登、乳山三个区域中心，应结合自身优势，科学配置服务业资源，尽快提升聚集能力，发挥辐射带动作用。今后五年，四个城市核心区服务业增加值占 GDP 的比重每年提高 2 个百分点以上，到 2012 年达到 50% 以上，占全市服务业增加值的比重达到 95% 以上，服务业从业人员比重达到 50% 以上。二是规划建设 10 个服务业重点园区。统筹规划建设 10 个功能定位明晰、特色品牌突出、发展潜力巨大的服务业园区，通过政策引导，不断提高其产业聚集程度和辐射带动作用。今后五年，10 个重点园区服务业营业收入年均增长 12% 左右，实现税收年均增长

10%，基本形成与经济社会发展相适应的服务业园区体系。三是重点培育 10 家大型服务业企业。根据企业创新能力、销售收入在国内的排名以及企业品牌的市场价值综合打分，筛选 10 家大型服务业企业，像培育制造业企业一样培育 10 家在省内和国内具有较高知名度和影响力的服务业企业。今后五年，10 家大型服务业企业营业收入年均增长 15% 以上，实现税收年均增长 15%。四是抓好 100 个服务业重点项目建设。围绕服务业九大重点产业，建立全市服务业重点项目库，并建立项目月调度制度，及时掌握项目建设进度，解决项目建设中出现的困难问题，不断增强服务业发展后劲。

（二）切实加大服务业投入。投入决定产出，没有对服务业的高投入，就不可能实现服务业的跨越发展。今后几年，应确保服务业投资增速高于全社会固定资产投资增速 10 个百分点以上。围绕国家、省在服务业发展方面的扶持重点，结合威海市实际，加强沟通协调，做好项目筛选、储备与上报工作，争取威海市更多的服务业项目列入国家、省扶持计划。应利用好并逐步增加市级服务业发展引导资金，通过政府采购、担保、减免税、贴息等多种方式，重点扶持发展速度快、前景好、效益高的生产性服务业和新兴服务业项目。各市区、开发区应尽快设立服务业发展引导资金，用于上级扶持项目的资金配套，支持服务业发展。按照非禁即准的原则，放宽民资准入范围，最大限度地挖掘民间投资潜力，提高非公有制经济在服务业中的比重。支持符合条件的服务业企业进入市场融资，通过发行股票和企业债券，扩大筹资和融资规模。加强银企对接，筛选威海市管理规范并具有一定规模的服务型企业，建立企业融资信息库，引导金融机构调整信贷资金投向，扩大服务业的信贷规模，确保服务业信贷增速高于信贷平均增速 1 个百分点。充分发挥市中小企业融资担保专项资金和小额贷款、担保公司的作用，扩大小额贷款公司试点，满足中小服务业企业多元化的融资需求。将生产性服务业和新兴服务业作为威海市服务业对外招商的重点，进一步做好项目的前期准备工作，扩大对外招商，特别是要注意吸引跨国公司在威海市设立地区总部及研发中心、采购中心、分销中心等，力争到 2012 年，在物流、采购、分销、技术中介及零售业等领域，分别引进 3～5 家国际国内知名服务企业。

（三）推进企业剥离非核心业务。剥离非核心业务，有利于提升企业核心竞争力，促进服务业发展，壮大地方财力。应按照积极稳妥、逐步推进的原则，逐步建立起有利于企业剥离非核心业务的制度和机制。加大宣传力度，强化典型带动，提高企业剥离非核心业务的积极性。建立完善企业剥离非核心业务联席会议制度，明确财政、地税、统计、发改、经信、工商、国税等相关部门在工作中的责任目标、任务要求。进一步摸清底子，对正在剥离的企业和适合剥离的企业列出时间表，进行分类指导，搞好督导落实。各有关部门应加强对剥离组建的服务业企业跟踪服务，及时为新组建的企业办理相关资质，积极提供政策、土地、资金、人才等方面的支持，积极协调解决存在的问题，促进其健康快速发展。

（四）大力发展服务外包产业。充分发挥威海市信息基础设施完善、自然生态环境优良、经济外向度较高的比较优势，抓住国际产业和人才转移的大好机遇，加大政策扶持力度，积极营造服务外包业发展的良好环境，推动这一新兴产业快速发展。按照国际化、规模化的要求，以高区、经区两个省级服务业外包示范基地为依托，以软件开发、数据分析管理、动漫创意、医药研发、工业设计、金融后台服务等为重点，高标准规划建设、加快发展服务外包园区，积极引导服务外包企业向园区聚集，提高服务外包产业的聚集度。强化示范基地和服务外包园区功能，大力支持和引导各类公共技术平台和信息服务平台建设，优先推进信息技术服务企业集聚区特别是软件园的数据专网建设，扩大信息容量，提高传输速度，提高产业承载能力。依托优质企业资源，重点扶持和发展应用软件和嵌入式软件开发、信息服务等业务；在流程外包上努力向技术研发、设计、核心数据处理等方向拓展，促进服务外包由低中端向高端环节延伸。抓住国际服务业转移和服务外包加快发展的机遇，吸引境内外大型跨国服务外包企业在威海市设立分公司或接包中心。加大对具有地区总部或区域分部功能的服务外包企业的培育扶持力度，尽快形成一批具有较大规模和较强国际竞争力的企业。鼓励更多的企业"走出去"，到境外设立研发、营销及服务机构，更加贴近发包市场，争取更多客户资源。力争到2012年，经国家认定的软件企业达到22家，服务外包企业发展到100家以上，把威海市建设成为省内领先、国内有一定影响的服务外包产业基地。

（五）加强人才队伍建设。实现威海市服务业的跨越发展，必须尽快提升服务业从业人员的整体素质。一是加快培养服务业实用型人才。充分发挥高等院校、职业学校及有关社会机构的作用，及时搞好相关学科、紧缺专业的整合和建设，培养一批适应市场需求的技能型人才和具有创新能力的科研型人才。引导企业抓好在岗职工的继续教育和岗位培训，加强对城镇下岗失业人员、农村进城务工人员和城乡新成长劳动力的职业培训，提高其就业和创业能力。加强对服务业领导干部的培训，促进其更新知识结构，提升专业水平。有计划地选派各类服务业人才特别是优秀管理人才，到服务业发达的国家和地区学习。二是加大高端紧缺人才的引进力度。按照"缺什么，引什么"

的原则，抓住海外优秀人才回国创业势头趋强的机遇，有针对性地面向国内外引进一批熟悉国际规则、具有创新创业能力的优秀服务业人才。强化"不求所有，但求所用"和"不求所在，但求我用"的用人观，通过兼职、讲学、长年顾问等柔性流动方式，引进一批"两栖型、候鸟型"高层次人才。扶持有品牌有知名度的人才服务机构，引进国际国内的猎头服务公司来威海市设立分支机构，为高级服务人才进入威海市提供服务。组织服务业园区、企业以及中介机构，到服务业人才集中的城市举办人才洽谈会，吸引相关人才来威海市投资创业。三是努力营造良好的用人环境。坚持以人为本，以公开、平等、竞争、择优为导向，完善人尽其才的体制机制，切实解决好各类人才特别是高级专业人才的研发经费、住房、医疗、配偶就业、子女教育等方面的实际问题，充分调动各类人才的积极性，最大限度地激发人才的创造活力。

（六）加大政策扶持力度。前不久省政府出台了加快服务业跨越发展的30条政策意见，威海市也结合实际，学习借鉴先进地市做法，研究制定了《关于加快服务业跨越发展的若干政策》，在市场准入、资金扶持、土地供应、产业培植特别是推动金融保险、现代物流、科技信息等生产性服务业和新兴服务业等方面将予以更大力度的支持，近日即将出台实施。各级各部门应从实际出发，制定配套政策和实施细则，全力抓好贯彻落实，有条件的地方要敢于推进政策创新，出台力度更大的政策措施，促进服务业超常规、跨越式发展。

（七）加强组织领导。统一认识，解放思想，把思想和行动统一到省委、省政府和市委、市政府的决策部署上来。围绕九大重点产业，加强调研论证，抓紧制定各行业、产业发展规划，理清工作思路，分解工作任务，落实保障措施。进一步健全完善服务业发展协调推进机制，定期召开服务业发展领导小组各成员部门工作会议，总结分析服务业的发展运行情况及突出的难点、热点问题，提出下一步的工作重点及应对措施。加强统计监测，尽快建立能够准确反映服务业发展特点和水平的统计指标体系和调查制度，做到应统尽统，真实反映服务业发展情况。进一步加强绩效考核，完善落实服务业绩效考核办法，对服务业发展指标、重点任务、政策落实和项目推进情况进行定期检查，促进各级各部门协调共进、形成合力，确保工作到位、任务落实，推动服务业跨越发展。

（作者单位：威海市政府调研室）

增强公交企业发展后劲
推进城市绿色公交事业的快速发展

张展开

目前，威海市城市公交事业发展正处在关键时期，特别是即将推进的世行贷款绿色公交走廊示范项目，将给威海市公交事业的发展带来新的机遇。但是，作为公交事业发展重要载体和基础的公交企业，面临着许多困难和问题，直接制约了公交事业的发展。本文通过对公交企业现状的分析，针对企业如何把握机遇、乘势而上、力推公交事业加快发展进行探讨，谨供参考。

一 威海市城市公交企业的发展现状

从1974年成立公交公司（不含市城郊公司）的三十多年来，伴随着城市规模和需求的扩大，企业取得了长足的发展。

一是提高了运营能力。到目前，市区范围内拥有公交营运车辆822部，折合948标台，城市万人公交车拥有量为13.18标台，高于每万人10～12标台的国内标准。市公交总公司营运线路54条，线路总长770公里，年运送乘客1.1亿人次。尤其是2006年、2007年，公交总公司共投资10425万元，购置中高档公交车387辆，先后更新增加了58条线路的营运车辆，全面提升了公交车辆档次，使多年来公交车老化、污染严重的问题得到了较好的解决（见图一）。

二是形成了线网架构。基本形成了以城区为中心，连接经区、高区，辐射环翠区各村镇的公交线网布局。城区公交线网密度达到75%以上，站点覆盖率达80%。拥有各类公交场站6处，其中3个有停车保养功能，总面积为6.3万平方米。

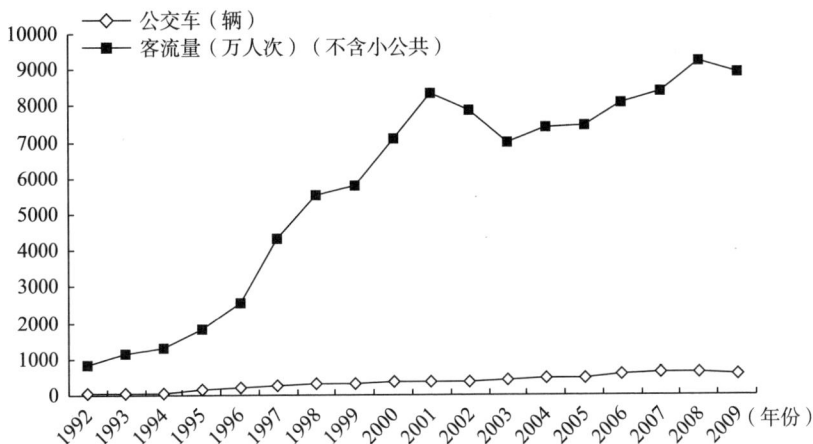

图一　公交车辆、年客流量增长示意

三是便利了居民出行。城区公交年客运量每年以 10% 左右的速度递增，2007 年完成客运量 1.2 亿人次，公交出行分担率由 1996 年的 6.7% 增加到 2009 年的 18%。

四是增强了规模实力。到 2009 年底，市公交总公司资产总额达到 1.8 亿元，是建市之初注册资本 624 万元的 27.8 倍；2009 年实现营业总收入 1.2 亿元。所属企业包括山水旅行社、百润贸易公司、机动车驾驶培训公司等，发展了利益相关的多种经营。

五是提升了服务水平。公交公司承担着公交低票价政策和社会特殊群体免费优惠乘车等公益性服务。多年来，企业不断提高服务质量，市民对公交服务满意度由 2005 年的 70% 左右上升到 2009 年的 90%，树立了文明、有序、和谐的公交形象，被授予省、市级文明单位、省级消费者满意单位等荣誉称号。

但由于城市公共交通的历史、政策、环境和公益性等多方面因素，造成威海市公交企业发展中面临诸多困难和问题：

（一）公交规划滞后。威海地级市成立以来，威海市一直没有编制公交规划，直到 2009 年底开始编制《城市公共交通专项规划》，目前还没有实施。规划的滞后，造成了城市公交建设缺乏系统性和前瞻性，公交车道、停靠港湾、首末站点、线网布局、车辆更新、控制调度等，都没有完善的规划和配套，公交企业开线增车往往只能被动地跟着市民需求走。

（二）基础设施建设落后。目前在公交公司现有车辆中，五年以上使用年限的占 40%。市区综合停保场仅有经区、高区、西门三处，均为 1998 年以前所建，近十年来公交没有新建停保场。停保场面积 6.3 万平方米，按照国家规定，以公交车 160 平方米/标台的停靠标准，公交停车保养场尚有 7 万平方米的缺口。2005 年公司在经区征地用于修建停保场，由于资金问题至今未能交足征地费，也没能投入建设。市区部分公交候车亭、站牌设施陈旧、服务功能不完善。市区共有公交首末站 56 个，只有实验中学、汽车站少数几个功能配套不完善、规模较小的公交枢纽站，老汽车站、环球广场、大世界、火炬大厦、张村等大多数场站设在路边，部分场站露天设置，加重了市区交通压力，同时也存在着较大的交通隐患。

（三）交通拥堵、公交运营慢、市民出行难并存。一是交通拥堵日趋严重。近几年来，威海市机动车拥有量快速提升，到 2009 年市区范围内拥有各类机动车 16.3 万辆，十年间的年增长率约为 12.3%，在国内同等城市处于较高水平；由于城市自然条件限制，人口、就业岗位和公共设施集中于中心城区，出行集中，而分散于高区、经区和工业新区的工业企业，导致了中心区与以上区域之间的跨组团交通出行较高，加上主干道和次干路、支路路网流量不均衡，以及城中村的阻隔限制，造成整个路网运营效率低下，交通拥堵日趋严重，通勤交通压力增大。二是交通拥堵在一定程度上造成了公交营运慢的问题。目前，公交车平均运行速度为 16 公里/小时，核心区平均仅为 12 公里/小时；班次平均时间 15 分钟，除青岛路、文化路干线平均运行时间为 5 至 7 分钟外，其他线路多数为 15 分钟以上，个别线路达到 60 分钟。三是居民出行不便。早晚高峰期"乘车难"问题仍然很突出，部分区域和新建小区尚未开通公交车，一些支路和郊区线路少、站点稀、居民步行到站距离长，乘车不方便，加上公交运营慢，在很大程度上降低了人们对公交出行的选择。从我们对几条线路的实地调查看，选择公交的对象主要是上班群体、中小学生、老年群体和外来务工人员。目前公交出行分担率仅为 18%，远低于周边城市如青岛 30% 和烟台 26% 的水平，没有起到主导作用。

（四）公交运营管理和科技含量水平不高。一是从服务上看。威海市公交服务还存在不少问题，部分驾乘人员服务不到位、态度蛮横、乘客投诉率偏高，安全管理还存在薄弱环节，个别交通事故影响较坏，尤其是城郊个体承包车辆，抢客、压点、超速现象较为突出。二是从经营上看。企业历史包袱重，经营机制不灵活，企业内部挖潜仍显不足，围绕主业的第三产业拓展不够，没有充分利用好公交优势资源。三是从科技应用方面看。公交营运管理相对落后，调度服务系统没有实现智能信息化，一直采用人工调度，对线路营运、车辆动态无法实施适时监管，一线运营与调度管理不能有效衔接，乘客无法及时、准确了解运营信息，公交整体营运效率难以提高。到 2010 年 5 月，威海市公交总公司购置改造天然气车 77 辆，初步实行环保化，但是大多数车辆仍为柴油车和汽油车，存在着消耗大、成本高、污染严重的问题，公交车辆冒黑烟现象尚未得到彻底解决。四是从管理上看。城市公交缺乏统一规范的经营管理机制，没有把大公交特别是对城郊公交公司所经营的线路纳入统一的线网设计和布局，服务方式、票价政策、承担的公益性运输任务以及管理手段不统一。城郊公司为股份制企业，公交公司虽持有 50% 股份，但难以进行实际控制和管理。

（五）公交公司经营困难和亏损严重。作为社会公益性、福利性行业，与全国公交一样，威海市公交总公司多年来一直处于亏损状态。2004 年以前，企业每年亏损 200 万 ~ 400 万元左右，2005 年亏损开始逐步加大。到 2009 年累计亏损 8400 万元（见图二）。

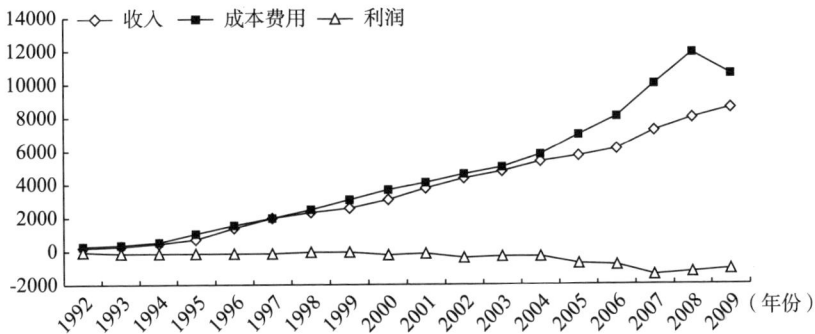

图二　收入、成本费用、利润对比

流动资金短缺，企业每月资金缺口 300 万元；职工收入偏低，2009 年为 2 万元，低于全市在岗职工 2.4 万元的平均收入水平（见图三）。

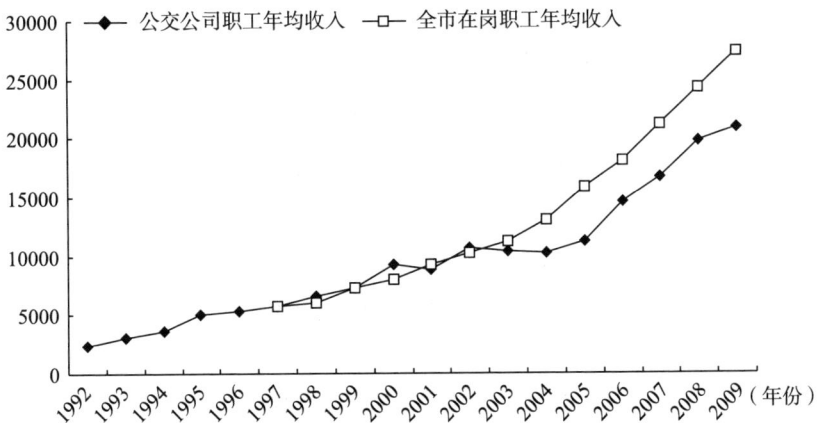

图三　公交公司职工年均收入、全市在岗职工年均收入对照

　　企业经营艰难，面临着入不敷出、难以为继的境地。企业亏损严重的原因主要有三个方面：一是成本费用上升过快，收支倒挂。近年来，随着燃料价格、保险费用的大幅上涨，企业营运成本逐年加大，其中 2009 年的燃油费比 2005 年增长了 184%，保险费增长了 45%，轮胎费用增长了15%。现有职工人数比 2005 年增加 332 人，人工成本增长了 68.4%。综合企业各项成本费用年度增幅为 20%，远高于年均收入 8% 左右的增长幅度。根据威海市价格认证中心 2007 年 4 月公交成本认证报告公交平均单位运输成本为每人次 1.21 元，高于目前公交票价投币 1 元和 IC 卡 0.9 元（见图四）。二是公益性负担较重。多年来，市公交总公司一直承担着 70 周岁以

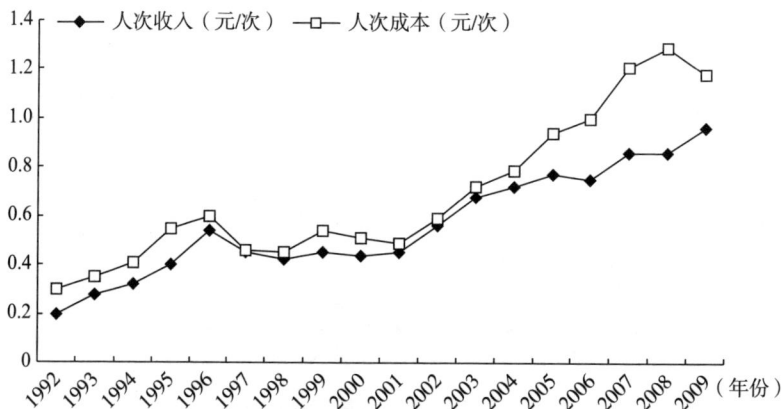

图四　公交公司人次收入、成本变化

上老年人、离休干部、现役军人、盲人、伤残警察、低保家庭中小学生免费乘车，65～69 周岁老年人半价乘车，中小学生半价乘车。2009 年公交公司承担的各类免费乘车 340 万人次，各类半价优惠乘车 787 万人次。按平均单位成本计算亏损 971 万元。三是企业债务负担加重。从公交设施建设投入情况看，自 1992 年以来，公交车辆、场站、配套设施建设等方面的投入4.3 亿元，主要靠企业贷款。从亏损补贴情况看，2005 年以前有 11 个年份市财政每年补贴公交公益性亏损 100 万元，2005 年下半年开始每年补贴200 万元，2008 年开始每年补贴 410 万元（见图五）。

　　由于投入不足，公交发展主要靠企业贷款解决，目前市公交总公司总资产 1.8 亿元，负债 1.5 亿元，负债率达到 85.6%，其中银行贷款 1.03 亿元，债务包袱沉重，加大了经营难度和风险。

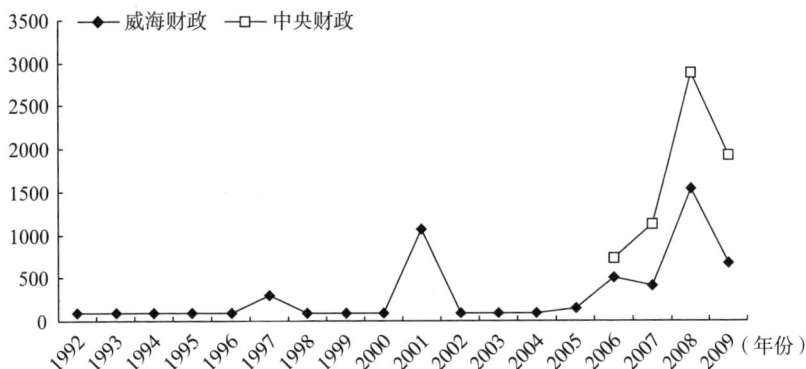

图五　威海财政补贴情况

二　国内外城市公交事业发展的主要政策和经验

鉴于发展城市公交有利于促进资源节约型和环境友好型社会的建设、有利于保障民生需求和经济可持续发展等共识的形成，国内外普遍加大了对城市公交事业发展的政策支持力度，形成了许多好的做法和经验。

（一）以优先发展的政策为导向。城市公共交通的发展经历了一个曲折的历程。20世纪60~70年代，发达国家多数城市出现了交通拥堵问题，巴黎、伦敦等城市甚至出现了经常性交通瘫痪，带来了许多社会矛盾和经济问题。为此，许多国家政府在不同时期采取了不少措施，如扩充城市道路网建设、强化交通需求管理、限制私家车使用、优先发展公共交通等政策和措施。如，韩国首尔通过环保型公交车、高质量公交设施和智能信息化建设，推动了绿色环保公交的优先发展；巴西库里蒂巴通过快速公交走廊的建设，提供快速、可靠和大运量的公交服务，形成了集聚公交客流的城市发展走廊；美国诺克斯维尔规划建设了"慢行＋公交"的客运系统，创造适合人们交往与生活的街道空间。从我国情况看，2005年以来，国家、省和威海市有关公交发展的政策相继出台，如国务院办公厅转发建设部等六部委《关于优先发展城市公共交通的意见》，建设部、发改委、财政部、劳动保障部《关于优先发展城市公共交通若干经济政策的意见》，山东省人民政府办公厅转发建设厅等六部委《关于优先发展城市公共交通的意见》，威海市政府《关于优先发展城市公共交通的意见》等，把实施"公交优先"发展战略，作为落实科学发展观、建设资源节约型社会的重要举措，纳入城市政府的重要议事日程，从政策层面确定了今后城市公交发展的方向和目标，制定或出台了公交规划、路权优先、经济政策保障、公交服务和监督管理等方面的事实意见和具体措施。

（二）以加大资金投入为基础。北京、大连、成都、常州、嘉兴等城市都出台了公交优先发展的实施方案，着力加大投入，完善公交优先的基础设施建设。北京市政府 2007 年投入城市公交 58 亿元；济南市投入 20 亿元建设BRT 快速公交；常州市 2007 年建设 BRT 快速公交投入 3.3 亿元，公交场站建设和车辆更新投入 2.46 亿元；青岛市政府 2006 年、2007 年公交车辆投入 2.4亿元，并建设了 4 个 13.3 万平方米的公交场站，无偿提供公交企业使用；烟台市城区公交场站及公共设施全部由政府投资建设（见表一）。

表一　省内部分城市发展公交有关政策

城市	每年财政补贴	政府投入购车款	政府投入场站
青岛市	1.4 亿元	1 亿元	建 4 个 200 亩场站供公交使用
济南市	2900 万元	BRT 购车由公用事业局贷款，政府全额贴息 5000 万元	政府划拨 BRT 场站用地共 28571平方米
烟台市	以部分客运线路收益补偿公交，每年约 600 万元	企业贷款贴息	政府建部分场站及设施给公交企业无偿使用
淄博市	1000 万元	1015 万元	场站用地划拨

（三）以建立补贴机制为保障。许多城市制定或实施了公交成本费用评价、考核机制，对公交企业承担的公益性支出或低票价亏损进行补贴。青岛市 2007 年出台了《青岛市公共交通企业经营成本费用评价考核办法》，根据考核对公交企业亏损实行保本补贴，对公交企业承担的公益性支出，财政承担 50% 给予补贴；常州市由财政、物价等部门进行审核，根据支出情况进行补贴；嘉兴市对公交企业由价格因素造成的政策性亏损和承担的公益性支出，按服务质量考核分档次给予补贴，补贴总额不超过企业营业额的 12%。

（四）以保障职工权益为根本。根据四部委《关于优先发展城市公共交通若干经济政策的意见》，各城市都建立起公交职工工资增长与公交企业产业效益相挂钩的机制。青岛市规定公交职工年均收入不低于全市在岗职工年均收入的 1.1 倍；烟台市职工年均收入保持与全市在岗职工收入水平持平。同时，各城市政府要求公交企业按照标准足额缴纳养老、医疗、失业等社会保险和住房公积金，依据《劳动法》支付加班工资，切实保障公交企业职工工资和各项福利待遇，维护职工合法权益。

三 加快威海市城市公交事业发展的建议

加快威海市城市公交事业的发展，既要充分考虑威海市经济社会发展和市民出行需求的迫切需要，又要具体考虑威海市现有财力和资源有限的实际，按照市政府确定的"统筹规划、政府主导、政策扶持、行业推进、优先发展"的指导思想和"构建快速、绿色、智能、安全、便利的公交体系"的具体要求，分步分阶段地解决公交发展中的问题。在具体目标设定上，根据市政府提出的要求，我们结合当前实际，建议作以下调整：到2012年用三年左右的时间，基本解决公交企业亏损、运力投入和场站不足的问题，建设一条快速公交线路，使市区万人拥有公交车达到14标台，中心城区公交站点覆盖率大于85%，乘客候车时间缩短到5分~8分钟，公交出行分担率达到20%，基本确定公交在城市交通中的主体地位；到2015年市区快速公交网络基本形成，公交车辆全部实现环保化，乘客候车时间平均达到3分~5分钟，市区任意两点间公交可达时间不超过50分钟，公交出行分担率达到30%以上。具体措施：

（一）加强对公交发展的科学指导。一是紧紧围绕市政府《关于优先发展城市公共交通的意见》，以优先发展城市公交工作领导小组为主导，协调督导相关部门从规划调控、投资体制、经营机制、保障措施等重要问题上，提出解决公交优先发展的相应具体措施，并抓好落实。二是抓紧研究确定并落实《威海市公共交通专项规划》，重点要搞好公交专项规划与世行贷款绿色公交走廊示范项目的相互衔接、相互配套、相互促进。对世行贷款绿色公交走廊示范项目，要严格规范项目前期的准备、评估、签约以及后期的建设等工作程序，确保项目高起点运作、高水平推进；要积极创造条件，大力争取赠款资金，同时建议将项目地方配套资金列入年度财政预算安排和土地出让金收支计划，并就7000万美元的项目贷款由财政部门做出还贷承诺，加快项目的推进步伐。

（二）优化公共交通运营结构和环境。一是加快公交运力发展。公交运力的增长要与城市建设发展和人口增长相适应，满足人民群众日益增长的乘车需求。根据规划和人口预测，到2015年威海市要达到万人拥有公交车16标台，需净增公交车200辆，在未来3年时间里，共有148辆公交车到了报废年限，需要更新，共需购置公交车350余辆。二是整合公交资源。针对目前市区公交线路重叠、经营模式复杂的现状，要用3年~5年的时间推行公交一体化。要结合公交专项规划，优化调整市区线网布局，减少线路重叠，调整非直线系数过大的线路，在稳步增加线路、延长营运里程、扩大站点覆盖面的基础上，设置骨干线路、集散线路和城乡线路，形成层次分明、衔接有序的公交线网布局；积极推进公交集约化经营，把城乡公交纳入统一管理；要根据城区不断扩张的需要，着重解决农村客运和城市公交的接驳换乘，引导城市公交向农村延伸服务。三是保障城市公交道路优先使用权。实施交通需求化管理政策，解决"堵"和"疏"的问题，限制私家车发展，提高市区停车收费标准；其次要在城市主干道设置公交专用道和优先车道，根据威海市道路条件，分阶段实施公交优先通行：第一阶段上午6：30～8：30，下午14：30～18：00在青岛路—新威路、文化路、世昌大道、海滨路启用公交专用道，限制其他车辆使用专用道；第二阶段，在快速公交建成后，公交专用道只允许公交车通行；第三阶段，实施公交优先信号通行管理，落实路口公交优先通行权，对占用公共汽车专用道和港湾站、干扰公共交通车辆优先通行和停靠的社会车辆依法查处。四是建设快速公交系统。利用世界银行贷款，加强推进快速公交系统建设，可以按照分步分段实施的设想，在项目开始的阶段，建设世昌大道—青岛路—江家寨快速公交线路，投入大容量公交专用车辆，配套改造沿线道路；建立便捷的交通联系网。随着城区的发展，在资金许可的情况下，建成"两横一纵"（"两横"即市昌大道、文化路，"一纵"即青岛路）快速公交系统。

（三）着力搞好公交设施建设。一是合理设置场站和配套设施。要将公交市场站建设和配套设置纳入城市规划，按照统一规划、统一管理、政府投入、企业使用的方式，确保资金和建设责任落实。旧城改造和新城建设，同步建设、同步竣工、同步使用。新建小区设计人口超过3000人以及大型公共设施项目，必须建设公交首末站和停车场。新建和改造城市道路应同步预留设置港湾式停靠站，配套建设站台、候车亭等设施。对未按规定配套建设公交场站设施的建设项目一律不予审批、验收。根据威海市综合交通规划确定的13个公交停车场和21个公交枢纽站，由规划、建设、土地、交通等部门尽快落实位置和面积，积极组织实施。二是建设智能公共交通系统。要积极利用高新技术，改造传统的公共交通系统，以信息化为基础，促进乘客、车辆、场站设施以及交通环境等要素之间的良性互动，推动智能公共交通系统建设。充分运用信息技术，建设线路电子站牌、多媒体查询系统，为乘客提供更多、更准确的运营信息；建立电脑营运管理系统和连接各停车场的智能终端信息网路，对运营车辆实行智能调度和管理。智能化公交系统建设投入要利用好

GEF赠款和世界银行贷款，公交企业进行必要的资金配套和人员培训。三是推行公交车辆环保化。随着国际燃油价格的持续攀升，公交企业燃油成本不断加大，推行清洁、经济燃料，实现零排放已成为城市交通发展的必然趋势。一方面要对公交现有柴油车辆进行天然气改造，公交要利用好企业品牌和车辆多的优势，利用社会资金和企业资金，今年在市区建1座~2座加气站，改造50部~100部天然气公交车，力争利用5年的时间，完成市区公交车环保化改造；另一方面公交新增和更新车辆要购置天然气或双燃料车辆，淘汰环境污染重、技术条件差的车辆。

（四）制定落实公交优先发展的经济保障政策。一是加大对公交的资金投入。参照外地做法，建议市政府每年列出财政专项资金，用于城市公交车辆购置和场站建设，公交建设资金占城市建设资金支出比例应保持在5%以上。其中，公交新增车辆由市财政投资，更新车辆由企业投资；场站建设包括停车场、枢纽站、首末站等，由市财政投资，公交企业进行维护、管理；重大公交建设投资项目，包括快速公交、轨道交通等，应由市政府牵头，融资建设，组织实施。二是规范公交企业亏损补贴制度。建立经济补贴机制，建议由市财政、国资、物价、交通等部门尽快制定《威海市公益性企业成本费用评价考核办法》，每年对公交企业的成本和费用进行年度审计与评价，合理界定和计算政策性亏损，并给予适当补贴。建立经济补偿政策，对公共交通企业承担的社会福利（包括老年人、盲人、军人等免费乘车，学生和65周岁~69周岁老年人半价乘车等）和完成政府指令性任务（包括延时班车、学生专车等）所增加的支出，定期进行专项经济补偿。三是实行用地划拨。优先安排公共交通设施建设用地，城市综合交通规划和公交专项规划确定的停保场、枢纽站、首末站等设施，其用地符合《划拨用地目录》的，要以划拨方式供地，不得随意挤占公共交通设施用地或改变土地用途。四是解决公交企业贷款问题。目前公交总公司累计负债已达1.5亿元，银行贷款10300万元，其中2007年购置302部公交车，贷款6925万元，贷款期限三年，市财政按三年100%、70%、50%贴息。鉴于企业目前还贷能力差的实际，建议每年拿出部分公交建设专项资金逐步进行补偿。六是扶持公交科技发展。鼓励公交企业运用高新技术，提高公交车辆科技含量，对符合高效清洁能源替代、运用电子信息技术、提高公交运输现代化管理水平等投资项目，按其投资总额给予一次性20%专项资金补助。

（五）强化公交行业监督和管理。一是建立健全行业监管体系。由交通行业主管部门制定出台行业管理办法，规范经营行为，依法查处非法营运、妨碍公共交通正常运行，危害公共交通安全等行为。要逐步推行等级服务评定制度，国资部门要把等级服务评定作为企业经营考核的一项主要内容。二是提高公交服务水平。公交企业的全部工作要紧紧围绕"服务"来进行，狠抓安全管理和优质服务工作，开展文明线路创建工作，推行公交文明服务公约，充分利用行风热线、市长信箱等平台，倾听和收集乘客反馈意见，改进调整服务内容，提高正班正点率，不断提高服务质量，在实施"公交优先"的同时实现"公交优秀"。三是保障公交职工的合法权益。重视和关心职工工作条件和生活状况，建立工资正常增长机制，按《劳动法》及时兑现加班费，落实带薪休假制度，有针对性地解决劳资矛盾。加强对干部职工的教育培训，牢固树立大局意识、责任意识、服务意识，不断提高公交从业人员的职业道德素质和专业技能。四是加快企业改革步伐。国资部门要加快推进市公交公司的规范化公司制改造，完善法人治理结构、公司章程、决策机构议事机制等，强化企业自身的管理能力、服务能力和发展能力，在建设优先公交、绿色公交的进程中，真正担负起应有的责任，发挥出积极的作用。

（作者单位：威海市国资委）

关于乳山市推行农产品质量
安全区域化管理的研究

"王者以民为天，民以食为天"。农产品质量安全关系国民身体健康素质，关系农业发展质量，关系和谐社会建设。农产品质量安全区域化管理是保证农产品质量的有力手段，是推动传统农业向现代农业转变的根本措施，是增加农民收入的重要途径，是保障人民群众身心健康安全的必须之举，也是保护中国食品农产品形象的重要举措。因此，加强农产品质量安全管理，是事关群众身体健康和切身利益的一件大事。

一 加强农产品质量安全管理的紧迫性

近年来，国内国际市场上的食品安全问题不断发生，"苏丹红事件""婴幼儿奶粉事件""毒水饺事件"……食品农产品的信誉和形象正遭受前所未有的冲击，种种问题的存在，削弱了中国农产品和食品在国际市场上的竞争力，影响了中国食品、农产品的出口，以及农业、食品工业等重点行业的健康发展。其产生的直接效应就是包括山东等重点出口省份在内的中国食品、农产品出口受阻，间接效应则是欧美、日本等国家和地区纷纷把农产品质量安全问题作为技术贸易壁垒，其措施变化之快、标准之高前所未有，明显加大了中国企业的发展压力。从人本的角度看，"吃动物怕激素，吃植物怕毒素，喝饮料怕色素，能吃什么心中没数"，这些问题犹如悬在民众头上的巨石，严重威胁到广大消费者的身心健康和生活质量。一场"三鹿婴幼儿奶粉事件"，代价是 30 万中国儿童的健康，教训不可谓不惨痛。

严峻的食品、农产品质量安全形势引起了国家的高度重视。"三鹿婴幼儿奶粉事件"发生后，胡锦涛总书记在中央经济工作会议上一针见血指出："如果增长粗放和产品质量不高的问题不能得到全面有效解决，总有一天会引发系统性风险，甚至会引发信用危机和社会动荡。"温家宝总理在全党深入学习实践科学发展观活动动员大会上也指出：一些地方连续发生食品安全事件和生产安全事故，严重损害人民生命健康，造成了极其恶劣的社会影响，教训十分深刻。各级党委政府必须把食品安全和安全生产工作摆到重要的日程上来，任何时候都不能松懈，这是贯彻落实科学发展观的要求。2009 年元旦，温家宝总理在视察山东时再次指出：山东出口农产品数量多，一定要抓紧抓好，不能出现问题。总之，食品安全和农产品质量安全问题已不是纯经济领域的问题，它关系着党和政府形象、关系着社会稳定、关系着和谐社会建设等事关全局的重大问题，各级政府必须引起高度重视。

二　目前农产品质量存在的问题及分析

从农产品生产到市场的各个环节看，农产品质量安全问题主要反映在以下几个方面。

一是植物性农产品的农药污染严重。在生产环节，由于农业生态环境污染、农民购买并使用过量的化学肥料、化学农药等化学品及生产管理的不合理，造成植物性农产品的农药污染。一段时间以来，生产者和农业技术推广部门的首要任务是追求数量或产量，而没有同步地去保证其内在的质量安全，特别是农业化学投入品市场混乱无序，农药产量在逐年大幅增加的同时，假冒伪劣农药、成分不明农药，甚至禁用农药在农村市场上明里暗里销售和使用，不仅大多数农民无法辨别假冒伪劣农药，而且对如何科学合理地使用农药才能保证农产品的质量安全的知识十分贫乏，加之我们许多农业部门的农业技术人员也不知道或者说他的思维仍然是追求产量的温饱型的思维，因而使这些农产品出现了新的质量安全问题。据有关资料显示，我国每年使用约 170 万吨农药，其中约有 30% 是含有机磷的，其毒性的残留对消费者的健康危害极大，我国市场上 18% 的农产品有害物残留超过了国家规定标准。

二是动物性农产品的抗生素、激素等残留超标。在养殖过程中，为了防治疾病、提高饲料转化率和动物生长率、提高动物产仔和仔畜体重、改善动物胴体质量，经常使用抗微生物药、驱虫药、杀虫药和激素类药等，这些兽药残留对人体健康危害极大。

三是不合格或超量、超范围使用化学色素、化学添加剂等现象严重。在农产品生产加工过程中，为满足加工工艺的需要或为延长保质期或为改善产品的感观性状，往往会加入某些化学色素、添加剂等，若使用不合格或超量、超范围使用，都会造成农产品的污染。

四是不合理的贮藏、保鲜等造成污染农产品的事件时有发生。在食物运输、流通过程，由于不合理的贮藏、保鲜，不遵守相关的卫生管理规定，使用不洁的或曾贮运过有毒、有害物质的仓库和运输工具，导致有害微生物入侵，污染农产品的事件时有发生。另外，由于农产品市场准入制度尚未健全，市场监督管理不严，保障体系不完善，投入不足，优质优价政策不落实等造成种种农产品质量安全问题。

三 "乳山经验"的深刻剖析

近年来，乳山市按照省和威海市统一部署，以发展现代农业为总体方向，抢抓山东省推行农产品质量安全区域化管理的机遇，在上级外经贸、出入境检验检疫和农业等部门的关心指导下，以"管理无盲区、投入无违禁、产品无公害、出口无障碍"的"五无"为目标，大力推进全区域、全方位、全覆盖的农产品质量安全区域化管理，初步达到了提升形象、扩大出口、壮大龙头、促进增收的目的，创出了具有乳山特色的试点经验。在推进农产品质量安全区域化管理过程中，乳山重点围绕五大体系建设，努力实现"五无"目标。

（一）建立合力化的组织网络体系，努力实现管理无盲区

农产品质量安全区域化管理，是事关群众消费安全的民心工程，是坚持以人为本、关注民生的德政工程，也是保障出口、捍卫"中国制造"形象的基础工程。2007年全国产品质量和食品安全整治工作开展以来，特别是2008年全省出口农产品区域化管理现场会召开后，乳山市委、市政府高度重视，把这项工作作为转变农业发展方式的"一号工程"，作为农业品质提升阶段的长久之计，从健全组织体系这一基础环节入手，全面加大整治力度，构筑起了"全领域、全方位、全覆盖"的工作格局。

一是在整治范围上做到了"全领域"。按照试点县工作要求，区域化管理的重点是出口农产品。但考虑到区域农业的特点，尤其是花生、大姜等作物需倒茬作业的传统，乳山市自我加压、高点定位，主动跳出了出口的界限，实行内外统一、双管齐下，将管理范围由出口农产品延伸到了行政区域内农、

牧、渔所有农产品。这一管理方式，尽管整治范围更大，整治任务更重，但有利于从根本上解决农产品质量问题，有利于从整体上塑造区域农产品的品牌形象，更好地保出口、保民生，使受益主体实现最大化。按照这一定位，我们确立了"四个百分之百"的工作目标，即经过3至5年努力，全市行政区域内农产品100%达到无公害标准，出口农产品100%达到国际标准要求，大宗农产品100%建立市场可追溯体系，优势农产品100%以村或龙头企业为单位使用统一包装标识和代码。

二是在管理网络上实现了"全方位"。按照地方政府与专业机构联手抓、常设机构与执法部门共同管的原则，乳山市建立了上下贯通、内外协作的管理网络，形成了"一支队伍搞监管、一个拳头保安全"的管理体系。在市级，成立了市长牵头、分管副市长和威海出入境检验检疫局在乳山挂职专家主抓的工作领导小组，建立了联席会议制度，对区域化管理工作负总责、总体抓；在部门，设立区域化管理办公室作为具体办事机构，针对以往部门职能交叉导致监管不力的实际，从安监、工商等5个部门抽调业务骨干长驻办公，实行集中化、流程式监管；在镇级，注重网络下移、管住一线，在全市15处镇划片设立了5处镇级质量监管站，实行资源共享、信息互通，实现了农业与质监管理网络的对接。

三是在责任落实上达到了"全覆盖"。围绕建立"工作到人头、任务到地头、目标在心头"的管理责任制，每年年初我们都召开区域化管理工作会议，与各镇、重点涉农企业和各村层层签订责任状，逐级细化，落实责任，做到"守土有责、确保安全"。乳山市规定，凡不能完成责任状年度目标任务的，镇级取消评先选优资格，企业年终经济奖励降低一个档次，农村干部工资酌情扣减，从而形成了以镇为功能区域、以企业为管理中坚、以村为基本单位的责任落实和追究体系，较好地调动了各个层面的积极性和主动性。

（二）建立一体化的农资监管体系，努力实现投入无违禁

经过对全市农产品质量管理现状的评估，乳山市认识到农药残留是影响农产品质量的关键环节，农业化学投入品监管是区域化管理的重中之重。市领导抓住这一"牛鼻子"，实行堵源头、管市场、重防范，全力净化农资市场环境，收到了"四两拨千斤"的实效。

一是严格准入，堵住源头。实行关口前移，严把准入闸门，出台了《农兽渔药市场准入管理办法》，规定凡进入乳山市场的农药生产经营企业，必须先到农安办审核登记备案，签订《质量承诺书》后方可销售，从而在源头上

形成了坚固的"防火墙"。与此同时，设立了不良农资黑名单和良好经营者数据库，对日常经营出现问题的单位，列入黑名单实行重点监管，提高抽查抽检频率；对日常经营诚信规范的单位，纳入良好经营者数据库提供便捷服务，在全市形成了依法经营的良好导向。2008年以来，由于达不到市场准入要求，乳山市先后有90家经营店被迫停业。

二是严打整治，管好市场。乳山市现有的400余家农资经营店分别挂靠于农业植保、供销生资和邮政三农服务站3家法人单位，以往这种挂靠只是一种松散型的管理关系，极易造成管理失控。针对这一特点，我们实行了"枢纽式"的追根管理机制，重点强化对3家骨干经营单位的连带管理责任，执法中发现问题，对经营业主和挂靠单位实行"双追究"。目前，全市3家骨干经营单位设立配送中心18处，均与挂靠单位签订了挂靠合同和承诺书，所有备案农药加贴标识后，向挂靠店进行分销、专供，挂靠店也全部建立了进销货台账备查，确保货物来的明白、销的清楚，哪个环节出了问题一目了然。这样做，既解决了农资经营店点多面广与执法力量相对薄弱的矛盾，又强化了骨干经营单位的管理责任，实现了执法部门由全面抓向重点管、经营单位由被动管理向主动自律的"双转变"。在管理体制理顺的基础上，又在全市开展了为期3个月的"农资市场集中整治"活动，经群众举报和执法检查，累计立案查处各类违法经营案件37起，治安拘留两人，形成了"依法用药、违规必惩"的舆论氛围。

三是严格标准，超前防范。按照国际标准，目前在我国允许使用的农药中，有一部分已被列入禁用范畴。为消除出口、内销产品"双重标准"问题，乳山市超前与国际标准接轨，将国际市场禁用农药一体纳入整治范围。如花生等作物生产使用的乙草胺等就属于这种情况，市里要求3家重点农资经销单位不得销售此类农药，并以1万元/吨的标准，对销售优质替代农药进行补贴，为花生出口解除了后顾之忧。

（三）建立联动化的工作推进体系，努力实现产品无公害

开展区域化管理工作，企业是龙头，村级是中坚，农民是主体，只有建立起联动机制，才能有效地保障工作开展。在这方面主要抓了两点：

一是探索实行"双备案"，发挥好村、企在基地管理中的主导作用。龙头带基地、联农户是区域化管理的重要途径，但在具体工作中发现，由于管理难度大，个别企业不愿扩大基地，由于利益不直接，村级组织对基地建设不买账，导致个别基地有名无实。围绕激发企业管理基地的积极性，通过探讨，

市政府与检验检疫部门一起对出口企业基地进行"双备案"，凡是生产档案完善、管理达标的基地都可以申请备案，获备案基地减少检验批次，产品出口随检随放。这样做较好地激发了企业建基地、管基地的主动性。目前乳山市"双备案"基地面积已达 38 万亩。围绕发挥好村级组织带领农民从事标准化生产的协调管理作用，我们引导基地所在村与企业签订合同，凡按标准要求种植，每收购 1 吨原料，企业给予基地村一定的管理补贴，这样既减少了原料收购中间环节、降低了企业成本，又做到了让利于村、以工补农。

二是多种形式搞培训，发挥好干群在生产管理中的主体作用。围绕提高民众的区域化管理意识，有关部门从群众不认识的环节入手，从经营者不了解的知识讲起，从干部不熟悉的业务开始，实行"每季一讲、每月一课、每周一报"，广泛开展多层次的宣传培训活动。在群众培训方面，录制了 6 期以高毒农药鉴别、标准化操作规范等为主要内容的专题讲座片，每晚黄金时段在电视上滚动播出。市财政出资 30 万元，印制了挂历、年历及《农产品质量安全控制知识手册》，把农药案件受理、如何鉴别真假、举报投诉方式等内容宣传到千家万户，收到了寓教于用、潜移默化的实效。在威海机械工程高级技工学校专门开设了农产品质量安全区域化管理培训课堂，先后举办培训班 8 期。在经营者培训方面，以专题讲座为主要形式，分 3 期对全市所有农资经营单位业主进行了集中培训，今年初又对农业植保、供销生资两大系统的农资经营者进行了二次强化培训。在干部培训方面，集中对全市 1480 余名骨干管理人员进行了常规培训，对工商、质监等部门执法人员进行了业务培训。去年 3 月份以来，全市已累计开展集中培训活动 30 多次，培训群众 4 万多人次，"重视质量、关注质量、享受质量"成为全社会的共同追求。去年底《威海日报》对乳山市农产品安全管理知识进行了问卷调查，98% 以上的被调查人员对有关知识了解比较透彻。

（四）建立链条化的出口管理体系，努力实现出口无隐患

出口农产品是区域农产品中的精品，代表了一个区域农产品的国际形象。基于区域化管理工作打下的良好基础，乳山市按照"企业＋基地＋标准＋品牌＋市场"五位一体的质量管理模式，狠抓了出口产品的质量管理。

一是完善标准抓基地。按照"有标贯标、无标建标、缺标补标"的原则，参照国外市场要求和农业操作规范，制定了 12 个生产技术操作规程，为企业指导基地建设提供了操作依据。为确保这些操作规程落实到具体生产中，市领导要求所有出口企业都要明确基地管理负责人，建立日常生产档案；所有

基地都要实行"统一规划、统一品种、统一播种、统一管理、统一用药、统一收获"的六统一管理模式，对日常生产实行全过程指导服务。2008 年 ~ 2009 年，威海出入境检验检疫部门先后 4 次组织对乳山市重点出口企业基地进行了抽样检测，均未发现违禁农药残留问题。

二是政企联动搞检测。采取"政企联建、企业为主"的形式，以乳山市鲁菱公司原有化验室为基础，由市财政与企业共同出资配备部分先进检验检测设备，成立了乳山市农产品品控中心。同时，采取政府补贴的方式，鼓励出口企业自建检测中心，把住原料进厂和产品出厂"首尾"两道关口。目前，乳山市 53 家出口企业已全部具备了基本检测能力。

三是依托品牌拓市场。采取单一性品牌创建与区域性品牌建设并重、传统市场巩固与新兴市场拓展并举的办法，全面加大品牌创树和市场开拓力度，较好地提升了区域农产品的美誉度和占有率。在品牌创树上，出台了农产品品牌创树奖励政策，整合部门、企业、协会、农户的力量，改变以往各自为战、单独创牌的做法，共创区域性、代表性品牌，借品牌打通出口"关卡"，靠品质拿到出口"绿卡"。2008 年，共发放品牌奖励资金 70 多万元，争创无公害农产品和绿色、有机食品认证 23 个，"乳山牡蛎"通过中国地理标志证明商标注册，并在全省第一个通过省检验检疫局牡蛎养殖场备案，"乳山大姜"有望今年通过地理标志证明商标审核。在市场拓展上，改变过去企业独自走出去参加各类博览会、举办产品交易会的做法，由政府出面组织同行业企业与会参展，并补贴所需的摊位费用，较好地展示了乳山农产品的整体形象。目前，乳山市农产品出口市场拓展到欧盟、美国、加拿大、新加坡等准入标准较为严格的国家和地区，出口国别达到 57 个，呈现出传统市场、高端市场、新兴市场齐头并进的良好态势

（五）建立民本化的消费保障体系，努力实现百姓无担忧

区域化管理的主体是群众，管理成果理应由群众共享。让百姓消费无担忧、让受益群体最大化是区域化管理的最终宗旨。为此，乳山市做了三方面工作。

一是着力扩大规模，满足绿色消费需求。一方面，抓住区域化管理的有利契机，积极放大品牌效应引龙头，整合各类资源建协会，加大政策扶持育大户，多方培育建设标准化基地的载体，目前乳山市农副产品加工企业已达到 300 多家，其中威海市级以上龙头企业 22 家，发展各类中介组织 116 家；另一方面，抓住十七届三中全会释放的政策信号，加大土地流转探索力度，

成立了乳山市土地流转服务中心，积极引导土地向大户、基地集中，为扩大基地规模化经营水平创造条件，力争经过几年努力使基地面积突破 50 万亩，实现由分户化的"小生产"向基地化的"大生产"转变，让更多的群众吃上放心安全的食品。

二是搭建信息平台，倡导绿色消费理念。依托农产品品控中心，全市强化了对区域农产品质量的跟踪检测，检测结果及时在网站上公示、报纸上宣传、电视上播放，并且在部分超市设立了无公害产品专柜，在全市形成了优质优价、绿色消费的理念，现在无公害产品在乳山市场上非常受欢迎，许多市民养成了购买食品先查安全信息的好习惯，使好产品有了更大的市场、生产者得到了更多的实惠。

三是完善追溯体系，实行绿色消费问责。在这方面，乳山市尚处于探索和起步阶段，这也是下步全市工作的重中之重。主要想法是，以宣传贯彻《食品安全法》为契机，按照先行试点，逐步推开的思路，在大宗农产品基地种养管理、原料收购贮存、产品加工包装、成品运输出口等各环节建立完备的管理档案，出现质量问题根据信息源迅速启动追溯程序，对首次出现问题的基地和企业亮"黄牌"、及时召回产品、限期进行整改，再次出现问题的亮"红牌"、撤销基地备案、停产停业整顿。

随着区域化管理工作的深入推进，乳山市农产品质量实现了从产品优势到产业优势、从企业增效到农民增收、从出口保障到全民共享的"三级连跳"，使人们切实感受到对"三农"带来的新提升。统计数据表明，自实行区域化管理后，乳山市农副产品的创汇能力大大增强。2008 年，该市农产品出口额达到 2.6 亿美元，增长 28%，其中花生制品出口量居全国县级第二位，占据日本 60% 以上的市场份额。乳山苹果、大姜的价格均高出周边地区，仅差额部分就增收 1.7 亿元，该市农民人均纯收入达 7533 元，较上年增长 9.8%。2010 年 1 月~8 月，农产品出口总额达 1.13 亿美元，同比增长 23%。"乳山经验"已经充分证明，区域化管理对提升食品农产品质量、促进食品农产品出口具有显著作用。

四 "乳山经验"启示

"乳山经验"对推行农产品质量安全区域化管理提供了很好的借鉴作用，主要体现在以下几个方面。

一是各级要从思想上真正重视。乳山区域化管理之所以成功，其中，认识上高度重视是乳山能够克服推行过程中层出不穷的困难的基础。如果在认识上都没有充分重视，难度很大的区域化管理就不能够按时保质地全面推行。目前，农业种养殖在我国绝大部分地区还是属于一家一户分户养殖的模式。在这种情况下，如果没有政府部门从一至下的重视，没有科学、有效、系统的管理机制，单纯依靠执法部门的监督检查，显然是捉襟见肘。

二是要不断加大培训和宣传力度。依据乳山经验，加强农产品质量安全区域化管理，最有效的办法之一就是不断加大培训和宣传力度。在宣传培训范围上，上到政府、部门、企业的领导，下到万千农户，凡与食品农产品质量安全相关的单位、人员无一排除在外。培训内容则从国家、行业以及地方的食品安全法规，到进口国对进口产品的质量标准要求，到目前国家禁用、限用农业化学投入品的种类、名称，再到可用农业化学投入品的安全间隔期等，都纳入了培训内容。

三是要建立完善的组织管理体系。工作头绪多、杂、乱，是目前推行农产品质量安全区域化管理工作人员的共同感受。作为一项社会化工程，农产品质量安全区域化管理从部门讲，涉及农业、工商、质监、公安等十余个部门；从人员讲，从千家万户的农民，到众多从事食品农产品生产加工的企业管理者，再到万千从事农业化学投入品经营的人员，涉及群众面十分宽泛；从组织体系讲，从村两委到乡镇再到市级，各级领导干部都投身其中。可以说，此项工作是牵一发而动全身。为此，要建立健全纵向和横向组织网络，构筑起"全领域、全方位、全覆盖"的管理格局，为推动区域化管理建立了强有力的组织网络保障。实行市、部门及镇三级联运的纵向管理网络，形成了从上到下层层抓的管理格局；横向管理网络，将区域化管理范围由出口农产品延伸到行政区域内农、牧、渔等所有农产品。

四是要严格规范农业化学投入品市场。近年来发生的诸多食品安全事件，可以发现一个共同点——都离不开一个"药"字：花生制品被封关、冷冻水产品被就地扣压销毁、叶菜类蔬菜制品被限制出口等，皆如此。种种事实表明，管好农业化学投入品市场对于农产品质量安全至关重要。实事求是地说，上述现象更多是由生产厂家管理缺乏章法所致，威海作为一个消费市场，农业化学投入品管理者对身在异地的生产厂家往往鞭长莫及，只能通过投入大量的人力物力加大市场执法来尽可能地进行监管。乳山在推行农产品质量安全区域化管理之初，也曾面对同样的市场困惑。但乳山市之所以最终能成功，还在于乳山市从掐住农业化学投入品流通渠道入手，下大力气理顺和完善了农业化学投入品的管理机制，使得管理由过去单纯依赖执法向着机制管理与执法并举转变，很好地解决了执法力量有限而市场广阔之间的矛盾。

五是要坚决依法推进农产品市场准入。市场准入，是调动农民生产优质农产品积极性，搞好农产品质量安全工作的有效切入点。要根据法律确定的农产品市场准入要求，明确市场监管主体，完善市场检测检验和依法处罚制度，加强对进入批发市场、集贸市场以及超市的农产品的监督抽查，防止和杜绝不合格农产品上市销售，并不断扩大市场准入覆盖面；要建立无公害农产品专营市场、专营区、专卖店等有效形式，积极推行无公害等优质安全产品的市场专营，引导培育优质优价机制，进一步调动农民生产无公害农产品的积极性；要逐步建立农产品的包装和标识制度，方便消费者识别农产品质量安全状况。要完善追溯体系，实行绿色消费问责。

六是要实行严格的农产品质量安全检测。实行农产品质量安全检测是保障农产品质量安全的重要手段。要重点建好县级检测机构、农产品批发市场和超市检测站，建立以企业自检、社会中介检验检测机构委托检验和执法机关监督抽检相结合的工作网络，尽快健全具有特色的农产品质量安全检测体系，确保农产品质量安全监管工作正常运行；要通过改进仪器设备等检测手段，提高检验检测能力和水平；要健全例行监测制度，制定监测计划，完善检测程序和办法，延伸检测区域，扩大监测范围。

七是要积极搭建土地流转平台，努力推动标准化的基地建设。加快土地流转、整合土地资源，是扩大标准化基地面积的前提。为此要按照依法自愿有偿的原则，积极鼓励农民以转包、出租、互换、转让、股份合作等形式流转承包经营权，发展多种形式的适度规模经营，为标准化基地建设提供保障。为此通过乡镇设立的土地流转交易中心建立健全土地流转有形市场及时发布土地流转的信息，统一办理土地流转的咨询、权利认证和收益结算等事项，通过搭建土地流转平台膨胀标准化基地建设的规模。同时为扩大基地建设规模，可以组织有关部门广泛搜集农业龙头企业发展、土地流转等方面信息，积极搞好中介服务，加强龙头企业与基地村的衔接协调，解决龙头企业找地难、农户找企业难的问题。

（作者单位：中共乳山市委党校 课题组成员：张长青）

威海市无线电管理现状及对策思考

胡 光 于 泽

随着经济社会的加快发展，无线电业务和技术应用日益广泛，无线电频谱需求和台站数量迅速增加，电磁环境日趋复杂，无线电管理任务将进一步加重。充分认识和把握无线电管理工作面临的新形势，深入分析无线电管理工作中存在的困难和问题，积极研究应对策略，为经济社会又好又快发展提供更加有力的支持和保障，是当前我们需要认真分析研究的重要现实课题。

一 威海市无线电业务基本状况和管理工作成效

近年来，随着威海市经济社会的迅速发展，与无线电相关的各项事业也得以迅猛发展，各类无线电台站数量急剧增加。截止到 2010 年 9 月底，威海市共有各类无线电台站（不含手机终端）14490 部。其中，广播电视台 23 部，短波电台 78 部，公众移动基站 3308 部，集群台 379 部，数据台 109 部，甚高频、特高频台 1439 部，无线接入基站 4501 部，船舶电台 4332 部，业余和其他电台 323 部。无线电台站广泛分布在机关部门和航空、广电、通信、气象、渔业、路灯、水务、燃气、宾馆酒店、娱乐场所、小区物业等众多行业和领域，遍及市区及乡镇，呈现设置范围广、分布分散、流动性大等特点。

从全省各地市 2009 年底无线电台站数量看，威海台站总数排名第五位，按总人口数可比口径，威海市是全省台站密度最大的地区。具体情况见表一、图一。

表一　2009 年底山东省各地无线电台站情况表

城市	总人口（万人）	台站数量（台）	台站数量排名	台站密度（台/万人）	台站密度排名
威海	252.23	12681	5	50	1
青岛	761.56	37199	1	49	2
东营	183.97	6867	10	37	3
淄博	420.62	10763	6	26	4
莱芜	125.96	3045	17	24	5
日照	284.54	6875	9	24	6
济南	603.99	13915	3	23	7
烟台	651.69	14276	2	22	8
潍坊	862.48	12939	4	15	9
滨州	375.68	5471	13	15	10
枣庄	383.24	4697	15	12	11
泰安	554.72	6269	11	11	12
德州	564.19	4868	14	9	13
临沂	1034.47	8833	7	9	14
菏泽	919.94	6899	8	7	15
聊城	584.91	4337	16	7	16
济宁	822.75	5479	12	7	17

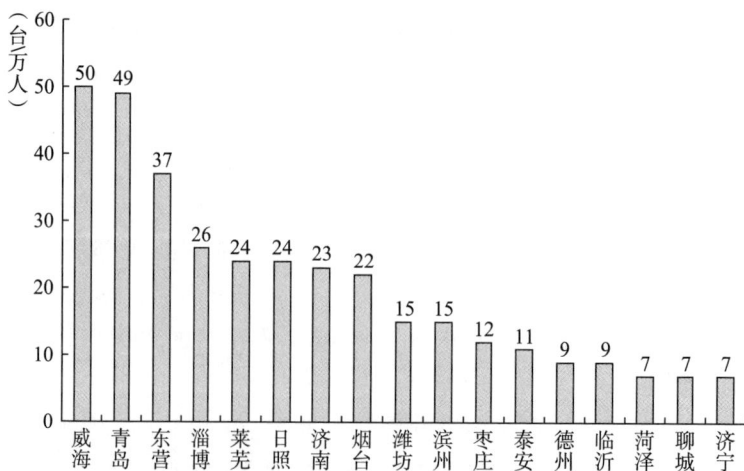

图一　2009 年底山东省各地无线电台站密度示意

威海管理处成立以来特别是近十年来,围绕频谱资源管理、台站设置管理、电波秩序管理三大任务,紧跟全市经济社会快速发展的步伐,创新工作思路,完善制度措施,依法科学管理,较好地维护了空中电波秩序,保障了各类无线电业务的正常运行,推进了威海无线电管理事业的长足发展和进步。

一是全面规范了频率台站管理。科学指配频率,有效利用频谱资源。对全市无线电台站资料逐一核查登记,建立真实、准确、完整的台站资料数据库。对新设电台特别是大型台站、公众移动通信基站等,逐一进行站址审查,严格按规定程序审批,有效遏制先建后批、少报多建等现象,促进台站管理的不断规范。

二是有效维护了空中电波秩序。每年对市区范围无线电台站设置使用情况进行拉网式检查,定期对无线电发射设备销售市场进行检查,从源头防范非法设台行为;集中开展了保护民用航空频率专项整顿、无线电台站清理登记、对讲机清理整顿等专项整治活动。2001 年以来,共查处各类非法电台上千部;全面核实公众移动通信基站和小灵通基站数量;联合市保密局规范了手机屏蔽器购置使用审批手续。

三是不断提升了监测保障能力。争取省无线电管理办公室投资上千万元,建设了固定监测站、移动监测站、高山多任务监测站和两个小型监测站,实现对市区范围的全方位监测覆盖和对机场、港口等区域的重点监测;严格落实监测月报工作制度,加大监测监听工作力度,随时对广播电视、航空导航、公众移动和水上安全通信等重点频率及水务、路灯、燃气等公用设施无线电业务的正常运行实施保护,为历年"两会"、各类考试、体育赛事、重大节庆活动等无线电安全提供保障;为民航、市政和通信公司等单位排除干扰 50 余起。

二　无线电管理工作面临的新形势和新任务

当前,无线电应用日益广泛,特别是国家推进信息化与工业化融合、加快转变经济发展方式、培育信息网络、建设"无线城市"等重大战略决策实施,为无线电管理事业发展提供了良好机遇和广阔空间,也提出了更高要求和严峻挑战。

一是科学管理频谱资源任务加重。无线电技术和应用向经济社会各行业各领域加速渗透,行业发展不断加快。当前,公众移动通信向 3G、4G 加速演进，宽带无线接入技术应用日益广泛，物联网发展正在启动，对频谱资源的需求不断增加，无线电频谱作为一种有限的自然资源日趋紧张。

二是维护空中电波秩序任务艰巨。近年来，威海市无线电台站和设备数量急剧增长，台站总数由 2001 年的 1700 多部增加到目前近 15000 部，移动手机用户由不足 50 万个增加到目前近 200 万个。电台数量变化情况如图二。

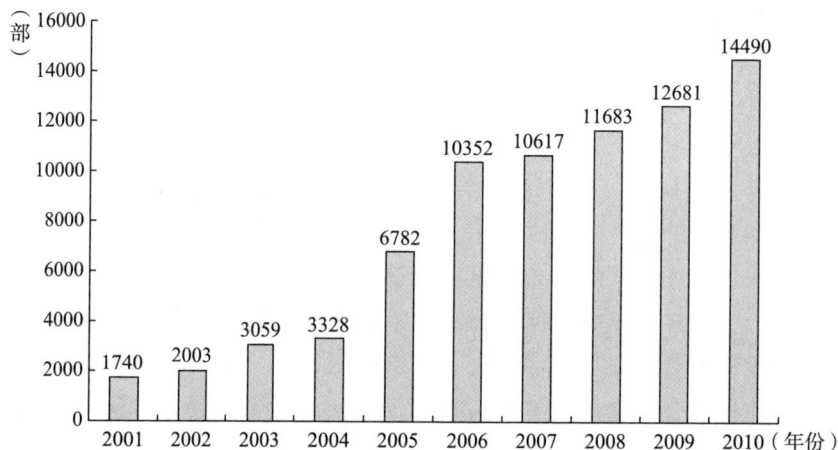

图二　2001 年～2010 年电台数量变化情况

无线电业务迅猛发展，电磁环境日益复杂，无线电干扰呈现形式多样性和复杂性的态势，对经济建设、安全生产、社会稳定等造成较大影响。当前各行业各领域信息化加快推进，例如，铁路部门开展铁路高速化和信息化建设，民航部门加快建设导航通信系统，公路交通广泛采用智能化数据采集和不停车收费系统，气象部门在全国范围内建设气象雷达监测网。加强无线电台站管理，维护空中电波秩序，关系到这些重点业务的顺利开展，特别是加强重要频率保护，关系到人民群众生命财产安全。

三是保障国家安全和社会稳定责任加大。一方面，威海市是我国国防军事重地，对电磁环境要求非常高，需要有效的监测保障。另一方面，一些不法分子利用无线电技术和设备开展违法活动，无线电频谱管控、各类重大活动和防范考试作弊等无线电安全保障任务越来越多，2009 年参与的保障活动就有十几次，应对突发事件、自然灾害等政治任务也会增多，对无线电安全保障能力提出更高要求。

四是服务支持区域经济发展面临更大挑战。威海市作为沿海经济较发达特别是渔业经济发达地区，又是半岛制造业的核心之一，在区域经济发展中扮演重要角色。威海市海岸线近千公里，有大小渔港 100 多个，其中有三个国家一类开放口岸和四个二类开放口岸。国家中心渔港——石岛港，地处黄海、渤海、东海三大渔场的中心，港区总面积为 6 万平方米，年停泊各类船只上万艘次，其中外轮近 3000 艘次。其所在的成山头水域，每年约有十万多艘商船和几十万艘渔船通航，以往海损事件经常发生。为确保安全，交通部在成山头设立交通管理中心，在荣成市区设立海上救助站；国家在环渤海区域设立了两个渔政管理站，其中一个设在石岛。由此可见威海水上通信环境的复杂性和重要性。另外，威海现有多条国际国内航线，每周往返韩国、俄罗斯等国际航班 30 多个。无线电管理在保障支持经济发展中面临更大挑战。

三 威海市无线电管理工作中面临的问题

尽管我们在无线电管理工作中做了大量富有成效的工作，但由于无线电波看不见、摸不着，社会公众的依法设台意识仍然淡薄，工作中仍然面临许多亟待解决的困难和问题。

第一，从台站设置情况看，一是广播差转台、雷达站等大型台站由其上级部门统一下达设台计划，先设后批的现象仍然不同程度存在；公众移动通信基站存在重复建设、资源浪费、引发电磁辐射投诉等矛盾和问题。二是手持对讲机因购买渠道广泛，设置使用方式灵活，监管难度大，非法设置使用现象屡禁不止。仅今年上半年，就查处非法设置使用 74 家、电台 324 部。三是对出租车车载电台，尽管近年来多次联合公安、交通部门进行查处和规范使用，但由于车辆和车载台的权属不尽一致，界定存在难度，同时流动性大，违法设置使用问题没有得到有效解决。四是随着渔船由集体经营向个体经营方式的转变，渔业电台分布随之分散，给管理带来很大难度。

第二，从频率使用情况看，非法盗用频率、私自改频和擅自增大无线电发射设备功率的现象还不同程度的存在，对合法电台的正常运行造成较大隐患。

第三，从设备销售情况看，近年来，威海管理处不断加大源头防范力度，2009 年争取市政府出台了《威海市无线电发射设备销售备案管理办法》，销售环节管理进一步加强，但由于整体对无线电发射设备生产和销售等流通领域的监管缺失，很多用户从外地购机使用，不及时到无线电管理部门审批。在查处的非法使用对讲机中，异地购机占比达 80% 以上，且存在频率不符合规定、未经国家型号核准等问题。

第四，从技术管理能力看，技术设施建设滞后于无线电业务发展。一是机房面积不足。威海管理处目前机房面积只有90多平方米，离国家要求相差甚远。二是监测网络只实现了对市辖区范围的覆盖，各县市城区监测还是空白，特别是港口、码头等重点区域、重点业务无线电监测覆盖还有较大差距。三是部分监测设施设备老旧，性能不能满足当前无线电监测需求；在国际频率协调中处于被动和不利地位。四是无线电监测和干扰查处机动能力相对不足。

第五，从无线电管理整体情况看，一是管理体制需要进一步理顺。目前无线电管理机构隶属关系、编制性质、规格级别没有统一标准；县市无线电管理机构没有执法权和收费权，地市无线电管理机构又没有更大的精力和财力延伸管理触角，导致县市无线电管理工作的弱化。二是法规制度需要进一步完善。无线电法制建设滞后，行政处罚力度不够，如国家《条例》规定罚款最高限额为5000元，而根据有关规定，依法使用50部对讲机每年的费用大约8000元左右，过低的违法成本，对违法者难以产生惩戒效力；对每条渔船仅收100元频占费，收费标准低。三是管理队伍素质需要进一步提高。从地市无线电管理系统看，人员流动性差，新生力量不足，技术骨干缺乏，年龄知识结构老化，直接制约创新能力和发展后劲。

四　推进威海市无线电事业科学发展的思路与对策

面对新形势、新任务、新要求，威海管理处要始终坚持以科学发展观为指导，根据全省无线电管理"十二五"规划，立足当前威海无线电管理实际，着眼长远，坚持高起点起步，高标准要求，积极争取省无线电管理办公室政策和资金倾斜，按照"四三二一"工作思路：强化为经济发展服务、为国家安全服务、为人民生活服务、为社会事业服务四个意识，抓好频率、台站、秩序管理三大任务，提升执法、服务两个效能，坚持始终如一的不懈创新，努力推动无线电事业的科学健康快速发展。

（一）抓好三大管理任务，夯实发展基础

1. 做好频率管理基础工作，提高资源利用效率。对频谱资源相关信息及时进行搜集、整理，不断完善频率管理信息数据库，建立频率使用情况档案，对频段的频谱占用情况、在用频率和空闲频率数量，各不同种类业务的频率使用情况，未来新技术、新应用、新业务的频率需求，都做到了如指掌。每

年对频率资源利用情况进行分析评估，对利用率低下、长期闲置或逾期不办理续用手续的频率及时依法清理、回收。结合物联网建设、无线城市发展战略的实施，做好频率应用情况的超前研究分析，增强工作的预见性和前瞻性，提供无线电频率支持和频率储备，为频率协调奠定基础，努力实现频率资源配置和利用效率的最大化。

2. 做好台站管理基础工作，规范设置使用程序。重点加强对台站资料数据库的动态管理，及时更新数据资料，确保数据库资料实时、准确、完整。加大源头管理力度，定期对销售无线电发射设备单位进行检查，严格落实备案制度。重点加强对公众移动通信基站、广播电台、气象雷达等台站的规范化管理，及时了解台站设置规划和计划，严格落实《山东省无线电频率台站管理规定》，规范台站设置审批程序，杜绝先设后批现象。对在居民生活区和人员密集区建设台站，必须提供有关部门出具的环境影响评价批准文件，加强事后跟踪监督管理。探索建立公众移动通信基站建设规划部门协调机制，逐步将基站建设纳入城市规划管理，按照统一规划、合理布局、资源共享、环境保护的基本原则，实现基站建设与城市发展同步规划，科学整合、管理站址资源，为"无线城市"建设营造优化的发展环境。

3. 做好电波秩序基础管理工作，营造良好电磁环境。根据全省无线电管理"十二五"规划，积极争取省办关注和支持，以进一步加强技术和基础设施建设为着力点，推动管理水平的全面提升。一是加强技术设施建设，更新配备监测检测设备，提升技术管理能力。二是加强基础设施建设，争取省办在威海建设区域监测中心和海上监测中心，逐步探索建立陆地、水上、空中交叉定位的立体化监测体系，同时在荣成、文登、乳山城区和成山头、石岛等地建设监测站，实现对县市重点区域监测的全面覆盖。三是加大监测工作力度，完善监测值班制度，密切掌握电波秩序情况和电磁环境动态变化，为频率台站和电波秩序管理提供技术支持；将常规监测与台站的技术审查、电磁环境测试、台站频率核验等工作密切结合，加强各个环节的工作互动和信息共享；做好日常监测数据积累，建立和完善监测数据库，对监测数据适时进行对比分析，及时发现和查处不明信号，有效维护电波秩序（见图三）。

（二）坚持推进三个创新，增强发展动力

1. 积极推进理念创新。一是不断强化勇争一流的精神理念。以全国一流管理处为目标，拼搏进取，奋力争先。二是不断强化以人为本的发展理念。

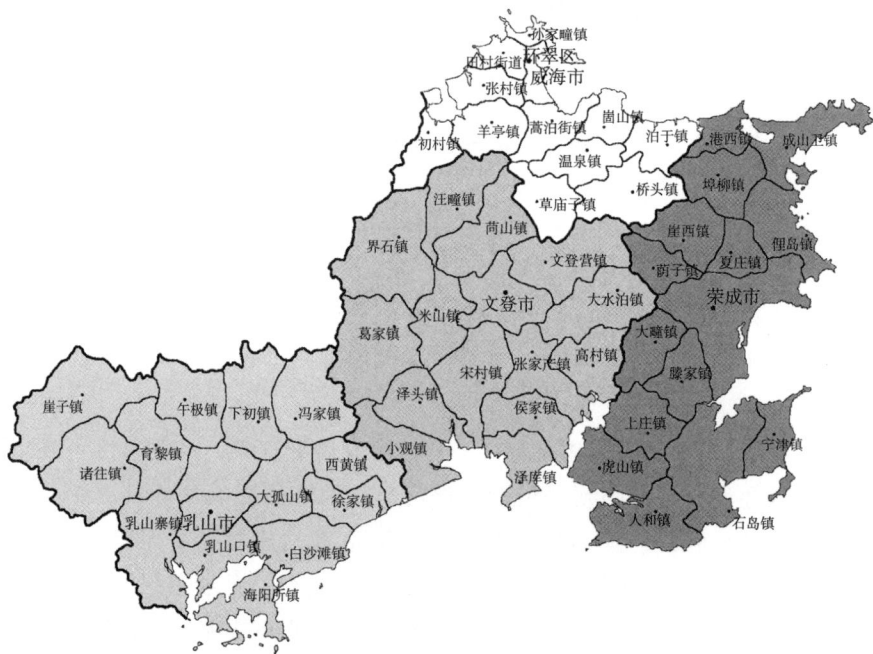

图三　威海监测覆盖规划

健全人才培养评价任用机制，积极引进专业人才，优化人才年龄知识结构。三是不断强化务实创新的工作理念。管理方面，由重视以法律、技术手段为主向法律、技术、经济、行政并重的管理转变；服务方面，由被动受理向主动介入转变。

2. 积极推进技术创新。把技术创新贯穿于工作的始终，加快技术创新课题研究，推进技术管理手段的超前性、智能化、高效率。加强与高校合作研发力度，借助高校的智力资源优势，提升技术研发层次，加快技术创新步伐，使技术创新成果尽快应用到管理与服务的实践中，为无线电事业的科学发展提供强有力的支撑。

3. 积极推进机制创新。加强制度建设，建立完善科学顺畅、规范有序、运转高效的工作机制，促进工作的制度化、精细化、规范化水平再有新提高。

（三）提升执法服务效能，优化发展环境

1. 健全队伍，夯实基础。在争取建设区域和海上无线电监测中心的基础上，根据省办机动大队建设规划，争取建立区域中心机动支队，全力打造业务精通、素质过硬的无线电管理执法队伍，形成快速响应区域内重大无线电

突发事件应急处置机制，及时查处有害干扰，圆满完成重大活动无线电安全保障任务。

2. 强化措施，依法行政。一要加大对外宣传力度。多形式、多渠道、全方位开展无线电管理宣传活动，不断提高无线电管理的社会认知度和影响力，增强社会公众的无线电管理法规意识。二要加大执法检查力度。每年集中时间、人员对无线电台站设置使用情况进行全面核查；完善联合执法机制，下移执法检查重心，由以市区为重点向市区、县市并重转变，加大对县市台站设置使用情况和无线电违法行为的检查力度，及时查处各类非法设台行为。三要加大专项整治力度。根据上级部署和工作实际，有针对性地开展专项整治活动，规范设台行为，消除干扰隐患。

3. 改进作风，高效服务。严格落实首问责任制、承诺服务制、A－B角工作制和责任追究制等工作制度，不断改进作风，提高服务水平。全面落实应急预案，对用户的干扰投诉，迅速反应，快速行动，确保在最短的时间内予以排除。坚持定期走访用户制度，及时了解用户的服务需求，提高服务的针对性、时效性和实效性，保持服务的"零距离""零投诉"。

（作者单位：威海市无线电管理委员会）

关于积极推动社区体育文化建设的思考

戚俊娣

一　应该把社区体育文化建设提到必要的认识高度

（一）发展社区体育是最受老百姓欢迎的好事实事

随着计划经济向市场经济转轨、用人制度的改革和就业方式的多样化，过去社会成员固定的组织管理制度被打破，人们的自主性加强，计划经济制度下的"单位人"开始向市场经济体制下的"社会人"转变，原来的职工离职或被分流，相当一部分进入外资企业、民营企业或从事个体经济，这都使得原来的"单位人"进入社区。与此同时，大批的流动人口和退休人员也相继涌入社区，无论他们是自愿的还是被迫的，都已经成为"社区人"，这个过程实质就是社会社区化的形成过程。

现阶段社会社区化发展要求人们用社区原则或社区的精神建设大社会，把它建设成为人类生命可以依靠、可以依赖、可以诞生、成长的温馨家园。面对"社区人"成分的复杂性，需求的多样性，我们首先要做的就是满足他们的认同感和归属感，形成一种有利于价值观念整合的"心理社区"，而体育文化正是社区人最能够接受的一个共同符号。

威海市经济社会发展迅速，人们的生活需求早已超越解决温饱问题的基本生存阶段，进入了讲究生活品质、追求生命健康的发展阶段。当人们的生活水平提高之后，越来越多的人会把提高生活质量当成余暇时间的头等大事。然而，随着生活节奏的加快，因过度紧张、压力增大和不良的生活方式等因素所导致的亚健康状态者增多。通过社区体育活动，强身健体、愉悦身心、增加沟通、增进和谐，这是老百姓普遍欢迎的事，也是惠及于民实实在在的事。各级政府年年设计为民办好事、办实事，发展社区体育，不仅得民心，顺民意，而且事半功倍，效益长远。

（二）社区体育文化本身就是社会文化的重要部分，是城乡居民生活现代化的重要表象

体育代表的是一个城市的活力，也同样具有文化的影响力。就社区体育文化而言，它本身就是社会文化的重要部分，也是经济发展和社会进步的产物，其形成和发展不仅是社区人日益增长的体育精神生活需要，是社区社会化的必然要求，同样也是城乡居民生活现代化的重要表象。

尽管社区人员结构复杂，居民因职业、经济收入、受教育水平、宗教信仰、价值取向的不同，导致体育文化兴趣各不相同。但社区体育文化能以海纳百川的博大胸襟接纳和融会各种不同的体育文化形态。不论是本土的，还是外来的；不论是传统的，还是现代的；不论是高雅的，还是通俗的，都能在社区体育内找到立足之地，彼此都能和谐地融合在一起。这就足以构成发展社会文化巩固的基础和靓丽的风景线。

（三）发展社区体育，是开展全民健身运动的有力推动

为了全方位、多方面实现体育与国民经济和社会事业的协调发展，全面提高中华民族体质与健康水平，构建具有中国特色的全民健身体系，国家体育总局有针对性地推出一系列改革举措。在《全民健身计划纲要》和《中华人民共和国体育法》等法规文件中，把群众体育摆到了重要的位置，并把社区体育的发展作为群众体育的基础。这些法规、文件的颁布和实施，也为我国社区体育的发展提供了法规和制度上的保障。随着社会主义市场经济的确立，全民健身计划的顺势推行，全民族的健身体育呈现出空前活跃、百花齐放的可喜景象，蕴含着新时代中国体育开拓创新、与时俱进的时代精神。社区体育以它所具有的独特性质和功能，必将成为城市社会体育的主要形式之一。重视社区体育文化的研究，加强社区体育文化的建设，就是认真贯彻落实《全民健身计划纲要》，就是对促进全民健身运动和阳光体育运动的发展最有力的推动。

（四）发展社区体育，是提高全社会健康水平的需要

世界卫生组织认为，"健康是一种在身体上、精神上的完满状态，以及良

好的适应能力，而不仅仅是没有疾病和衰弱的状态"，也就是人们所说的身心健康。评价一个人的健康水平必须包括躯体、心理、社会适应能力和伦理道德，只有这四个方面都健全，才能说完全健康的人。社区体育文化建设在提高人民健康水平方面自始至终起着桥梁、纽带、协调和提升的作用。

随着经济高速发展和科学技术突飞猛进，必定导致工作岗位的竞争、升学择业的压力、日常生活的快节奏，从而会使人们精神高度紧张，如果人们不能主动适应现代社会给人们带来的困扰，各种现代"文明病"将会随时产生。人们通过每天早晚和节假日等时间参加社区体育文化活动达到调节心理、消除紧张情绪作用，以便更好地适应现代都市的工作和生活节奏。由于各种的自然因素有着不可预测性，在人类社会的进程中也会遇到各种疾病的攻击。"非典"就是一个典型的例子，人们的健康很重要的一个方面表现机体与自然环境的平衡。通过社区体育文化建设能使社区人形成科学的态度，良好的体育健康生活方式，不断增强自己的抵抗疾病能力，更重要的是通过社区体育与社区公共卫生组织系统紧密结合，形成绿色社区，对于建立预防和应对各种传染病传播的创新体系起到了良好的促进作用。因此，社区体育文化建设是营造文明、健康的文化氛围和形成健康生活方式的必然选择，是保证现代城市、农村居民的健康水平的必然需求。

（五）发展社区体育文化在促进和谐社会建设中发挥积极作用

1. 凝聚作用。社区是一个特定的人群的组合体，其居民由多个社会阶层人员、多个利益群体构成。维持和维系这个组合体，一方面需要社区管理组织以及相应的规章制度，用外在的形式和力量维持人们的结合；另一方面，则需要通过内在的方式沟通人际关系，使居民对社区树立起"家"的意识，产生认同感、归属感。社区体育文化的凝聚作用，主要是居民通过参与创造，获得了精神和物质上的满足，感受到了生活的意义。这与社区发挥居民的主观能动作用、实现人的价值、满足人的需要、体现人生的意义密不可分。所以，把居民强烈的个人价值观和对人生的追求，与社区体育文化建设有机结合起来，就能够成为促成企业发展和职工个人完善的巨大力量，就能够促进企业内部团结互助、同心协力，就能够拢心聚智，促进和谐社区体育的构建。

2. 约束作用。凝聚作用与约束作用是紧密联系在一起的。没有一定的约束也就没有凝聚的基础。当社区体育文化的力量把广大成员的思想和行为统一到实现共同目标上时，对此目标背离的思想、行为便产生了约束。这种约束机制和力量来自社区体育文化本身。因为社区体育文化一经形成，就具有一种"体育文化定式",使人们自然而然地按照一定的行为模式去思维和行动,而有悖于这一行为模式的思维和行动就会与此格格不入,难以找到市场和落脚点。以社区体育文化建设促进社区体育和谐发展的目的在于减少对居民的外在约束,增强居民自我约束、自我控制的能力。这种自我约束和自我控制的能力,比外在的组织控制更优越、更有效,而且不会因为硬性规定和外在强制而产生逆反心理。

3. 调节作用。改革是对社会各个层面利益的调整,必然会引发一些新的社会矛盾,而社区往往是这类矛盾和摩擦相对集中的地方。社区体育文化的调节作用,可以使这些矛盾得到缓解,以实现保持社会稳定、促进社会和谐的目的。社区体育文化的调节作用强调的是人的自觉调节和自我调节。社区体育文化要求社区体育管理者尊重人、关心人、爱护人、协调好各方关系,通过丰富多彩的文化娱乐活动和深入细致的思想政治工作,沟通社区管理者与居民之间、居民与居民之间的感情联系,缓解或消除各种矛盾和不利因素,形成和谐的人际关系,把居民和职工的注意力集中到区域经营、管理和发展上来,实现区域的整体和谐发展。

4. 育人作用。社区体育文化建设可以培养人的崇高理想和高尚品德,锻炼意志,净化心灵,学到多方面的知识和经验,提高个人的素质和能力。一般地说,任何文化都是一种价值导向,规定着人们所追求的目标。假如社会经济是"列车",科学技术是"铁路网络",体育文化就是"扳道工",在具备列车和铁路网络的基础上,体育文化"扳道工"决定着经济"列车"在哪条轨道上奔驰。同样,社区体育文化教育、引导和规定着区域内全体成员的崇高理想和追求,指引和带领大家主动适应健康的、先进的、有发展前途的社会追求,进而促进个人的成功,促进社会的可持续的、和谐的发展。

二 威海市社区体育文化建设的客观评价

(一)"十一五"期间,威海市社区体育文化建设得到了长足发展

1. 各种级别赛事层出不穷,水平高,影响大。"十一五"期间,先后举办两项国际赛事,其中一项是目前世界上最受欢迎、最具观赏性的双体帆船顶级赛事 HOBIE 世界帆船锦标赛,另一项是长距离铁人三项世界杯系列赛,开创了中国承办长距离铁人世界性顶级赛事的先河。除此之外,威海市还精心组织举办、承办多类多项国际级、国家级、省级以上体育赛事,举办了纪

念甲午海战110周年横渡刘公岛海湾全国邀请赛、中老年网球国际邀请赛和中韩职业俱乐部足球对抗赛；承办了中国威海时尚球类大赛、中韩跆拳道竞技交流大会、山东省传统武术锦标赛、烟威全民健身路径对抗赛、山东省"五人制"足球赛威海赛区比赛和山东省排球锦标赛。同时，在威海市先后举办了武术健身文化活动、全民健身迎春环城跑比赛、市直机关羽毛球比赛、家庭趣味运动会、中老年篮球赛、职工篮球大奖赛、首届农民田径运动会、信鸽比赛、网球比赛、少儿围棋大奖赛、老年门球赛等。的确取得可喜可贺的成绩并保持着良好发展势头，使威海市竞技体育和社会体育文化都得到长足的发展。

2. 社区体育开始引起足够重视，场地、人才发展成就显著。仅2010年新建投入了一大批社区健身场地设施，全民健身的次数和俱乐部的总数都有大幅增长的趋势。（分别见表1、表2）

表1 2010年城市社区健身场地设施统计表

新建投入	健身路径工程	健身活动中心	户外健身场地设施				
			体育公园	健身广场	户外营地	社区运动场	健身步道
场地数量（个）	137	12	3	12	1	59	8
器材件数（件）	1497	139	8	138	11	592	8

表2 全民健身和俱乐部情况统计表

统计项	地（市）级体育局	县（区）级体育部门	街道（乡镇）
年全民健身活动次数	31	83	367
累计本年度末俱乐部总数	20	45	—
累计本年度末会员总数	5000	36000	—

近几年来，威海市在持续改善健身设施条件，建立健全各级健身组织，着力提升群众健身意识的同时，还致力于提升基层体育服务能力，大力培养全民健身骨干并多次组织全民健身宣讲团深入基层开展志愿服务活动，建立起了市、县、乡三级体育组织网络。截至目前，全市已拥有各级公益性社会体育指导员4163人，其中三级社会体育指导员3012人，二级社会体育指导员891人，一级社会体育指导员253人，国家级社会体育指导员7人。市区每千人拥有约2.4名社会体育指导员，他们分布在不同的社区，发挥着各自的作用，能够基本满足市民健身的需求。

（二）社区体育文化建设发展水平亟待提高

1. "物化"成分较多，而"人文"成分缺少

我们在调查研究中发现社区体育发展出现一些不良现象：一是目前社区体育的硬件设施建设存在"划一化"的倾向，缺少与社区的自然环境和体现特色的民间传统的和时尚的体育项目等相结合，这就自然而然降低了社区体育物质条件的人文性；二是社区体育活动的参与者多为老年人，而广大中青年人处于"休眠状态"，这与居民对体育的价值观仅仅停留在增强体质层面，而没有上升到精神层面上有关；三是评价上的简单指标化，管理部门仅仅采用"几次运动会""搞过几次活动"等一些简单指标作为评价标准，而社区体育工作也只是围绕着检查而进行，人为地失去了社区体育文化建设的发展性。

从上述这些现象中可以折射出现阶段社区体育发展过程存在严重"以物为法则"的理念，这种理念上的滞后，人文精神的失落是社区体育文化深层次的落后，是一种可怕的落后。它是目前造成"划一化"的社区体育物质条件建设等一系列人文性丢失问题的源头，也是广大居民（特别是中青年）主动参与社区体育活动不强的关键性原因，更是造成社区体育建设单纯数字化、简单指标化的内在因素。因此，要建设好社区体育文化，必须尽快实现从"以物为法则"到"以人为法则"的转变，使社区体育发展过程得到人文精神的关怀。

2. 社区规模定位偏小，社会性和情感性不够

体育文化的形成与发展需要一种氛围，而这种氛围以一定的规模和一定数量的人群为前提。由于目前威海市社区定位更多地考虑社区服务和城市管理因素，造成社区规模小、同质性高、可调动的资源有限，这种小规模的社区定位严重影响着社区体育文化建设的社会性与情感性。政府相关部门应该扩大社区概念的地理范围，才有更多的地理特质与社区吻合，为丰富社区公共体育场地器材等提供所需的人力、物力、财力。由于空间范围的增大，更多异质文化的涌入，才有各种特性文化的相互交流，促进居民之间的情感渲染，有利于丰富社区体育文化活动内容，更易进行社区体育的特色化、多样化的创新，也有利于提高社区体育产业化和社会化的程度。因此，社区体育文化建设过程中要正确处理好法定社区与文化社区的概念，遵循体育文化的构成法则，逐步形成具有区域特色的联盟社区，把社区建设的实用性与体育文化的发展性结合起来，保证社区体育文化的可持续发展。

3. 制度化程度不高，动力机制不够完善

街道社区体育协会是建设社区体育文化的关键环节，但在现有的街道办事处工作职责中并没有明确提出有关体育方面职责，街道办事处抓体育工作没有充足的法律依据，社区体育处于可抓可不抓的地位，因而社区体育人力、物力、财力等方面的问题也难以解决。

目前社区体育组织形式还比较单一，各个项目，各类人群的体育协会和俱乐部，居（家）委会体育小组和各种晨晚活动站尚未健全，还未形成网络化的社区体育组织管理体系。造成上述现象的主要原因是街道体制与社区体制难以接轨，正式体育组织与自发性体育组织之间缺乏联系，社区体育指导员队伍比较薄弱等。为此，必须建立社区体育文化建设的决策系统、组织指挥系统和实施操作系统，使政府的自上而下的规划推动力和广大居民自下而上的体育文化需求拉动力形成协同力，这是建设社区体育文化的基础和保证。

三 加强威海市社区体育文化建设的思路和建议

（一）从规划的角度，要把社区体育场地和设施的建设纳入规定的建设内容新建小区，要有像公共绿地、公共停车场一样的要求，否则，不预验收。就是说，必要的硬件建设，是事业发展的前提和保障。

（二）从投入的角度，要把社区体育场地和设施的建设纳入各级的财政预算。可以考虑像其他建设项目那样，为了鼓励投入，将大多数的社区体育场地和设施建设的资金投入分为市、（县）区和相关社区三级配套，所有新建小区，无论城市，还是农村，一律由开发商负责统一规划建设，城市的老旧小区改造，由财政投入，农村，鼓励有条件的自行建设，贫困村，由市、（县）区财政和包村单位共同出资，具体政策、办法，应由市财政部门牵头研究制定。农村社区抓住环境综合整治机遇，采取自筹、财政奖补、单位帮扶等方式，加强社区体育场地和设施的建设力度，给农村居民创设良好的健身环境。

（三）从时机的角度，社区体育场地和设施的建设要抓住新农村建设和城市老旧小区改造的大好机遇。为切实改善群众居住环境，提高群众生活质量，威海市委、市政府决定利用 5 年的时间，完成市区 100 个旧生活区的环境综合整治，其中今年整治 24 个生活小区，到 2015 年基本整治完毕。通过综合整治，彻底清理乱搭乱建、乱堆乱放等问题，切实完善道路、管网、停车、照明等小区配套设施，全面打造绿化美化、舒适宜人的小区环境。抓住整治建设这个时机，把每一社区体育场地和设施的建设纳入规划项目之列，并有专门部分监督执行和验收通过落实。今年 6 月，威海市被批准为全省唯一一个以地市级作为农村环境连片整治的重点示范城市。为有效解决示范区农村区域性突出环境问题、改善农村环境质量，完善农村必要的环境基础设施，健全农村环境保护体制机制，中央和省级补助 8000 万元作为威海市示范资金的一部分，另外一部分将由威海市按照有关要求筹集不低于中央和省级补助资金总额的 30% 作为配套资金用于农村环境连片整治。在这个大好的形势下，与居民息息相关的社区体育场地和设施的建设也应该受到足够的关注。

（四）从使用的角度，要把社区体育文化建设纳入社区管理的重要内容。《中华人民共和国体育法》明确规定："地方人民政府应当为公民参加社会体育活动创造必要的条件，支持、扶助群众性体育活动的开展。城市应当发挥居民委员会等社区基层组织的作用，组织居民开展体育活动。农村应当发挥村民委员会、基层文化体育组织的作用，开展适合农村特点的体育活动。"实行精细化管理，社区，无论城市社区还是农村社区，都将实行"化整为零、分级负责、层层落实"的网格化管理，形成了"街道（镇）—居（村）委会—小区（片）长—楼（小组）长"四级管理模式，将社区居（村）务分类量化到人，加强考核监督，并与奖惩挂钩，以提高各级管理的积极性和主动性，保证社区工作有条不紊开展。社区考核的标准体系中，不仅要包括社区规模、软硬件配备、民间组织和志愿者组织情况、治安状况、环境状况以及居民对社区的满意度等，还应该把社区体育文化建设作为一项重要内容，因为这也是关系到所有居民健康和幸福指数的大事。

（五）从人才的角度，要把发展社区体育文化的队伍建设纳入社区的考核当中。发展社区体育文化，需要一支专门的人才队伍，那就是社会体育指导员队伍，这是群众体育组织建设的重要内容。社会体育指导员是群众体育重要人才资源，在落实《全民健身计划纲要》，增强全民的体育意识、开展丰富多彩的体育活动、指导群众科学健身、引导社会体育消费等方面，发挥着不可替代的重要作用。发展全民健身事业，必须造就一支数量充足和良好素质的社会体育指导员队伍。

威海市已建立起一支日益壮大的社会体育指导员队伍和分级管理的体系。但社会体育指导员的数量及其工作现状还不能很好地适应全民健身发展的需要。社会体育指导员在城乡之间、地区之间和不同级别、类型社区之间的发展还很不平衡，社会体育指导员的培养质量还不够高，一些获得称号的社会体育指导员实际发挥作用不足，社会体育指导员管理机制还不够顺畅。各级体育组织和政府相关部门，要树立科学的发展观和正确的人才观，充分认识加强社会体育指导员队伍建设的重要意义，切实重视社会体育指导员队伍建设的薄弱环节，把社会体育指导员队伍建设作为构建全民健身体系的重要内容，放在重要位置抓紧抓好，抓出成效。

四　结论

社区体育文化建设，是惠及千家万户、千千万万城乡居民的好事实事，是文化建设的重要内容，更是整个城乡现代化建设的重要指标，应该引起足够的重视和支持。各级政府要在组织运作、活动场地、物质要素等方面提供帮助和服务，形成社会广泛参与社区建设的整体合力，让社区体育文化建设成为社区管理有序、服务完善、环境优美、文明祥和的重要载体。

［作者单位：哈尔滨工业大学（威海）　课题组成员：田三生　崔　鑫　周国强］

构建民事执行检察监督制度之探讨

姜 勇 曹静静

公正的审判必须以公正的执行作为圆满的结局，民事执行是对民事生效裁判的实际兑现，是衡量司法是否公正的重要标准。司法不公，包括执行程序中的不公正，是对正义源头活水的玷污，如果不能得到及时有效的矫正，将足以动摇法治的根基。而长久以来，民事判决、裁定"执行难""执行乱"却一直是困扰司法实践的严重问题，甚至被有些人称为司法痼疾，它使公民、法人和其他组织的合法权益得不到应有的保护，从而丧失对司法的信心，于是，司法权威受到严重损害。

关于民事执行监督的问题，在目前的法律和相关司法解释中，仅仅只有法院内部监督的规定和案外人异议制度。由于这两方面的规定缺乏严密、科学的体系，导致法院系统"自家人监督自家人"的内部监督达不到应有效果。如何从根本上解决这一问题，法学理论界和司法实务界进行了深入的探讨，除了提出对执行主体、机构以及程序进行改革和完善外，对检察机关在民事执行活动中的法律监督作用寄予很高的期望。

作为基层检察院的检察官，对"执行难""执行乱"问题的症结深有体会，故以完善民事执行检察监督制度作为本文的选题，并试图通过本文的写作，为改革和完善执行监督，预防和减少执行工作人员的违纪违规或是违法犯罪，确保执行程序的合法性及实体正当性，切实提高执行效率和维护执行参与人的合法权益及国家法治权威起到些许作用。

一 民事执行检察监督体制概述

（一）民事执行检察监督的概念

民事执行监督，指"具有监督权的机关认为受其监督的民事执行机关在执行程序中做出的裁定、决定、通知或具体执行行为不当或者存在错误，要求受监督的民事执行机关予以矫正的法律制度"。

民事执行监督的形式和内容十分广泛，不仅包括立法机关、人民检察院等的权力监督，而且包括新闻媒体、执行当事人甚至案外人的权利监督。然而，作为国家专门法律监督机关的人民检察院的监督，应当是民事执行监督体系中最重要、最有效的成分。可以说，人民检察院对民事执行活动进行的监督，是民事执行监督体系的基石，它对民事执行权的理性运行具有决定作用。

人民检察院对民事执行活动的监督，一般简称民事执行检察监督，它是指享有民事检察权的人民检察院对人民法院的执行实施行为和执行裁决行为进行监察与督促，依法定程序督促人民法院纠正执行错误，从而规范民事执行权合法、合理运行的法律制度。

（二）民事执行检察监督的特征

从其概念可以看出，民事执行检察监督具有以下四个特征：

第一，民事执行检察监督的监督权力主体是依法具有执行监督权的机关。这里对民事执行活动具有法定监督权的应当是享有检察监督权的人民检察院。因此，民事执行检察监督是一种外部监督，即由民事执行权行使主体之外的机关进行的监督。

第二，民事执行检察监督的监督对象是民事执行权。具体来说，就是享有民事执行权的人民法院在行使民事执行权过程中不当的执行实施行为和执行裁决行为。这里应当注意的是，人民检察院的民事执行检察监督是"对事不对人"的。也就是说，人民检察院是对民事执行权的行使进行监督，而非专门针对人民法院，即便民事执行权由其他权力机关行使，仍应当纳入检察监督的范畴之中。

第三，民事执行检察监督的目的有二：一是通过对不当行使民事执行权的行为加以纠正，来规范和保障民事执行权的合理、合法运行；二是通过对不法民事执行行为的纠正来保护民事执行当事人在民事执行中的合法权益不受损害。

第四，民事执行检察监督必须遵循法定程序。由于民事执行检察监督处于民事执行过程当中，基于民事执行程序的特殊性，人民检察院的民事执行检察监督活动必须遵循一套特殊的程序以保障其监督活动的有效性和合理性。

二　民事执行检察监督的必要性分析

（一）现行民事执行监督制约体制的缺陷

1. "执行难""执行乱"的表现

除了地方保护主义、当事人权利观念淡薄等客观原因，"执行难""执行乱"的一个非常重要的原因就在于法院本身。法院违法执行或执法不公现象突出表现在：程序违法，尤其是违法采取查封、扣押、冻结、拍卖、变卖等执行措施；滥用执行权力，以罚款、拘留等作为强制执行手段强迫进行执行和解；违法或不当执行案外人财产，造成案外人的合法权益受到侵害；违反规定收取执行费用，任意收费、提高收费标准等情况时有发生；不妥善保管和及时处理财物，扩大了当事人的损失；片面追求执结率，违法或不当终止执行案件。

"执行难""执行乱"，不仅侵害了执行当事人和案外人的合法权益，不利于执行法律的统一适用，严重破坏了正常的执行秩序，也损害了国家的司法权威，影响了我国执行机关国内、国际形象的树立。因此，"执行难""执行乱"问题的存在和解决该问题的现实紧迫性，说明了建立民事执行监督体制的必要性。

2. 民事执行监督制约体制的缺陷

"执行难""执行乱"问题，不能仅仅归因于执行人员自身的素质不高，更重要的是制度原因，即"现行的执行制度存在着执行人员不依法行使执行权的可能性"，法院违法执行或执法不公与我国现有的民事执行监督体系不完善有着极大的关系，在现有的监督体系下，对法院民事执行活动的监督无外乎外部监督与内部监督两种。民事执行的外部监督主要是通过权力机关监督、社会监督、党政机关监督等方式来实现的。人大对法院民事执行工作以听取工作报告的方式进行监督，是宏观的监督，司法实践中应用个案监督的案件数量很少，而且这种个案监督既缺乏应有的程序保障，又有干涉司法独立之嫌。社会监督主要是通过新闻媒体的舆论监督方式进行，但由于我国新闻立法严重滞后，容易导致舆论监督的异化，给法院的依法执行工作带来负面影响。党政机关的监督则更多地体现在对民事执行机关人、财、物方面的影响，是一种间接的监督形式。

而民事执行的内部监督则难以逃脱"自家人难揭自家短"的局限：第一，

按照《人民法院组织法》和其他有关法律规定，地方各级法院是一级审判组织，上级法院对下级法院审判活动的监督，是通过法定的司法审判程序进行监督的。而该规定确定的监督方式是由上级人民法院对下级人民法院的违法、错误的执行裁定、执行行为进行纠正或直接下达裁定、决定予以纠正，这种类似上下级行政领导体制的监督方式，与我国现行审判体制不甚相符。第二，监督的运作程序不明。上级人民法院对下级人民法院违法、错误的执行裁定、执行行为有权予以纠正，但具体应当适用什么程序，按照什么标准来决定纠正，上述规定均没有予以明确。第三，监督缺乏透明度。不论是司法解释所规定的上、下级法院之间统一管理的监督机制，还是司法实践中实行的同级法院内部的执行裁决权和执行实施权分离的监督制约机制，基本上仍然停留在人民法院的自我监督、内部监督的封闭状态下，未在程序上公开化和透明化。而且由于上下级法院利益的趋同，使得这种内部监督无法摆脱"自己监督自己"的逻辑悖论，因为"监督，从人性的角度来分析，正是对被监督对象失去信任的结果，人性中总有一面是要抵制和逃避监督的，而这正是监督的内容。自己监督自己永远是一个逻辑上的悖论，如果将其用于制度设置则更是自欺欺人。"

客观地说，如果人民法院的内部制约机制十分健全，那么这些制约机制在一定程度上的确可以起到规范民事执行权运行并纠正不法民事执行行为的作用。但是，制约机制本身具有的先天性缺陷决定了，它并不能全面克服民事执行权运行中可能产生的瑕疵，更不能保证民事执行从此就不会发生问题。因此，为规范民事执行权的运行，引入来自民事执行机关外部的权力对民事执行行为进行过滤与矫治，是完全必要的。

（二）民事执行检察监督符合权力规范完整性

从权力规范体系的完整性看，民事执行的检察监督有助于规范法院行使民事执行权。从逻辑推理上看，不能说人民法院行使民事执行权必然会"犯错"，但是其"犯错"的可能性是存在的。立法者当然也考虑到了这个因素，因此，在设置我国民事执行程序时，不仅赋予了民事执行当事人一定的救济权利，也在人民法院系统内部设置了自上而下自我纠错的权力规范机制。但是从权力规范体系的完整性上看，现有权力规范机制对于有效规范民事执行权是远远不够的，建立对民事执行的检察监督制度有助于规范法院行使民事执行权。

1. 以权力补强权利，方可有效救济权利。从当事人的救济权利上看，我国《民事诉讼法》及相关司法解释赋予当事人的救济权利主要表现为现行的民事执行救济制度。在民事执行过程中，执行当事人和案外人可以通过行使救济权，来纠正人民法院的不当执行行为。诚然，这的确可以起到规范执行权的作用，但抛开现行执行救济制度的不足不说，当事人享有的救济权利是私权利，依靠私权利来规范公权力并期待这种规范起到良好的效果本身就是不现实的，对当事人来说也是不公平的。众所周知，在民事审判程序中，即使规定了完善的维护当事人诉讼权利的机制，当事人之间攻守平衡的诉讼构架还是会经常因各种原因遭到破坏，并因此产生错误的裁判结果。相对于民事审判程序而言，我国民事执行程序的法律规范不健全，执行当事人、案外人的权利根本不可能与执行机关的公权力相抗衡。因此，由检察机关行使法律监督权，促使执行机关依法行使权力，预防和纠正其偏离正常轨道或发生倾斜，维持正常的民事执行构架体系，其实就是对当事人或案外人权利的补强和救济。

2. 以权力制约权力，才能防止权力滥用。拥有权力的人都容易导致滥用，这是万古不易的真理，民事执行权是一种相对独立的国家公权力，它的行使自然也不能失去制约与监督，否则就会造成恣意滥施。对权力的制约，无外乎"以权利制约权力"和"以权力制约权力"两种方式，但采取"以权利制约权力"的方式，效果必定有限，因为"权利"往往无法与"权力"相抗衡。采取"以权力制约权力"的方式，则能产生强大的制约作用，方能及时纠正国家权力的行使偏差，确保其在合法、正确的轨道上运行。在我国的二元司法体制下，检察机关作为专门行使法律监督权的司法机关，检察监督较法院内部监督具有更高的社会透明度，能够较大程度上避免执行机构内部由于上下级工作关系，以及法院系统内部其他因素对于执行监督的影响，而且具有较内部监督更强的制约性和更为明显的公正性，也更能取信于民。

3. 以权力补充权力，有利于促进权力运行。一方面，从法院内部因素讲，检察机关的监督有助于消除其怠于执行、拖延执行的现象，民事执行就会变得更为主动；另一方面，从抗拒外部干扰的因素来讲，法院对地方、部门保护主义的抵御能力可因此得到增强，从而减少由此产生的"执行难""执行乱"现象。此外，检察机关具有的专业化、程序化优势，可以建立起舆论监督等方式无法形成的制度化和长效性机制。因此，创建民事执行检察监督制度能够对执行主体形成有效威慑，从而规范法院的执行行为。

（三）司法实践的需要

从司法实践的现实需要看，民事执行的检察监督能够起到制约法院执行行为的效果。

1. 现实的需要

我国民事执行实践中存在的现实问题告诫我们，要保证执行权高效运转，一项非常重要的工作就是要加大对执行的有效监督。我们亟须通过建立一种强有力的监督机制，从外部对人民法院执行权的行使进行全面监督与制约，对执行当事人、第三人和利害关系人的权利救济手段予以充实。虽然现行法律没有明确规定人民检察院的民事执行监督权，人民法院系统内部又排斥人民检察院的执行监督，但是，"执行难""执行乱"的现实以及维护当事人、案外人合法权益的需要决定了，建立民事执行检察监督体制是完全必要的。实践中，越来越多的当事人、案外人到检察机关申诉，反映法院不执行及违法执行问题。可见，检察机关对民事执行活动开展监督，是解决民事执行实践中存在问题的客观需要，也有着坚实的群众基础。

2. 实践的尝试

正是源于实践的迫切需要，一些地方人民检察院开始进行构建民事执行检察监督体制的有益的探索和大胆的尝试。在这方面做得比较早的有海南省人民检察院民事行政检察部门和重庆市人民检察院民事行政检察部门。海南省人民检察院根据当事人及案外人的申诉，针对民事执行程序中法官不当或违法执行、滥用执行权徇私枉法的问题，运用检察建议、督促执行意见、监督意见书、纠正违法通知书等形式，开展民事执行检察监督，先后成功地纠正了多起执行错案，涉及金额数亿元，发现了重大的职务犯罪案件的线索，并查处了涉嫌犯罪的海南省高级人民法院原执行局局长马生等人，不但受到广大执行当事人的好评，而且产生了非常好的社会效果。重庆市万州区人民法院在一个民事案件的执行中，违反国务院《三峡移民条例》的规定，将国家补偿给某县58户移民的40余万补偿金冻结，准备用于偿还58户移民挂靠的某建筑公司所欠的他人债务，造成了极坏的社会影响。万州区人民检察院在受理相关申诉并得知此情况后，立即发出检察建议，纠正了法院的错误执行，收到了非常好的社会效果。

3. 实践的启示

民事执行实践中违法、不当执行大量存在，执行当事人和案外人的合法权益无法在现行法律框架下得到充分的保护，而向人民检察院申诉，说明了对民事执行检察监督体制的现实需求，人民检察院通过检察建议等形式，合理行使检察监督权，纠正了不当执行行为，维护了执行当事人和案外人的合法权益，起到了很好的效果，说明了民事执行检察监督体制的可行性和可操作性。因此，从执行实践看，民事执行检察监督体制是非常必要的。

三　构建民事执行检察监督体制的基础

（一）构建民事执行检察监督体制的理论基础

1. 民事执行权的权力性质决定了其是民事执行检察监督的对象。诚然，民事执行程序因当事人的申请启动，在民事执行程序中当事人的意思表示的确可以影响到民事执行程序的进行。这是因为民事执行程序要实现的是执行当事人的私权利，当事人对自己的私权利当然有处分的权利。但是"执行机关行使执行权非为贯彻债权人的意志，而是行使国家权力，这一点是显而易见的"。虽然目前对于民事执行权的一些基本理论问题尚有争议，但是将民事执行权定位为公权力已成共识。民事执行权，是指由国家执行机关行使的，依照法律规定采取一定的执行措施和强制措施，以保证生效裁判所确定的内容得以实现的权力。它是由国家机关行使的公权力，可以区分为执行实施权和执行裁判权，从权力属性上看，兼具行政权和司法权的特性。"执行机构最大的特点，是它具有极大的权威和力量。"现行法律制度下，执行中的程序性问题和实体性问题，都由执行人员处理，执行权主体权力过大而且集中。而如前文所述，相对于法院内部监督不可避免的缺陷，人民检察院根据宪法规定享有检察监督权，是国家专门的法律监督机关，监督国家法律的实施，保障国家法律的具体落实。民事执行是生效法律文书得以实现的环节，直接关系到国家法律和司法权威的落实，因此民事执行权当然应当纳入人民检察院的监督范畴中。换句话说，"当检察机关被定位于法律监督机关时，其监督面当然最广。这样民事执行权便理所当然地成为其监督对象"。

2. 民事检察监督权的性质决定了其对民事执行的监督权。检察权是指检察机关依据宪法、诉讼法、检察机关组织法等法律所享有的权力。列宁的检察理论认为："第一，国家的法制必须是统一的；第二，为了维护法制的统一，必须建立专门的法律监督机关，这就是检察机关；第三，检察机关必须独立行使检察权；第四，为了保证检察权的独立行使，检察机关必须实行自上而下的垂直领导体制；第五，检察机关的监督范围应当是最广的。"因此，民事诉讼当然应当纳入到检察机关的监督范围之列，检察机关有权进行民事诉讼监督。诉讼活动特别是审判活动所追求的首要价值目标就应当是司法公正，而"在凭借法院自身的力量和条件尚不能充分保证民事诉讼的公正性的现状之下，通过建立和强化检察监督保证司法公正，是实现司法公正的必然要求"。而执行活动是诉讼活动的重要组成部分，所以，检察机关当然有权对民事执行活动进行监督。

3. 民事执行检察监督体制是实现民事执行程序价值的保障。民事执行程序相关制度的设置必须与民事执行程序的价值目标相契合，才能保证民事执行程序更有效的运行。由于对民事执行监督制度的质疑主要是围绕着效率价值和公正价值这两点展开的，所以本文主要从这两个方面对民事执行程序的价值进行论述。首先，民事执行检察监督对执行公正的保障体现在人民检察院依法通过一定的措施来控制和约束民事执行权，"对已逾越法律运行轨道的权力予以纠偏和调节，并依法追究权力主体的法律责任，矫正已遭破坏的分配正义"。这不仅保证了民事执行程序中的程序公正，也维护了当事人的合法权益，保证了实体公正的实现。其次，民事执行检察监督对执行效率的保障体现在，尽管民事执行检察监督可能在司法过程中会增加程序和费用等，表面上会降低执行的效率，但是可以通过检察监督来限制和防止执行人员的恣意、专断、随意性，减少案件的错误执行，努力降低法院在执行工作中不必要的反复、损失等，从而在宏观上保障和提高执行工作的效率。因此，民事执行检察监督体制并没有与民事执行程序的价值取向相冲突，并不会妨碍民事执行程序价值的实现，相反更有助于民事执行程序价值的实现。

（二）构建民事执行检察监督体制的法律依据

然而，检察机关是否有权对民事执行活动进行监督却广受争议。我国《民事诉讼法》仅规定了检察机关有权对人民法院审判活动实行法律监督，但是检察机关监督的这种"审判活动"是否包含了执行活动，该问题引发了审判机关与检察机关之间以及学术界在监督范围上的争论和分歧，并导致了司法实践上的冲突和混乱。对此，笔者认为，检察机关对法院民事执行活动的监督不仅有着明确的宪法依据，而且有着坚实的诉讼法依据。

1. 民事执行检察监督体制的宪法依据

现代社会对公权力的运行都设立了相互制约的制度，防止出现绝对的、不受制约的绝对权力。英国剑桥大学教授阿克顿勋爵有句名言："权力导致腐败，绝对的权力导致绝对的腐败。"法国政治思想家孟德斯鸠在《论法的精神》一书中强调："从事物的性质来说，要防止滥用权力，就必须以权力约束权力。"这种权力制约学说不仅在宏观的国家权力配置与运行中具有一般意义，而且在微观的具体权力运行中也具有现实指导意义。民事执行权是国家公权力，为防止法院及其执行人员滥用民事执行权，就必须在法院外部设计另一种国家权力对其进行约束。司法实践中，检察机关对人民法院在执行工作中的一些错误裁定，向人民法院提出抗诉，最高人民法院却批复拒绝受理。这里且不说运动员自己给自己制定裁判规则是否正当、合法，更重要的是，它反映了没有制约的权力在社会生活中的任性。这种任性的发展，构成对建立一个法治社会的潜在危害。唯有用另外一种国家权力来制约民事执行权，才能从根本上保证民事执行权的正确行使。

我国实行的是议行合一的政治体制，在我国宪政结构中，人大选举产生"一府两院"，在人民代表大会之下，设立政府、检察院和法院，分别行使国家的行政权、检察权和审判权。我国现行宪法第 129 条规定："中华人民共和国人民检察院是国家法律监督机关。"这就决定了检察机关的性质以及与其他国家机关的职能区别，履行法律监督权力成为其宪法义务。"加强对宪法和法律实施的监督，维护国家法制统一"是宪法赋予检察机关的重要职责。基于这样的性质和职责，检察机关依法对法院的诉讼活动进行监督必然是全面的、完整的，那么对民事执行的监督本来就是检察机关法律监督的应有之义、分内之责。如果把执行程序剥离在检察监督之外，既不符合宪法确立的检察监督体制，也难以防范法院"绝对的执行权力"滋生腐败。

2. 民事执行检察监督体制的诉讼法依据

《民事诉讼法》第 14 条规定，人民检察院有权对民事审判活动实行法律监督；第 187 条规定人民检察院对下级人民法院已经发生法律效力的判决、裁定，发现确有错误的，应当依法提出抗诉。上述规定是否就是对民事执行活动进行检察监督的法律依据呢？对此问题，存在两种不同观点。一种观点认为，民事诉讼法将审判程序和执行程序作为两编分别做出规定，在审判程序中规定了检察监督的内容，而在执行程序中并没有做出相关规定，表明执行活动在性质上不同于审判活动，检察监督的对象是民事审判活动，而不包括民事执行活动。另一种观点认为，不能对民事审判作狭义解释，即将其限制于从立案到做出判决或者裁定的环节。从学理上看，就民事诉讼而言，包括我国在内的许多大陆法系国家传统上都将民事强制执行制度视为民事诉讼制度的有机组成部分并规定在民事诉讼法典之中，即对"审判活动"通常都作广义的理解，包含了执行活动。另外，在民事诉讼法制定当时，1991 年 4 月 2 日，在《民事诉讼法》制定当时，全国人大法律委员会主任委员王汉斌同志在《关于〈中华人民共和国民事诉讼法（试行）〉修改草案的说明》中指出："执行是审判工作的一个十分重要的环节，它关系到法律和人民法院的尊严，有效地保障公民、法人和其他组织的合法权益，维护正常的社会经济秩序。目前有些地方人民法院在审判工作中执行难的问题比较突出。"可见，从立法本意上看，民事执行也是包括在民事审判活动中的。因此，对民事诉讼法中的"审判活动"应当作广义的理解，民事执行活动属于检察监督的范围。

（三）国外关于构建民事执行检察监督体制的立法例

考察目前世界各国的立法例，俄罗斯和法国都在立法中明确规定由检察机关对民事执行活动进行检察监督。

1. 俄罗斯关于执行监督的立法

俄罗斯在《民事诉讼法》第428、431条中规定了检察长有权对法院的执行判决提起抗诉，检察长有权提起抗诉的情形包括：①对法院执行员执行判决的方式或拒绝实施判决的行为，可以提出抗诉；②对法院关于法院执行员行为问题作出的裁定可以提出单独的抗诉；③对于法院做出的执行回转问题的裁定可以提出单独的抗诉。

2. 法国关于执行监督的立法

法国在1991年的《民事执行程序法》第11条中明确规定："共和国检察官关注判决与其他执行根据的执行。"第12条规定："共和国检察官得命令其辖区内的执达员给予协助，在法律有特别规定之情形下，检察院依职权追究司法判决的执行。"第39条规定："应持有执行凭证、负责执行的司法执达员的请求，并且根据执达员提出的记录证实其为了执行而试图收集情况没有结果，共和国检察官得进行必要努力，查明债务人以其名义设立账户之机构的地址，以及债务人本人及其雇主的地址，排除查找其他一切情况。"

3. 国外执行监督立法对我们的启示

俄罗斯和法国关于民事执行检察监督体制的规定，说明了民事执行检察监督体制的可行性，并对我国相关体制的构建有很大的借鉴意义。以俄罗斯为例，"从权力结构角度讲，我国的检察机关与俄罗斯检察机关的性质更为接近"。列宁的法律监督理论认为应当"使法律监督权从一般国家权力中分离出来，成为继立法权、行政权、司法权之外的第四种相对独立的国家权力"。我国虽然没有完全按照该学说将检察权作为第四种国家权力分离出来，但是却在立法机关、行政机关、审判机关之外设置了检察机关，并在宪法中明确规定人民检察院是行使国家法律监督权的专门机关，监督国家法律的实施和执行。应该说我国目前对于检察机关的性质定位与俄罗斯对检察机关的定位相近，两个国家的制度基础有着很大的相似性。因此，俄罗斯赋予检察机关执行监督权的规定，对于我国是有很大的借鉴意义的，说明了在我国的现行体制下，民事执行检察监督体制是可行的。虽然由检察机关对民事执行监督不是世界的立法通例，但是这并不能成为否定或质疑民事执行检察监督体制合理性的理由。各国对于民事执行权的行使主体的规定不同，比如德国和我国的台湾地区规定由检察机关行使部分的民事执行权，这样的制度下当然不可能由检察机关进行执行监督。由此可见，由于执行权行使主体的不同，再加上检察制度的不同，各国的民事执行监督体制存在差异是非常正常的。因为没有世界普遍遵循的立法例，就否定民事执行检察监督体制是不合理的，我们应该更多的关注、思考、借鉴与我国制度基础相类似的国家的相关规定。

四 构建民事执行检察监督体制面临的困难

构建民事执行检察监督体制是完全必要的。但是，从目前来看，在我国建立民事执行检察监督体制，仍面临着很多困难和障碍，其中最关键的是法律规范的不足和观念的障碍。

（一）现行法律规范的不足

1. 法律规定模糊

我国宪法中明确规定由人民检察院行使检察监督权，人民检察院是我国专门的法律监督机关。这明确了我国人民检察院的性质和功能，但是却没有对人民检察院的监督范围加以明确，使得人们对于检察监督权中是否包括民事执行监督权产生了争议。我国现行《民事诉讼法》第14条规定：人民检察院有权对民事审判活动实行法律监督。这条规定虽然明确肯定了人民检察院的审判监督权，但是人们对于"审判活动"又有或广义或狭义的理解，因而针对人民检察院是否享有民事执行监督权产生了两种相反的观点。另外，我国检察机关目前的监督方式，也具有明显的缺陷和不足。首先是单一性，《民事诉讼法》将人民检察院的民事检察监督手段仅确定为审判监督程序提起抗诉的一种，检察院即使发现了在审判之前的民事行为和审判活动中存在错误也无法通过其他手段及时进行监督、纠正。其次是弱质性。《民事诉讼法》赋予了人民检察院实行监督、抗诉的权力，但没有赋予其相应的实现抗诉权的手段。检察抗诉权在现阶段实际上更似"纠错建议权"，然而建议权不是根本上的权力。

2. 最高人民法院关于否定执行检察监督权的批复

关于人民检察院是否有权监督人民法院的民事执行活动，现行法律没有作出明确肯定或否定的规定，但最高人民法院的司法解释却明确地否定了人民检察院进行民事执行监督。

最高人民法院《统一管理执行工作规定》也做出了类似的规定，其中第1条就规定：高级人民法院在最高人民法院的监督和领导下，对本辖区执行工作的整体部署、执行案件的监督和协调、执行力量的调度以及执行装备的使用等，实行统一管理。此外最高人民法院又以批复形式否定了人民检察院以抗诉、提出暂缓执行建议的形式对民事执行进行监督。例如1995年8月10日最高人民法院做出的《关于对执行程序中的裁定的抗诉不予受理的批复》。在答复广东省高级人民法院的请示时指出："人民法院为了保证已经发生法律效力的判决、裁定或者其他法律文书的执行而在执行程序中做出的裁定，不属于抗诉的范围。因此，人民检察院针对人民法院在执行程序中做出的查封财产裁定提出抗诉，于法无据，人民法院不予受理。"2000年6月21日最高人民法院做出的《关于人民检察院对撤销仲裁裁决的民事裁定人民法院如何处理问题的批复》指出："对于执行程序中撤销仲裁裁决的民事裁定，检察机关提出抗诉的人民法院不予受理。"2000年7月10日最高人民法院做出的《关于如何处理人民检察院提出的暂缓执行建议问题的批复》指出："根据《中华人民共和国民事诉讼法》的规定，人民检察院对人民法院生效民事判决提出暂缓执行的建议，没有法律依据。"从法院的司法解释来看，对于民事执行活动，仅限于人民法院的自我制约，而完全否定了人民检察院对民事执行的检察监督。

3. 对现行法律规范的评价

如前所述，有些地方的人民检察院已经根据现实的需要，开始尝试监督民事执行程序，并收到了良好的效果。但是不得不承认的是，在现行法律制度下，这些尝试和实践的确缺乏法律依据。不难看出，现行的法律制度不仅给理论界带来了困扰，也导致了实务界操作的混乱。突破和修订现行的法律制度，是建立民事执行检察监督体制的首要和关键环节。

（二）观念上的障碍

1. 检察监督有碍执行效率

与法律规定的不足相比，构建民事执行检察监督体制所面临的更大的困难是观念，反对民事执行的检察监督的主要理由是认为检察监督有碍执行效率。作为执行机关的人民法院对于人民检察院的监督显得很抵触。法院认为现在执行人员在执行工作中面临的困难和阻力已经很多，人民检察院监督民事执行程序势必会影响民事执行程序的效率，加大执行工作的难度，与民事执行程序的价值追求相悖。

另外，虽然检察监督是宪法所明确规定的，是人民检察院的重要职责所在，并在刑事诉讼中已经得到了非常大的重视。但在民事诉讼领域中，人民检察院的检察监督无论是在法律制度中还是在实践中都没有得到充分体现。由于法律规定的不足和模糊，人民检察院对自己的职责也定位不明，导致人民检察院在民事诉讼中行使检察监督权时难免有些"底气不足"。而且老百姓对于检察监督权也知之甚少，更谈不上通过人民检察院在民事执行程序中维护其合法权益。

总之，人民检察院在民事诉讼中的检察监督权没有得到足够的重视，人民法院从执行实务的角度抵触人民检察院对民事执行程序进行监督，而由于立法的模糊，人民检察院在民事执行程序中也有所顾及，更是无法有太大的"作为"。

2. 对观念障碍的评价

如前所述，民事执行的检察监督不但不会妨碍执行效率，反而是实现民事执行程序价值的保障。尽管民事执行检察监督可能在司法过程中会增加程序和费用等，表面上会降低执行的效率，但是可以通过检察监督来限制和防止执行人员的恣意、专断、随意性，减少案件的错误执行，努力降低法院在执行工作中不必要的反复、损失等，从而在宏观上保障和提高执行工作的效率。

五　构建民事执行检察监督制度的初步设想

（一）民事执行检察监督启动模式的限定

1. 民事执行检察监督程序的启动应以当事人申请启动为原则

民事执行检察监督启动模式的限定民事执行检察监督程序由谁来启动，涉及当事人主义模式和职权主义模式的选择。笔者认为民事执行检察监督程序的启动应以当事人申请启动为原则，民事执行不同于刑事执行和行政执行，涉及私权的处分，依照民事诉讼的"意思自治原则"，当事人和案外人有权处置自己的实体权利和诉讼权利，在当事人和案外人没有提出申诉的情况下，检察机关不应当介入。但是，如果民事执行影响到国家利益和社会利益，比如当事人双方恶意串通，利用法律赋予的处分权侵害国家和社会利益，则检察机关可以依职权启动民事执行检察监督程序，这就是民事执行检察监督以当事人申请启动为原则，以检察机关可以依职权启动为例外的启动模式。

2. 当事人申请启动原则之原因

民事执行检察监督制度尽管是一种公力救济制度，但这并不能改变私权的可处分性。由于执行标的具有私权性质，当事人对私权具有处分权，因此当事人可以根据执行情况衡量自身的利害得失，最终决定是否申请启动民事执行检察监督程序。这是当事人主义在民事执行检察监督制度中的体现，也是民事诉讼法处分原则在这项制度中的贯彻执行。但民事执行在有些情况下，不仅涉及当事人双方的个人利益，而且还会影响到国家和社会的利益。在我国的宪政体制下，检察机关成为国家和社会利益的应然代表，因此，在双方当事人通过民事执行损害国家和社会利益的情况下，检察机关当然可以依职权启动民事执行检察监督程序。但为了避免造成对当事人处分权的不当干预以及妨碍民事执行的高效运行，检察机关依职权启动检察监督程序应当严格地限定在国家和社会利益受到损害的边界范围内。

（二）民事执行检察监督的范围

1. 执行依据违法。指法院错误执行了未发生法律效力或不具有法律效力的文书，如执行了正在上诉期的判决、裁定，或执行了当事人案外达成的和解书，或执行了不符合法定要求的仲裁机构制作的裁决书等。

2. 执行裁决违法。指法院做出的涉及当事人实体权利和诉讼权利的裁定和决定，其在认定事实和适用法律方面违反法律的规定，如执行过程中做出的错误裁定、决定，如不予执行裁定、中止执行、终止执行裁定、变更或追加被执主体或执行担保人的裁定。

3. 执行措施违法。由于执行措施具有强制性，因此这也是执行监督的重点，包括冻结、划拨和提起被执行人存款或收入措施违法查封、扣押、冻结、拍卖或变卖被执行人财产措施违法；搜查措施违法；让被执行人交付法律文书指定的财物或票证违法；让被执行人迁出房屋或退出土地的措施违法；让被执行人强制完成法律文书指定行为的措施违法。

4. 执行范围违法。指执行裁定确定的范围超出了作为执行根据的法律文书所确定的范围，如不按生效法律文书所确定的标的额执行，或者错误地执行了案外人或同案其他当事人的财产，或者未按法律规定保留公民及其抚养的亲属必要的生活费和生活资料等等。

5. 执行人员的枉法行为和不作为行为。指执行人员在民事执行活动中挪用、侵占执行款物、贪污受贿、严重不负责任或者滥用职权，不依法采取诉讼保全措施、不履行法定执行职责，或者违法采取诉讼保全措施、强制执行措施，致使当事人或者其他人的利益遭受重大损失的行为。

（三）检察机关对民事执行活动实行监督的具体方式

1. 抗诉。抗诉是现阶段民事行政检察监督的最主要手段，所谓执行抗诉就是人民检察院认为执行机构的执行行为违反法定程序，损害了执行当事人或者案外人的合法权益，损害了国家法律制度的权威与尊严，依法提出抗诉，要求执行机构依法纠正错误的法律制度。

执行抗诉的事由主要分为两大类：一是执行行为确有错误。也就是执行及其人员实施的迫使义务人履行义务的行为违反法定程序或者存在其他明显错误。二是与执行相关的判决、裁定、决定、命令确有错误。此处所谓的判决、裁定、决定、命令，应当限于执行机构在执行程序中做出的判决、裁定、决定，而不包括审判机构做出的判决、裁定、决定。对于后者，人民检察院应当依再审程序的规定提起抗诉，而不是执行抗诉。

对抗诉案件的审理，由人民法院设置的执行裁判监督庭负责。执行裁判就是由执行法官组成的行使执行裁判权的机构，抗诉案件应当由合议庭进行审理，一般由 3 名法官组成合议庭对案件进行审理做出裁判，并采取公开开庭的方式审理，即通过传唤双方当事人同时到庭、以公开的方式进行审理。同时，执行抗诉案件时，应当通知提起抗诉的人民检察院和执行当事人出庭。抗诉与案外人异议有关的，还应当通知提出异议的案外人参加。执行机构审理执行抗诉案件时，提起抗诉的人民检察院应当派员出席法庭审理，以支持抗诉。对执行抗诉案件在审理后，应当以书面裁定的方式结案，并将书面裁定抗诉的人民检察院，同时送达执行当事人与利害关系人。执行行为、判决、裁决定及命令确有错误的，执行裁判监督庭应当纠正；没有错误的，应当依法维持对抗诉案件的审理结果，执行当事人或利害关系人可以提起上诉或申诉。

2. 检察建议。检察建议是指检察机关针对个案执行过程中存在的一些问题，如拖延执行、执行不力或执行瑕疵及工作失误等，依据事实和法律向执行机关提出意见或建议，督促其采取相应措施改正工作失误或弥补瑕疵。根据《人民检察院民事行政抗诉案件办案规则》第 47 条规定："有下列情形之一的，人民检察院可以向人民法院提出检察建议：（一）原判决、裁定符合抗诉条件，人民检察院与人民法院协商一致，人民法院同意再审的；（二）原裁定确有错误，但依法不能启动再审程序予以救济的；（三）人民法院对抗诉案件再审的庭审活动违反法律规定的；（四）应当向人民法院提出检察建议的其他情形。"其中的第（二）（四）项规定就成为检察机关以检察建议的方式对民事执行工作进行监督的法律依据。在民事执行监督方面走在前列的海南省人民检察院和重庆市人民检察院就是大量采取了检察建议的方式。但是在实践中，检察建议遇到的最大问题就是其效力问题。现行法律未明确规定检察建议的效力，导致法院可能对检察建议不予理睬或不予答复，这无疑将有损检察机关的权威，因此，在今后的相关立法中，有必要对检察建议的效力予以明确规定。

3. 纠正违法通知书。纠正违法通知是指检察机关对民事执行中较严重的违法行为提出书面纠正意见，并通知法院予以纠正的一种监督方式。纠正违法通知书的法律效力与检察建议相比较高，但其适用对象相对较为狭窄，主要适用于违法程度较为严重的情形，一般情况下执行部门均应当依法接受并按照司法赔偿案件确认程序及其他法定程序处理，或者采取相应措施自行纠正违法行为，以确保其严肃性。

4. 异议之诉。异议之诉是指法院在对生效民事判决强制执行过程中，案外人对执行标的提出异议或主张权利而向法院提出不准强制执行的诉讼。从法理上讲，一般情况下只有公民、法人或者其他组织才能成为异议之诉的当事人，但当案件涉及国家和社会公共财产被错误执行而又无人提出异议时，检察机关应当享有提起异议之诉的原告资格，这与检察机关作为国家和社会公益代表的身份相符，也有助于保护国家与社会公益。

5. 要求说明理由。《民事诉讼法》第216条规定：执行员接到申请执行书或者移交执行书，应当向被执行人发出执行通知，责令其在执行的期间履行，逾期不履行的，强制执行。《执行规定》第107条规定：人民法院执行生效法律文书，一般应当在立案之日起6个月内执行结案，但中止执行的期间应当扣除。人民法院在执行过程中贵在迅速、准确。而在执行实践中人民法院拖延执行、超期执行的现象十分普遍，近年来，法院司法信用丧失的主要因素，与民事执行中"打白条"问题相关，而这种"司法白条"中当事人最不满意的就是法院不执行或怠于执行。要解决此类问题，首先应解决法官与当事人之间信息不对称的问题，让当事人能够了解民事执行活动的真实信息，因此除了要加强执行工作的公开外，还应建立相应的保障机制。由同为司法官员的检察官向执行人员发出要求说明不予执行通知书，强制要求其披露执行信息，这既是一种权力对权力的制约，更是实现、救济当事人权利的一项诉讼民主内容。具体来说，说明不予执行、怠于执行、超期执行理由通知书由执行机关的同级人民检察院根据执行当事人的申请发出，接到通知的执行机关应当在一定期限内以回函形式向人民检察院说明理由。为了保证执行效率，回函期限不应过长，可以规定执行机关应当在接到通知之日起 7 日内说明理由，未在规定期限内说明理由的，人民检察院有权提请执行机关的上级人民法院责令其说明理由。人民检察院应将回函内容告知当事人。如果人民检察院经审查认为执行机关的理由不成立，执行机关有怠于执行等不尽力执行的情形时，可以借鉴法国的做法，赋予人民检察院调查权，收集被执行人及其财产的相关信息，将自行调查的决定及调查的结果同时送交负责执行的人民法院及其上级人民法院，并向执行法院发出督促执行意见书。负责执行的人民法院应当接受人民检察院发出的督促执行意见书并依据或参考人民检察院的调查结果，及时执行。

6. 命令追加调查和自行补充调查。法国民事执行法规定，共和国检察官"可以命令（执行员）追加调查"，"检察官有权要求被搜查方提供情报，他们不得以保密义务为由予以拒绝"。笔者认为，构建我国检察机关民事执行监督职能时也应当借鉴这一规定，当执行人员对检察机关要求说明不执行或怠于执行通知书的回复理由不成立，或者执行人员不收集债务人情报时，检察机关可以向执行人员发出追加调查令督促其进行调查，如有必要检察机关也可自行进行调查，该项权力事实上是前一项职权的自然延伸。

7. 现场监督。参与民事执行活动并实施现场监督。检察机关参与民事执行，并不表示其拥有行使或停止民事执行的权力，因为"检察长的责任是使任何地方政权机关的任何决定不同法律抵触。所以检察长无权停止执行"。检察机关参与民事执行的主要任务是通过现场监督及时发现和制止、纠正在执行现场可能出现的违法或违规情形，具体可以采取当场指出并要求纠正的方式，对于执行人员不采纳现场检察监督意见的，则应制作《民事执行案件现场监督情况登记表》，完整记录现场执行情况，事后通过发书面检察建议的方式促使其纠正。

8. 依法查处执行中的违法犯罪行为。近年来，有关执行人员利用职务之便，贪污、挪用、索贿受贿，搞权钱交易，严重违反程序办案，徇私舞弊、玩忽职守的情况并不少见，执行人员走向违法犯罪道路的比例明显高于法院其他审判人员就是一个很好的例证。民事执行活动中的这些违法行为，不仅影响生效民事法律文书的正确执行，损害了当事人或案外人的合法权益，而且严重损害法官的形象，亵渎了法律的尊严。检察机关通过依法受理对法院执行人员存在上述违法、违纪行为的举报并予以查处，既是履行其查办职务犯罪、打击腐败的神圣职责，也是对民事执行活动实行法律监督的重要体现。

六 结语

"执行难""执行乱"问题，不能仅仅归因于执行人员自身的素质不高，更重要的是制度原因是民事执行的内部监督难以逃脱"自家人难揭自家短"的局限。民事执行监督的形式和内容十分广泛，不仅包括立法机关、人民检察院等的权力监督，而且包括新闻媒体、执行当事人甚至案外人的权利监督。然而，作为国家专门法律监督机关的人民检察院的监督，应当是民事执行监督体系中最重要、最有效的成分。

从权力规范体系的完整性看，民事执行的检察监督有助于规范法院行使民事执行权；从司法实践的现实需要看，民事执行的检察监督能够起到制约法院执行行为的效果。所以，在民事执行活动中引入检察监督是非常必要的。从理论依据上讲，民事执行权的权力性质、民事检察监督权的性质决定了检察机关对民事执行的监督权，而且民事执行检察监督体制是实现民事执行程序价值的保障；从法律基础上讲，检察机关对民事执行活动的监督不仅有宪法依据，也有诉讼法上的依据。但是，现行法律规范对检察机关民事执行监督权的规定并不十分明确，而且最高人民法院又屡次以批复的形式否认民事执行检察监督权，致使检察机关对民事执行活动的监督陷入尴尬境地。

民事执行检察监督程序的启动应以当事人申请启动为原则，针对执行依据违法、执行裁决违法、执行措施违法等情况分别采取抗诉、检察建议、纠正违法通知书等监督方式。

作为基层检察院的检察官，我们对"执行难""执行乱"问题的症结深有体会，根据自己的经验、体会，在查阅大量资料的基础上，试图通过本文的写作，为改革和完善执行监督，切实提高执行效率和维护执行参与人的合法权益及国家法治权威起到些许作用。

（作者单位：荣成市人民检察院）

第三方涉税信息采集与分析利用初探

黄玉远

随着社会主义市场经济的快速发展，税源构成和征税环境都发生了深刻的变化，纳税人数量不断增长，组织形式趋向多元化，经营方式也越来越复杂，总分机构、母子公司、跨国跨地区经营的企业集团不断涌现，征纳双方信息严重不对称的矛盾日渐突出，偷漏税隐蔽性更强，对税收管理工作提出了严峻的挑战。如何充分利用第三方信息资源，破解税收管理难题，进一步提高税源监控管理水平，成为各级面临的重要课题

一 第三方涉税信息的概念和主要内容

第三方涉税信息，是指征纳双方之外的其他机关、事业单位或企业个人提供的、与纳税人的生产经营活动和税务机关的征收管理有一定联系的数据。其主要来源和信息内容如下：

工商局：提供设立、变更、注销登记等，用来比对漏征漏管户。

统计局：提供统计月报、经济普查信息，用来进行经济税收分析，明确工作方向。

财政局：提供计征契税情况和财政收支情况，用来监控房地产企业销售情况。

房产管理局：提供商品房预售许可证信息、房产转让信息、房产租赁信息、房屋销售信息，用来加强房地产企业所得税管理。

外汇管理局：提供非正常核销信息，用来与纳税人出口正常收汇核销情况比对分析。

科技局：提供专利技术转让信息、高新技术企业审批信息。技术转让信

息可查找申报表"收入符合条件的技术转让所得"是否属实，外国企业专利技术受让单位信息可用来查找应扣未扣预提所得税情况。高新技术企业名单可监控所得税优惠政策执行情况。

发改委：提供计划投资项目立项批复信息、房地产开发项目成本参照信息，为国税部门进行企业所得税监控提供参考。

民政局：提供民办非企业单位和社会团体信息，用来比对税务登记，查找漏管户。

外经贸局：提供对外贸易进出口综合信息、对外贸易进出口主要市场信息、加工贸易信息、出口企业自营进出口权登记、变更、注销登记底册等，用来监控出口退税管理情况。

海关：提供进料加工核销手册、报关单等，用来监控出口退税管理情况。

国土资源局：提供土地使用证发放信息、土地转让信息等，用来加强房地产企业所得税管理。

国资委：提供企业兼并、改组改制信息、企业破产信息等，用来加强税务登记管理、税款清算、欠税追缴等。

建委：提供建设施工许可证信息、材料设备招标信息、监理招标申请信、设计招标申请信息、勘察招标申请信息、直接发包信息，用来加强房地产企业所得税管理。

商检局：提供进口设备信息，国税机关筛选出可能存在的应扣未扣预提所得税情况，避免非居民所得税税款流失。

公安局：提供车辆登记信息，用来比对车辆购置税缴纳情况。

残疾人联合会：提供残疾证信息，用来与税务登记信息比对，查找异常纳税人。

卫生局：提供各医院药品、医疗器械和耗材统一采购信息，用来与供货企业申报信息比对。

供电公司：提供电力销售信息，用来评估纳税人增值税申报真实性。

水务集团：提供自来水销售信息，用来评估纳税人增值税申报真实性。

地税局：提供企业所得税应税所得率、工资薪金明细等，用来与国税企业所得税管理情况比对。

各大银行：人民银行提供非贸易及部分资本项目下对外付汇信息，用来监控非居民企业所得税缴纳情况；专业银行提供资金流，用来监控纳税人是否隐匿业务收入。

政府采购中心：提供集中采购信息，与供货企业申报信息比对，强化增值税管理。

保险公司：提供车辆事故理赔信息，用来对汽修行业增值税进行监控。

医保管理部门：提供医保卡刷卡信息，用来与医药零售纳税人的申报情况比对。

烟草公司：提供烟草批发信息，用来与烟草零售收入比对，强化增值税管理。

质监局：提供企业法人代码信息，用来加强税务登记管理。

其他部门：税务机关还可从铁路、公路、机场等货物运输单位，了解纳税人物流情况，为纳税评估提供参考。

二　第三方涉税信息应用面临的主要问题

（一）信息交换法律法规不健全，可操作性不强。2001 年颁布的征管法对政府部门信息共享只做了框架性的要求，至于哪些部门应该提供、提供什么内容、以什么方式提供、提供时限是什么、不提供的惩戒措施如何等都没有相关法律法规予以明确。刚性文件的缺乏，使税务机关在协调社会其他部门提供数据的过程中，处于十分被动的局面，受到的阻力较大。

（二）部门协作意识差，数据来源渠道少。当前只有工商局和各地税务机关合作比较密切，能够定期提供注册登记信息，其他单位尤其是垂直管理的非政府部门出于自身利益考虑，积极性和主动性普遍不高。他们往往以上级规定、数据保密等各种理由为借口，拒绝提供数据。有的虽然勉强同意提供数据，但每提供一次都需要单独协商，没有形成制度化、常规化的数据共享机制。

（三）税源监控手段不全面，管理方法单一。不少税务部门对第三方信息的重要性没有引起足够重视，或迫于取得渠道上的客观困难，所掌握的征管数据仍然依赖于纳税人自己报送的申报表、财务报表等静态信息，没有主动引入销售、成本和资金流转等方面的动态信息，数据失真的情况时有发生。日常监控工作中，税务人员利用这些数据自身进行案头评估，只能发现逻辑错误以及零申报、长期低税负等浅层次问题，较难抓住问题要害，税收管理仍显粗放。

（四）信息化支撑不足，数据综合利用效率低。对外，没有形成统一的信息交换平台，数据主要以 excel 表格的形式通过电子邮件或移动 U 盘进行传递，保密性差，安全性也得不到保障，还有的职能部门只提供纸质报表，数据需税务人员手工录入相关软件才能使用；对内，由于数据比较零星分散，大部分税务机关没有建立专门的第三方数据分析利用平台，所取得的数据主要依靠人工分析或部分导入已有系统辅助分析。由于不同人员对数据的分析能力不同以及数据解释缺乏统一的口径和标准，致使利用率大打折扣。

三　加强第三方涉税信息应用的措施和建议

（一）完善法律法规，为第三方信息采集提供政策依据。实践证明，是否具有详细的法律规定，是税务机关能否顺利获得第三方信息的重要因素。目前，《征管法》对工商局提供的数据内容进行了明确，这也是工商局协税态度要明显好于其他单位的重要原因。新形势下，要充分调动全社会协税护税的积极性，就必须进一步强化立法，在现有法律法规中补充完善社会综合治税条文，对第三方涉税信息相关部门的职责义务、信息内容、提供时限、保密要求、使用权限、违规处罚等做出明确规定，借助法律法规的权威性和约束作用，打破部门壁垒，扫清人为设置的各种障碍，提高信息采集的可靠性和及时性。

（二）健全联动机制，为第三方信息共享提供政府支持。在当前还没有可操作性较强的法律作保障的情况下，政府牵头、各部门通力配合成为加快第三方信息共享的关键。一是及时出台规章制度。充分发挥政府职能作用，规范各单位职责范围和数据传递方式等。税务机关要加大税收宣传力度，主动加强与政府其他部门的沟通，积极争取社会各界的理解和支持，促进制度的贯彻落实。二是加强督导考核。将信息共享纳入政务目标管理考核，由税源管理办公室检查通报各单位信息情况。对协作不力、消极应付者，给予必要的责任追究，并在绩效考核中相应扣分。定期召开联席会议，总结前期工作开展情况，调整数据提取需求，统一取数口径，将税务机关的一对一单线联系，变成有组织、有考核的多部门配合。三是建立激励机制。税务机关及时将第三方数据分析利用的成果上报当地政府，政府根据贡献大小，对提供信息准确、协作态度好的部门给予必要的经费支持和精神鼓励，并体现于目标管理考核中，充分调动各部门协税护税的积极性、主动性。

（三）搭建网络平台，为第三方信息应用提供技术支撑。随着信息化的快速发展，县级以上政府部门都已建有成熟的电子政务网络，税务机关要积极协调当地政府，充分利用现有网络条件，由政府组织搭建统一的第三方信息共享平台，实现信息的自动传递和监控考核的自动处理。不仅达到规范操作的目的，各相关部门还可在政府提供的"信息超市"中各取所需，借助平台进行更深入的工作交流与合作，进一步提高全社会的信息共享水平。在税务系统内部也要建立方便快捷的第三方信息综合分析利用平台，对各种渠道的数据资源进行科学的归集整理，并与现有征管系统中的数据比对分析，将任务自动分解下达基层分局，核实结果也通过平台进行反馈处理，实现全过程的信息监控。

（四）深入分析挖掘，切实发挥第三方信息税源控管作用。将外部信息与税务机关掌握的内部信息充分融合，深入查找征管薄弱环节，不断提高精细化管理水平。一是对海量信息进行加工整理，优化基础数据质量，通过去粗取精、去伪存真，将真正有价值的信息纳入后续的比对管理。二是建立科学严密的指标体系，综合运用多种统计分析方法和数据仓库挖掘技术，建立数学模型，纵向和横向关联比对，剖析可能引起税收流失的各种因素，找准税收管理风险点，探索税收管理规律。三是完善数据处理分析体系，针对第三方信息特点，建立相应内部管理制度，明确不同岗位的数据分析职责和不同环节的分析重点，充分调动各级涉税信息分析的积极性，形成分析、评估、监控、稽查四个环节协调有序，省、市、县、基层分局多级联动，宏观分析、微观分析有机结合的良性互动局面。

四　第三方涉税信息处理流程和平台搭建

威海市国税局自 2000 年起开始探索第三方涉税信息综合利用的有效途径，积极借助社会力量，不断拓宽信息管税渠道。目前，已搭建了完善的涉税信息处理平台，定期与二十多个部门进行数据交换，形成了 53 个分析指标，取得了显著成效。今年前三季度，累计接收第三方信息 192 万条，经过分析评估，查补税款 4892 万元。综合威海市国税局的涉税信息利用实践和税源管理工作需要，第三方涉税信息处理流程和平台搭建应包括如下内容：

（一）基本流程和总体架构

第三方涉税信息具有来源渠道广、离散性高、标准不统一、内容不确定等特点，加之社会不同部门之间信息化发展状况不平衡，数据结构十分复杂，必须建立灵活的采集平台、预处理平台和综合利用分析平台，对数据进行分类处理，才能真正实现信息管税的目的。基本流程和总体架构如图一所示：

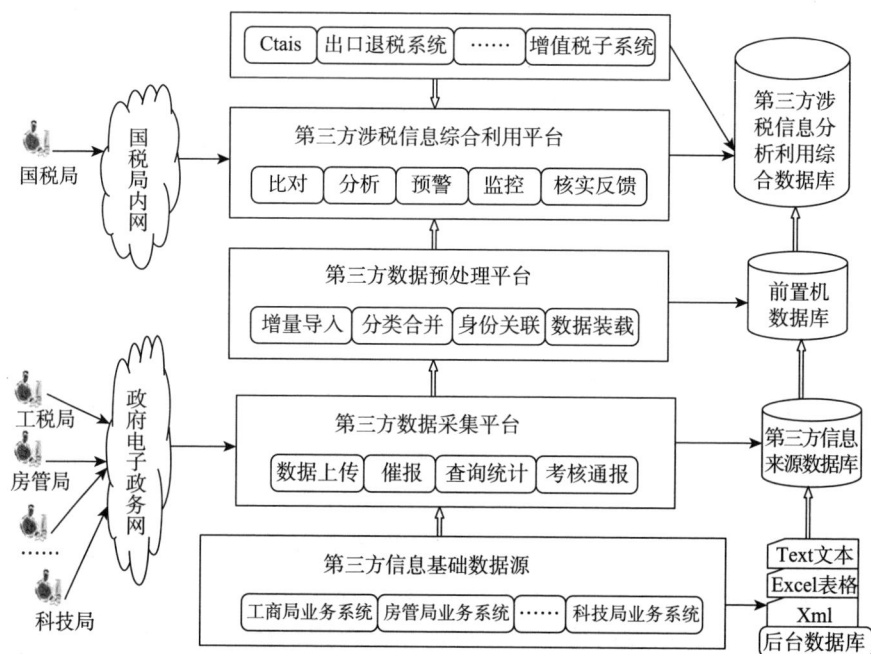

图一　第三方涉税信息基本处理流程和总体架构图

（二）数据采集

1. 采集平台架构

采集平台通过政府电子政务网将涉税信息提供部门相互联系起来，税务部门与信息提供部门制定初步的接口标准和传递模式，对于数据量少的单位可通过 Text、Excel、Xml 文本格式传递，对于工商局、地税局等数据更新频率高、传输量大的单位可通过大型数据库后台方式连接。从方便使用和管理的角度出发，采集平台服务器可放于国税局、地税局或财政局，架构如图二所示。

2. 采集平台技术实现思路

采集平台的功能模块必须能动态加载，以便新的联网部门数据能快捷地融入已有流程和信息系统中。从技术实现来看，如图三所示，平台应包括元数据层、业务逻辑层和展现层。数据层是平台可扩充能力的重要基础，可进一步细化为元数据层和通用数据访问层，元数据层描述数据存取方法，定义数据存取逻辑，便于税务部门根据第三方数据来源和业务需要，定义采集模型，元数据层还应提供数据字典的管理能力，使上层应用配置具有强大的灵活性，所有数据属性的变化都可以通过参数配置完成。通用数据访问层管理数据源的驱动，屏蔽数据库差异，为上层提供简单一致的数据调用接口，并负责解析元数据，形成访问 SQL，根据元数据的表间约束将相关数据存入后台。

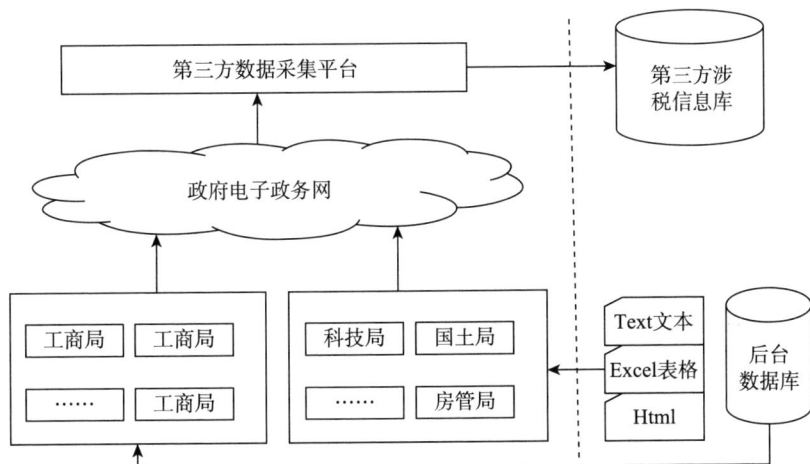

图二　第三方涉税信息采集平台架构图

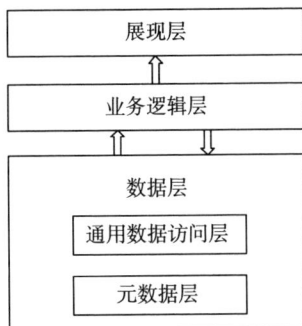

图三　第三方涉税信息采集平台逻辑结构图

3. 采集平台主要业务功能

从业务功能来看，采集平台应包括模型定义、数据导入、数据催报、传输日志查询、数据利用成果上传、考核通报、数据传输利用情况分析等。税务部门通过采集模型定义模块，设置外部信息的数据项和约束规则，通过催报模块，对未及时上报的协税部门发送催报信息，并将数据分析利用成果上传采集平台；政府部门通过考核模块查看数据传输利用情况，并进行双向考核，对未及时上报的协税部门进行通报，对未及时利用数据的税务部门也进行通报，对协税成果显著的单位进行表扬，系统自动生成绩效考核分数。平台功能和各部门在平台中的职责如图四所示：

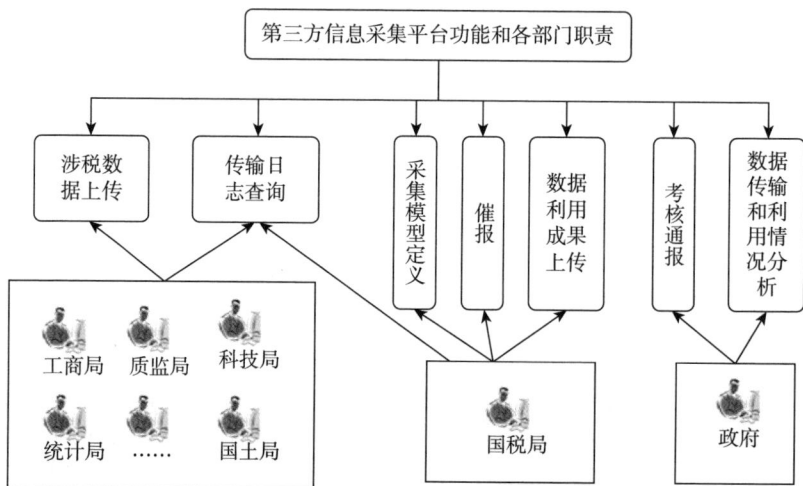

图四　第三方涉税信息采集平台功能和各部门职责

（三）数据清洗和加工梳理

第三方涉税数据必须经过一定的清洗、转换和加工梳理，才能成为税务机关可以利用的有效信息。处理步骤如下。

1. 增量导入。根据数据唯一性标志，将采集平台的增量数据传入预处理平台数据库中，剔除重复数据和人为失误上传的垃圾数据。该唯一性标志可以是所属日期或上报日期等，也可以是协税部门提供的报表主键。

2. 分类合并。水、电信息具有数据量大且一户多条记录的特点，必须设立分类条件，剔除明显不具有纳税特点的个体居民水电信息，只保留纳税户数据，并将同一户多个水表或电表的数据进行汇总，归并成一条记录。

3. 身份关联。身份关联是数据预处理的关键步骤，目的是将第三方涉税数据与征管系统中的纳税人建立联系，可采取自动关联和手动关联相结合的方式。对企业而言，自动关联项可信度最高的是企业名称，只要名称完全相同，且是一对一的比对结果，即可将征管系统中的纳税人识别号赋予该第三方信息表的相应记录；对个体户而言，由于重名的现象比较突出，仅将业户名称作为自动关联条件显然是不够精确的，自动关联项至少应包括业户名称和身份证号码两个约束条件，有时还需再加上经营地址，三个条件组合起来才能确定某条第三方数据归属于哪个纳税人。手动关联可设定关键字进行模糊查询，根据查询结果手工将纳税人识别号填入第三方信息原始数据表中。关联关系确定后，以后的预处理皆以前一次的结果为基础，只对新增户进行身份确认。

4. 数据装载。将清洗干净的数据装入数据分析利用平台数据库中，为后续分析利用做好准备。

（四）分析预警和落实反馈

1. 综合利用平台功能架构

数据加工整理好之后，下一阶段的关键任务就是以第三方涉税信息为基础，搭建第三方数据综合利用平台，分析纳税疑点，查找征管薄弱环节，探索税收管理规律。平台总体功能架构如图五所示：

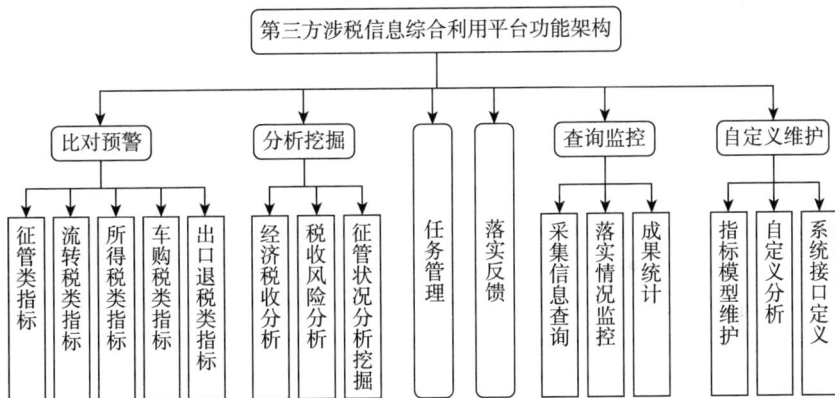

图五 第三方涉税信息综合利用平台功能架构图

2. 比对预警

大部分第三方涉税数据具有较强的针对性，可以直接用来与税务机关所掌握的征管数据进行比对。税务人员只需将相关指标的比对公式定义到综合利用平台中，系统会自动产生精确的预警信息，应用效果十分显著。如通过工商局提供的登记信息可以查找漏征漏管户，通过房管局提供的房屋销售信息、医保部门提供的刷卡信息可以发现隐匿销售收入情况，通过水务公司、电业公司提供的水电信息，采用以耗定产等方法，可以评估纳税人申报的真实性。

3. 趋势分析

经济决定税收，统计局等部门可以为税务机关提供工业增加值、进出口总额、固定资产投资总额等大量本地经济发展状况方面的数据。这些总量信息不能直接用来比对某一户纳税人的申报情况，但税务机关可以这些数据为参照，采用回归分析、基比分析等数理统计方法，结合企业财务数据和税收数据，科学预测税收发展趋势，并与同级税务机关进行横向对比，从宏观上判断本单位的整体征管情况，以客观数据辅助税收决策。

4. 关联挖掘

第三方涉税信息和征管信息的不断积累，为税务机关深化纳税分析提供了丰富的数据资源，应充分利用数据仓库等先进计算机技术，构建 MOLAP 多维分析模型，采用关联分析、聚类分析等数据挖掘方法，提取隐含在海量信息中的知识和规律，实现数据增值利用，强化税源动态监控。

5. 核实反馈

上级机关根据分析比对结果的不同，可采取不同的处理方式将任务逐级下达到基层。对于直接比对出来的纳税疑点信息，以纳税人识别号为关联项，由系统自动下发到税收管理员；对于管理建议类的、经验成果类的信息和找不到纳税人识别号的漏征漏管户信息，可先下发到下一级税务机关，再通过软件手动分派到具体工作人员。基层单位对接收到的纳税疑点进行评估、核实，查找征管漏洞，提出整改措施，并将调查落实情况反馈上级税务机关。

五 结论

强化第三方涉税信息利用是提高税源精细化管理和科学化管理水平的必然要求，也是落实总局信息管税工作思路的重要手段。当前形势下，税务机关只有加强与社会职能部门的沟通和协调，积极争取当地政府的支持，并以现代信息技术为支撑，才能建立广泛的社会协税护税网络，促进税收与经济的协调发展。

（作者单位：威海市国税局 课题组成员：曲仕军
时 晓 陈大维 杜庆珍 段桂亭）

半岛地区发展蓝色经济的对策性分析

马桂华

　　山东是海洋大省，海洋区位优势、资源优势和科技优势十分突出。历届省委、省政府都十分重视海洋经济的发展，特别是实施"海上山东"建设战略以来，我省海洋经济取得了显著成绩，产业素质进一步提高，综合实力进一步增强，海洋经济已成为国民经济新的增长点。科学开发利用海洋资源，是解决人口增长、资源短缺和环境恶化三大世界性难题的必然选择，是实现人类社会可持续发展的重要途径。发展海洋经济，顺应了人类社会发展大势，代表着当今世界经济发展的方向。2009年4月，胡锦涛总书记视察山东时，明确提出打造"山东半岛蓝色经济区"的要求，对山东省把握世界海洋经济发展新趋势，拓展陆海发展新空间，引领陆海一体科学发展新实践，确立山东省在全国发展大局中的战略地位，具有重大指导意义。根据胡锦涛总书记的这一指导精神，山东省相继出台了《关于打造山东半岛蓝色经济区的指导意见》和《关于建设胶东半岛高端产业聚集区的意见》，为半岛地区指明了发展方向，半岛地区应以此为契机，把握机遇迎接挑战，迎来一个飞跃发展的黄金时代。

一　半岛地区蓝色经济产业必要性

　　日趋深入的国际经济布局调整，使中国区域经济发展面临新一轮"洗牌"，一个地区如何确立竞争新优势成为新的课题。建设山东省胶东半岛高端产业聚集区，是产业结构调整优化、提质增效的客观要求，也是山东经济发展到一定阶段适应全国范围内"梯度转型升级"，更加强势参与全国、全球市场竞争与产业分工的战略选择。

胶东半岛发展的最大劣势，在于资源相对缺乏。青岛、烟台、威海三市同处中国沿海的最东端，以前占据着先发优势，但如果继续发展拼资源、大进大出式的低端产业，势必因成本过高而难以为继。同时区域经济竞争越发激烈。向北看，环渤海地区大开放、大开发、大发展的景象，令人颇感震撼；向南看，苏北得上升为国家战略的江苏沿海大开发之机，发展势头更是咄咄逼人。如果我们不能尽快抢占区域竞争的新"高地"，就有可能出现资源被"抽离"的被动局面，并会有被边缘化的危险。

省委、省政府出台了《关于打造山东半岛蓝色经济区的指导意见》和《关于建设胶东半岛高端产业聚集区的意见》，提出打造山东半岛蓝色经济区要以沿海七市为前沿，以全省资源要素为依托，努力建设我国海洋科技教育中心、海洋优势产业聚集区、海滨国际旅游目的地、宜居城市群和海洋生态示范区，形成连接长三角和环渤海地区、沟通黄河流域广大腹地、面向东北亚全方位参与国际竞争的重要增长极。要着力形成"一区三带"的发展格局，其"三带"之一，就是构建以青岛为龙头，以烟台、潍坊、威海沿海城市为骨干的沿海高端产业带。沿海高端产业带发展的关键，在于沿海城市作用的发挥，半岛地区沿海城市在新的发展格局中肩负着重大责任，也使其有了增创新优势、实现新跨越的历史机遇，有了更多在区域经济竞争的赛场上实现"弯道"超越的机会和实力。因此半岛地区要充分发挥地理区位优越、港口体系较完备、经济外向度较高、产业基础好、发展潜力大等优质资源富集的综合优势，以推进高端产业聚集区建设为契机，以建设现代海洋产业体系为目标，大力实施高端高质高效产业发展战略，全力打造高技术含量、高附加值、高成长性的蓝色经济。

二　半岛地区发展蓝色经济产业优势分析

半岛地区打造蓝色经济区具有得天独厚的优势和条件。

一、海洋资源丰富，区位优势明显。山东半岛具有 3000 多公里的海岸线，具有丰富的海洋资源。山东半岛地处黄河流域出海口和东北亚海上中心位置，既有自身的海洋资源优势，又是联系东西沟通内外的枢纽。优越的地理位置是山东半岛发展蓝色海洋经济无与伦比的先天条件。

二、历史发展思路清晰。早在 20 世纪 90 年代初，我省就在全国率先提出建设"海上山东"的发展战略，并把它与黄河三角洲开发并列为两大跨世纪工程。再往前推，自改革开放以来，山东历届省委、省政府一直都在探索并提出适合当时省情的经济发展战略：从"东西结合、共同发展"，到"重点突破、梯次推进"，从实施"东部突破烟台、中部突破济南、西部突破菏泽"战略到规划建设"一群一圈一带"（山东半岛城市群、省会城市群经济圈、鲁南经济带），从"五大板块"到"一体两翼"和海洋经济发展战略，再到现在提出打造山东半岛蓝色经济区，形成"一区三带"发展新格局，山东探索发展战略与合理布局的脚步从未停止，且思路愈加清晰，愈加深化。清晰的发展思路使半岛地区的发展鲜有弯路，能够集中财力、人力、精力和宝贵的时间，持续地积淀出了发展海洋经济的土壤和传统，使蓝色经济区的构想更加可行可靠。

三、半岛地区有着良好的产业基础。经过20多年的持续发展，特别是2003年起的胶东半岛制造业基地建设，胶东大部分产业集群已处于成熟或相对成熟期，初步形成了参与产业高端分工、创新浪潮持续涌现、骨干企业规模带动、配套企业链条不断延伸的产业创新集群，一些技术密集型、贸易依赖型的产业开始向产业链高端转型，越来越多的国内外企业进入研发、设计领域。2008年，青岛、烟台、威海三市的装备制造业、高新技术产业、服务业分别占到全省的47%、43.3%和34.6%，规模以上企业的科技人员占全省的30.2%。这说明胶东半岛培植高端产业的基础和条件已经具备。

事实上，近年来产业梯度转型升级，在胶东半岛已自然发生。威海蓝星玻璃股份有限公司是全国最大的平面玻璃生产企业，以前一直从西部地区运原料，每年运输成本上千万元。近两年，他们在云南、内蒙古、陕西等地设立分厂，而将产业链条前端的创意、研发，中端的高新技术产品和后端的售后服务等高增值环节留在当地，这一布局确保了公司在经济危机的环境下逆势发展。

应该看到，胶东半岛有着得天独厚的发展优势：良好的气候条件和地理位置，优良的黄金海岸线，以及改革开放以来积累起来的雄厚经济基础。优越的自然环境，一方面需要走集约型和环境友好型的发展道路来进行保护，另一方面对优秀人才具有强大吸引力。前者使发展高端产业成为必然诉求，后者则保障了发展高端产业需具备的前提基础——人才。可以说，发展高端产业，胶东半岛天时地利人和皆得。

三　半岛地区发展蓝色经济产业对策及建议

（一）发展蓝色经济，要树立蓝色发展理念

发展蓝色经济，是体现科学发展观要求的全新战略选择，需要有思想的

解放、观念的转变、思路的创新。

首先，要打破"海是海、陆是陆"海陆分离的传统观念，树立"海陆一体、统筹发展"的理念。只有坚持港城一体化、港带一体化、港桥一体化、陆海一体化，大力推动陆海产业联动发展、生产力联动布局、基础设施联动建设，形成陆海联动、港城联动、城乡联动的发展新格局，才能最大限度地发挥海洋资源优势。

其次，蓝色经济的快速健康发展，需要有规划先行、科学开发的理念。必须抓住规划这个"龙头"，决不能"多个龙王闹海"，各顾各发展。蓝色经济区规划要牢固树立"一盘棋"思想，立足自身优势，科学定位，坚持用前瞻性、战略性眼光，高起点、高标准，努力形成科学、完整、配套的规划体系，确保合理布局、重点突破、有序开发，才能形成发展蓝色经济的强大合力。

再次，海洋不但是重要通道，还是人类生存与发展新空间——这是体现对海洋认识深化的新理念。现代意义上的海洋经济已不再是单一的水体经济，而是一个综合性、多层次的产业系统。乳山实施海洋开发，发展蓝色经济，有助于弥补资源短缺，缓解就业压力，优化产业结构，培育新的增长点，拓展经济发展和居住空间。

另外，破除单纯经济开发观念，牢固树立经济、社会、生态协调发展的观念。被称为地球上可供开发的"最后疆域"的海洋，虽然辽阔，但其资源的有限性与不可再生性，决定了我们必须坚持资源开发、产业培植、区域打造、生态保护"四位一体"，在开发中保护，在保护中开发，优先保护生态，走海洋经济可持续发展之路。否则，如果借口为了发展过度开发，破坏海洋生态，"最后疆域"将不保，人类生存就将面临严重的危机。

（二）大力实施"双轮驱动"，为蓝色经济区建设提供强大动力

蓝色经济是创新型、开放型经济，是集传统经济、新兴经济、未来经济于一体的不断发展的大经济系统，开放、创新是其内在要求。只有大力实施对外开放、改革创新"双轮驱动"，坚持用改革的办法解决制约发展的突出问题，用创新的举措整合各种资源、集聚生产要素，以更加开放的姿态融入世界，才能不断为蓝色经济发展注入新的生机和活力。

半岛地区要强化全方位开放的意识，拓展对外开放广度和深度，把海洋优势与开放优势结合起来，积极主动地参与国内外经济技术合作和竞争，学会在全球范围内配置资源、融通资本、开拓市场；扩大开放领域，优化开放

结构，提高开放质量，形成内外联动、互利共赢、安全高效的开放型经济体系。

不断深化重点领域和关键环节改革，特别是要着力推进行政管理体制改革，营造最优化的发展环境；建立科学的选人用人制度和完善的激励制约机制，形成能者上、庸者下的新局面，充分释放干事创业者的潜能；推进工作机制创新，着力构建充满活力、富有效率、更加开放、有利于蓝色经济发展的体制机制。

要充分发挥政策的导向作用，研究出台相关政策，促进优势产业和各项事业快速发展。用足用好税收优惠政策，积极争取国家税收政策扶持，加大对海洋高技术研发机构建设、资源开发、企业自主创新、引进消化吸收再创新和生态环境补偿等扶持，为蓝色经济发展保驾护航；探索建立服务于蓝色经济发展的多元化金融组织体系，积极利用海洋信托投资基金，大力开展金融租赁和海洋保险业务；严格执行海洋功能区划制度，合理利用岸线和海域资源，大力推进集中集约用海，保证重大项目建设需要，土地利用总体规划修编要统筹考虑蓝色经济区建设，将重大产业、基础设施等项目纳入新一轮土地总体规划，为蓝色经济区发展预留用地空间。

要强化基础设施支撑，坚持统筹规划、科学布局、合理安排，加快构建完善适度超前、功能配套、安全高效的现代化基础设施体系和公共服务平台。

（三）做大做强临港经济

1. 强化港口体系建设。整合港口资源，优化港口功能结构，着力构建以青岛港为龙头，以日照港、烟台港为两翼，以半岛中小港口为有机组成的现代化港口体系，努力建成东北亚国际航运中心。突出搞好青岛、日照、烟台三大主力港口建设，推动港口建设向国际化、规模化、现代化方向发展，努力建成国际集装箱转运基地和全国重要的铁矿石进口转运基地、原油装卸与储备基地和煤炭中转基地。

2. 做大临港工业基地。按照新型工业化道路的要求和以大港口吸引大项目、以大项目促进大发展的思路，依托半岛港口群和港口城市，以石油化工、钢铁、木浆造纸、加工装配工业等运量大、外向型和港口依赖度高的产业为重点，集中培植一批发展潜力大、带动能力强的主导产业，发展一批主业突出、核心竞争力强的骨干企业，形成一批市场占有率高、特色鲜明的知名品牌，努力建成全国最具实力的临港工业基地之一。

3. 做强临港物流业。以沿海港口为核心，加强立体疏港交通体系建设，密切港口与腹地之间的交通联系，着力构建海陆相连、空地一体的临港物流网络。在重要港湾规划建设一批现代物流园区和大宗商品进出口贸易口岸，重点建设青岛、烟台、威海、日照四大临港物流中心。加快整合现有物流资源，培育一批专业化和综合性的现代物流基地，推进传统物流企业向现代化大型物流集团转变，形成新型临港物流主体。发挥保税区、出口加工区和对外开放口岸的物流平台作用，重点强化其国际中转、国际配送、国际采购和国际转口贸易四大功能，突出抓好青岛保税区区港一体化试点，促进港航、仓储和物流产业的联动发展。

（四）培植壮大海洋优势产业

1. 大力发展现代渔业。发展生态高效品牌渔业，建设山东半岛现代渔业经济区。加快实施渔业资源修复行动计划，努力恢复近海渔业资源。加快国家级、省级良种体系建设，加强水产苗种管理，培植全国重要的水产苗种基地。坚持优势主导品种和特色品种相结合，建设一批健康养殖示范基地，推动优势水产品区域化、规模化、标准化养殖，提高水产品质量安全水平。大力发展水产品精深加工，提高水产品附加值，努力打造国际一流的水产品加工出口基地。实施"走出去"战略，强化政府服务，加大政策扶持，积极发展远洋渔业，壮大远洋捕捞加工船队，鼓励企业到海外发展海水养殖产业，集中培育一批经济实力强、装备水平高、带动能力大的远洋渔业龙头企业，增强我省海洋渔业整体竞争实力。

2. 加快发展海洋石油与化学工业。加强对油气和盐卤等资源的勘探、开发与深度加工利用，提高产品的市场竞争力。依托淄博、青岛、潍坊、东营等市的骨干石化企业，积极开发油气资源产品，形成从炼油到合成材料、有机原料、精细化学品的产业链条和优势产品系列。以莱州湾、黄河三角洲为中心，依托现有的产业基础，通过科技创新，大力发展盐化工业。在总量控制的前提下，提升离子膜烧碱比重和纯碱产品竞争力，重点发展溴、镁、钾及其系列产品，以产品优势提升产业优势。

3. 培育壮大船舶工业。优化船舶产业规划布局，依托半岛制造业基地，积极承接日韩等国船舶修造业转移，加快推进一批重大修造船项目建设，重点建设青岛、烟台、威海、日照四大修造船基地。坚持自主开发、技术引进和科技创新相结合，努力提高独立设计、独立制造现代化船舶的能力，大力发展现代化总装造船和船舶零部件制造业，重点发展大型集装箱船、散货船和油船三大主力船型，支持发展游艇、远洋捕捞船等优势产品。大力延伸船舶制造业的产业链条，搞好产业协作配套。

4. 突出发展高技术产业。加强海洋生物技术的研究与开发，努力形成一批具有自主知识产权的海洋药物、生物材料、保健食品、新型蛋白源等海洋生物制品和水产新品种。抓好利用风能、潮汐能等海洋能源发电项目。开发推广海水淡化及直接利用技术，依托大型电厂集中实施一批海水淡化项目，开展居民生活、工业、市政等领域直接利用海水试点工作，尽快扩大海水直接利用规模。着力抓好一批重大科技项目，建设一批海洋高技术产业化示范工程，培育壮大一批海洋高技术企业，提高海洋产业的科技素质和竞争实力。

5. 积极发展海洋运输业。坚持"优化结构、鼓励更新、有序发展"的原则，重点进行海洋运力结构调整，进一步促进海洋运输船舶向大型化、专业化、现代化方向发展。建立以远洋大型船舶为主、近远洋结合、具有国际竞争力的现代化运输船队。巩固传统海运市场，积极开拓新兴市场，努力扩大远洋运输市场份额。

6. 加速发展滨海旅游业。以打造"黄金海岸"和"旅游度假胜地"两大品牌为重点，进一步完善沿海旅游基础设施，大力发展沿海特色民俗、城市旅游、商务会展等旅游产品，积极发展海岛观光、原生态湿地旅游，开发邮轮、游艇等高端旅游产品，集中建设一批海洋旅游精品工程。整合旅游资源，实现资源共享，推动半岛地区"无障碍旅游区"建设。加强与环渤海地区及日韩两国在旅游领域的联合与合作，大力开发海上旅游线路，拓展旅游产业发展的领域和空间。

（五）加强海洋资源环境保护

1. 坚持有序开发，科学利用海洋资源。坚持开发与保护并重，科学制定海洋资源开发利用规划，切实加强海洋管理，提高资源利用效率，增强可持续发展能力。岛屿资源，在加强生态保护、完善基础设施的基础上，坚持陆岛统筹、经济与生态兼顾，编制无居民海岛开发和保护规划，实施保护性开发。岸线资源，要正确处理海岸带"发展与保护、利用与储备"的关系，科学制定全省海岸带功能区划，切实加强海岸带管理。对全省重要港口岸线、旅游岸线和养殖岸线制定控制性规划，划定岸线的陆域、水域和航道保护范围，加强监管，岸线开发与利用要坚持科学论证，严格审批，统筹推进，有序高效，确保岸线资源的合理利用。

2. 加强海洋环境保护，有效防治海洋污染。建立各级政府海洋环境保护目标责任制，严格执行重点海域污染物排海总量指标控制、许可制度与海洋开发项目"三同时"制度，加快建设沿海城镇工业废水、生活污水、垃圾集中处理工程，有效控制向海洋排放污染物。依法对海洋工程、海岸工程进行严格的环境影响评价论证。建立海洋环境实时立体监测系统，加强对各种海洋开发活动的环境跟踪监测以及海域油污染的监控与整治，实施重点陆源污染物直接排海单位污染物在线监测监控，搞好海洋环境保护动态管理。加大产业环保政策的执行力度，鼓励采用清洁生产技术、资源节约和综合利用技术，严禁在沿海区域建设污染严重的项目。加强典型海洋生态系统保护，规划建设二批海洋和湿地保护区。加强莱州湾、胶州湾、黄河入海口等重点生态功能区的修复与治理，努力改善近岸海域环境质量。

（作者单位：中共乳山市委党校）

突出地方特色　打造文化旅游品牌

董丽霞

　　旅游与文化有着天然的联系，旅游是文化的形和体，文化是旅游的根和魂，文化是旅游者的出发点和归结点，是旅游的生命力所在，是旅游景观生命力的渊源。没有文化的旅游就没有魅力，而没有旅游的文化就缺少活力，旅游的优势体现在市场，文化的优势体现在内涵。站在旅游的角度看，抓住文化就是抓住了核心价值；站在文化的角度看，抓住旅游就是抓住了一个巨大的市场。旅游产业和文化产业相互融合，相得益彰，共同繁荣。旅游产业是关联度高、带动性强、最具魅力和活力的文化产业，是21世纪最有前途的朝阳产业。在经济全球化进程加快、区域竞争日趋激烈的形势下，旅游产业已成为各地提升核心竞争力的主导产业。荣成要打造特色滨海旅游产业，必须牢牢把握文化产业和旅游产业的融合的问题，突出地方特色打造文化旅游品牌。

一　荣成打造文化旅游品牌具有的优势

　　1. 区位优势突出。荣成位于山东半岛最东端，北与辽东半岛、东与朝鲜半岛和日本列岛隔海相望，是我国距离韩国最近的城市，跨海直线距离仅94海里；处于中国环渤海经济区和东北亚地区的交汇点，是贯通东北三省、长三角经济区和中日韩自由贸易区的节点城市和最前沿，我们利用这一地缘优势，积极参与区域经济合作，发展同周边国家或地区的旅游和经济技术交往，从地缘优势中获得更多的发展机会和更广阔的市场空间。荣成三面环海，海岸线曲折漫长，气候冬暖夏凉，被称为"朝日乐舞"之地，素有"中国好望角"之称。这种特殊的地理位置，在工业文明和商业文明高度发达的今天，是一种劣势，但也是一种优势，正是由于这种相对偏僻封闭的区位环境，保持了荣成自然资源的生态原貌和文化资源的固有特色，具备了打造特色旅游品牌的先天优势。

2. 旅游资源丰富。荣成旅游资源得天独厚，在千里黄金海岸上分布着风光秀丽的十大港湾、70多个岛屿和十大天然海水浴场，具备了国际公认的"阳光、沙滩、海水、空气、绿色"五个旅游资源基本要素。目前，荣成拥有五大风景名胜区：国家级重点风景名胜区成山头、省级风景名胜区"五虎圈阳地"圣水观和大东胜境九顶铁槎山、代表中日韩三国人民友好见证的赤山法华院以及鬼斧神工的花斑彩石；两个省级旅游度假区：石岛湾、天鹅湖；两处国家级森林公园：伟德山、槎山；还有海驴岛、动物园、苏山岛、鸡鸣岛等自然景观和将军碑廊、天后宫、千真洞、奇石馆等人文景观，且文化底蕴丰富，城市建设独具特色。自2000年成功创建"中国优秀旅游城市"以来，全市旅游经济由小变大、由弱变强，实现了快速健康发展。2008年，共接待中外游客620万人次，旅游总收入65亿元，其中境外游客30万人次，旅游创汇2亿美元。到2012年，年接待中外游客将达到800万人（次）以上，旅游总收入将突破100亿元。

3. 文化特色鲜明。新石器时代，荣成人就依海而居，傍海而存，繁衍生息。千百年来的文化传承和历史积淀，造就了荣成源远流长、深厚淳朴、特色鲜明的海文化特色，形成了具有浓郁地方特色的渔家民俗文化、秦皇汉武东巡文化、道家佛家宗教文化、中日韩友好文化及人文文化、生态文化、节庆文化、红色文化，留下了海草房民居建筑技艺、渔民节祭祀、石头楼、渔家锣鼓、渔民号子、民间面塑、民间剪纸、民间神话与传说等众多物质和非物质文化遗产，民俗文化特色鲜明。

4. 设施配套齐全。先后投巨资建起了在全国县级市中具有一流水平的博物馆、文体中心和海滨文化广场、滨海公园等一大批具有标志性意义的旅游文化基础设施，建设开发了成山头、法华院、圣水观、花斑彩石、槎山等景区，修建了神雕山野生动物园、福如东海、张保皋传记馆、荣成民俗馆、伟德将军碑廊等一大批景点。目前，全市共有星级酒店10多家，旅行社10家，并开通了3条国际旅游班轮航线，从而较好地满足了游客各方面的消费需求。

5. 发展氛围浓厚。开发势头日益强劲，形成了"大办旅游、办大旅游"的浓厚氛围。依托骨干渔业企业的雄厚势力，培植起了西霞口野生动物园、赤山风景名胜区、好当家高尔夫球场等规模大、档次高的旅游精品工程，成为引领全市旅游业发展的龙头。特色滨海旅游产业实现了由观光游览型向休闲度假养生型的转型升级，在抓好成山头、神雕山野生动物园、天鹅湖、赤山法华院、槎山等景区景点建设的同时，以千里海岸为轴线，深度挖掘海洋文化和渔家文化，形成了以养生休闲为主题的闻涛度假、生态渔村、养生渔吧、休闲农庄等千里海岸生态休闲养生度假旅游长廊。

二　荣成打造文化旅游品牌面临的挑战及存在的问题

当前，荣成旅游业发展进入了转型升级的新阶段，行业竞争加剧，市场变化大，消费需求走向多元化、个性化，来自各方面的挑战和压力不容忽视。虽然近年来荣成市在旅游产业建设方面取得了突飞猛进的发展和有目共睹的成绩，成山头景区和赤山景区还跻身全国4A级风景名胜区和全省十大景区行列。但是，不可否认，由于多方面原因，荣成市旅游产业发展与先进地区相比尚有一定的差距，有资源缺整合、有产品缺形象、有市场缺产业、有景区缺线路、有经营缺管理、有促销缺营销，资源优势还没有充分发挥出来，品牌形象还有待树立提高。主要表现为四个方面：

1. 文化特色不浓，内涵品位有待于提升。海洋文化是荣成区域文化的特色。但从产业发展来看，荣成的海洋文化特色并没有很好地体现出来。在旅游产品的开发上，目前全市120多处旅游景点，有112处分布在陆地上，占总数的93.3%。海面、沙滩、滩涂、礁石等海洋自然资源及一些真正体现海洋旅游特色的项目基本没有得到开发。在特色文化的挖掘上，虽然挖掘了将军文化、宗教文化、帝王巡游文化以及生态文化等文化品牌，但同其他地区相比，相似性太强，没有个性和比较优势，缺乏垄断性和独占性，不能真正彰显出荣成地方文化的特色。目前，荣成的实际是全市10多处景区中只有西霞口、赤山两处列入全省十大景区，其余的年接待游客都不超过10万人。普遍存在内涵品位不高、文化特色不浓，不能真正彰显出荣成地方文化的特色，同时部分景区还存在重复建设现象，景区之间难以形成互补，资源急需优化整合。

2. 功能配套不足，服务设施有待于完善。同广东、江苏、浙江等沿海发达县市相比差距较大，与省内的蓬莱、长岛也有一定的差距，其主要原因是功能配套不足、参与性项目少、产业链条短、旅客逗留时间短。表现为四个不到位：一是在吃的方面，尽管荣成风味小吃丰富，但由于没有得到有效开发，游客不能真正享受到荣成小吃的风味，不能吸引和留住游客。二是在住的方面，虽然目前已有不少星级宾馆饭店，但中低档缺乏，不能满足多层次游客的消费需求。三是在购的方面，虽然有些景区搞了一些旅游商品，但品种单一、档次不高、没有特色，具有本地特色、文化内涵和纪念意义的更是寥寥无几，满足不了游客的购物欲。四是在娱的方面，缺乏面向广大游客的演出和娱乐，崖头城区没有一家像样的电影院，夜生活贫乏，缩短了游客逗留时间。

3. 品牌意识不强，宣传促销有待于整合。大部分旅游企业还没有形成以市场为中心的营销观念，综合经营和品牌观念淡薄，存在着各自为政、独立经营甚至"窝里斗"等现象。特别是在规划设计上，由于各旅游企业拥有规划、投资、开发的自主权，缺少全市性的以品牌打造为导向的统一规划协调和沟通，尽管各自投入很大，但存在着设计理念低、文化品位低、建设层次低、资源配置散和形象定位散等问题。市场主导性不强，开发深度不够，影响了荣成整体旅游品牌的整合提升。同时，宣传促销各自为政，缺乏有效协调，各旅游企业在宣传推介上各人一把号，各吹各的调，难以形成整体合力，严重制约了资源优势的发挥和品牌形象的提升。

4. 互动发展不够，大旅游格局有待于构筑。目前，我国的旅游产业基本上还是一个门票经济阶段，是最原始的、最初级的阶段，游客到景区多以看景为主，来去匆匆，虽然荣成旅游业进入转型升级的新阶段，但大多数来荣成的游客以观光为主，逗留时间短，消费不足，对经济的拉动作用并不明显。这种状况，归根结底在于，荣成的旅游缺乏和文化深层次的跨界结合，旅游产业链有待于拓展延伸，旅游业在相关产业的拉动作用发挥的不充分。据统计，旅游产业现在涉及 29 个部门和 108 个行业。据世界旅游组织测算，旅游收入每增加 1 元，可以带动相关行业增收 4.3 元，旅游直接就业与带动就业之比为 1 ∶ 5。

三 突出地方特色打造文化旅游品牌的思考建议

文化是旅游的灵魂，荣成旅游产业要上档升级，必须走与文化相融之路，突出地方特色打造文化旅游品牌。以千里海岸丰富的旅游资源为支撑，以海洋文化为内涵，以资源整合为手段，以打造知名品牌为目标，拓展产业链条，深刻挖掘内涵，努力把荣成打造成国际滨海休闲旅游度假胜地。

1. 围绕深度开发，提升内涵品位。要学习借鉴先进地区的经验，确立全新的旅游资源开发理念，以大思路、大手笔、大动作全力推进旅游精品工程建设，提升旅游业的发展层次。因地制宜搞好开发定位，围绕打造国际滨海旅游度假胜地这一目标，结合实际，因势利导确定发展方向和开发重点。已有景区，要立足彰显特色，积极增上参与性、体验性、娱乐性项目，不断增强吸引力和竞争力。新建项目，要适应市场需要，打造新的发展亮点。一是围绕"海"字做文章，打造滨海特色。要充分利用独有的海岸和岸线资源，建设海上游乐园、海岛养生园、海洋动物世界及海上餐饮业、休闲业、娱乐业等，打造海上旅游品牌。以突出的滨海荣成特色，融入半岛旅游文化圈、环渤海旅游文化圈和环太平洋旅游文化圈，在合作中突现优势，在比较中彰显特色，在承接中提升竞争力。二是围绕"民俗"做文章，挖掘民俗特色。抓好中国海草房生态博物馆的建设，选择最为典型、最有特点的原生态村，保持海草房及街道、小巷面貌，以早期渔民的自然生产、生活和村落的自然形态为展示内容，附以赶海、垂钓、祭海、观海、赏渔家民俗等形式的娱乐项目，延长游客逗留时间。三是围绕"外来文化"做文章，展现异国风情和他乡文化。利用荣成与韩国、日本交通便利、交往频繁的优势，通过招商引资、社会投资等方式，分类兴建日本民俗文化区、韩国民俗文化区、港台民俗文化区，这样，既能让外籍人员有一种认同感和归宿感，也能让国内游人足不出国就可以感受到异国风情和他乡文化。四是围绕"差异文化"做文章，融入荣成主题文化。要进一步创新旅游产业发展的思路理念，注重在原生态的基础上复加文化，打造主题公园。荣成原生态的滨海资源非常难得，但是从各地的情况看，在原生态的基础上融入主题文化，才能更具吸引力。我们的绿岛湖、凤凰湖、朝阳港等重点区块的开发，也要注重通过融入文化来突出特色、提升品位，打差异化文化品牌，进行错位竞争，使景区之间形成主题不同、品牌鲜明、功能互补的良好局面，避免重复建设和低档次开发，让游客在市内不同景点都有耳目一新的感觉。

2. 围绕综合配套，完善服务功能。要组织发动全社会的力量大搞配套设施建设，加快形成衔接紧密、特色鲜明的旅游服务体系，不断增强游客的认同感和归属感。一是在吃上要有文化品位。风味小吃体现了当地的民俗风情和文化传统，吃得好、吃出品位，才能吸引和留住更多游客，开发具有荣成特色的海鲜、美食一条街。二是在住上要满足多层次需求。整合完善现有大小宾馆的服务功能，逐步建设一批具有荣成特色的滨海旅游大酒店。三是在购物上要讲究特色。深入挖掘推出一批如海产加工品、民间剪纸、草木花卉、花生烤果、风景名胜标志等有特色、有内涵的旅游商品，不断提高购物对旅游收入的贡献率，开发具有荣成特色的旅游商品一条街。四是在娱乐上要丰富多彩。要放宽放活政策和管理，大力发展歌舞厅和文化广场等娱乐场所，丰富活跃夜生活，真正让游客留得住、玩得好。

3. 围绕宣传推介，扩大对外影响。要结合荣成实际，加大投入，完善机制，创新方法，努力在国内外游客心目中确立荣成的旅游目的地形象。一是搞好形象策划。根据旅游资源特色、地缘文化、历史民俗、城市发展理念等挖掘总结荣成独有的不可替代的形象定位，提炼出独特的形象符号和口号，并强力宣传推介。要聘请知名旅游创意公司，围绕威海市的城市形象，以政府牵头、企业参与的方式，整体联动，统一营销，形成品牌。组织旅游企业参加各类旅游会展活动，搞好区域促销推介，扩大我国港澳台和韩国、日本、俄罗斯及欧美各地的游客规模，努力把威海市打造成具有中国北方特色的旅游城市。二是健全完善联合促销机制。将各景区点串联成线，推出各具特色的二日游、三日游线路，统一开展对重点客源市场的宣传推介，共同打响荣成的旅游品牌。例如，2010 年 3 月 21 日由市旅游局牵头组织的"荣成旅游大篷车促销活动"正式启程，对上海、南京等 5 个大中城市开展了集中宣传推介。全市重点旅游景区、旅行社、星级宾馆、民俗村、工农业旅游示范点等 30 多家企业参加，历时 11 天，行程 5000 公里，4 月 1 日圆满结束。促销活动成效显著，全面推介了威海市丰富的旅游资源，突出威海市优美的滨海风光和人居环境，尤其对海滨度假旅游、观光旅游、渔家民俗旅游、自驾车旅游等旅游资源进行集中推介，与会旅游企业与 5 个城市的 360 多家旅行社、60 多家新闻媒体进行了交流，湖北、河南、山西等内陆省份对威海市海滨旅游、休闲度假、人居养生、海岛旅游等表现出兴趣和热情。三是拓展宣传渠道。主动参与各种展览会、交流会和发布会；积极承办国际和全国性会议、各类大型赛事和大型综艺晚会；携手国内外重要媒体，进行多种形式的形象广告宣传、影视宣传、记者采访等活动，提升荣成旅游品牌的知名度。例如，2008 年成功举办了"2008 年世界旅游日中国主会场庆祝活动暨荣成国际滨海旅游度假周"活动和"2008 年全国百强县市汽车巡展"活动，2009 年和 2010 年又成功举办了"国际滨海旅游度假周"活动，极大地提升了荣成滨海旅游这一品牌。

4. 围绕互动发展，构筑大旅游格局。旅游业广泛地涉及文化、餐饮、交通、工业、农业、商贸等产业，旅游业可以带动相关产业发展，而相关产业发展又能促进旅游业兴旺。因此，必须用大旅游的观念谋划发展、指导建设，推动旅游与相关产业的相互融合，以大融合建设大产业，以大产业促进大发展。一是打造旅游长廊。以千里海岸为轴线，做好以市区为中心，以南、北为两翼的"一心两翼"总体规划。市区中心区域：着眼于高端消费，依托桑沟湾、绿岛湖优美的生态景观，保护国家级城市湿地公园，运作好文博中心、文体中心、滨海公园等旅游设施，重点发展大型商贸、高档酒店、演艺广场、养生餐饮等，把市区打造成为威海市旅游产业发展的集散中心和休闲养生中心。北部区域：以成山头、神雕山野生动物园、天鹅湖景区为依托，抓好西霞口国际滨海旅游度假区的规划建设，使之成为衔接国内外的滨海旅游节点区。南部区域：在抓好赤山、槎山、朝阳山等景区景点建设的同时，强化文化主题，深度挖掘海洋文化和渔家文化，突出养生休闲主题的闻涛度假、生态渔村、养生渔吧、休闲农庄，增上时尚前卫的滨海休闲运动项目，打造特色鲜明、接轨国际的养生休闲度假区。通过对资源的整合开发，使全市形成一线（千里海岸线）联三片（北片、中片、南片），三片带全面的大旅游格局。二是突出产业定位。把旅游业与全市产业结构调整、城市发展转型、生态环境保护紧密结合起来，大力发展休闲度假养生、运动养生、食疗养生、康体美体养生项目，以旅游业的大发展，推动城市转型，拉动终端消费，保护生态环境，打造社会和谐，彰显威海市的生态文化、海洋文化、民俗文化和中日韩交流文化，增强威海市旅游业的核心竞争力、国际吸引力、开放兼容力，打造成为"国际滨海养生休闲度假旅游目的地"，旅游业增加值占 GDP 的比重达到 12% 以上。三是发展旅游地产。注重在旅游的基础上复合地产，发展旅游地产。旅游地产是当前旅游业发展的主导模式，既能增加开发收益，又有助于丰富景区功能，提升景区内涵和层次。大连海昌集团始终坚持的运作方式就是旅游地产。我们在旅游产业发展上要有复合型思维，注重旅游的关联和带动效应。四是建设旅游社区。注重在景点景区的基础上进一步拓展升级，建设旅游社区。旅游业发展从初期单体场馆式的景点游，演进到后来多景点的景区游，现在已经发展到了一搞几平方公里、十几平方公里的大型旅游社区。我们的槎山、伟德山、天鹅湖的开发，要强化旅游社区的概念，把旅游与小城镇和新型社区建设结合起来。注重在自主推动的基础上借智借力发展，引进专业投资运营商。从国内几个比较有名的景区看，很少是自己投资、自己运营、自己管理的。要引导企业解放思想、敞开胸怀，积极引进专业投资运营商，推动威海市旅游业实现新发展。

（作者单位：中共荣成市委党校　课题组成员：
高和进　孙承廷　张　军）

新会计准则下合并报表实务例解

张 华

新合并会计报表准则相对于过去的企业会计制度主要实现了两大突破：一是实现了合并报表理论从母公司理论向经济实体理论的转变，少数股东权益的采用公允价值计量，在合并资产负债表中作为所有者权益的组成部分在"所有者权益"类之下单独列示少数股东权益；二是取消了合并资产负债表中"合并价差"项目，将非同一控制下企业合并中母公司长期股权投资大于子公司可辨认净资产公允价值份额的差额确认为商誉。对于非同一控制下形成的控股合并，准则要求母公司平时运用成本法对子公司的长期股权投资进行会计处理，编制合并报表时按照权益法的要求对长期股权投资进行调整，再用调整之后的长期股权投资等相关项目金额和按照可辨认资产和负债的公允价值调整后的子公司所有者权益进行抵消合并，少数股东权益等于经调整之后的子公司的所有者权益公允价值的少数股权份额。

合并财务报表的核心问题和难点就是母子公司之间内部投资的抵消，合并财务报表内部投资的抵消主要有两个方面：一个是合并资产负债表中母公司调整后的长期股权投资和子公司调整后的所有者权益之间的抵消；另一个是合并利润表中母公司对子公司的长期股权投资按权益法调整的投资收益与子公司的本年利润分配项目的抵销。在合并报表实务中上述内部投资的抵消分录的编制可以有两种思路：一种思路就是用资产负债表日按权益法调整后的母公司长期股权投资和子公司按公允价值调整后的所有者权益之间进行抵消以及合并利润表中母公司按权益法调整后的投资收益与子公司的本年利润分配项目进行抵销；另一种思路就是先将每个合并报表期间内部投资相关会计业务全部抵销，再将期初的母公司长期股权投资和子公司期初所有者权益进行抵消。两者得出的合并报表结果一致。

例：2007 年 1 月 1 日 A 公司发行 66 万股（面值 1 元、公允价值 2.2 元）换取 B 公司 50 万股的 90%，另支付法律费等 6.27 万元和股票登记和发行费 8.73 万元实现合并。合并日，B 公司可辨认净资产的账面价值为 124 万元（其中：股本 50 万元，资本公积 29.35 万元；盈余公积 43.45 万元，未分配利润 1.2 万元）。B 公司可辨认净资产公允价值与账面价值不等项目如下：存货增值 3.2 万元；固定资产增值 17 万元，其中房屋增值 18 万元（按 20 年折旧），设备减值 1 万元（按 10 年折旧）；无形资产增值 3.6 万元（按 5 年摊销）。2007 年子公司已经将其年初的存货全部对外出售，存货的成本转入"主营业务成本"账户。假设固定资产均采用直线法计提折旧，且 2007 年按全年计提折旧，折旧费用计入管理费用。子公司当年实现净利润 13.5 万元，按净利润的 10% 提取盈余公积，分配现金股利 6 万元。2008 年子公司实现净利润 15 万元，按净利润的 10% 提取盈余公积，分配现金股利 8 万元。

2007 年 A 公司平时用成本法核算长期股权投资的会计分录：

借：银行存款		54000
贷：投资收益		54000

（一）编制 2007 年合并财务报表时的调整分录

1. 将子公司相关资产的账面价值调整为公允价值的调整分录：

借：存货	32000
固定资产——房屋	180000
无形资产——特许权	36000
贷：固定资产——设备	10000
资本公积	238000

2. 将子公司的相关成本和费用按对应资产的公允价值基础进行调整的调整分录：

借：营业成本	32000
管理费用	15200
固定资产——设备	1000
贷：存货	32000
固定资产——房屋	9000
无形资产——特许权	7200

3. 子公司按照公允价值为基础调整之后的当期净利润为 87800（135000 ~ 47200）元，以子公司可辨认净资产公允价值为基础按权益法调整长期股权投资的账面价值的调整分录：

借：长期股权投资   79020

  贷：投资收益   79020

借：投资收益   54000

  贷：长期股权投资   54000

（二）编制 2007 年合并报表时的抵销分录

1. A 公司 2007 年编制合并资产负债表时的抵销分录，其中调整后 A 公司长期股权投资的账面价值为 1539720（660000 × 2.2 + 62700 + 79020 - 54000）元；少数股东权益等于 2007 年末 B 公司所有者权益公允价值的份额 150580（1240000 + 238000 + 135000 - 60000 - 47200）× 10% 元

借：股本   500000

  资本公积   531500

  盈余公积   448000

  未分配利润   26300

  商誉   184500

  贷：长期股权投资   1539720

    少数股东权益   150580

2. A 公司 2007 年编制合并利润表时的抵销分录，其中少数股东损益等于 8780（87800 × 10%）元

借：投资收益   79020

  少数股东损益   8780

  未分配利润——年初   12000

  贷：提取盈余公积   13500

    对所有者（或股东）的分配 60000

    未分配利润——年末   26300

2008 年 A 公司平时用成本法核算长期股权投资：

借：银行存款   72000

  贷：投资收益   72000

（一）编制 2008 年合并财务报表时的调整分录

1. 编制上期子公司的相关成本和费用按对应资产的公允价值基础进行调整对本期的影响的调整分录

借：存货   32000

  固定资产——房屋   180000

  无形资产——特许权   36000

```
        贷：固定资产——设备                                    10000
            资本公积                                          238000
    借：未分配利润——期初                                      47200
        固定资产——设备                                        1000
        贷：存货                                              32000
            固定资产——房屋                                     9000
            无形资产——特许权                                   7200
    借：长期股权投资                                           25020
        贷：未分配利润——期初                                   25020
```

2. 编制本期子公司的相关成本和费用按对应资产的公允价值基础进行调整的调整分录

```
    借：管理费用                                              15200
        固定资产——设备                                        1000
        贷：固定资产——房屋                                     9000
            无形资产——特许权                                   7200
```

3. 子公司按照公允价值为基础调整之后的当期净利润为 134800（150000～152000）元，以子公司可辨认净资产公允价值为基础按权益法调整长期股权投资的账面价值的调整分录

```
    借：长期股权投资                                          121320
        贷：投资收益                                         121320
    借：投资收益                                              72000
        贷：长期股权投资                                       72000
```

（二）编制 2008 年合并财务报表时的抵销分录

1. A 公司 2008 年编制合并资产负债表时的抵销分录

```
    借：股本                                                500000
        资本公积                                           531500
        盈余公积                                           463000
        未分配利润                                          66100
        商誉                                             184500
        贷：长期股权投资                                     1589040
            少数股东权益                                     156060
```

2. A 公司 2008 年编制合并利润表时的抵销分录

```
    借：投资收益                                             121320
```

少数股东损益	13480	（134800×10%）
未分配利润——年初	26300	
贷：提取盈余公积	15000	
对所有者（或股东）的分配	80000	
未分配利润——年末	66100	

在实务中，上述编制合并报表的抵消分录也可以采用以下方法：

（一）首先抵消本期内部投资和收益分配相关的会计业务：

1. 抵消 B 公司向 A 公司分派现金股利，冲减少数股东权益 6000 （60000×10%）元：

借：长期股权投资	54000
少数股东权益	6000
贷：利润分配——股利分配	60000

2. 抵消本年度 A 公司确认投资收益：

借：投资收益	79020
贷：长期股权投资	79020

（二）抵消 B 公司本期提取的盈余公积：

借：盈余公积——丁公司	13500
贷：提取盈余公积——丙公司	13500

（三）上述抵消的结果使得本期 A、B 公司之间内部投资和收益分配的会计业务全部抵销，有关项目恢复到期初数，即合并日的状态，这时将 A 公司"长期股权投资"期初余额 1514700 （660000×2.2+62700）元与 B 公司期初所有者权益有关项目抵消相当于合并日的合并报表抵消，合并日的少数股东权益等于合并日 B 公司可辨认净资产公允价值（1240000+238000）的份额 147800 元：

借：股本——B 公司	500000
资本公积——B 公司	531500
盈余公积——B 公司	434500
未分配利润——B 公司（期初）	12000
商誉	184500
贷：长期股权投资——A 公司	1514700
少数股东权益	147800

（四）最后，由于存在少数股东权益，还应当确认属于少数股权的子公司净利润和本年度增加的少数股东权益，本年度净利润属于少数股权的净利润

为 8780 元 ［（135000 - 47200）×10%］，相应的增加少数股东权益也为 8780
元：

  借：少数股东利润   8780

   贷：少数股东权益   8780

  2008 年合并报表调整分录与前述思路、方法一致，抵消分录可以按照以
下思路进行：

  （一）首先抵消本期内部投资和收益分配的会计业务：

  1. 抵消 2008 年 B 公司向 A 公司分派现金股利，冲减少数股东权益 8000
（80000×10%）元：

  借：长期股权投资   72000

    少数股东权益   8000

   贷：利润分配——股利分配   80000

  2. 抵消年度收益确认：

  借：投资收益   121320

   贷：长期股权投资   121320

  （二）抵消 B 公司本期提取的盈余公积：

  借：盈余公积——丁公司   15000

   贷：提取盈余公积——丙公司   15000

  （三）上述抵消的结果使得本期 A、B 公司之间内部投资和收益分配的会计
业务全部抵销，有关项目恢复到期初数，即 2007 年末的状态，这时将 A 公司
"长期股权投资"期初余额 1539720（660000×2.2 + 62700 + 79020 - 54000）元
与 B 公司期初所有者权益有关项目抵消，其中，股本 500000 元，资本公积
531500（293500 + 238000）元，盈余公积 448000（434500 + 135000×10%）元，
未分配利润 26300（12000 + 135000×90% - 60000 - 47200）元，少数股东权益
150580（1240000 + 238000 + 135000 - 60000 - 47200）×10% 元，商誉 184500
［1514700 -（1240000 + 238000）×90%］元：

  借：股本——B 公司   500000

    资本公积——B 公司   531500

    盈余公积——B 公司   448000

    未分配利润——B 公司（期初）   26300

    商誉   184500

   贷：长期股权投资   1539720

    少数股东权益   150580

（四）最后，由于存在少数股东权益，还应当确认属于少数股权的子公司净利润和本年度增加的权益，本年度净利润属于少数股权的净利润为 13480 元〔（150000－15200）×10％〕相应的增加少数股东权益也为 13480 元：

借：少数股东利润　　　　　　　　　　　　　　　13480

　　贷：少数股东权益　　　　　　　　　　　　　　　　　13480

不考虑其他内部交易抵消的情况下合并报表相关项目为：2007 年合并资产负债表中少数股东权益等于 150580 元（1240000＋238000＋135000－60000－47200）×10％，合并利润表中少数股东利润等于 8780 元；2008 年合并资产负债表中少数股东权益等于 156060 元（150580＋13480－8000），合并利润表中少数股东利润等于 13480 元。上述两种思路下编制出的合并报表相关数目一致。

〔作者单位：哈尔滨工业大学（威海）〕

把握群众工作规律性 提高基层社会管理科学化水平

——关于当前威海群众工作问题的思考

王炳壮

群众工作不仅关涉经济、社会发展，而且关涉政党兴衰、政权存续。正如胡锦涛同志在"七一"讲话中指出的，"全党同志必须牢记，密切联系群众是我们党的最大政治优势，脱离群众是我们党执政后的最大危险"。当前，群众工作问题不仅是中国语境下的社会管理问题，而且也成为世界语境下的社会管理问题，为政者不可不察。本课题拟结合威海实际就"把握群众工作规律性，提高基层社会管理科学化水平"一题略述己见。

一 重视理论思维，把握群众工作规律性

群众工作就是做人的工作，社会管理就是管好众人之事。群众工作具有普遍性、长期性、复杂性的特点，做好群众工作就是要切实把握群众工作的规律性，提高社会管理的针对性、前瞻性、实效性。

1. 必须强化情感沟通的力量

群众工作是有规律可循的，做好群众工作必须强化情感沟通的力量。

群众工作是宣传、发动、教育、组织群众，推动中国特色社会主义事业的基础性工作。群众工作的实质就是密切联系群众。共产党的力量就源于群众的拥护和支持，在于群众愿意跟着共产党走。

党群关系支点论者认为，"就像一个杠杆，8000万党员的中国共产党能够把13亿群众撬起来，就在于它选择的支点离群众非常近。如果哪天中国共产党迅速官僚化，意味着这个支点不是靠近群众而是靠近党这一边，最后的结果就

是 13 亿把 8000 万给撬起，这是一个完全符合力学杠杆原理的社会学道理"。

那么，"支点选择与群众非常近"的秘诀是什么？就是干部与群众的心灵沟通，是干部对群众的真情实感和积极有效作为。

本课题组在威海不同社会群体中做过随机问卷调查。其中，"您最喜欢的基层干部是什么样子的干部？A. 有建树的干部，B. 有感情的干部，C. 讲诚信的干部。"选择"有感情的干部"为 67%，选择"讲诚信的干部"为 22%，选择"有建树的干部"为 11%。

选择结果说明：心灵相通的亲近感是干群沟通的基石。换言之，要让群众跟着党员干部走，党员干部必须做群众可信赖的人，而信赖之基在情感，在"情为民所系"。正如胡锦涛同志在"七一"讲话中所指出的，"只有我们把群众放在心上，群众才会把我们放在心上；只有我们把群众当亲人，群众才会把我们当亲人"。如果我们的干部疏远了与群众之间的情感，放弃了与群众打成一片的工作思路，淡化了为人民服务的根本宗旨，必然会导致我们的党出现执政信任危机。

2. 必须给群众"以看得见的物质福利"

任何一个政党成功的社会实践都必须是既合规律性，又合目的性的，因为人民对政党社会实践的认同和选择往往是对自己切实利益选择的结果。1942 年毛泽东在《必须给人民以看得见的物质福利》一文中提出"一切空话都是无用的，必须给人民看得见的物质福利"这一唯物主义的理论命题。

当然，利益是动态的，群众昨天的利益不同于今天的利益内涵，今天的利益容纳不了明天的利益外延，但群众利益是实实在在的，所以，必须"给群众看得见的物质福利"。

3. 必须重视和发挥荣誉的激励效应

荣誉也是利益需求，而且是重要的利益需求。

就全世界政党发展轨迹看，很多国家的执政党是在经济增长形势最好的时候失去执政权的（如印度人民党）。所以，不要以为给了物质福利，人民群众就感恩戴德。

共产党在历史上从来没有放弃，甚至比物质福利看得更重的东西就是给人民群众荣誉。延安时期可为典范。士兵家属除了可以免税，残废军人家属可以得抚恤金和一块田地外，士兵家属看戏在延安都是坐第一排，不是领导干部坐第一排。这种激励、表扬有的时候比什么都重要。

4. 必须努力做从根本上改变群众命运的工作

细读中国共产党 90 年历史，我们得出这样的结论，中国农民群众最大的利益不是土地的获得，而是根本上改变了自己的命运——翻身得解放，翻身做主人。否则，我们就看不懂爷爷辈或父辈们在全国新中国成立后，心甘情愿拿出属于自己的土地归集体所有，从初级社走到高级社以至人民公社的行为选择。正如以色列前总理内塔尼亚胡所说，"他（毛泽东）使一个一直被西方人耻笑为东亚病夫式的中国，一举变成了一个强大凝聚力的现代民族国家，使几亿受尽压迫的中国人成了能够自己掌握自己命运的主人"。

总之，强化情感沟通，满足物质福利，重视荣誉激励、改变群众命运是群众所求、所需、所盼，也是党员干部做好群众工作的普适性、规律性要求，过去管用，今天照样管用。

二　强调实践品位，体现群众工作时代性

1. 密切联系广大群众

群众是一个广大的群体。"党内的工作是群众工作，团内的工作是群众工作，军队内部的工作也是群众工作，因为他们也是群众。"（刘少奇）干部之外皆群众，群众就是相向坐在干部面前的社会群体。应破除群众即农民群体的狭隘群众观，普通党员和下级干部的工作，依旧是群众工作，也要关心他们的利益。

2. 善于抓住关键性群体

比联系最广大人民群众更重要的，就是抓住关键性群体。

世界政党政治显示，一个政党获胜往往只是胜在微弱多数，没有所有的人百分之百支持一个党的政治现实。每个社会都有关键性的群体。中国共产党革命成功的关键，就是每一个时期要抓关键性群体，不是眉毛胡子一把抓。

——红军时期抓住的关键性的群体是妇女

一个美国学者说："共产党革命为什么会成功？""抓住了妇女就等于找到了解决革命成功的钥匙。"因为妇女在家里可以影响公公婆婆、丈夫、孩子，家庭中如果妇女支持革命，全家人基本上都会支持革命。1934年正式颁布的《中华苏维埃共和国婚姻法》对妇女是人性的解放，所以妇女跟着共产党走，他们的家庭也跟着共产党走。

——延安时期抓住的关键性的群体是流动人口（盐农）

毛主席说："他们是宣传队，他们也是播种机。"因为当时的盐农，国民党税警打压他们，日本要枪毙他们，只有共产党才帮扶他们，所以他们跟着共产党走，把延安的盐放到国统区、日战区去卖，把国统区、日战区的药品

悄悄卖给八路军，形成一个良性循环的格局。

——今天中国社会的两个关键性群体——农民工、青年学生

农民工群体。号称有 2.3 亿农民工，1.5 亿在外地流动，还有 8000 万在自家流动。因为每个农民工背后都有一个家庭，所以把农民工抓住，解决好他们的问题，可以影响 6 亿~8 亿人。

在校学生群体。他们是网络先锋，在民间舆论上非常活跃。胡锦涛同志在"七一"讲话中指出，"全党都要关注青年、关心青年、关爱青年，倾听青年心声，鼓励青年成长，支持青年创业。党对青年寄予厚望，人民对青年寄予厚望"。

在威海市的调查中，我们首先关注的是农村居民群体，关注城镇化过程中的房屋拆迁、土地流转问题，关注农民的教育、医疗状况，虽然也存在这样那样的问题，但整体状况良好，受调查者对农村教育状况的满意度达 85%，对医疗状况的满意度达 77%，对村居合并方案的满意度达 71%。调查中，我们发现威海市各级党委、政府对农民群体的关注极大，投入加大，关于三农问题的机制化、常态化、细密化工作做得比较到家，农村群访事件在下降，群众对政府工作的满意度呈上升态势（如，建立热线电话留存机制——工业新区某主要领导将自己的手机号码对辖区内群众公开，24 小时开机通话，身子下沉，群众满意）。但是，就对在威海农民工和在校大学生的关注度，资金投入度等内涵的定性调查发现——关注度不足，资金投入不足，保障机制不足，网络应对技术手段不足令人忧虑。

调查中，高区某党委书记谈到农民工留守儿童教育问题以及亲情沟通问题给未来中国社会构成较大社会隐患和道德隐患——祖父母监护下的上千万儿童教育内涵缺失和 1.5 亿农民工父母与子女长期隔离形成的亲情淡漠问题，将会极大地增加未来中国发展的社会成本。

文登市某镇领导则提到了网络隐患问题——来自西方的恶意"意识攻击"，致使网络"民意如流水"，这一话题引发了我们更多的思考。

"掌握思想领导，就是掌握一切领导的第一位。"（毛泽东）舆论引导是重大的思想工作，而思想政治工作也是群众工作。

"报纸工作如果做不好，就是最严厉的脱离群众。"（1948 年，毛泽东）20 世纪 80 年代初，邓小平说，"报纸工作如果做得不好，宣传媒介工作做得不好，一样也是最严厉地脱离群众，会导致我们工作很大的被动，所以报纸工作要牢牢地掌握在党的手中"。

今天网络世界有如 20 世纪 80 年代平面媒体的情景，令人担忧。

我们认为，网络应对是战略应对，但绝不仅仅是中央和国家有关部委的事情，各级党委、政府责无旁贷——要正确引导群众，引导青年，不能让民意变流水。应通过各类媒体，把话说透——发布正确信息，予群众以知情权；应利用各种平台和机会，把理讲透——敢于亮出正确的观点，敢于反击反社会、反人民的网络观点，把握话语权，给虚拟世界群众以正确舆论引导。调查中发现，工业新区汪疃镇的 9.19 频道在镇辖区内定时开播就收到传播舆情，引导舆论的良好效果。

3. 不要发展群众运动的自流性

1943 年邓小平同志就发现了群众运动的弱点，群众运动只要一运动上来就控制不住，所以，邓小平同志说："不要发展群众运动的自流性。"仔细思考，我们党在历史上所有群众运动，基本上都符合这个规律。而要约束群众运动的自流性，除了要用法制的手段外，还要既当群众的学生，又当群众的老师——组织、教育、引导之。

4. 克服党执政后脱离群众的危险

"党执政以后最大的危险是脱离人民群众。"（邓小平，1956 年"八大"）为什么党会脱离群众呢？从领导革命的党，变成执政党以后为什么会脱离群众呢？两个原因：第一个原因是我们骄傲自满，看不起人民和民主党派；第二个原因，就是特权。党内有特权，是导致我们党脱离人民群众的根源。我们认为，克服脱离人民群众危险的办法就是一靠教育，让党员干部明白"自己从哪里来，将来要到哪里去"；二靠制度，用完善的制度体系（制度即体系）规范制约干部行为，不可触碰红线。

总之，群众工作也具有动态性、时代性。昨天的群众工作不同于今天的群众工作内涵，今天的群众工作容纳不了明天的群众工作外延。我们要切实把握群众工作时代性，富有创造性。

三　完善社会管理，富于群众工作创造性

回顾"十六大"以来，新的中央领导集体的施政理念——胡锦涛总书记带领常委班子到西北坡，重新缅怀先烈，重提"两个务必"，倡树以人为本、科学发展等新理念。不难看出，本届领导集体就是要着力拓宽联系群众渠道，创新联系群众形式，尊重人民群众主体地位，发挥人民主体作用。

2011 年 5 月 30 日中共中央政治局召开会议，研究加强和创新社会管理问题。文件指出："加强和创新社会管理，要坚持以人为本、服务为先，多方参

与、共同治理，关口前移、源头治理，统筹兼顾、协商协调，依法管理、综合施策，科学管理、提高效能的原则，立足基本国情，坚持正确方向，推进改革创新。"这就为基层社会治理提供了明确的方法和路径依据。

1. 把握群众工作特点，尊重差异，承认距离，以人为本，服务为先

在经济市场化，利益主体化，价值多元化的时代背景下，群众中呈现两大新特点：第一，群众之间有差异（利益和价值诉求不统一）；第二，干群之间有距离。如有老百姓批评说："现在的路越修越好，干部下基层却越来越少；电话越来越多，干部与群众的距离却越来越远；办公楼越盖越气派，群众办事却越来越难。"

我们认为，搞好基层群众工作，完善社会管理必须尊重群众差异，正视干群距离，坚持以人为本、服务为先，引领群众向前走，向上行。

其中，要解决干群之间距离问题，就必须贯彻胡锦涛"七一"讲话的精神——"坚持工作重心下移，经常深入实际、深入基层、深入群众，做到知民情、解民忧、暖民心。要把基层一线作为培养锻炼干部的基础阵地，引导干部在同群众朝夕相处中增进对群众的思想感情、增强服务群众本领。要把服务群众、做群众工作作为基层党组织的核心任务和基层干部的基本职责，使基层党组织成为推动发展、服务群众、凝聚人心、促进和谐的坚强战斗堡垒。"

2. 厘清干群冲突成因，积极回应，有效沟通，关口前移，源头治理

从理论层面上讲，一些地方发生的干群冲突成因可以归结为五点：一是群众需求表达没有回应，二是沟通不畅，三是琐碎事情的积累，四是方法不当，五是干部的约束成问题。

关于"威海干群冲突成因"调查的统计数字表明，"群众需求表达没有有效回应"占47%，"琐碎事情的积累"占22%，"沟通不畅"占17%，"方法不当"占9%，"干部的约束成问题"占5%。

这一调查数据一方面说明威海基层干部的整体素质是好的，是能够组织、引领群众在社会发展中向上走、向前走的优秀干部团队；另一方面也暴露出威海群众工作中的不足或短板——对群众诉求表达的有效回应不足。

要解决"群众需求表达没有有效回应""琐碎事情的积累""沟通不畅"的根本途径就是"从办公室走向社会"，关口前移、源头治理。

"从办公室走向社会"是欧洲社会民主党最早提出来的（德国、法国的社会民主党）。办公室就是国家机关，社会就是国家的对应面，在国家与社会的两级结构里从国家走向社会，也就是从办公室走向群众。

干部是由群众而来，但群众并不一定奔干部去。完善社会管理，管理好

众人之事，干部必须眼睛向下看，身子向下沉，接地气，察民情。当前，从中央到省市党委政府都在积极践行"关口前移、源头治理"原则，就干部培训而言，中央党校培训到县，省级党校培训到镇，而各级调研更是入镇、进村、到社区。这里镇级机关地位特殊，已经显现出"乡镇平，天下安"的趋向，因此，解决好当前镇机关干部"走读"现象应该是"身子向下沉"的前提。

威海工业新区机关开展的靠环境留人、用制度管人、以事业聚人，让机关干部"走读"变"住读"，使"小机关"变成干事创业"大舞台"的理念和做法启示颇多。

3. 提高社会管理科学化水平，匡正理念，多方参与，协商协调，提高效能

（1）提高社会管理科学化水平，匡正理念是前提

提高基层社会管理科学化水平就是要走出群众工作非科学化理念误区，破除一切以老百姓说了算，放弃基本工作原则；把人民内部矛盾理解为"用金钱可以解决的矛盾"；把党群关系理解为"给"与"取"的关系；在经济发展中侵害人民群众利益；党群关系出了问题就捂盖子等等思想和行为。如，坚持"以人为本"，不是以每一个老百姓的要求为准，不是置党纪国法于不顾，如此必然造成民众需求膨胀和工作被动；"用金钱解决矛盾"往往助长群众中的投机主义，助长哭夜的孩子多吃奶现象；经济发展不能忽视环境的承载力，忽视群众的真实需求，也要算大账——环境账、社会账；党群关系出了问题就捂盖子，"群众需求表达没有有效回应""琐碎事情的积累"酿成大事屡见不鲜，不可不察。

（2）提高社会管理科学化水平，多方参与是关键

党群工作绝不仅仅是党对群众的单向行动，科学的党群工作关系是党群互动，群群互动，而且要借助于第三方，让群众帮群众，群众教育群众，群众引导群众。如，借助社工、志工力量做好政工工作，发挥第三部门力量，如商会、协会的自律约束力量，推动基层社会管理科学化。

（3）提高社会管理科学化水平，协商协调是基础

协商协调就是用好沟通的方式。面对面，事对事，心对心，这种沟通容易导致融洽的气氛。

沟通的时候要学会群众的语言，说话让群众听得懂，学会讨论式，撒娇式，而不是命令式语调。

沟通当中不做"冲锋枪"式——没有时间差，双方来不及细想，就恼羞

成怒；要做"发报机"式——发过来，我思考一会，再发过去，中间有个思考的时间，容易把误解变成理解。

总之，群众工作问题关涉经济、社会发展，关涉执政大局。中东变局启示世人，一个集团、一个政权如果不能代表大多数群众的利益，那么当社会客观和主观条件成熟时必定被社会大多数群众所抛弃，这是历史发展的客观规律，我党应该引以为戒。

（作者单位：中共威海市委党校　课题组成员：孙保广　隋书卿）

投票表决权中的民生关怀

——解读修订后的《物业管理条例》

姜妍丽　许　浩

　　修订前的《物业管理条例》（下简称旧《条例》）虽然对业主大会的设置、地位及其相关职能等做出具体规定，但对如何平衡业主之间的投票表决权比例却束手无策，而新修订的《物业管理条例》（下简称新《条例》）建构了关于业主共同利益事项的表决机制，而且作为上位法——《物权法》也为《物业管理条例》的修订提供法律依据，使之更加具有可操作性，新《条例》达到了与《物权法》相协调的目的。

一　增加投票表决人数

（一）提高投票表决筹码

　　新《条例》第十二条第一款规定业主大会会议应当有物业管理区域内专有部分占建筑物总面积过半数的业主且占总人数过半数的业主参加；第三款规定普通事项应当经专有部分占建筑物总面积过半数的业主且占总人数过半数的业主同意。而旧《条例》只规定业主大会应当有物业管理区域内持有二分之一以上投票权的业主参加，普通事项须经物业管理区域内全体业主所持投票权三分之二以上通过，从两者的对比中不难发现旧《条例》在涉及业主共同利益事项的表决方面是按照投票权数来决定的，而新《条例》在保持投票表决权不变的基础上，新增加了参加投票表决的业主人数的内容。

（二）遵循物权排他性

根据一物一权主义理论，"一物只能有一权，故物之一部分，不能成立一物权，一物就有一权，故数个物不能成立一物权，物权之计算以一物为单位"。增加投票表决人数，集中代表专有面积占建筑物总面积比例小的业主的真实意思表示，反映民主集中制的本质要求，维护全体业主的根本利益。但是，增加投票表决人数绝不意味着当共同共有人共有一专有部分时，由每一位共同共有人分别行使该专有部分代表的投票表决权，即该专有部分的投票权数就是共同共有人享有的投票表决权数的全部，它不因共同共有人人数的增加而增加，因为"在同一标的物上不能有二个所有权"对于同一专有部分，不能同时成立两个以上内容互不相同的物权，这体现了物权的排他效力，而且一个专有部分"即使是共有，也只是一个所有权而不是多个所有权，只不过是一个所有权为多个人享有而已"。共同共有人共有一专有部分时，其投票表决权应该由共同共有人推选一共有人行使，而不是由各共有人共同行使。

（三）两个"二分之一"是双保险

对于住宅物业，不管是采用参加投票表决的业主人数占总人数的二分之一，还是采用专有部分占建筑物总面积的二分之一，表决结果大致相同，从表面上看同时满足两个"二分之一"似乎多此一举。但在业主拥有专有部分面积比例相差悬殊的物业区域内，两个"二分之一"原则就显现出它的优越性，"过半数表决通过、三分之二或四分之三多数通过与全体一致通过的程序效果是很不一样的。这种具体程序的选择反映了内容和结果的权威性的不同要求。"

如果单纯按照专有部分占建筑物总面积的二分之一计算投票权数来决定重大事项，权力就会过于集中，特别当大业主相互串通时，小业主的权益得不到有效的保障；若只按照业主人数占总人数的二分之一来作为通过重大事项的衡量准则，当少数大业主与多数小业主意见相悖时，按小业主意愿所作出的决议对拥有专有部分面积大且分摊费用多的大业主显然不公平，其财产权得不到有效的保护，违背了权利与义务的一致性。因此，采用两个"二分之一"既体现出大业主和小业主权利的差异性，保证了大业主能相对公平、公正地行使权利，又尽可能地保护小业主的利益，有效地避免了大业主和小业主之间的利益冲突，在发扬民主的基础上增强投票表决的效率，体现了物的管理的私权性和人的管理的公权性。

二　降低投票表决权比例

（一）　采用"普通多数同意"的决议方式

普通多数同意的决议方式作为区分所有权人会议的一种决议方法，是指以出席人数及所拥有的区分所有权比例各过半数予以决议的方式，即两个"二分之一"原则，其适用范围为决议区分所有建筑物普通事项。新《条例》第十二条第三款规定："第十一条规定的其他事项，应当经专有部分占建筑物总面积过半数的业主且占总人数过半数的业主同意。"而第十一条规定的其他事项是指"制定和修改业主大会议事规则、制定和修改管理规约、选举业主委员会或者更换业主委员会成员、选聘和解聘物业服务企业、有关共有和共同管理权利的其他重大事项"，而旧《条例》却规定表决上述事项时必须经物业管理区域内全体业主所持投票表决权三分之二以上通过，从两者比较中发现新《条例》缩小了投票表决比例，凸显投票表决的可操作性。

（二）　彰显效率理念

作为经济学概念的效率是衡量投入和产出的重要标准，是以最少的资源消耗取得最大的效果，而法的效率价值要求人们以较少的投入获得尽可能多的产出，最大限度地减少资源耗费。表决权是建筑物区分所有人作为成员权人所享有的重要权利之一，而投票权数反映了专有所有权的主导性，即"专有所有权的大小，决定区分所有人共用部分持分权及成员权（如表决权）的大小"。投票表决权从过去的三分之二到如今的二分之一，赋予业主尽可能广泛追求利益的自由和最大限度的活动空间，规范其谋求自身利益的行为合法化，保障决议普通事项的效率最优，以最简洁的程序和最少的时间耗费达到预期的目的。对于决议普通事项只需专有部分占建筑物总面积过半数的业主且占总人数过半数的业主同意，即达到双二分之一原则就通过，改变过去要求全体业主所持投票权三分之二以上的规定，是因为广大业主对待表决事项的看法可能不完全一致，片面追求过高的通过率，有可能会否决所有的决议事项，挫伤业主的投票表决积极性。同时，由于普通事项的作用相对比较重要，在数量上要比重大事项多，因此降低投票表决权比例既是民主基础上的集中归纳，不因业主意见分散而导致普通事项的决议轻易被否决，又体现了以经济理性的标准达到富有成效的立法精神，使业主之间以平等的资格，在平等的条件下公开竞争，激发和保证持续的效率。

（三） 完善博弈理论

博弈论"是研究决策主体的行为发生直接相互作用时候的决策以及这种决策的均衡问题的"，即博弈理论主要研究某一主体的决策既受到其他主体的决策影响，而且该主体的相应决策又反过来影响到其他主体的决策问题。博弈的实质是存在利益冲突的各个主体总是围绕利益的最大化来试图智胜对手，同时各自的策略又具有相互依存性。博弈论的精妙之处在于针对对方可能采取的措施来制定自己的战略，博弈的次数越多，战略完善的程度越高。如果单纯以投票表决权数来决定业主共同利益的事项，不仅会出现专有面积比较大的业主左右投票表决的情况，违背了投票表决的目的是保护全体业主合法权益的初衷，而且也使代表正义的天平失衡，倾斜于拥有较大房屋面积的业主，形成大业主利益与小业主利益不对等的态势。而新《条例》降低投票表决权的比例，这相当于在小业主一方增加天平砝码，具备与大业主相对抗的资本条件，迫使大业主围绕谋取利益的最大化来调整策略，从而使双方在多次博弈中达成利益均衡，使倾斜的天平又回到平衡状态。

三　结语

关于业主的建筑物区分所有权保护，修订后的《物业管理条例》无论是增加投票表决人数，还是降低投票表决权的比例，其直接目的是改变拥有专有面积大的业主左右投票表决的状况，保护专有面积较小的业主的合法权益不受侵犯，贯彻下位法服从上位法的原则，而最终目的在于以人为本，改善民生，构建和谐社会不断向前发展。

（作者单位：乳山市城区街道妇联　乳山市冯家镇党委）

《罪刑法定的实现：法律方法论角度的研究》 内容提要

王瑞君

立法化的罪刑法定，其价值有赖于在司法运作中得以充分实现。作为我国罪刑法定之"法"的成文刑法及其所确立的规范并不能为司法办案人员解决一切问题。规范的抽象性、内容涵盖的有限性以及作为法律载体的语言本身存在的模糊性，使得罪刑法定之"法"的局限性不可避免。于是，法律方法凸显出其重要的作用。本书选取方法论的视角，将法律方法的理论与刑法丰富的素材和实践中遇到的大量疑难案件相结合，研究刑事个案裁判的思维方式和思维范例，并重点阐明法治后发型的我国罪刑法定司法化中法律方法运用的基本立场。主要内容和观点如下：

一 刑法的机械适用与绝对罪刑法定的命运

绝对罪刑法定的设计产生于 17、18 世纪特定的时代。当时欧洲中世纪司法黑暗导致的对法官的不信任并促成的对法律确定性的崇拜和近代国家实证主义和理性建构主义法律观，构成欧洲大陆罪刑法定产生的特有的社会背景和思想文化背景。基于欧洲大陆特有的背景而生成的罪刑法定原则，以三权分立作为制度支撑，立足于法律形式主义的立场来规定和设计该原则的基本内涵和刑法的具体内容。把罪刑法定中的"法"理解为成文的、有权制定法律的机关所制定的法；把犯罪归结为对法律规范的违反；在法的基本属性问题上强调法律表现形式的确定性；在法的价值取向上把维护个人自由放在首要的位置上；将司法作机械适用模式的设计，三段论的演绎推理是法官裁判案件的基本逻辑思维模式，法官只是立法者制作的法律机器的操作者。在欧洲大陆，机械适用模式的实践在其运作中，又与概念法学的学理支撑形成互动关系。而几乎在同一个时代，尽管英美形成了具有不同于法德等大陆法国家的司法传统，但如果将法的机械适用模式理解为严格法制时代法律运作的特征的话，那么，英美法系同样曾存在过机械法理学，这一点表现为近代政治理论中法官被理解为法律的执行者而不是法律的制定者的观念，此观念对英美的刑事司法影响同样是非常明显的，即严格的先例观念及通过制定法对普通法犯罪的严格限制。

刑法的机械适用与绝对罪刑法定的设计作为一种乌托邦式的设想，尽管以实践中的行不通告终，但特定历史背景下的设想和立法、司法环节的努力却造就了一个特定的严格法制时代，这对于走向法治功不可没。此模式遭遇过很多的批判，然而不仅其树立的严格法制立场对于法治后发型的我国具有重要的理念启发意义，而且，机械适用设计下的三段论演绎推理的法官裁判案件的思维模式，对今天刑事案件的裁判仍具有重要的价值。

二 通过解释实现罪刑法定

19 世纪末期，刑事古典学派终结了其历史使命，继而崛起的是刑事实证学派。刑事实证学派对以严格规则主义为特征的绝对罪刑法定主义进行了抨击，主张扩大法官的刑法解释权，降低刑法典的意义。罪刑法定自此由绝对走向相对。与此同时，法律方法呈现出由机械适用的观念设计到法官解释法律取得自由裁量权的转型。

尽管不同国家学者给出的法律解释包括刑法解释的原因各具风格，但归纳起来大体上不外乎：语词本身在表意时的内在局限性；现实的发展变化与法的相对稳定性之间的矛盾；法律规定的概括性与现实案件的个性之间的矛盾等方面。就之所以要进行刑法解释，在作者看来，其必要性尚有如下补充：其一，罪刑法定推崇的成文法的局限性使刑法解释成为必然；其二，罪刑法定原则的价值蕴含不排斥刑法解释；其三，罪刑法定原则下法官解释刑法与罪刑法定原则在实现个案正义与一般正义上的互补和统一。

一般法律方法意义上的解释方法于刑法领域的运用，表现出不同于其他部门法的特点：刑法解释较为严格；文义解释优先性更为突出；不利于被告的类推解释被绝对禁止；当然解释的把握要合事理、合逻辑；扩张解释需要慎重，并需区别于类推解释；对词语的解释离不开具体的语境。就影响法官刑法解释的材料而言，主要表现为习惯、学说、判例、道德准则等；在我国，非正式的司法解释同样构成影响刑法解释的重要材料。作为影响法官解释刑法材料的习惯、学说等，其作用是中性的。

英美国家特别是美国，根据判例解释制定法构成其刑法解释的鲜明特征。美国根据判例解释刑法制定法所实践的增强判决的确定性与变动性相结合、深化判决的说理性、确保刑法解释不偏离刑事法治轨道的品格对于我国的刑法解释理论与实践具有重要的借鉴意义。

三　通过论证实现罪刑法定

当依据不同刑法解释方法对案件裁判出现不同结论，又无法确定排序先后时，法律论证理论遂成为近几十年逐步走向前沿并取得强势的新的法律方法，该方法的运用意在加强判决的可接受性和合理性。其中与司法裁决相关联的话题，可归纳为：从独白到对话——法律方法模式的转变；案件繁杂程度与法律论证；价值判断与法律论证；裁判理由的公开；审判程序模式；法律论证的规则、法律论证的方法等等。

尽管罪行由事前法律做出明文规定是罪刑法定的基本内涵，但法律不可能解决所有罪与刑的全部问题。作为刑法基本范畴的罪与刑，均具备一定的开放性，由此为法律论证提供了发挥作用的空间，尤其在犯罪构成存在的"开放性要件"或定罪、量刑涉及价值衡量的场合。自 20 世纪 70 年代以来，刑法私法化倾向越来越明显，刑事领域同样可以妥协，为法律论证提供了更为广泛的空间。法律论证之于罪刑法定，能够实现理性程序与实体公正的兼顾，司法民主与司法公正得到更好的实现。然而法律论证表现出来的缺乏普适性、理性参与人的假设、价值判断难题、"合意性、可接受性"作为判决的归旨等特征，也同时显现出其固有的局限性。法律论证于刑事领域的运用同样暴露出其局限与不足。加之，法律论证于刑事裁判制约于罪刑法定原则，有效的观念、规则和程序仍需坚守。因此，法律论证方法之于刑法领域，其运用场域和作用的释放，需要正确处理与罪刑法定原则的关系，在罪刑法定主义的框架之内发掘论证领地，是作者的基本立场。

四　法律方法的综合运用与我国实现罪刑法定的进一步思考

自近代法律近乎机械适用的设计，到承认法官解释法律，再到法律论证方法的法律方法学说和实践的发展，反映了法律适用理论与实践不断提升的过程。横向上来看，具体法律方法之间既相互对照又存在密切关联，当今的个案裁判很难说仅采用其中一种法律方法能够完成，而是法律方法综合运用的过程。综合运用不排除有所偏重，即法律方法的运用与一国或地区一定时期的主导价值观紧密相连，并且制约于案件事实与法律规范之间的复杂关系，罪刑法定的实现也是如此。

刑法解释、法律论证、演绎推理等法律方法的运用，需要思考它们在法律方法体系中的地位和相互关系问题，特别是通过解释、论证实现对刑事个案裁判，如何与先前所确立的规范相关联的问题，此即法律裁判思维模式问题。自 20 世纪以来，国内外学者提出各自不同的法律裁判思维模式。"推论模式""等置模式""解释循环"等的提出，均不再是对传统三段论演绎推理模式的原版复述。加之，许多法学家提出关于法律不确定的命题加大了演绎推理遭到质疑的程度。在作者看来，在制定法国家，甚至在判例法国家，演绎逻辑思维的基本骨架始终在裁判思维过程中得以保留，其逻辑有效性仍然存在，近百年来法律判决形成的模式未能动摇演绎逻辑推理作为法律思维核心方式的地位。具体到刑事法领域罪刑法定原则下，法官发现法律、法官解释刑法、对刑法进行论证等的重要使命就在于：通过解释、论证实现罪刑规范的确定性，以为个案裁判解决法律推理的大前提。

对罪刑法定的实现进行研究，重点仍然在于当下中国罪刑法定的司法运作问题。因此，立足于我国法治后发型的现实，依案件事实与罪刑规范的不同关系，综合运用不同法律方法并依具体情况有所侧重，对我国罪刑法定的实现具有重要的实践意义。基于法律方法之间关系的考察和我国法治后发的现实：首先，以既存刑法规范作为依据的制约原理不能偏离。其次，刑事司法实践中应视案件事实与罪刑规范之间的不同关系生成不同的运用方法。其三，当解释法律形成多解，而司法活动的特征就在于于规定时间做出发生效力的判决，于是，以宪法为最高位阶的法律规范系统作为该论证的基本前提，以使法律裁决能符合社会共识的正义，并在正当程序保障下，借由理性论证以解决各种法律争议，对于刑事法治的确立是不可或缺的。

[作者单位：山东大学（威海）]

英美马克思主义辩证法研究的新趋势

付文忠

世纪之交，英美马克思主义学者掀起了一个研究马克思主义的新高潮，特别是对辩证法理论的研究呈现出繁荣的局面，一批具有重要理论价值和学术影响的研究辩证法的著作先后问世，如杰姆逊（Jameson）的《晚期马克思主义：或阿尔多诺对辩证法的坚持》、奥尔曼（Ollman）的《辩证法考察》、巴斯卡（Bhaskar）的《辩证法：自由的脉搏》、斯密斯（Smith）的《辩证的社会理论及其批判》、莫兹罗斯（Meszaros）的《超越资本：一种过渡理论》和舍曼（Sherman）的《重建马克思主义》、塞凯英（Sekine）的《资本辩证法论纲》。

特别是美国研究马克思主义的著名杂志《科学与社会》为了进一步推动对马克思主义辩证法研究的深入发展，于 1998 年推出了一个辩证法研究专刊，题为：《辩证法的新前沿》，展示了英美马克思主义辩证法理论研究的最新成果。因此，美国著名马克思主义学者奥尔曼在其新著《辩证法的舞蹈：马克思方法中的步骤》中总结道："辩证法的研究成为当代英美马克思主义研究中最有活力和争论最激烈的领域之一。"

一 英美马克思主义的五种辩证法解读模式

什么是辩证法？今天讨论马克思的辩证法有什么意义？辩证法在马克思主义理论中的地位和作用是什么？当代英美马克思主义学者试图对这些问题做出回答，围绕这些问题英美马克思主义学者展开了激烈的理论争论，在对马克思辩证法的解释上形成了许多不同的学派和观点，但概括起来，主要有五种辩证法解读模式：（1）奥尔曼的黑格尔马克思主义辩证法解读模式；

（2）杰姆逊的后现代马克思主义辩证法解读模式；（3）舍曼的新批判的马克思主义辩证法解读模式；（4）辩证法体系学派的辩证法解读模式；（5）批判实在论学派的辩证法解读模式。从多方面阐释了辩证法的当地价值。

（一）奥尔曼的黑格尔马克思主义辩证法解读模式

奥尔曼对马克思辩证法的解读主要捍卫马克思辩证法的理论地位，回击后现代主义和后马克思主义对辩证法的否定和抛弃。他致力于解决三个问题：第一个问题是什么是马克思真正理解的辩证法？第二个问题是今天我们研究马克思的辩证法有什么意义？第三个问题是如何在实际中应用马克思的辩证方法？

首先，奥尔曼指出：辩证法实质上是一种内在关系哲学，辩证法的研究对象是变化和相互作用，包括所有的变化和相互作用。"但问题的关键是如何有效地思考事物的变化和相互作用，如何在思维中把握它们？如何不误读我们认识到的真正的变化和相互作用？"这是辩证法提出的关键问题，也是马克思的辩证法要解决的根本问题。

其次，奥尔曼认为马克思的著作扬弃了形而上学片面性的把握世界方式，马克思在反映世界的永恒运动方面并不困难，相互联系、互相渗透在时间维度上是世界的法则。历史变迁常常在大的范围内发生，从总体上把握这些变化需要借助内在关系的辩证法。马克思的辩证法是一种内在关系哲学，内在关系哲学是马克思从黑格尔那里遗产过来的哲学遗产，内在关系哲学把各种关系看成是事物整体本身的重要组成部分，一切事物都在关系中存在。因此，在这些关系中任何一个重要变化，都表现为系统中一个部分的质变。辩证法认为是关系而不是事物是构造实在的基本材料。

最后，奥尔曼指出在讨论马克思辩证法的大量文献中，内在关系哲学相对来说被忽视了。马克思的几个主要解释者，如卢卡奇、萨特、列斐伏尔、科西克、歌尔德曼、马尔库塞等，好像都没有意识到马克思对黑格尔的抛弃并不包括内在关系哲学。内在关系哲学不仅仅是一种哲学，它还是奠定研究基础的辩证方法，这一辩证方法使对世界内部的探究、解释以及组织所发现的理论成果成为可能。

进入 21 世纪，奥尔曼又强调要有效地应用马克思的辩证法，仅仅掌握内在关系哲学是不够的，同时要求注意辩证法的其他因素，特别是抽象过程。奥尔曼在另外一本重要的书里《辩证法的舞蹈》，把对马克思的抽象过程的考察放在内在关系哲学的核心位置上，认为辩证法是用内在关系哲学与抽象过程两条腿进行舞蹈，这是理解马克思辩证法的新发展。奥尔曼把内在关系哲学和抽象过程结合在一起，二者的共同应用成为他研究马克思辩证方法中最具创新的思想。奥尔曼认为这一方法可以推进对当代研究资本主义的研究，可以帮助人们更好地掌握和理解马克思本人的重大理论发现。

（二）杰姆逊的历史叙事学辩证法解读模式

杰姆逊对辩证法的解释与众不同，他认为辩证法是马克思主义的本质特征，但是要理解辩证法的本质特征必须从历史叙事学的角度来思考。在辩证法性质的界定上，杰姆逊提出一个非常新颖的解释：辩证法是和现代性进程紧密联系在一起的，辩证的思维方式是现代性的产物。

他指出：在这种情况下，下列推测似乎是有道理的，除了黑格尔和马克思著作中的开创性探索外，（还有其他人陆陆续续探索）辩证法并不是关于过去的事物，也不是哲学史中的某一章节，而是对尚未实现的未来的某种思考，是对未来的推测性解释。像哈贝马斯所说的那样是一个"尚未完成的规划"，一种把握尚未以集体习惯方式存在的形式和事物的方法，因为与它相适应的具体社会生活形式还没有产生。

由此可见，杰姆逊是从现代与后现代的关系角度思考辩证法，把辩证法产生与现代性的发展联系在一起，哈贝马斯认为现代性"是一个尚未完成的规划"，借用哈贝马斯的观点，杰姆逊认为辩证法就是一个"尚未实现"的"有待完成的规划"，也就是说辩证法是一个关于现代性的尚未完成的思维方式。

为什么辩证法是"尚未完成的思维方式"？

杰姆逊分析到，对许多人来说，辩证法在目前来说意味着有很多的含义，意味着是一种新的思维方式，一种研究方法或者一种理论解释模式。辩证法的思维方式目前还仅仅是一个没有完全普及的思维追求，或者说在人们正常的思维过程中还不具有必然性，只是一个或然的增补性的思维方式，这意味着大多数人并不能够经常性的"辩证思维"，而且它也意味着辩证法并不是某种具体社会形态直接导致的思维形式。原因非常简单，在当代社会中，实证主义和经验主义的思维方式及其各种非辩证的理论主张看上去更流行和更受欢迎。

当然，辩证法思想认为，不同的社会形态或者更具体地讲各种生产方式都具有自己的结构，抽象思维的秘密形式就存在于这些具体的结构中，这些抽象思维的秘密形式、结构及其功能不是一成不变的，具有自己的起源与演变的历史。杰姆逊的意思非常清楚，假设那些不同种类的思维形式确实具有某种真理的东西，那最好是把思维形式的展开看作一定历史阶段生产方式的展开。既然这样，作为抽象的思维方式辩证法的秘密就应该在具体的生产方式中去寻找，因此杰姆逊非常肯定，辩证法和当代其他发展着的哲学思潮有血缘关系。辩证法具有历时形态与共时形态，根据马克思的生产方式理论，从历时形态看，杰姆逊认为，黑格尔的辩证法是法国资产阶级大革命的产物，而马克思的辩证法则是资本主义劳动力被普遍商品化的产物。

杰姆逊指出，作为一个有待实现、尚未完成的现代性理论规划，辩证法仍然在三个领域富有生命力：（1）在自我反思领域：辩证法理论需要回应当代世界的多元化和主体身份多重化趋势的挑战；（2）在历史领域：辩证法不是一种哲学立场，而是应用于历史叙事中的一种批判性运作，要对历史的因果关系与历史的重大变迁进行批判性解释；（3）在矛盾领域：矛盾范畴仍然是辩证法的核心，当代思想与理论的鲜明特征就是以矛盾的形态出现，黑格尔、马克思、德里达、巴特尔、布洛赫都是矛盾中心观辩证法的代表人物。多元化的当代理论充满差异与矛盾，这是多元化的当代世界充满差异与矛盾的表达，矛盾的"总体化""对立的统一"与"差异中的同一"的辩证法原理仍然有效，矛盾中心观的辩证法仍然是在实践中解释矛盾与改变世界的有效方法。

（三）新批判的马克思主义辩证法解读模式

美国的马克思主义学者霍华德·舍曼（Howard Sherman）是新批判的马克思主义代表人物，在《重建马克思主义》一书中，对辩证法理论提出了一种新的解释，引起了国外学术界的重视。舍曼认为，辩证法是马克思主义重要的方法论，对马克思主义的反思必须从辩证法开始，作为一个马克思主义的理论家必须把马克思的方法放在重要和核心的地位上。所有的社会科学的发展方向是受方法论支配的，忽视对方法论的思考，会付出沉重的代价，那种认为对方法论的思考是在浪费时间的观念是完全错误的。

新批判的马克思主义必须有批判的方法，舍曼指出辩证法就是马克思主义的批判方法。他反对把辩证法看成过时的观点，特别是反对分析的马克思主义抛弃马克思主义辩证法的错误观点。新批判马克思主义对辩证法解释的另一个观点是：辩证法是社会科学研究的一个方法与工具，辩证法和自然科学的研究方法有本质区别。舍曼强调为了恢复辩证法的批判功能，必须明确辩证法的应用范围，努力纠正把辩证方法绝对化的错误倾向，重新阐明辩证法属于社会科学方法论的范畴。对辩证法正确的解释与理解是什么呢？舍曼指出，从新批判的马克思主义观点看，"作为批判方法的辩证法，既不陈述规律，也不给出答案，更不做出预言，仅仅是帮助提出问题"。辩证法作为一种批判的"有用的方法"，它的基本含义是什么呢？舍曼指出，一种方法不能用事实去证实或证伪，也不能用其他的方法来检验。因为，方法并不对任何事实做出判断。那如何去检验一种方法呢？很简单，需要用实用主义的观点来回答，对一种方法的检验主要是看它是否"有用"，而不是看它是否在事实上是真实的，因为它不陈述事实。换句话说，看它在研究实际问题中能否产生实际的效果。

为了恢复马克思主义辩证法的批判功能与理论威信，必须放弃绝对主义对辩证法的解释模式，必须放弃附加在辩证法理论中的本体论承诺和认识论假设。作为批判方法的辩证法拒绝提出普遍性的一般规律，也不断言存在着真理，辩证法只是对问题提出批判，而不是为问题提供答案。

（四）体系学派辩证法研究解读模式

辩证法体系学派发展非常快，观点也非常鲜明，他们坚持认为辩证法就是构造《资本论》理论体系的方法，其他方法不能称为辩证法。体系学派的重要代表作有阿瑟（Arthur）；《劳动的辩证法：马克思与黑格尔的关系》；《资本的循环：资本论第一卷研究》。关根（Sekine）《资本论第二卷的辩证法概论》；史密斯（Smith）《马克思的资本逻辑》。根据奥尔曼的研究，辩证法体系学派基本观点可概括为三点：第一，马克思的辩证法表达的是对资本主义资本逻辑的理解策略；第二，马克思使用这一策略的主要地方是《资本论》第一卷；第三，辩证法是马克思从黑格尔那里继承过来的建构概念的逻辑方法体系。

具体分析，体系学派内部对辩证法的解释也有一些差别：（1）关根认为，黑格尔的辩证法超越了形式逻辑的分析基础，这也是构成马克思辩证法的核心部分。他认为，把马克思的辩证法与黑格尔的辩证法之间的区别，看作是唯物主义与唯心主义的区别是一种误读，二者的根本区别是：黑格尔的辩证法处理形而上学，马克思的辩证法处理经济学。马克思的辩证法是资本辩证法，用辩证方法表达经济学思想。（2）阿瑟认为辩证法有两种形态，历史辩证法与体系辩证法。马克思的辩证法是体系辩证法而不是历史辩证法。马克思的辩证法与黑格尔的辩证法在性质上是一样的，表达的是概念之间的逻辑关系，概念的意义以及相互联系为整体的条件。（3）史密斯则认为，马克思的辩证法既是体系辩证法又是历史辩证法，作为体系辩证法，研究概念整体的意义及其条件；作为历史辩证法，阐释资本主义生产方式进化发展的历史过程。

（五）批判实在论的辩证法解读模式

批判实在论（Critical Realism）是一个迅速崛起、在国际上影响日益扩大的哲学学派，出版了许多重要的著作，其中《辩证法：自由的脉搏》和《批判实在论与马克思主义》两本书的影响就非常大。批判实在论的创始人是英国哲学家巴斯卡（Bhaskar），巴斯卡认为西方哲学流派繁多，主张各异，但是他们却拥有一个共同错误：那就是把本体论还原为认识论，"西方哲学的整个传统，就是试图把存在还原为知识，把本体论还原为认识论"。因此，批判实在论强调两个区别：其一，思想与存在的区别，强调存在先于思想；其二，本体论与认识论的区别，强调本体论先于认识论。巴斯卡的《辩证法：自由的脉搏》一书，被批判实在论的追随者誉为"20世纪最伟大的哲学著作"，在这部被奥尔曼称为"概念丰富的像热带森林一样"的著作中，巴斯卡表示他要完成马克思没有完成的遗愿，写一部关于辩证法的大书。巴斯卡的新辩证法由四个部分组成：（1）非同一性；（2）否定性；（3）总体性；（4）社会转变实践（巴斯卡把这四个方面称为 1M，2E，3L，4D）。1M 的辩证法是分层的辩证法，强调本体论与认识论的非同一性，肯定与否定的非同一性，结构与事件的非同一性；2E 辩证法是变化的逻辑，认为不在场、缺失是辩证法的实质与核心，认为变化就是不在场，不在场优于在场；3L 是开放的总体性的辩证法，把分散的现象看成是统一性总体的组成部分。由于不在场的存在，总体性永远是开放的尚未完成的；4D 是实践的辩证法，转变社会实践就是对社会的再总体化，实践辩证法主要作用是确保历史永远不会终结。

巴斯卡说辩证法的真正定义：是"缺失中的缺失"（the real definition of dialectic as absenting absence），后来他把辩证法进一步定义为"缺失限定在缺失的缺失中"（absenting constraints on absenting absences），这个复杂而抽象的定义是一个四重否定，英国学者约瑟夫（Joseph）把其具体化为如下公式：

1. 失业就是工作的缺失；
2. 工作就是缺失的缺失；
3. 通货膨胀是对缺失的缺失的限制
4. 消除通货膨胀就是缺失这种限制。

批判实在论的辩证法强调缺失（absence），用四段论的辩证法取代黑格尔的三段论辩证法，黑格尔的三段论辩证法是：（1）肯定（从某物开始）—（2）否定（发现了自身的缺陷）—（3）否定之否定（克服这些缺陷）；巴斯卡的四段论辩证法是：（1）缺失（开始于不完善）—（2）缺失原初的缺失（修复这些不完善）—（3）缺失之缺失的限制（修复过程遇到障碍）—（4）缺失这种限制（克服这些障碍）。关于《辩证法：自由的脉搏》这部著作的核心观点巴斯卡是这样说的，"让我总结本书的观点，否定是肯定存在的条件，是知识存在的条件，"辩证法是关于人类的解放的辩证法，自由就是人从社会与自然的限制中独立出来，"这个过程就是辩证法，辩证法是自由的脉搏"。辩证法是把哲学与政治规划连接起来的桥梁。

二 当代英美马克思主义辩证法研究复兴的原因

英美马克思主义为什么在世纪之交这么重视对辩证法的研究呢？我们认为有以下几方面的原因：

首先，苏东解体后，对马克思主义历史命运的反思，对社会主义前途的坚持，引发了对辩证法的再思考。美国的马克思主义学者舍曼（Howard Sherman）认为，作为一个马克思主义的理论家必须把马克思的方法放在重要和核心的地位上，辩证法是马克思主义重要的方法论，对马克思主义的反思必须从对辩证法开始。必须对一些马克思主义学者关于辩证法的错误解释做出纠正，对一些非马克思主义学者歪曲、否定辩证法的理论进行批判，以便恢复马克思辩证法的批判功能。奥尔曼也指出："只要马克思主义有助于我们认识这个世界，我们就需要研究辩证法，以便改进我们对马克思主义的理解。"

其次，是适应了重新认识当代资本主义的需要。当代资本主义的深刻变化和经济全球化，呈现出许多新的特点，按照杰姆逊的说法晚期资本主义正经历着从现代向后现代的结构转型，马克思主义应该努力适应与把握这一变化。当代发达资本主义面临着严重的政治与经济危机，各种应对危机的政策与措施困难重重，新自由主义意识形态漏洞百出，无法全面把握资本主义产生合法性危机的深刻根源。马克思在西方再度受到重视，再一次证明：马克思主义是关于资本主义的科学，是认识资本主义最深刻的理论体系，只要资本主义存在，马克思主义就不会过时。辩证法是马克思主义分析资本主义内在矛盾的锐利武器，是马克思主义的本质特征，因此，发展马克思主义必须从发展辩证法开始。

再次，也是对分析学派马克思主义的批评。分析学派马克思主义为了追求"恢复"马克思主义的科学性，用分析哲学的逻辑方法解释马克思主义，不正确地认为辩证法是马克思主义中非科学的东西应该抛弃。分析学派马克思主义的一些学者认为，如果要重建马克思主义的批判本质，就应该彻底放弃马克思主义的辩证法，因为辩证法是马克思主义理论中无用的成分。如分析的马克思主义的代表人物之一罗默说："辩证法是马克思主义的瑜伽"，"在马克思主义的社会科学中，辩证法常被用来为一种懒惰的目的论推理作辩护"。许多马克思主义学者坚决反对这种错误的观点，认为放弃了辩证法也就是放弃了马克思主义，就是放弃了对马克思主义的重建。因此，英美马克思主义学者对辩证法声势浩大的研究，一大批重要理论成果陆续问世，这也明显表达了对分析学派马克思主义放弃辩证法的抵制。

最后，辩证法的研究也是为了对抗与批判后现代主义的立场与方法。后现代主义提出了"反宏大叙事""反总体性"的多元与差异的解构策略，否定现代性的理论基础——启蒙理性和解放规划，他们认为马克思是启蒙运动之子，马克思主义理论是启蒙理想的最高代表，马克思主义成为他们解构的主要对象。有些后现代主义者指出，马克思主义也许在现代资本主义时代是正确的，但是在后现代、后资本主义时代就完全过时了，"历史已经终结了"，"马克思主义也同时终结了"。艾伦·伍德说，后现代主义认为："我们生活在一个后现代的时代，启蒙规划已经死亡，所有陈旧的信念和意识形态都失去了往日的威力，理性的老原则已经失去了作用。"后现代主义现在已经逐渐成为在英美占主导的世界观，与新自由主义在文化上相对抗，但是在经济上却不自觉地形成了共谋关系，新自由主义企图在全球化中把世界纳入不受任何控制的轨道，但是，不受控制的资本扩张就是非理性。然而，当人们寻求批判新自由主义的理论武器时，后现代主义却在论证后现代批判的武器已经失灵。回击后现代主义对马克思主义的攻击，揭示各种解构主张对新自由主义的掩护，辩证法是最锐利的武器。同时，捍卫马克思主义也必须从捍卫辩证法开始，因为"马克思主义从本质上说就是辩证法"，"辩证法是马克思主义的本质特征"。

此外，还有一个重要的原因就是回击后马克思主义对马克思主义的解构。后马克思主义认同后现代主义的立场，认为马克思主义陷入了危机，陷入危机的原因是马克思主义的本质主义倾向。拉克劳和墨菲在《霸权与社会主义策略》一书中提出了后马克思主义纲领，主张清除马克思主义理论中的基础主义、经济决定论和历史目的论；经济基础与上层建筑，生产力与生产关系这些本质主义范畴的理论缺陷，都是由马克思主义辩证法理论所导致的。他

们认为，马克思主义的本质主义辩证法主要表现为：在社会领域中的总体性
社会观；在政治领域中的普遍性的主体理论；在历史领域的客观性的历史决
定论。其中历史辩证法是马克思主义的"本质主义"的集中体现，拉克劳和
墨菲指出由于本质主义的错误，马克思主义和"时代脱节了"，如果不对马克
思主义的辩证法进行解构，进行后现代范式转换与改造，就无法摆脱"马克
思主义的危机"。

为了捍卫马克思主义的现代性，回击马克思主义"危机论"和"终结
论"理论挑战，英美马克思主义学者开始了一场声势浩大的"辩证法的保卫
战"，这场理论保卫战的广泛影响将会从多方面显现出来。

三　英美马克思主义辩证法研究的问题取向

英美马克思主义学者对马克思辩证法的研究呈现这样几个特点，观点多
元、争论热烈、新意迭出、范围广泛。他们对辩证法的性质、辩证法的功能、
辩证法的意义、辩证法的范围、辩证法与马克思主义的关系等重要理论问题
进行了多方面地探讨，概括地讲，英美马克思主义学者对马克思辩证法的研
究其目的主要是试图回答以下几个核心问题：

（1）什么是马克思的辩证法？由于马克思没有专门论述他使用的方法，
不同的理解引起了长期的理论争论，英美马克思主义学者主要通过三个途径
重新探讨这一问题：一是要回到马克思的文本，搞清楚什么是马克思本人所
应用的辩证法；二是追根溯源，回到辩证法的源头，重新审视黑格尔的辩证
法，重新审视对辩证法的传统理解；三是寻求解释辩证法的新视角，从思想
史与现代性的发展过程考察辩证法。奥尔曼就采取了第一个途径，多年来坚
持不懈地反复研读马克思的主要著作，试图重构马克思研究资本主义过程中
所发明的方法。批判实在论采取第二种途径，重新解读黑格尔的辩证法，广
泛吸收当代哲学成果，尝试建立新的、具有时代特征的辩证法体系。杰姆逊
采取的是第三条途径，从现代与后现代关系的角度解释辩证法，认为辩证法
是对抗后现代主义的重要方法，对辩证法的坚持，就是对现代性的捍卫，就
是张扬马克思主义的当代意义。

（2）关于辩证法的本质。辩证法是世界观还是方法论？是一种研究世界
是什么的本体论，还是一种研究如何认识世界的认识论？或者仅仅是一种思
维方式？巴斯卡认为，辩证法的本质是"思考区别与联系之间的一致性的艺
术"。杰姆逊认为辩证法的实质是"尚未完成地思考未来的思维方式"。舍曼

认为辩证法是一种提出问题的批判方法。但是，奥尔曼认为，马克思的辩证方法是一个动态的展开过程，经历六个阶段：第一是本体论阶段，关注世界的变化与相互作用；第二是认识论阶段，思考所关注的变化与相互作用；第三是研究阶段，分析变化与相互作用的具体特征；第四是思维重构阶段，发现事物发展变化的内在规律；第五是叙述阶段，以严密的逻辑体系介绍研究成果；第六是实践阶段，对认识真理性在实践中进行检验。

（3）关于辩证法的应用领域。辩证法可以应用于自然与社会研究，或者是仅仅限于社会领域？英美马克思主义学者在这个问题上分歧不大，都认同卢卡奇与马尔库塞的观点，辩证法仅仅局限于社会领域，辩证法是社会辩证法而不是自然辩证法。新批判的马克思主义认为，辩证法是研究社会科学的方法。关根（Thomas sekine）认为："自然或物质不可能是唯物辩证法的主体，如果是这样的话，那么什么才是唯物辩证法的主体呢？我的回答是：只能是资本。"这就涉及马克思与恩格斯对辩证法的解释是否存在差异的问题。

（4）马克思与恩格斯对辩证法的理解是否存在差异？英美马克思主义学者普遍认为，马克思与恩格斯对辩证法的理解存在一定差异，但是，这些差异被不恰当地夸大了，需要纠正。舍曼就认为，其实，这些差异主要并不是源于恩格斯，而是源于对恩格斯的误读，消除这些误读需要全面理解恩格斯对辩证法的解释，不能把恩格斯关于"辩证法是关于宇宙运动的普遍规律"的推测绝对化。把辩证法看成自然规律是典型的 19 世纪自然哲学的延续，在理论上仍停留在思辨哲学的基础之上，那种认为通过纯粹的哲学思辨就能够揭示出社会和生物进化的客观规律的观点是一种先验论，这一观点与真正的马克思主义哲学立场不兼容，也不符合恩格斯的原意。恩格斯反复告诫，要想了解世界，必须重视对自然科学的研究，要理解自然科学的研究成果，不能以先验哲学的观点来解释世界。但有些学者根本没有注意到恩格斯的观点，还是把辩证法看成是关于宇宙运动普遍规律的科学，这种绝对化的解释完全不符合马克思关于辩证法是研究社会历史的方法而不是规律体系的思想。

（5）辩证法是历史辩证法还是体系辩证法？也就是说辩证法是构造《资本论》理论体系的逻辑方法，还是反映资本主义生产方式发展变化的历史辩证法？辩证法体系学派由一些研究《资本论》的马克思主义学者组成，他们主张辩证法就存在于《资本论》之中，辩证法是马克思构造理论体系的方法，他们认为把辩证法看成是社会辩证法、历史辩证法或者自然辩证法的观点都不符合马克思的原意。另外一些学者在坚持辩证法是思维辩证法的同时，也坚持认为不应该把思维辩证法与历史辩证法对立起来，也不能把辩证法的应用范围局限于《资本论》。辩证法体系学派影响日益扩大，他们的主张引起学界的关注与讨论，这与他们对资本辩证法的深入研究分开的。

（6）辩证法在马克思主义理论中的地位和作用，也就是马克思的辩证法和马克思主义理论的关系问题。对辩证法的理解决定着对马克思主义的解读方式，有人认为马克思主义是关于资本主义的科学，有人认为马克思主义是对资本主义的批判，有人认为马克思主义是关于社会主义革命的学说，也有人认为马克思主义是关于共产主义的理想。

由于看问题的角度不同，国外马克思主义学者在这些问题上还没有形成共识，对马克思主义性质的不同定位，导致了对马克思主义不同的解释方式，许多解释还相互矛盾。奥尔曼经过三十多年对马克思原著的不懈研读，不仅系统地阐述了马克思使用的辩证方法，而且还明确解释了对马克思主义与辩证法关系问题的理解。这是奥尔曼一个重要的理论贡献。他认为马克思主义既是科学的又是批判的，既是革命的又是理想的，理解马克思主义这四个方面的可能性和统一性的关键是马克思的辩证法。

综上所述，尽管在这些重要理论问题上争论仍然激烈，但是已经取得的研究成果从多方面深化了对辩证法的认识，而且在一些重要方面也形成了比较接近的思想，正如有些学者指出的那样：越来越多的马克思主义学者接受了这样的观点，对辩证法的研究应该优先于对马克思其他理论的研究。当代资本主义进入了最后的阶段，所谓的"全球化"和晚期资本主义，也促使许多马克思主义学者返回到马克思的方法论上，以便深入考察这些现象。为了更有效地研究当代世界的新情况，新变化、新问题，英美马克思主义对辩证法的研究正在向着更广泛的学术领域延伸，追踪他们的研究趋势对深化我们的国外马克思主义研究具有重要的意义。

[作者单位：山东大学（威海）]

文学与英语教学

马文杰

在当前的英语教学界，很少有人提及文学在教学中的作用。记得成为教师的第一天，一位同事问起我硕士学位论文的研究方向，我告诉他说是文学，他脱口而出："教学中，文学没有任何用处。"然而，从多年的教学实践来看，我认为文学在教学中有着举足轻重的作用。

凭借良好的英美文学基础，教师对教材会有更深刻的了解。众所周知，文学知识并非仅仅局限于狭义的文学作品如小说、诗歌、戏剧等当中。随笔、说明文甚至政论文中也常常出现各种修辞手法、引用名篇、名家的话等。教师如能从出处到寓意一并清楚地阐释，学生自然会对文章了解得更加透彻。他们的兴趣也会极大地提高。"兴趣是最好的老师"，最终他们会深受裨益。

目前英语学习者中普遍存在一个误区，即认为背单词才是提高英语水平的唯一有效途径。一天背几十个、上百个单词就是学英语的妙方。然而，这究竟是不是妙方呢？应该视具体情况而定。扩充词汇量固然十分重要，但是许多人只是按照流行的单词书或者英汉词典死记单词的汉语释义。一般来说，他们记住的只是词语的字面意义（denotation）。在具体语言环境中词语的意义常常依上下文而出现很大差别。因此，掌握一个词的含义（connotation）就更为重要。阅读文学作品恐怕是理解词的含义的最佳方法。因而，学生多阅读一些文学作品、了解文学知识是非常必要的。

养成阅读英美文学作品的习惯，还有助于学生了解西方文明。语言与文化密不可分。如果对文化不了解，谁又会成为语言大师呢？而且，多了解语言文化知识亦有利于学生培养英语思维。另外，在与外国朋友交流时还可以减少障碍。胡文仲先生在《语言与文化》一书中谈到，不了解目标国家的文明，谁也不可能真正与该国人民进行交流。这席话的确令人深省。在一次国际大学英语研讨会上，李赋宁先生深有感触地说："Literature is not only for special purpose，but also for general purpose."即文学不仅仅对文学专业学生、文学爱好者重要，对于所有的英语学习者都是至关重要的。

从广义上讲，学习文学还有助于平衡学生的知识结构。当前学生的课表中为求职作准备的实用型课程占主导地位。英国19世纪著名散文家约翰·亨利·纽曼红衣大主教（1801~1890）在著名的演讲词中提到，像文学一类的功课虽然不可能产生直接的效果，但是还是有必要教授。他反对把职业培训或者增加科学知识作为教育的唯一目的。他认为教育不能太功利。文学教学是使学生成为对社会有用人才的一个重要途径。

总的来说，文学是大学教育的重要环节。学习文学知识可以扩充学生的知识面，开阔视野，获得启迪，使他们对自己以及周围的世界有更深的感悟。

英美文学作品浩如烟海、汗牛充栋，我们应该挑选哪些来讲解呢？我们的焦点应该放在何处呢？

我认为我们首先应该选择的是《圣经》。《圣经》堪称是西方文明的一个重要基石，得到广泛的阅读。它不仅仅是一部宗教经典著作，同时还可以当成一部史书、一部文学作品甚至人类学、社会学专著来阅读，给西方文明打上了深深的烙印，其中的词汇也极大地丰富了英语语言。英语中出现的许多词语也出自《圣经》，如"an apple of one's eye（掌上明珠）"，"put pearls be'ore the swine（明珠暗投）"，"put new wine into the old bottles（旧瓶装新酒）"，等等。

其次要介绍的是希腊罗马神话。作为西方文明的另一个源头，优美的古代神话对西方文明具有深远的影响。一代又一代的作家、艺术家甚至科学家都从神话中汲取灵感。起源于神话的词语在英语中比比皆是，如"chaotic（乱糟糟的）"，"Apollo plan（阿波罗计划）"，"the Trojan Horse（特洛伊木马）"，"Achilles' Heel（阿喀琉斯的脚踵）"，等等。

再次是莎士比亚的戏剧以及其他各个时期最优秀的诗歌、小说、散文等，如海明威的作品……

然而，英语课时很少，不可能像专业学生那样专设一门英美文学课。我们怎样才能在有限的课时内既完成教学任务又尽可能向学生传授更多的文学知识呢？

最重要的一点是充分利用教材。精读、泛读中都有一些短篇小说、戏剧，附录中也有一些诗歌，为提高学生欣赏水平创造了良机。而许多课文本身不是真正意义上的文学作品，但是引用或间接提到了一些伟大作家的作品或一些重要的宗教、思想观念。借此机会，我们亦可以介绍一些相关的文学知识。这里略举几例说明。

"The Professor and the Yo—Yo" 中有一句话：

"In the 23 years of our friendship, I never saw him show jealousy'

vanity, bitterness, anger, resentment, or personal ambition."

如果对圣经或者基督教缺乏基本的了解，我们就会对这些名词的排列不以为然。事实上，这里作者暗指基督教的七大死罪（亦作重罪 Deadly Sins），即 Lust（好色）、Gluttony（贪吃）、Avarice（贪财）、Envy（嫉妒）、Anger（发怒）、Sloth（懒惰）、Pride（骄傲）。

"Why I Teach" 结尾句为 "I teach because being around people who are beginning to breathe。I occasionally find myself catching my breath with them"。

讲解时教师可以朗诵《创世纪2：7》中的一段话 "the Lord God formed the man from the dust of the ground and breathed into his nostrils the breath of life, and the man became a living being"。还可以告诉学生此处也许是引喻希腊神话 "皮格马利翁"。艺术家皮格马利翁把满腔的心血倾注在自己创作的象牙雕像中，最终感动女神赐给雕像生命。然后学生就会对 "我为什么教书" 这一主题有了更深的认识。他们往往会从两方面分析：（1）从某种意识上说，教师如同上帝，教育即是一种创造；（2）教师是呕心沥血的艺术家，期待着总有一天学生们能获得 "生命"，从而产生更多有创造力的思想和观点。

"Gettysburg" 不止一次出现在精读课本中。

"The Woman Who Would Not Tell" 中，联系美国内战，我们可以更多地介绍葛底斯堡战役的关键之所在，使学生对文中主人公有更好的理解。还可以要求学生背诵林肯的葛底斯堡演说辞，然后组织一次演讲比赛。从而对文章的印象都更加深刻。

然而仅仅介绍与课文相关的文学知识，仅仅在课堂上零星地介绍文学知识都是远远不够的。课后，我们可以针对学生的实际水平列一个适合他们阅读的书目，布置阅读材料。检查方法可以涵盖听、说、读、写、译，例如复述故事、缩写、翻译某些段落等。

最后需要指出的一点是，目前广泛使用的英语课本中的文学作品比重太小。如果能在教程中适当增加文学作品的篇数，对教学会更有好处。

综上所述，文学在英语教学中有着十分重要的作用。学习英美文学知识有助于形成英语思维的习惯，培养学习兴趣，最终提高英语水平。目前的英语课本中文学材料较为缺乏，教师可以选用《圣经》、希腊罗马神话等经典名篇作为补充。此外，教师本人不断提高自己的文学素养也势在必行。

[作者单位：山东大学（威海）]

县级教育行政部门"抓大放小"
工作策略的实践解读

孙希敏

一 基于社会及教育变革大背景下的思考

《国家中长期教育改革和发展规划纲要（2010～2020年）》指出：要"以简政放权和转变政府职能为重点，深化教育管理体制改革，提高公共教育服务水平。推进中央向地方放权、政府向学校放权……促进管办评分离，形成政事分开、权责明确、统筹协调、规范有序的教育管理体制。"

作为县级教育行政部门，同样也面临着重构管理模式、重建管理体制的问题。这是因为，一方面它是"国家教育行政建制中最基层、最直接、最有效的教育行政管理部门。其职能作用发挥得如何，不仅关系着党和国家的教育方针、教育法规、教育政策在县域的贯彻落实情况，而且关系着县域教育的质量，关系着县域教育为当地社会经济发展服务的水平"。另一方面，就现状而言，在推进区域教育发展过程中，县级教育主管部门仍存在管理权限不清现象，对县域教育，特别是对基层学校的管理常常存在"缺位"、"越位"和"错位"等问题。"缺位"就是职能落实不到位，未能很好地发挥政府部门在统筹教育发展规划、协调教育投入、优化资源配置等方面的协调服务职能；"越位"就是未能寻求学校自主发展与教育主管部门调控的最佳结合点，把学校当作行政部门来管理，整齐划一的条条框框捆缚了学校的办学自主权，束缚了学校工作的自主性、创造性；"错位"就是职能定位不准，有的事无巨细全面抓，有的大事小事全放手，造成"包揽管理无生气，放任管理不规范"的不良格局，严重制约着县域教育的科学发展和后续发展，必须通过转变职能来加以解决。

二 县级教育行政部门优化职能的三个原则

《国家中长期教育改革和发展规划纲要（2010～2020 年）》明确提出："转变政府教育管理职能。各级政府要切实履行统筹规划、政策引导、监督管理和提供公共教育服务的职责……改变直接管理学校的单一方式，综合应用立法、拨款、规划、信息服务、政策指导和必要的行政措施，减少不必要的行政干预。""落实和扩大学校办学自主权。政府及其部门要树立服务意识，改进管理方式，完善管理制度，减少和规范对学校的行政审批事项，依法保障学校充分行使办学自主权。"这就从法律法规上厘清了政府部门的职能范围和行使职能的基本原则。

其次要突出重点。区域教育涉及面广，事繁务杂。但凡事总有主要与次要、原生与衍生、主流与支流之分。英国社会经济学家巴特莱通过大量研究提出：事物80%的价值集中于20%的组成部分中；在任何群体，其重要的因子通常只占少数，而不重要的因子则很多，只要抓住关键性的少数因子，就能控制全局，提高效率。作为县级教育主管部门在确立、行使职能时，要抓主要矛盾或主要方面，举一纲而张全目，为学校发展搭建一个服务型管理平台。

第三要敢于放权。教育发展以校为本，只有每所学校的发展，才有县域教育的整体发展。这就要求教育管理的重心必须下移到学校，赋予学校更多的办学自主权，以更好地促进学校个性化、特色化发展。反之，没有办学自主权的回归，学校办学就难有自主性、创造性，学校管理的科学性也难以保证。教育行政部门要在保障学校依法办学、规范办学的前提下，把许多原本属于学校的权力返还给学校，让学校从自身的地域、文化、资源等实际出发，自主定位、自主管理，促进学校的特色发展、个性发展。

三 "抓大"——县(市)级教育行政部门的作为

所谓"抓大"，就是指教育局要主抓全市教育发展规划、宏观性目标任务的研究与决策，抓实对学校发展难题和社会热点问题的协调破解和管理机制的完善指导，抓好对各单位工作落实的督查与考核，及时发掘推介先进经验，通过抓大事、解难事、树典型，为学校自主管理、特色发展夯实基础，创优环境。围绕着"抓大"，我们首先对全市教育现状进行了排查摸底，分析并找出了制约全市教育持续发展的"一大热点""三大瓶颈"，统筹规划、集中破解。

"一大热点"：就是教育公平问题，尤其是城乡间存在的教学设施、校舍配套、教师素质等教育资源配置的不平衡问题，是社会关注的热点，也是制约县域教育均衡发展的关键因素。"在国民受教育的程度及其质量，已成为决定个人未来收入高低，甚至是决定个人前途命运的主要因素的现代社会，教育公平更是社会所关注的热点乃至焦点问题。"而这个问题仅靠学校是无法解决的。对此，《国家中长期教育改革和发展规划纲要（2010～2020年）》把促进公平作为国家基本教育政策，确立了教育公平的主要责任在政府。因此，教育公平理应成为教育主管部门"抓大"的重点。

"三大瓶颈"：一是设施投入严重不足，尤其是教学设施严重滞后于教育发展和课改需要；二是学校布局散，危房多，改造难度大，办学效益低；三是教师素质不高，特别是农村小学一线教师年龄偏大，素质偏低。"三大瓶颈"是造成"一大热点"的核心因素，要解决"一大热点"问题，必先突破"三大瓶颈"。对此，我们有针对性地采取了一系列措施：

——抓投入，上水平，夯实发展基础。针对以往融资渠道不宽、不活的实际，我们强化了"两个意识"：一是强化主角意识，畅通政府投入主渠道。在优先安排教育经费，确保"三个增长"的基础上，争取市政府每年都将教育投入、校舍及内部设施建设列为承诺办理的便民利民实事。近年来，累计投资3.5亿元，实施了农村校舍改造工程、城区校舍改扩建工程、仪器设施配套工程、多媒体"班班通"工程、农村学校"食暖行"工程、校园环境优化工程等。今年又结合校安工程，启动了投资近亿元的农村学校校舍楼房化改建工程，全面提升了校舍及内部设施水平，为城乡教育均衡发展夯实了基础。二是强化创新意识，融入市场抓投入。在加大政府投入的同时，引入市场理念，确立了"跳出教育办教育，融入市场抓投入"的新思路，通过挂牌出让撤并学校土地、盘活闲置校舍、联姻企业等形式，社会化融资近亿元，建成了乳山教育城域网，实施了"校校通"工程，新建改造中小学校17处，有效破解了设施投入瓶颈，加快了农村教育优质发展步伐。

——抓调整，增效益，催聚发展强势。针对学校布局散、危房多、规模小、办学效益低等状况，立足长远，统筹规划，有针对性地实施了学校布局调整"四步走"战略。第一步：农村学校布局调整。采取"布局调整与危房改造统筹、同步，以调整促危改"的工作策略，将农村中小学由2003年初的130处压缩到目前的33处，提前实现了"小镇1处九年一贯制学校，中等镇

1 处初中、1 处小学，大镇 1 处初中、2 处小学"的规划目标，既整合了有限的人力、财力资源，提升了规模办学效益，又切实消除了校舍危房，收到了一举多得之效。第二步，高中学校布局调整。为优化设施，提升质量，满足人民群众对优质高中教育的需求，从 2005 年开始，投资近亿元，对乳山一中、六中、金岭中学实施了校舍改扩建及内部设施配套工程，使三处高中均达到了省级规范化学校标准，为高中学校布局调整奠定了坚实基础。第三步，职业学校布局调整。适应经济建设对职业教育提出的新要求，投资 1.2 亿元，新建了占地 500 亩、总建筑面积 9 万平方米、规模为 100 个教学班，融教学科研、实习培训、校办产业于一体的威海机械工程高级技工学校，撤并了原有的 4 处职校，实现了职业教育的突破发展。第四步，幼儿园布局调整。针对农村幼儿园在全市教育持续发展中的"滞后"局面，把学前教育纳入了全市教育发展的总体规划，将农村幼儿园由 2003 年的 146 所调减到目前的 20 所，70% 的镇实现了"一镇一园"的规划目标，适时启动了农村示范幼儿园创建工程，采取以奖代补的方式，对按期完成创建任务的，按建园的规模分别给予150 万和 120 万元的奖励，全面提升了办园水平，促进了学前教育的优质发展。

——抓队伍，提素质，强固发展根本。为切实解决队伍素质不高、能力不强的问题，我们着重抓了师德、师能建设。一是优化师德。在完善管理制度、强化师德考核的同时，坚持每年一个主题，广泛开展"学规范、强师德、树形象"等教育活动，实施了以评选表彰"100 名教坛明星、100 名优秀教研组长、200 名优秀班主任、1000 名师德标兵"为主要内容的"1121"工程，弘扬主旋律，提高师德水平。二是强化师能。完善落实了骨干教师"送课下乡"、网上互动教研、"区域联谊"教研、校本培训、教师全员读书等培训制度，形成了以市级培训为引领、校本培训为主体、自育培训为根本的三级培训网络。同时，广泛开展以"考教材教法、考备课、考命题和教学技能评估"为主要内容的"三考一评"活动、以评选"名校长、名教师、名班主任、名教研组长"为核心的"四名"工程以及以促进课堂教学优质高效为内核的系列课全员达标等活动，促进了教师的专业成长。三是创新管理。尝试推行了以"一推双考"为主要内容的教育干部竞聘制改革和以"直聘 + 竞聘 + 落聘"为主要内容的教职工竞职聘任，构建了"干部职位能上能下、教师职称能高能低"的管理机制，优化了队伍素质，激发了内部活力。四是互动交流。坚持政策引导、均衡搭配、因地制宜、互促提高的原则，灵活形式，广泛开展城乡中小学教师交流活动：通过选派城区骨干教师到薄弱学校任教、薄弱学校选派弱势学科教师到城区学校定岗学习、城乡学校之间互派教师交流等形式，促进学科教学的均衡发展。同时，组织每个市直学校联合 3~5 处农村学校，定期开展双向送课、互动研讨等校际联谊活动，促进城乡学校优势互补、互促提高。另外，我们还根据学校需求，定期组织教研员、教学能手、学科带头人及骨干教师"送教下乡"，通过"同课对比上"、"面对面交流"、专题研讨、巡回讲座等形式，强化内外联动、共促发展。

四 "放小"——给予学校自主的空间

所谓"放小"，就是将学校人、财、物的管理使用权以及学校发展目标、管理规章、绩效考核、重点工作、办学特色等方面的确定权、决策权、实施权，全部下放给基层学校，以扩大办学自主权，放大学校结合实际创新办学、自主发展的权责空间。

（一）自主重点工作申报机制，确保"放"有目标

长期以来，受行政干预管理模式下形成的思维定式和思维惰性的影响，许多学校对于"放"尚缺一定的适应力，"放"后学校该干些什么，怎么干，一度成为学校发展的新问题。为此，我们实施了"学校自主重点工作申报制度"，每年组织各学校根据校情实际，自主确定 5~7 项自主重点工作，以重点工作育化亮点，孵化特色。首先，对重点工作的确定，教育局只要求各校摸清家底，查剖本校的发展基础、优势、薄弱环节以及发展过程中所面临的机遇和挑战，着力发掘特色资源，找准奋斗的目标和突破口，并研究制订具体明了、针对性强的实施方案，至于干什么、干多少、如何干、何时干，均由各学校自主确定，教育局只进行适度指导。其次，为确保自主确立的重点工作方向正、措施当、效率高，教育局还重视自主重点工作的审评。在审评过程中，突出两个方面：一是学年初，对自主重点工作方案进行校际间的"互评"和市级"审评"，通过"互评"，相互借鉴，交流提高；通过"审评"，确保"方案"切实可行、科学有效，鼓励多想多干。二是在工作实施过程中，采取专项督查和研讨调度等形式，对各学校自主重点工作的落实情况、采取措施、实施效果等进行督查指导。

（二）典型经验推荐机制，确保"放"之有法

自主重点工作申报制度，解决了"放"后学校干什么的问题，典型经验推荐制度则解决了怎么干的问题。对典型经验的剖析推介，我们采取了两个

步骤：一是每月初，由各单位提报本月工作总结及下月工作计划，汇总通报后，组织各单位对其他单位的创新亮点工作进行评议；二是教育局根据评议情况，对拟剖析推介的工作进行跟踪调研，重点从该项工作的实施背景、实施方法及实施成效等进行剖析，并利用"教育情况交流月报"、现场会、研讨会、教育网的"特色学校建设经验"专栏等形式进行推介；三是学年末，组织各单位自主重点工作成果展评和现场答辩，总结经验，提升理念，以自主重点工作的创造性落实，促进学校自主管理、特色发展。

（三）创新监督评价机制，确保"放"而不乱

"放"能产生活力，但也易带来阻力。这个阻力主要来自"放"后的规范和质量能否得到保障。为确保"放小"成效，激发工作活力，我们强化了对学校工作的监督评价。一是强化民主监督。要求各学校在重大决策、重点工作和重要事项实施前，必须将工作方案交由教职工代表大会和家长委员会审议通过，目的是通过学习研讨，调动全员参与的积极性；通过集思广益，民主监督，提高决策的科学性；通过明确目标，落实责任，形成全员参与、齐抓共促的工作合力。教育局则通过"学校重点工作和重大决策知晓度"的民意测评等措施，推进学校民主管理。二是强化发展性评价。针对各学校在地域、生源、师资、办学基础、文化底蕴等方面的差异，对学校工作的综合评价主要着眼于学校自身发展的纵向比较，而不进行与其他学校的横向比较，目的就是最大限度地促进学校立足校情实际，自主管理，特色发展。

"放小"工作策略的实施，有力地促进了学校特色发展。各学校均从实际出发，站在实施素质教育、创树学校品牌的高度，从学校管理、队伍建设、有效课堂、教育科研、德育工作、校园文化、课程建设等方面，深挖办学传统和地域文化资源，积极探索促进学校特色发展、教师专业发展和学生全面发展的办学理念，认真探寻特色项目建设的切入点、着力点，努力将特色项目发展为校园文化、学校特色，初步形成了以城区学校为代表的德润文化研究，以南部学校为代表的海洋旅游及母爱文化研究，以东部学校为代表的农业资源和孝心文化研究，以东北部学校为代表的红色文化研究，以西北部学校为代表的民间工艺研究，构建了区域明显、特色鲜明、气息浓厚的多元化办学特色。

（作者单位：乳山市教育局）

后殖民翻译中的异质他者

王军平　史光孝　张德霞

一　引言

　　后殖民理论是一种多种政治文化理论和批评方法的集合性话语，拥有解构主义、女性主义、马克思主义、新历史主义等多种批评方法。该理论"发端于 19 世纪后半叶，它以葛兰西（Antonio Gramsci）的文化领导权理论和法农（Frantz Fanon）的民族文化理论作为理论基础，又受到福柯（Michel Foucault）的权力话语理论的深刻影响，最后发展成为声势浩大的文化批评话语"。翻译研究大约在 20 世纪 80 年代进入了后殖民主义研究时期。

　　"他者"又称"他性"，最早是作为一个后殖民理论的关键术语而为学界所熟知。英语中对应的词是"the Other"或者"Otherness"，代表的是"差异""不同"。在后殖民理论的经典之作——赛义德的《东方学》中，"他者"是西方的东方主义学者们炮制出的一个词语，用来专指有别于欧洲中心主义的东方文化。他们一方面描述了一个神秘、具有浓郁异国风情的、令人向往的东方；而另一方面，东方文化在他们眼中又是愚昧、落后、缺少文明教化的代名词。对于欧洲殖民主义者而言，前者可以催生出其对东方殖民的欲望和贪婪，而后者则让他们充满了文化优越感，沉溺于虚无的文化自恋。所以，后殖民理论视野下的"他者"，从诞生之日起就是文化地位和话语权力不平等的产物，是欧洲中心主义高高在上、漠视东方文化、为其进行文化殖民所做的理论铺垫。

　　在翻译进入后殖民主义研究以后，"他者"的殖民主义色彩有所淡化。翻译学者们也采用了多元的视角来审视这个具有浓厚殖民主义色彩的词语。

后殖民主义眼中的"他者",在文化"他者"受到普遍关注的翻译语境下,产生了有别于东方主义的指涉。在翻译研究领域,一切不同于目的语的表达方式、不符合目的语主流文化价值观、与本土文化不相符的东西都属于"他者"的范畴。其参照物是"自我",即本土文化,或者说是目的语文化。作为一个源于后殖民理论核心范畴的术语,翻译理论中的"他者"概念,到 20 世纪 90 年代才开始出现。其身份也突破了东方主义的狭窄视野,获得了更加宽泛的意义,其所指"延伸至与自我对立的他者属性,泛指源自外域的他者"。

在传统翻译理论中,直译与意译,归化与异化等涉及翻译本体的诸多问题,大多都源自于他者与自我的碰撞,翻译实践中的主要矛盾以及无尽的翻译焦虑也大多因此而产生。本文拟聚焦于此,重点考察在后殖民语境下,异质文化他者对翻译所带来的挑战。具体而言,在全球一体化这样的大背景下,翻译作为已成为跨文化交际的主要渠道之一,如何合理地面对他者文化,争取本土文化的话语权利,重塑本土文化身份,如何构建和谐共生的文化生态,已经成为翻译所面临的这一系列重大问题。

二 异质文化他者的功能

翻译交流是一项古老的人类活动,有据可考的翻译活动,可以追溯到两千多年以前。在这漫长的岁月中,翻译对于促进文化交流所做的贡献是无法估量的。从文化发展史来看,任何一个文明,如果缺少了与外来文化的交流,不从外来的异质文化中吸收养分,都会面临消亡的威胁。国学大师季羡林在谈到翻译的重要性时强调:"倘若拿河流来做比,中华文化这一条长河,有水满的时候,也有水少的时候,但却从未枯竭。原因就是有新水注入……最大的有两次,一次是从印度来的水,一次是从西方来的水,而这两次的大注入依靠的都是翻译。中华文化之所以能长葆青春,万应灵药就是翻译。翻译之用大哉。"世界各个民族都有自己独特的文化,而差异性正是翻译存在的基础。反映差异也就成为翻译永恒不变的诉求。传统翻译理论,视翻译为一种以语言转换为手段、平等互惠的文化交流活动,认为异质文化的差异性,一方面可以给目的语带来新颖的语言表达方式,填补其表达的空缺;另一方面,通过对他者的引入,不同文化的风姿得以凸显。同时,这样的对比与参照,在促进交流的同时,也给双方文化提供了不可或缺的滋养。可是自从历史进入后殖民主义时代,翻译背后所隐藏的权力不平等、政治的、意识形态的角逐清晰地展现在我们眼前，让我们对翻译有了一个崭新的认识。

20世纪后半叶，翻译分别经历了语言学转向、文化转向而进入文化研究的广阔视野。后殖民理论以其强烈的理论批判锋芒，将文化平等互惠的翻译理想化成泡影。在此语境下，各个文化没有获得过平等的地位，翻译从来都是一个不平等的文化竞技场，它只是西方殖民意识的输出渠道，是帝国主义在文化领域推行其殖民政策的工具。因此，东方主义者眼中的他者，就成为其验证西方文化优越性的参照物，迎合了其对于殖民地国家或者第三世界国家"落后、愚昧、柔弱"形象的霸权文化的价值期待。韦努蒂（Venuti）曾注意到，20世纪50至60年代，美国的跨国出版公司在引进日本文学时，就"非常有选择性，相对集中在少数作家的作品上，主要是谷崎润一郎和川端康成的作品"。前几年，我们也注意到一个有趣的现象，那就是在国际电影节上获奖的中国作品，大都反映的是中国落后甚至愚昧的影片。因为这些作品符合霸权主义的价值期待，有利于验证他们对于弱势文化做出的预设性的价值判断。此时的他者（东方文化形象），完全成为西方文明的可怜陪衬，用以显示西方文明的进步与伟大。通过这样的潜意识渗透，东方主义者逐步培养起了西方读者群的文化优越感，为其霸权意识的输出、文化殖民政策的推行找到了强有力的借口。

东方主义者眼中的他者，跟我们传统观念中的异质他者文化是有本质差异的。东方主义者眼中的他者是根据自己的设想，在欧洲中心主义和霸权意识的促动下建立起来的一个扭曲的东方形象，"在他们眼中，东方永远是落后的、原始的、野蛮的、下贱的、奸诈的，正处在水深火热中的东方人正等待着西方人去解放；东方的野蛮落后是西方文化自恋的比照，只有在这个比照中显出了东方的丑陋，才能让西方自觉伟岸无比，才能让西方在对东方进行殖民侵略时有一种天将降大任的理所当然的感觉"。西方某些人所做的对东方丑化和误读的这一切，都是为了压抑东方话语，通过漠视、篡改历史事实，虚拟东方形象，为边缘化东方文化而做的努力。而翻译充当的角色则是殖民主义的同谋。经过这样的帝国霸权式的改造，西方普通读者对异域文化他者的良好期待便丧失殆尽。纵然我们知道，西方某些人眼中的东方他者不是真实的东方，可是在文化权利话语的角逐中，东方显然是落在了下风，在这样的霸权欺压下，东方文化便出现了无奈的失语。丢掉话语权的东方，只能带上经西方殖民主义者丑化过的、虚假的"他者"的帽子。从此以后，西方的殖民主义与文化霸权主义便利用这个"忠实"于自己的、经自己亲手炮制的"他者"，书写着翻译史上一部部文化殖民与霸权的历史。

三 殖民文化入侵引发的翻译焦虑

"人们日益感到翻译不应局限于纯粹的语言转换而忽视其跨文化维度……（翻译）的功能相当于文化过滤器，通过隐瞒和挪用的手段，阻隔抑或进行更为直截了当的跨文化交流……"自我和他者在翻译中被想当然地树立成对立的两极，对他者的惶恐和不信任也是理所当然的。因此才会有译者采取手段，对他者文化进行各种各样的操纵。而在和谐生态下，自我与他者是一种共生的关系，因为翻译从来就是一个直面他者的过程，如果没有他者的他异性，自我的形象也无法得以彰显。本土文化只有在与异质他者的参照中才能突显自身的形象。如何对待他者，变成了如何对待自我的另一个侧面。可是，人们还是习惯性地对外来的他者充满了敌意和焦虑。既然他者与自我到底还是不同，那么用自我意识去改造他者的潜意识就蠢蠢欲动。在他者和自我差异的间隙，可操作的空间便被预留了出来，各种基于不同意识形态和政治性的手段，便纷纷有了施展的天地。殖民主义者对于他者的操纵和篡改，几乎到了无以复加的地步。

韦努蒂被认为是翻译文化研究学派的旗手。他所倡导的异化翻译策略从一开始就带有强烈的政治色彩和后殖民批判锋芒。而他对殖民翻译的批判则是以对英美国家归化翻译的批评作为切入点，来展示殖民主义意识是如何侵入翻译的过程、实现对弱势文化的压抑与扭曲的。因为译者在"追求通顺的过程中，不可避免地会在翻译中导入目标语的主流语言文化价值观，译文会因为这些杂质的掺入而被归化，他者的身份因而变得模糊"。韦努蒂指出：

> 通顺的策略抹去了原文的语言和文化差异：原文被在目标语文化中占主流地位的透明话语所改写，编码过程中不可避免地编入了目标语言中别样的价值观、信念和社会差异，而且还会将它们按照等级关系加以排列（依照其阶级、性别、性取向、种族、国家等）。在这样的改写之中，通顺的策略极尽文化变通之能，对原文进行归化，使它在目标语读者面前显得易懂，甚至亲切，让他或她在把自身的文化认同于一个文化他者的过程中获得自恋的体验，这种将别种意识形态话语的透明性凌驾于一个不同的文化之上的做法正是帝国主义的行径。

为此，韦努蒂建议采用异化的阻抗策略，并建议可以通过以下三种途径进行异化的翻译实践：一是选择不同于目标语言主流价值观的文本。"因为异域文本的他异性只有与目标语的主流文化相比较才能显现出来，文化他异性可能会使目标语的文化价值体系发生改变，甚至重构。"二是使用古语来表现文化的他异性；三是定位于精英路线。韦努蒂所提出的异化阻抗式的翻译是为了彰显真实的他者身份，通过对比正确认识文化自我。韦努蒂倡导利用异质文化的他者性来抵抗目标语主流价值观对于他者的"我族中心主义暴力"，用他异性来挑战主流价值中已形成的对于外来文化的陈规陋习，不断为读者提供陌生化体验，从而将文化他异性"忠实"地置放在目标语文化语境中，在与目标语的对抗与比较中消解其文化霸权意识和文化自恋情节。所以说，其异化翻译最终的目的是"反殖民、反霸权，抑制英美的强权政治，因为他认为用异化的方式翻译第三世界的文本，能够让霸权文化见识他者的、或者说是异己的价值观，从而让声称言论民主的英美主流文化反省自己的文化侵略行为，重构自我和他者的文化身份"。显然，韦努蒂对于彰显他者所做的努力，是对于西方英美等文化殖民和霸权意识的批判，是为了打破其文化优越与自恋的迷梦，是一种利用"他者"对自我的殖民倾向进行的有效压抑。当然，韦努蒂这样做的目的，是在正确认识他者价值的前提下为自我重新定位，为自我的发展注入来自异域的文化养料，是殖民文化进行的自我反省。韦努蒂虽然身处强权话语世界，但其所言对于弱势文化或者第三世界文化如何直面翻译中的殖民文化入侵，无疑具有重要的借鉴意义。

对于弱势文化而言，异质文化的他者，可能会带有殖民的成分或者倾向，更何况，"异质他者也可以被强制用来削弱或伤害本土文化，从而造成自我的瓦解，变成几乎无法辨认的混合体"，因此引起自我的无限焦虑和惶恐。翻译的过程也因此充满了矛盾：一方面，翻译的目的是引入他者，表现差异，让其对目的语文化进行反省式的注入与改造，通过自我与他者的对比，丰富本土文化，为自我定位；另一方面，这个引进的异质他者又往往充满了殖民主义的成分，过度的引入会颠覆自我的主流价值体系，混淆自我与他者的身份，而自我在这样的冲击与融合中可能会丧失独立的身份而被他者所瓦解。在东方主义者眼中，强权的自我视弱势、劣质的"他者"为自身发展的跳板和征服的对象。他者是自我的参照，能够体现自我文化的优越；自我能够、也应该对他者进行改造与革新，让他者按照自我的形象，不断地向自我靠拢，进而实现文化的同质化。可是同质的文化世界毕竟有悖于文化的多样性诉求，而多元的文化生态，即自我与他者的和谐并存，才是健康的文化世界。为此，作为东方和第三世界的学者们，必须直面殖民文化的侵入而带来的本土文化焦虑,以及由此导致的翻译尴尬。解决问题的关键,就是正确、理性地认识和对待异质文化他者,通过翻译的手段进行重构,把西方眼中的"东方他者"从东方主义虚幻的丑化中拯救出来,给代表东方的"他者"争得平等的话语权,让这个"他者"获得真实的文化身份和地位,成为这个多元文化世界的积极参与者和构建者。

四 翻译对本土文化身份的重构

20 世纪 60 年代殖民主义体系瓦解以后,宗主国与殖民地之间的直接政治统治宣告终结。可是,殖民主义对于殖民地贪婪的控制欲望并没有就此收敛。于是,形形色色的文化殖民就开始风起云涌。翻译作为文化沟通与交流的主要手段,就被驱使而成为殖民主义和帝国主义进行文化渗透和颠覆的主要途径。而那个东方主义者所精心捏造出来的"他者",则成为帝国主义和殖民主义者混淆历史、掩盖自己殖民行径的合理托词。后殖民主义研究所关注的问题就是"在此过程中,宗主国与殖民地间的文化话语权利关系,以及种族主义、文化帝国主义、国家民族文化、文化权利身份等在后殖民语境中的新面目"。在这一历史语境下,重新构建他者的真实身份和他异性,刷新西方文化对于东方文化的那种先入为主的扭曲印象,让西方听到真正的东方话语,是就事关在这个全球化进程中,东方文化能否获得话语权、能否成功摆脱边缘身份的重大举措。而且,对于反对翻译中的殖民主义和霸权主义,促进文化的和谐沟通,无疑具有重大的现实意义。

随着殖民地的纷纷独立,形式上脱离帝国主义统治的殖民地实际还是"处于中心之外的边缘地带,对宗主国政治、经济、文化、语言上的依赖,使其文化的记忆深深打下了'臣属'的烙印,历史在被中心话语重新编制中受到'认知暴力的挤压'。在西方人和宗主国的'看'之下,历史成为'被看'的景观,并在虚构和形变中形成'历史的虚假性'"。真实的东方文化,在殖民历史的污垢中面目模糊,身份卑微,只能成为西方殖民主义亲手执导的影片中的跳梁小丑,映衬着西方的刚强、民主、理性、道德、强大、进步。我们应该怎样重塑一个真实的自我,改变西方文化中原本丑陋的"他者"呢?

韦努蒂为了彰显他者的真实身份,倡导在翻译中采用异化的策略,来抵制帝国主义和民族中心主义暴力式的归化翻译。在另一位后殖民批评理论的领军人物——盖娅特丽·C. 斯皮瓦克看来,要恢复本民族历史记忆的进程,重新书写自己的文化身份,必须采取以下措施:

　　首先，要以解构主义的去中心方法解析宗主国文化对殖民地文化所造成的内在伤害，揭露帝国主义在意识形态领域里的种种伪装现象，并将文化研究与经济、法律、政治研究打通，从而恢复历史记忆的真实性；其次，从历史叙事入手，用西方马克思主义的"批判理论"揭露帝国主义对殖民地历史的歪曲与虚构，建立与之相悖的反叙述，使颠倒的历史再颠倒过来……再次，强调后殖民批评的人文话语；最后，强调殖民批评中的第三世界妇女的"发言"。

　　斯皮瓦克的措施旨在对帝国主义的暴力进行辛辣的揭露，通过重新揭开历史的本来面目，还原历史的真相，改写被东方主义者所扭曲的东方形象。其本身所处的地位和尴尬的个人背景使其具有强烈的批判意识。斯皮瓦克认为可以通过全方位的历史真相重现，增强意识形态领域的强烈批判，让东方主义者及其欧洲中心意识缴械投降。斯皮瓦克无疑为如何通过翻译解构殖民主义文化、重新书写他者特别是弱势东方文化的身份，指明了努力和斗争的方向。

　　在翻译实践领域，结合韦努蒂的异化策略，争取获得对外翻译的主动权，让西方听到真正的东方话语，则可以大大规避因让别人捉刀而遭受文化蒙蔽的风险。翻译本身就是一个对外展示自我的窗口，可是长期以来，我们仅仅是透过窗口去欣赏西方的文明，而对于自我的展示却由别人捉刀。具体到中国的情况，17～19 世纪是中国由鼎盛的文明帝国不断走向衰落的时期。此间，西方因殖民扩张而来华的传教士就有 300 多人。大量的西方自然科学被译介到中国，让赢弱的中国认识到了西方的文明与进步。与此同时，"从清朝中期到清末（即东方学的确立和发展时期），几乎所有重要的中国经典，特别是儒家经典，被西方传教士译介到了西方"。东方学正是在这些传教士的译介中建立和发展起来的。而翻译，用韦努蒂的话来说，从来都是充满了"民族中心主义的暴力行为"，所以东方学学者们当然"会带着西方文化的强势和西方人的'有色眼镜'，即'以西方为中心'，以东方为'他者'的凸显其文明优势的偏见"。企图让殖民主义者在翻译中忠实于这个东方文化的异质他者，这无异于痴人说梦。由此看来，东方文化的失语，完全就是"人为刀俎，我为鱼肉"。虽然根据翻译实践经验，如果目的语是母语会给译者带来很多便利，但是为了改变自己的文化身份，重新书写关于东方的伟大文明，抵制殖民或者霸权的帝国文化，汉译英所带来的不便，应该是每一位有良知的翻译家都愿意也应该直面的。这里，我们姑且不考虑翻译本身的复杂性，单就这个翻译主体的身份而言，已经使得西方正确了解东方的可能性被无限增大了，退一步说，我们至少不用再承受让殖民者捉刀翻译而带来的身份遮蔽的委屈。

五 全球化语境下的本土化翻译策略

当今世界，经济一体化带动了文化全球化。全球化对本土文化而言，在蕴含机遇的同时也充满了挑战。对广大的殖民地国家和第三世界而言，本土文化作为西方殖民主义眼中的他者，必须重新书写自己的身份，然后才可能平等地参与到全球化的竞争中去。同样，全球化语境下的翻译，也充满了本土全球化和全球本土化的张力。一方面，翻译将本土文化暴露在充满了异质气息的全球化语境中，来自异域的殖民成分极有可能趁机而入，在本土文化空虚的缝隙中注入殖民意识和霸权成分，让本土文化在不知不觉中丢掉自己的文化身份和异质他者性，从而向同质单一的文化格局不断地靠拢；另一方面，为了彰显本土文化的特质而进行的对外来文化的操纵，则有可能阻碍全球化的进程，蒙蔽目的语文化的受众，让他们无法与真正的他者接触，长远看来，可能会滋养盲目的文化优越感与狭隘的民族自恋。况且，对于外来他者的漠视或者不尊重，不利于本土文化的健康发展，也让本土文化错失掉输入新鲜血液的良机。

"翻译之于全球化和本土化的关键推动作用在于其呼唤对文化他者的价值以及本土文化局限的承认。"全球化语境下科技的迅猛发展也让本土文化与他者文化具备了良好的互动条件，全方位的接触与碰撞必然会促进文化的彼此参照与审视，异质他者的价值和本土文化的局限性则会得以彰显。其结果首先是语言呈现出的杂合化（hybridization）。通过彼此的参照，本土语言中的表达空缺会被他者的语句所填充，鉴于语言与文化之密不可分的关系，我们有理由认为，语言杂合的背后，就是文化杂合的开始。而"杂合"一词，由著名后殖民学者巴巴（Bhabha. Homi）引入，用来反对传统理论范式中僵化的二元对立的方法论，他"认为在二元对立的两极之间存在着一个'第三空间'。当异域文化的'他性'与本土文化的'同性'之间交流时，双方如果不是在一个'第三空间'进行谈判和翻译的话，是不可能获得互相理解的"。但在文化殖民意识和霸权意识还在伺机而动的当前历史环境下，全球化的语境还不是文化杂合最理想的"第三空间"。因为异域他者的文化因子中总是不可避免地附带有殖民主义的成分，所以文化杂合的过程不应该是自然而然地进行的。

杂合的过程需要翻译过程中的适度掌控，需要用本土文化的视角来进行去殖民化（decolonization）的调控。但总体来说，语言与文化的杂合都是可能的，而且也正在进行中。而"杂合的可能性之所以存在，是因为当一个知识体从源语文化转移到目的语文化时，对于目的语文化来说未必是全新或格格不入的。全球和本土之间的链接，一方面降低了身份的僵化性和排他性，另一方面也在全球本土化的影响下催生了多语境、多维度和多视角的环境"。

在全球化的语境下，面对翻译中全球化与本土化之间的张力，必须在积极参与其中的基础上充分认识自我和他者性，本土文化必须在全球化的语境下进行重新定位，在"这一点上，翻译一方面是向异质传统中内在的文化特性开放的文化再生产，另一方面在这种再生产中持续不断地进行去殖民化"。毕竟，文化的多样性才是合理的文化生态，多样性的文化诉求也决定了提供一个统一的全球化范式不仅是没有必要的，而且也是与文化发展的方向背道而驰的。但参与全球化必须以本土化为起点，在重新认识本土文化的基础上，经翻译的去殖民化处理之后，与外来的他者性进行文化协商，从而实现翻译本土化与全球化的良性互动。对于翻译的本土化，孙艺风指出："翻译本土化不同于归化，所涉及的翻译策略比归化更为广泛……本土化和归化都追求本土文化的整合，但是归化的产物在本质上或相当程度上并未被改造。归化处理几乎不大理会文化协商，主要是硬性替代。本土化则意味着两个文化体系间在价值、观念和经历的方面，与归化相比进行更为系统的、概念性的和充满活力的互动和交流。"

六　结语

后殖民主义的翻译理论，明确地贴上了意识形态和政治性的标签。翻译追寻差异性的过程，在殖民主义的暴力操纵下，变成了殖民主义和霸权主义对第三世界以及殖民地文化进行压迫和统治的理想场所。真正东方"他者"的失语，让欧洲中心主义意识在"他者"面前获得文化优越感与虚无的文化自恋成为可能。所以，后殖民语境下的他者，就成为后殖民翻译研究中的焦点。在全球经济文化一体化步伐不断加快的新的历史语境下，如何直面翻译中异质文化所带来的焦虑，积极地重写本土文化身份，应对翻译中文化全球化与本土化的新一轮挑战，促进多元文化的和谐共存与互动就显得至关重要。而积极地倡导本土化的翻译策略，可以在规避被殖民的同时，吸收借鉴外来的异质文化优势，增强本土文化抵抗殖民文化的能力，为积极地参与全球文化竞争做好准备。另外，后殖民理论以其强烈的批判意识和多元的批评方法，给翻译研究开启了一个崭新的视角。近年来，后殖民翻译理论开始成为翻译研究的热点，而且在此理论的催生下，翻译研究的伦理转向也初见端倪，更多关于翻译的问题，都有可能凭借后殖民理论犀利的批判锋芒找到一个全新的注解。

[作者单位：哈尔滨工业大学（威海）]

也谈 EI Village2 数据库的检索与利用

——与朱末霞老师商榷

郝冬冬　毛宏燕　张　锐

EI Compendex（以下简称 EI）是工程及应用物理方面最权威的文摘和索引数据库，覆盖了 55 个国家的 190 种工程领域学科的内容，自 1970 年以来已有 10 亿余条记录，每星期更新，年增记录 65 万条。EI 受到了全球 60 个国家研究员、学生、全体教员和工程专业人士的信赖，尤其是美国，前 50 所工程院校中已有 98% 的院校订购 EI。同样，在中国，EI 的地位也与日俱增，其重要性不言而喻。

然而由于 EI 数据构成的复杂性，收录内容的繁杂性，导致利用上的种种障碍，图书馆业界同仁撰写了许多文章加以阐释，《图书馆杂志》2009 年第 8 期刊出了朱末霞老师的《EIVillage2 检索解析》一文（以下简称朱文）结合了咨询、培训和工作实践中积累的经验，给出了查找收录文献时相应的检索技巧以及 EI 中两种数据类型的鉴别方法，受益颇多，但仍有些不同的想法，愿与朱老师商榷。

1　检索某作者发表论文被 EI 收录情况

朱文中提到："对于作者姓名为 3 个字（以薛云灿教授为例），姓前名后格式的情况，可以简化为：xue yun * □can 和 xue y * □c，而名前姓后的情况，可以简化为：yun * □can xue 和 y * c□xue"。然而实际检索结果却有些出入，在 EI Village2 平台上，对于检索字段中是否有空格（□）其检索结果略有不同，利用 Expert Search，输入（xue yun * can）WN au 等不同的检索式，再按 "Publication year" 进行排序，将 Autostemming off 选项去掉，然后再通过

"Refine Results"导出"Author"记录成".tab"格式的文件,最后从中挑选与薛云灿有关的记录见表1:

表1中可以看出:EI 对于名之间有无空格是处理不同的,"(xue yun∗can)WN AU"可以同时检出 Xue,Yuncan 与 Xue,Yun□Can(在详细记录中表现为 Xue,Yun – Can,EI 数据库中视"–"为"□"),而"(xue yun∗can)WN AU"检不出 Xue,Yuncan,但在名字缩写的情况下由于缩写点的原因,两种检索式是没有区别的,因此,前姓后名情况可表示为检索式:〔(xue yun∗can)or(xue y∗c)〕WN AU;同理,前名后姓情况的检索式应为:〔(yun∗can xue)or(y∗c xue)〕WN AU。

表 1 作者检索结果

检索式	检索结果（条）	相关结果（条）				
		Xue, Yuncan	Xue, Yun Can (Xue, Yun – Can)	Xue, Y. C.	Xue, Y. – C.	Yuncan, Xue
前 姓 后 名						
(xue yun∗can) WN AU	50	35	15	0	0	0
(xue yun∗ can) WN AU	15	0	15	0	0	0
(xue y∗c) WN AU	2	0	0	1	1	0
(xue y∗ c) WN AU	2	0	0	1	1	0
前 名 后 姓						
(yun∗can xue) WN AU	1	0	0	0	0	1
(yun∗ can xue) WN AU	0	0	0	0	0	0
(y∗c xue) WN AU	0	0	0	0	0	0
(y∗ c xue) WN AU	0	0	0	0	0	0

2 查某刊物是否被 EI 数据库收录及收录情况

朱文中提到:"查看 EI 收录出版物的网站——EI 收录出版物(PIE)数据库(http://usage. engineeringvillage2. com. cn/cpx/web _ pie. list _ pie _ alpha?letter = A&showop = N)"。该网站是机械工业信息院网络中心 EI 中国信息部维护的,它成立于1992年,是为美国工程信息公司(EI)的数据库编译、标引中国期刊的数据和部分在国内召开的会议论文,并向 EI 公司推荐中国的高水平期刊等,故 PIE 更新迟于 EI 美国总部的网站,目前因 EI 政策调整而停止更新，因此不再具有参考价值。

如需参考，可直接访问 EI 总站（www. ei. org），查询 EI 收录的期刊及会议、技术报告等来源列表，此列表每年更新，2009 年 1 月起 EI 收刊（包括中国和国外的）不再区分是否为核心刊，也不保证期刊论文是否全部被收录。

3 EI Compendex 和 EI PageOne 鉴别检索限定

朱文中提到："在系统默认检索方式（即 quick search）的界面上的 All document types 里选择 CORE。"但 EI Village2 平台上已经无此选项，对于 2009 年以前的数据，EI 的期刊源级别分为 Compendex（光盘版）和 Page One（扩展版），而 Compendex 里的期刊又分为核心期刊和选做期刊，其选择的主要标准是按学科因素，其次是根据期刊的质量将 EI 期刊源分为三种级别，主要区别见表 2：

表 2　EI 刊源的数据格式

EI 产品	在 EI Village2 平台上的 EI Compendex Web		
	EI Compendex （光盘版）		EI PageOne （扩展版）
	Core	Selective	Toc
数据格式	全记录	部分全记录	没有全记录

备注：全记录，除题名、作者等常规项目外，还包括人工标引的分类码（EI classification codes）、主题词（EI main heading）、受控词（EI controlled terms）、自由词（Uncontrolled terms）

3.1 Compendex 核心期刊（CORE）

Compendex 数据库中 CORE 是 EI 中最重要的部分，主要收录工程类期刊，涉及的学科有化学、土木、电气/电子、机械、冶金、矿山和石油工程，计算机工程和软件。这部分期刊内容中除了编者按和讨论文章外，所有论文都会被收录到 EI 数据库内。

核心期刊所有正文都要做文摘和标引，数据内容最全面，其中分类码（EI classification codes）、主题词（EI main heading）、受控词（EI controlled terms）、自由词（Uncontrolled terms）需要专业人员单独给出。

3.2 Compendex 选做期刊（SELECTIVE）

Compendex 数据库中 SELECTIVE 是 EI 选收部分，是与工程类相关的某些学科，如农业工程、工业工程、纺织工程、应用化学、应用数学、应用力学、大气科学、造纸化学和技术。

EI 的选刊原则是这些期刊内选出与上述学科相关的文章进行加工处理，例如：工业工程方面的论文可能发表在商业贸易方面的期刊上，它不属于科学类期刊，EI 会选相关论文，而产品方面的论文则不会入选，另外，在一般性学科类期刊，EI 也是部分收录的，比较著名的期刊——《自然》，EI 仅收录与之相关的学科，而生物或天文学的论文是不会被收录的。

选做期刊的数据部分记录是全记录的，即由专业人员为正文做标引，例如：选做期刊《北京理工大学学报》（Beijing Ligong Daxue Xuebao/Transaction of Beijing Institute of Technology），其数据格式有两种，一种有分类码（Ei classification codes）、主题词（Ei main heading）、受控词（Ei controlled terms）、自由词（Uncontrolled terms）（见图1）；另一种则没有的，如记录："Accession number：20082911385048，Title：Reliability design of mechanical initiating devices based on reliability index transformation"。

Accession number:	20084711720207
Title:	Design of tire pressure monitoring system based on embedded operating system
Authors:	Zang, Huai-Quan[1] ; Tian, Chao[1] ; Zhao, Bao-Jun[2]
Author affiliation:	1 Key Lab. of Industrial Computer Control Engineering of Hebei Province, Yanshan University, Qinhuangdao 066004, China
	2 Department of Electronic Engineering, School of Information Science and Technology, Beijing Institute of Technology, Beijing 100081, China
Corresponding author:	Zang, H.-Q. (hqzang@hotmail.com)
Source title:	Beijing Ligong Daxue Xuebao/Transaction of Beijing Institute of Technology
Controlled terms:	Computer operating systems - Computer software - Monitoring - Real time systems - Safety devices
Uncontrolled terms:	Active safeties - ARM processors - Embedded operating systems - Embedded real-time operating system - Embedded real-time operating systems - High reliabilities - Multi-task - Normal pressures - Software platforms - Tire pressure monitor system (TPMS) - Tire pressure monitoring - Tire pressure monitors - Vehicle tires
Classification code:	944 Moisture, Pressure and Temperature, and Radiation Measuring Instruments - 943 Mechanical and Miscellaneous Measuring Instruments - 942 Electric and Electronic Measuring Instruments - 941 Acoustical and Optical Measuring Instruments - 914.1 Accidents and Accident Prevention - 818.5 Rubber Products - 723 Computer Software, Data Handling and Applications - 722.4 Digital Computers and Systems - 722 Computer Systems and Equipment
Database:	Compendex

图 1   EI 数据格式截图

3.3   EI PageOne 扩充期刊（TOC）

主要是指即使与上述学科有关的论文也不被全部选入的期刊。

扩充收录期刊只收录正文的题目、作者和作者单位等信息，不需要任何专业人员再做标引，分类码（Ei classification codes）、主题词（Ei main heading）、受控词（Ei controlled terms）、自由词（Uncontrolled terms），例如：扩充期刊《机械强度》（Jixie Qiandu/Journal of Mechanical Strength）记录："Accession number：20071910595174，Title：Experimental study on the strength of complex thin‐walled structures under internal pressure"。

4 EI 在检索及收录方面的问题

4.1 数据加工不规范

EI 对作者姓名、单位以及期刊名称没有专门的加工处理，不够规范，会出现漏检和错检的情况，无法保证结果的查全率与查准率，给检索人员造成极大的不便，而同类型的数据库如 ISI 公司的 web of knowledge 平台（SCI，SSCI）上使用了"作者甄别工具"，可以对作者身份进行统一的认证。

4.2 检索功能有所欠缺

在 EI 记录列表中，涉及作者姓名的只有 AU 字段，因此，从原理上来讲，对于检索词为作者姓名的检索，使用字段 All fields 和 AU 应该是一样，但是实检中结果是不同的（见表3）。

4.2.1 同值在不同字段构造的检索式结果不同

仍然以"xue yun * can"和"yun * can xue"为例，在字段名 All fields 和 AU 里构造检索式进行检索，检索式（下简称式）1 与式 2 均检出 Xue，Yuncan，但式 1 还检出 Yuncan，Xue，而未检出式 2 结果 Xue，Yun Can（Xue，Yun‐Can），同样，式 3 与式 4 也不同，若提高检全率，必须重新构造检索式：

［（xue yun * can）WN All fields］AND［（xue yun * can）WN AU］

4.2.2 检索词的顺序影响检索结果

式 1 与式 3 的结果是一致的，说明检索词的顺序不影响检索结果，但式 2 与式 4 的结果不同，说明检索词的顺序又制约了检索结果，鉴于此情况，也需重新构造检索式。

表3 不同字段检索结果

序号	检索式	检索结果（条）	相关结果（条）		
			Xue，Yuncan	Xue，Yun Can（Xue，Yun‐Can）	Yuncan，Xue
1	（xue yun * can）WN All fields	36	35	0	1
2	（xue yun * can）WN AU	50	35	15	0

续表

序号	检索式	检索结果（条）	相关结果（条）		
			Xue，Yuncan	Xue，Yun Can（Xue，Yun－Can）	Yuncan，Xue
3	（yun＊can xue）WN All fields	36	35	0	1
4	（yun＊can xue）WN AU	1	0	0	1

4.3 收录的时效性有待提高

EI 收录号，即字段 Accession number（AN），字段值的头两位代表收录年代，以检索 2009 年 EI 收录的论文为例，在 Expert Search 检索框输入：2009＊wn AN，得出的 765151 条记录，其中 2009 年记录 548182 条，占检索结果总数的 71.64％，2008 年记录占 20.79％，而其余年份的记录数量均有分布，最早回溯到 1981 年的数据有 25 篇，1 年内收录的论文竟有 28 年时间跨度，即 2009 年以前每年检索的数据全面性是无法保证的，同时，也说明 2009 年的数据要等到 2010 年检索也不一定保证其检全率，这对研究者非常不利。

［作者单位：哈尔滨工业大学（威海）］

高校图书馆韩文文献书目数据库建设研究

——以山东省为例

艾　雾　谢穗芬

　　山东省与韩国地理毗邻，文化相近，交往历史悠久，经济互补性很强，这使得山东省成为韩国在华投资最集中的区域之一。近几年来，山东省很多高校凭借这种得天独厚的优势，与韩国开展了大范围、多层次、实质性的国际交流与合作，从而使得山东省的韩国语学科建设迅猛发展，并成为许多高校的特色学科之一。现在我国大学中韩国语学科在所有的外国语教育中位居英语、日语、俄语、法语、德语之后，名列第六位，根据武汉大学科学评价研究中心邱均平等人所做的统计分析显示。到 2008 年，全国设立韩国语专业的本科院校共有 47 所，山东省开设韩国语专业的本科院校数位居评价排行榜的第 2 位（共 9 所），占前 38 所高校的 23.7%，与居首位的东北地区相比，仅相差一所（东北地区共 10 所，占 26.3%）；且作为重点和优势专业的 10 所大学中，山东就占据了 6 所（占 60%），另外 3 所大学的韩国语专业也位居良好专业的大学之列。

　　这一切都说明山东省对韩国语专业的教育非常重视，对韩国语人才的需求也是炙手可热的。为了最大限度地满足山东省韩国语专业教育的文献需求，加强重点和特色学科文献资源建设，提高现有韩文文献的利用率，本文通过对山东省韩文文献书目数据库建设现状进行调查和研究，期望能在省内尽早实现韩文文献资源的共建和本地图书馆的韩文文献计算机编目，并通过 OPAC 查询实现韩文文献资源的共知，通过馆际互借系统实现文献资源的共享，从根本上扭转山东省高校图书馆对韩文文献计算机编目严重滞后的被动局面，通过联机合作编目的手段，建成高质量的韩文文献联合目录数据库。

1 山东省韩文文献馆藏和计算机编目状况

1.1 馆藏状况

山东省本科院校的韩文文献收藏数量从几万册到上千册不等，总馆藏量约为四万两千余册。馆藏量最丰富的是山东大学（威海）和中国海洋大学，分别为2万多册和1万多册，其次是：山东大学5000余册，鲁东大学4000余册，烟台大学、青岛农业大学和潍坊学院各1000余册。从调查中了解到，由于受经费的限制，大多数图书馆的韩文文献订购量少，难以形成比较系统的馆藏特色；另一方面，图书馆通过赠书途径获取的韩文文献在本校没有固定的读者群，导致这些文献的利用率很低。

1.2 韩文书目数据库建设现状

经调查了解到，目前山东省只有馆藏量最多的山东大学（威海）和山东大学，利用汇文系统对韩文文献进行了简单的计算机编目，并形成了向读者提供检索服务的书目数据库，除此之外，大部分高校图书馆对所收藏的韩文文献资料只进行了初步的加工（如盖章、贴磁条、贴条码、贴书标等），供读者馆内阅览，如鲁东大学、烟台大学、中国海洋大学、青岛大学图书馆等。

1.3 编目人员现状

山东省的本科院校图书馆中，有两个馆配有懂韩文的编目人员，其余全部都是由中文或西文编目人员兼做韩文编目工作，均未配备韩文专职编目人员。由于韩文编目人员短缺，有80%的馆没有对韩文文献进行分类，也未进行编目。由此可见，山东省高校图书馆的韩文编目力量相对薄弱，开展数据库建设工作比较困难。

总之，现阶段山东省大多数高校图书馆都没有能建设成一个对韩文文献管理、并能对读者提供检索服务的数据库，各馆的图书馆自动化水平和编目人员素质参差不齐。但是，山东省高校图书馆的韩文文献大部分集中在胶东地区，并且使用的图书馆自动化系统多为汇文和ILAS系统，这些优势为我们实现山东省高校系统韩文文献的共建和共享打下了基础。因此，研究并制定一套科学而合理的韩文书目数据库建设方案势在必行。

2 山东省韩文文献书目数据库建设研究

2.1 著录标准探讨

我国现有中、西文文献两种著录条例，西文编目采用 USMARC、中文和日文文献采用 CNMARC 已基本达成共识，但对于韩文文献目前我国尚未制定统一的著录规则，是采用 CNMARC、USMARC，还是对 KORMARC（Korean Machine Readable Cataloging，韩国文献自动化目录形式）进行转换，尚无定论。我们经过对国内相关图书馆的调研论证，认为采用 CNMARC 进行韩文文献编目切实可行。理由如下：

2.1.1 CNMARC 的优势

CNMARC 主要是根据国际图联的 UNIMARC（国际机读目录通讯格式）以及中国出版物的一些特殊情况和规则编制而成的。它继承了 UNIMARC 的优点，遵循《国际标准书目著录（ISBD）》与现行国家标准，并充分利用了计算机处理数据的优越性，把 ISBD 标准所要求的各种标点符号的选择和定位完全交由计算机系统完成，大大地提高了编目的速度与准确度。而 USMARC 主要是为欧美国家设计的，它的著录主要是依据 AACR2 [《英美编目条例》（第 2 版）] 标准。而 AACR2 不是国际标准，它旨在英语国家内实现统一，其核心内容不仅以"西方文化"（罗马化）为中心，而且明确"英语优先""英语文献为主体"。同时，USMARC 具有保留主要款目及传统编目的特点，带有明显的手工著录痕迹，具体反映数据区的子字段间不仅有子字段标识，而且还带有著录用标识符如冒号、逗号、句号等，字段前置标点符号和字段结束符也都需要人工输入，较为烦琐。

2.1.2 我国中、日、韩文献编目标准应统一

由于中、日、韩文同属于东方语系，无论在发音还是词汇上，都更为接近汉语，有很大的相近性，所以在文献编目中应体现东方文献特色，力求有所创见，自成体系。国外对于中日韩文献一般统一著录和编目，称为汉字圈文献编目。例如韩国大学图书馆联合编目系统、澳大利亚全国中日韩文项目（Australian National CJK Project，ANCJK），全美最具影响力的东亚文献书目管理系统 CJK 等对于中日韩文献均进行统一编目。国外将中、日、韩文献统一编目的经验值得我们借鉴。加之国内中、日文文献已采用 CNMARC 著录，建议山东省的韩文文献编目最终选择 CNMARC 格式作为著录标准。从而统一我

国中、日、韩文献编目标准，为我国广大用户获取东亚文献资料打下基础。

2.2 数据源探讨

数据源是韩文书目数据库建设中的核心问题，它关系到数据的标准与质量。由于当前山东省大多数图书馆还没有对韩文文献采用计算机编目，没有数据积累，完全采用全部信息录入的原始编目方式会产生很多错误数据，编目速度也会出现参差不齐的现象。因此，在当前山东省韩语语种人才匮乏的情况下，韩国的编目源数据是韩文文献编目的重要参考源，我们必须充分利用原数据源，分享他们的知识成果。但是韩国与国内的书目数据相比，还是存在一些差异，主要表现在以下几方面。

2.2.1 采用的机读格式不同

目前国内多数图书馆西文编目采用 USMARC，中文编目采用 CNMARC，对于韩文文献采用何种 MARC 尚无定论，我们建议采用 CNMARC 进行编目，并且山东大学（威海）已经用 CNMARC 开展了韩文文献的编目工作，使用效果良好，可在此基础上进一步加以规范和标准化。在韩国，国内书和东洋书、非图书资料、古书采用他们本国的 KORMARC 技术规则，西洋书采用英美目录规则（AACR2）进行文献编目、数据交换。所以，若想利用韩国数据源，必须面对数据转换问题，预先开展 CNMARC 和 KORMARC 的差异分析以及相应转换策略研究，切不可一概拿来就用。

2.2.2 采用的编目标准不同

如果我们利用 CNMARC 进行韩文文献编目，我国的《文献著录总则》《普通图书著录规则》《连续出版物著录规则》等将作为韩文文献的著录标准，并以《中国文献编目规则》作为编目依据；而目前韩国则采用《国际标准书目著录》（总则）（专著）（连续出版物）等作为文献著录标准，同时以《韩国编目规则》（KCR2）和 AACR2R 来指导韩文编目。只有详细比较和分析二者的联系和区别，才能建成标准、规范、完全的韩文文献书目数据库。

2.2.3 分类主题标引标准不同

就分类标引标准而言，两国选用的文献分类主题法不一样，我国目前普遍采用《中国图书馆分类法》（第四版）、《中国分类主题词表》和《汉语主题词表》，而韩国则采用《韩国十进分类法》（KDC）和《杜威十进分类法》（DDC）、韩国十进分类表—朴奉石编（KDCP）进行分类。韩国图书馆最为常用的主题表是美国的《国会图书馆主题词表》（LCSH），还有一些专业性很强的标题表和儿童文学标题表等也较常用，如医学类的 MeSH（美国医学主题词表）和 NLM（美国国家医学图书馆规范文档），农业类的 NALSH（美国国家农业图书馆主题规范文档）等。引进数据后是否保留原数据源主题和分类，还是待以后集中、统一处理也应认真考虑。

2.2.4 采用的其他具体规则不同

我国和韩国在编目中采用的国家地区代码表等内容也有差异。如：出版国代码。KORMARC 依据《国家代码表》（MARC Code List for Countries），而 CNMARC 采用《国家和地区名称代码表》确定出版国代码，因此，同一个国家和地区在 KORMARC 和 CNMARC 中的代码不同，如：中国在 CNMARC 中的代码为"CN"，在 KORMARC 为"cc"，韩国在 CNMARC 中的代码为"KR"，在 KORMARC 为"ko"等。所以在引用韩国数据源时，需要对所有国家和地区进行两种代码的一一对应。

另外，馆藏信息要求也不同，我国一般将馆藏信息部分放在 905、906 等字段；而韩国则按照 MARC21 自定义字段中推荐的字段放入 049、050、052、056、066、080、082、085 等字段。

由此可见，我们在利用原数据源时，不可能一概拿来就用，要进行"再加工"。如：格式转换，修改、增、删标识符和重要信息，增加主题标目、分类、索书号，字符集转换等，使之适合我国书目数据，达到利用价值。这就要求山东省在引进韩国原数据源前，必须对韩国书目数据与我国书目数据开展深入的比较研究，从而为实现两种数据之间的平滑转换或过渡打下基础，并为尽快实现韩文书目数据库的规范化建设作一些有益的探索。

2.3 技术探讨

为了尽可能减少韩文编目所需要的特殊软硬件投入，各馆都希望在现有条件下建设韩文书目数据库，但由于山东省各馆使用的自动化管理系统不统一，这就必然存在系统环境与编目软件的选取、数据库系统字符集与客户端采用的字符集代码是否一致，操作系统能否同平台输入和显示多语种文献的问题。这些技术问题严重制约着韩文书目数据库的建设。

2.3.1 书目数据库管理软件

为了尽可能减少山东省各馆韩文编目所需要的特殊软硬件投入，韩文书目数据库必须与中西文建立在同一个集成管理系统中，同时为了减少软硬件环境对读者的制约，应该实现普通中文系统下的韩文信息检索。

2.3.2 操作系统与字符集

随着计算机技术的迅速发展，操作系统也不断更新换代，目前普遍采用的 Windows2000 及以上版本的计算机操作系统，均为多语种兼容的 UNICODE（UTF8）字符集和平台，支持多语言设置，提供自由切换语言界面、输入法及字体等功能，可直接精确输入多语种文字、字符、符号，解决了不同国家的不同语种的兼容问题，这一切为山东省韩文书目数据的兼容、共享奠定了基础。但是目前存在的问题是，部分图书馆集成管理系统不支持 UNICODE 字符集，致使在编目、采访、OPAC 查询等模块中所有韩文字符都显示为乱码。所以现在韩文文献的计算机编目、建库，必须升级各馆自动化系统，使其能支持多语种兼容的 UNICODE（UTF8）字符集和平台，从而节省日后为此再作处理的时间和人力、物力。

3　韩文书目数据库建设实例

——以山东大学（威海）图书馆韩文图书编目为例

3.1　编目力量的组织

山东大学（威海）图书馆现有韩文图书 2 万多册，但中外文编目人员仅有三名，为了尽快让韩文文献得到利用，该馆采取两种方式充实编目力量，一种是突击培训现有中外文编目人员，让他们尽快掌握简单的韩文基本知识及韩文输入法；另一种方式是整合现有人力资源，主要是充分利用本校学科优势，招聘高年级韩语专业的勤工俭学学生，让他们对现有韩文文献的题名、主题、作品题材、体裁、内容简介等进行翻译，为编目人员正确分类和主题标引做好准备。实践证明，在韩语编目人员短缺的情况下，这种方式无疑是切实有效的。

3.2　技术上的准备

首先，为了减少软硬件环境的制约，解决韩文文字输入的问题，我们选择了能支持多语种字符的 Windows2000、Windows XP 等版本作为计算机操作系统，并外挂韩文输入法，从而实现了普通中文系统下的韩文信息输入与检索；其次，为了减少投入，使中文、西文、日文、韩文书目数据库建立在同一个集成管理系统中，我们采用本馆使用的汇文文献信息服务系统 libsys3.0 进行韩文书目数据库的建设。2006 年升级后的汇文 libsys3.0，具有全面提升的多语种 Unicode 支持，全面采用 ISO10646 字符集，从而可以避免客户端输入输出时进行字符集的转换，也解决了韩文图书在我馆采访、编目、典藏、OPAC 查询、新书通报等模块的字符识别等问题。

3.3 著录标准的选择

对于韩文图书的著录标准问题，由于国内尚无明确的国家标准出台，我们经过比较研究，拟采用 CNMARC 格式进行韩文图书的计算机编目。我们针对韩文文献的特点，主要依照《CALIS 联合目录中文图书著录细则》《中国机读目录格式使用手册》，参照 KORMARC 规则，针对韩文特殊要求，定义部分特殊字段作为补充。

3.4 模板的设计

鉴于目前没能选择到可套录的韩文文献数据源，为了提高效率，尽快完成韩文书目数据库的建设，我们在汇文系统编目模块中设计了韩文图书模板文件，用该模板进行韩文图书的原始编目。但由于汇文文献信息服务系统 lib-sys3.0 在开发时没有单独考虑韩文文献著录的要求，所以在模板设计中，一旦出现韩文文字，保存后的模板文件则无法识别，因此，在设计韩文模板时我们删除了模板中的韩文文字，只保留了部分常用字段、字段指示符，子字段标识符（见图 1）。

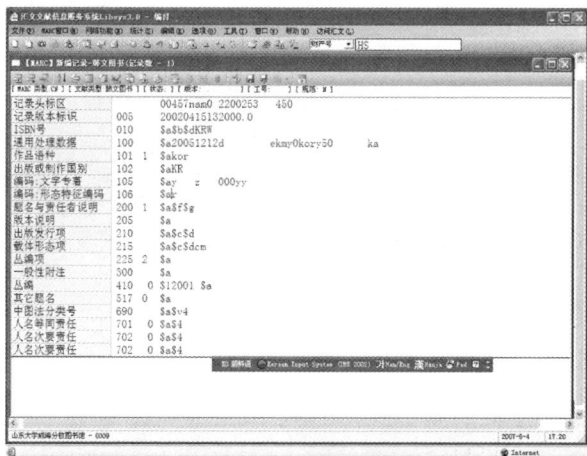

图 1 韩文图书模板

3.5 韩文书目数据库运行情况示例

山东大学（威海）图书馆一直在积极探索韩文书目数据库建设方法，经过建库方案的研究和筹备，历时两年的建库运行，对收藏的两万多册韩文图书进行了简单的计算机编目，初步建成了韩文文献书目数据库，实现了韩文文献资源的正常流通、借阅与计算机管理，大大提高了我馆韩文文献的利用率，也为今后联合书目数据库建设打下了坚实的基础。其韩文图书编目数据的机读格式示例如图 2 所示，其 OPAC 检索和显示如图 3 所示。

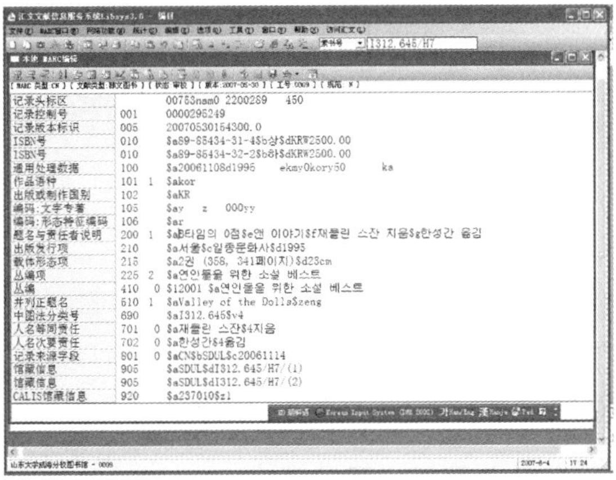

图 2

图 3

4　对山东省高校图书馆建设韩文书目数据库的建议

目前，山东省的韩文编目还没有统一的规则，各馆各自为政，较难保证数据质量，也不利于今后的数据共享。这不仅严重制约了韩文文献的有效利用，同时也与山东省同韩国的经济贸易发展和文化交流很不协调。为此，我们提出以下建议：

4.1 统一标准

建议山东省高校图工委尽快组织力量，利用已经开展韩文编目的各馆探索和积累的经验，制定统一标准和规范，使韩文书目数据库建设的研究和筹备工作尽早提上议事日程。

4.2 获取源数据

山东省高校图工委应积极与 CALIS 或国家图书馆协商，尽快与韩国高校文献保障体系的管理机构 KERIS（Korea Education and Research Information Service）以及韩国国立中央图书馆等单位建立合作关系，并进一步联系商谈合作共享事宜，为及时获取数据源并早日达成合作编目的协议做好准备，从而为实现快速、高质量的书目数据库建设打下基础。

4.3 启动联合目录数据库建设工作

通过联合建库，不但可以使韩文编目统一标准和规范，确保质量，也可以共享建库技术，提高工作效率，从而更好地满足成员馆对韩文文献编目的需求。山东省可以借鉴日文联合目录数据库建设的丰富经验，尽快启动韩文文献联合目录的建设工作，并在全国率先建成高校系统的地区中心，为实现全国的韩文文献联合编目积累经验，从而丰富中国高等教育文献保障系统数据库的数据量和种类。

总之，我们开展对"山东省高校图书馆韩文书目数据库建设"的研究，旨在能推动对现有馆藏韩文文献资源的开发和利用，补充部分特色或重点学科外文文献资源的不足。从而不仅为韩国语的教学与科研提供文献资源保障，也对韩国问题的研究与学术交流及时提供所需信息。如果能建成语种特色的韩文文献联合编目数据库，这必将成为我省乃至全国韩文文献资源的中心，更好地满足全国各图书馆的韩文文献编目需求，对真正实现韩文文献资源的共建、共知、共享具有深远意义。

[作者单位：山东大学（威海）]

新形势下威海市农村社会治理问题研究

林吉爽

面对不断变革的社会情势，党中央提出加强和完善社会管理战略。针对威海市农村社会结构呈现出的新特征，我们应认真审视，进行理性分析，并寻求符合威海市农村发展特征的社会管理模式。

一 威海市农村社会的现状及结构演化特点

（一） 威海市农村社会的现状

当前，威海市农村经济社会发展已进入新的历史时期，农民生活质量不断提升，农村环境不断改善；产业结构日趋合理、经济发展后劲强劲；农民增收持续向好，生产水平不断提高；基层民主迅速发展，社会建设不断推进。

农民生活质量不断提升。目前威海市农民人均生活消费支出 5728 元，恩格尔系数为 35.96%，人均住房面积 39.81 平方米，新型农村养老保险适龄人口参保率达到 92.7%。

农村环境不断改善。在全省率先实现村村通公路、村村通自来水，农村环境综合整治全面推进，农村环境得到彻底改观。

产业结构日趋合理。2010 年，全市农林牧渔业总产值 300.85 亿元，其中，农业总产值 79.08 亿元。三次产业结构为 7.92：55.89：36.19。

农民增收持续向好。2010 年，威海市农民人均纯收入达到 10517 元。在农民人均纯收入中，工资性纯收入增长 9.8%，家庭经营纯收入增长 11.5%，财产性纯收入增长 122.8%，转移性纯收入增长 16.7%。

生产水平不断提高。农业机械总动力达到 531.8 万千瓦，农用排灌机械动力 37092 台，农用拖拉机 271109 台，全市平均每公顷耕地占有农机动力 27.02 千瓦，拖拉机 1.37 台，综合农机化水平达到 89.2%。

基层民主发展迅速。截止到现在，涉及威海市 123.65 万农村人口的新一届农村两委换届选举已经完成，2532 个新一届村民委员会已经选举产生。

农民互助性经济组织蓬勃发展。目前威海市农民专业合作社达到 968 家，入社成员 3 万多户，辐射带动农户 10 万户。

（二）农村社会结构演化趋向与特点

伴随着农村经济社会的快速发展，威海市农村的群体结构、组织结构、经济结构、体制结构、人文结构和价值结构都出现了广泛而深刻的变化。目前农村的改革和发展正向纵深推进，社会结构的演进加速进行，呈现出如下特点：

1. 群体结构分化明显。随着生产方式的变革和生活手段的转变，威海市农村社会群体分化明显，原有的农民群体已经分化为七个阶层：以种植业为主的农业劳动者阶层、乡村私营企业务工阶层、进城农民工阶层、个体劳动者阶层、离土不离乡的农村雇工阶层、乡村私营企业管理者阶层、以两委组成人员为代表的农村管理者阶层。虽然他们都是从农民群体中分化出来的不同阶层，但不同阶层之间谋生手段和处事方式都存在着明显的差异。

另外，随着威海市农村经济的发展和生活环境的改善，外来人员和城市退休、退职人员选择在农村生活的人群呈逐年上升趋势，他们虽非农村原住民，但以农村为主要的生活策源地和活动地，且居住和生活范围由城市近郊区向远郊区甚至远离城市的沿海农村扩散，并有逐渐成为农村新阶层之势。

2. 组织结构变革巨大。威海市农村组织结构的变革是与农村经济社会的发展相伴而生的。一是自治性增强。改革开放以来，随着三级所有、队为基础的人民公社体制的分崩离析，以村民自治为肇始的乡村自治逐步进入农村生活。1998 年《中华人民共和国村民委员会组织法》的出台，标志着村民自治从党和政府的政策推动正式上升到法律层面，村民自治已经成为我国基层民主政治的一块试验田。乳山市的乡镇领导公推和直选的尝试，更使农村基层民主呈现出渐次扩展和逐步深化的趋势。二是自立性提高。伴随着村民自治的深化和政治经济改革的纵深推进，农村社会资源出现了多元流动、多元支配的趋势。农民对政府特别是基层政府的依赖性和服从性减弱，相反，独立性、自主性却在不断提高。第三，开放性增加。随着城乡户籍束缚的突破，农村社会成员的流动性正在不断加大，农村群众性组织的开放程度也越来越高。

3. 经济结构变化迅速。威海市农村的产业结构、就业结构、生产结构、生活结构、收入结构、分配结构都在发生着广泛和深刻的变化。

一是就产业结构而言，随着工业化的推进，威海市以农业为主的第一产业在三产业中所占比重呈逐年下降的趋势。而从农业产业结构自身来看，市场的选择使传统农业正逐步让位于现代农业，农业科技含量稳步提升。二是就就业结构而言，第一产业就业人员递减趋势明显。三是就生产结构而言，从集体合作到家庭联产承包、从完全依靠种植业到多种经营、从农业劳动的人力为主到机械化的普遍采用，农村生产与再生产在嬗变中完成了其自身的重生。四是就生活结构而言，威海市农村的生活环境和生活质量迅速提升。衣、食、住、行大幅改善，农村人口的恩格尔系数逐年下降。五是就收入结构而言，农民收入持续增长，收入结构变化明显，工资等非农收入所占比重逐年增加，纯粮食作物收入所占比重较低，特色产业收入增长迅速。以乳山市崖子镇为例，全镇 4.1 万人口，有耕地 7.6 万亩，而苹果、板栗、樱桃种植面积达到 10 万亩，2010 年全镇储蓄余额增长了 1.38 亿，人均增长 3400 元，其中 80% 以上来自于特色种植业的收入。六是就分配结构而言，按劳分配、按资分配、按其他生产要素分配正在相互渗透，资本分配的比重呈上升趋势。

4. 制度结构转换激烈。改革开放以来，威海市农村制度结构呈现出加速转换的趋势。特别是近年来，党的农村政策的密集出台，城市和农村的利益分配出现了颠覆性的改变，从农村支持城市到城市反哺农村，从索取农民到各种惠农补贴的落实，利益分配的天平历史上第一次开始向农村倾斜。这种利益流向的逆转，使农村传统制度的解构和现代制度的重构同时处在加速推进中。从农村各种公共制度来看，农村养老、医疗等社会保障制度由原来的农民自行负担逐步转向了国家、集体和个人三方负担，社会保障的公共性职能不断加强。农村教育制度更是由农村自办教育、经费村级自筹过渡到九年义务教育、经费全部政府买单。社会服务均等化的步伐正在加快。

5. 人文结构变化重大。一是人口结构呈现出受教育程度提高、家庭规模缩小、老龄化进程加快等趋势。义务教育和公共服务均等化的推进，威海市农村人群平均受教育年限逐年提高；生育水平的下降、迁徙流动人口的增加以及生活习惯的影响，家庭规模持续缩小；大量农村人口，特别是青壮年人口进入城市居住生活，农村老年人比重相对增加，人口老龄化进程加快。二是人际结构趋于复杂，人际冲突趋于激烈。在家庭内部，三世同堂甚至四世同堂式的复合型家庭逐步被三口之家式的单一家庭取代，长辈的控制力减弱，代际冲突增加；在家庭外部，受生产方式的影响，公共空间日渐萎缩，私密空间逐步扩大，人们之间来往有所减少。

6. 价值结构转变突出。价值取向日趋多元。一是生活观念由封闭走向开放。从小富即安到开拓创业、从重土轻迁到进城务工成为一种潮流，威海市农民的生活观念在激烈的变革烈焰中得到涅槃。二是心理需求由基本需求走向高层次需求。美国社会学家马斯洛的需求分层理论在威海市农村得到了很好的诠释。在基本生理需求得到满足后，安全需求、社交需求、尊重需求和自我实现需求接踵而来。现在农村群众对社会安宁的追求、对政治参与和基层选举的热衷，体现着威海市农民的需求已经从单一的物质层面扩展到物质和精神等多个层面。三是思想意识由单一走向多元。传统的道德观念已经难以在人们的终极价值观中居于主导地位，对利益的追逐使人们的趋利性心理得到强化；四是个性意识由内敛走向张扬。表现在群体与个人关系上，个性张扬，人与人之间的功利化因素增加。

二　威海市农村社会管理的影响因素及面临的挑战

群体结构的裂变和分化，进一步细分了农村社会成员的具体需求，使其利益诉求的差异化日益明显；组织结构的变革和突破，催生了农村居民的主体意识和独立精神，为基层民主的发展提供了肥沃的土壤；经济结构的调整和嬗变，从根本上把农民从土地上解放出来，从而使其有更多的精力和财力经营自身的生活；制度结构的转换和变迁，加快了城乡一体化的步伐，使农村居民的公民权利得到尊重和保障；而人文结构和价值结构的解构与重构，一方面造就了民主开放的政治格局和丰富多元的价值观念；另一方面，也削弱了传统道德力量在农村的控制力，使本身就缺乏行政控制资源的农村社会增添了更大的变数。

面对这一特殊时期，把握农村社会演变规律，解析影响威海市农村社会管理的各种因素，反思和检讨原有社会管理模式，创新农村社会管理格局，已是当务之急。

（一）影响威海市农村社会管理因素分析

1. 管理主体方面。管理主体职责明确、各负其责、协调配合是实现有效的社会管理的前提。目前，威海市农村社会管理的主体主要有农村基层党组织、村委会和其他村民管理组织，但其运作尚存在不足，直接影响着管理的效果：

一是农村基层党组织的领导核心功能弱化。党在农村社会管理中发挥政治、组织及思想领导作用的前提是要有一个机构健全、对农村社会有实际影响力的农村基层党组织及一支高素质的农村党员队伍，而威海市农村地区很多地方农村党员年龄普遍偏大，文化程度普遍不高，农村基层党组织对农村社会的实际影响力降低。

二是农村村民委员会在发挥自我管理、自我服务、自我监督方面没有完全发挥应有的作用，个别村庄的村民委员会与基层党支部在工作上缺乏统一和配合，甚至相互掣肘，降低了农村社会管理效率。

三是其他类型的村民管理组织管理作用有限。其他村民组织如村民代表大会、村民小组、理财小组等由普通村民组成，这些村民管理组织因受村民参与意识、监督意识的缺乏，青壮年村民外出打工无法参与及非原始村民民主权利限制等因素的制约，难以发挥决策、监督、沟通的作用。

2. 管理内容方面。农村社会管理内容纷繁复杂，管理重点和难点具有明显的地域性和阶段性特点。就威海市而言，农村社会管理内容方面主要存在以下问题：

一是管理缺乏经济原动力。农村社会管理需要资金投入，但目前威海市农村社会管理主要依赖村集体经济的积累和支持，外来投入比例低。一些经济欠发达村集体经济薄弱、村两委的凝聚力和号召力不高，村民参与村集体事务的积极性较低，加上没有相关的经济激励措施，农村社会管理难以正常开展。

二是农村公共事业发展滞后、不平衡。农村公共事业的长足发展是进行良好农村社会管理的基础条件。近年来，威海市在统筹城乡发展、推进城乡一体化发展格局方面投入较大，农村基础设施、医疗卫生、文化教育、社会保障取得了很大进展。但与全市经济的快速增长相比、与城市的社会建设相比、与农民的意愿和农村的需要相比，农村公共事业的发展与城市仍有不小的差距，这在无形中阻碍了农村社会管理事业的发展。

三是外来村民管理存在难度。由外来务工人员和城市退休退职人员为主体的新居民逐渐增多，对原来的农村社会产生了新的影响，如何对他们进行有序管理与服务已成为当前威海市农村社会管理的新内容。当前的问题是，一方面这部分人长年生活在农村，农村是他们的主要居住地，他们在农村有自己实际的利益诉求；另一方面，当地并没有将这部分人群纳入本村"村民"的范围，他们不属于村民自治的主体和对象，对他们权利、义务的界定均不明确，管理服务不到位，由此引发农村社会矛盾的事件呈上升之势。

四是农村社会矛盾问题突出。当前农村已成为各种利益的集中点，利益多元引发的社会矛盾种类多且具集聚性，其中以村级干群矛盾和土地矛盾为主。目前，因农村自治能力较弱，尚未形成有效的、成熟的社会矛盾自我化解机制，导致当前对农村社会矛盾的化解呈现出行政力量的越位与乡村力量的缺位共存的情况，缺少真正的适合农村社会的矛盾化解机制，严重影响了农村社会管理的效果。

3. 管理方法方面。不同的方法产生不同的效果，农村社会的自治性质决定了其管理方法的特殊性。因农村属于群众自治性社会，行政管理手段不宜直接使用，所以农村社会矛盾的化解思路不同于城镇，不能用解决城镇社会矛盾的方法来处理农村社会矛盾，否则极易引发新的矛盾。

当前农村社会管理在管理方法上的主要问题是手段简单、方法单一，惯用行政手段，较少使用经济、法律、协商等非行政手段；习惯于强迫、命令式的管制，不习惯引导、协商式的服务；不注重对农村自治意识的培养，不注重对村民自治方法的引导和锻炼，出现了所谓的"行政方法不能用、经济方法不好用、法律方法不会用、思想教育不顶用"尴尬局面。

（二）对威海市农村原有社会管理模式的反思

威海市原有的管理模式在管理主体上重政府轻村民，在管理内容上重具体轻机制，在管理方法上重管理轻服务，这与威海市新形势下的社会管理要求不相适应。

1. 管理理念不适应。重管制、轻服务的理念仍然深刻地影响着威海市的社会管理工作，这种理念仍是一种行政管理式的理念。抑制了农村社会自我整合能力的良性形成与发育，直接导致威海市农村社会管理主体不明、内容不清、方式单一，从而引发诸多社会矛盾。

2. 管理体制不健全。政府、村两委与村民在农村社会管理中的职责界定不清晰，权责不符，政府的介入度不够恰当，管理体制没有完全理顺。基于此，政府应在明确自身职责的同时，注重对村两委及村民自治意识及能力的培养，引导农村社会逐步走向自治，充分发挥各主体作用。

3. 管理机制不完善。农村社会管理是一个系统工程，涉及农村的经济发展、民主管理、社会治安、公共服务等农村社会的方方面面，其所管理的事项几乎与城市无异，却缺乏保证管理顺利进行的各种机制。如缺乏乡村社区发展和管理的参与机制、重大事项的民主决策机制、基层社会矛盾和冲突的预警机制与协调机制等，致使农村基层民主在很多时候流于形式，直接影响了农村社会的稳定。

三 制度创新与路径重构

针对当前威海市农村生活、生产方式的变迁，社会结构的演变和农民需求的变化，我们应在社会管理的思路、重点、体制和机制等各方面不断创新。

（一）把握农村工作的复杂性，在工作理念上不断创新

观念创新是管理的先导。观念创新要求我们要针对农村的复杂性与多变性，进一步转变观念，创新思维。实践中，由于以往社会管理的旧理念仍影响着政府社会管理的方式方法，这就要求我们的工作思路应与时俱进，顺应农村新形势。

1. 观念要新。要认识到农村是社会管理问题的重点，也是解决民生问题的重点。当前农村社会群体结构、组织结构、经济结构、社会结构、人文结构和价值结构都发生了巨大变化，要求我们的社会管理从固有观念中走出来，用新的思维对待农村工作。如农村的群体结构发生了重大变化，群体类别多样，其社会诉求也呈现多样化态势，这就要求我们的管理理念跟上去，顺应发展的要求。

2. 思路要新。农村社会管理理念创新的本质要求是树立民本意识和服务意识，这是农村社会管理的核心理念。政府要把管理创新落实到服务上，让老百姓看到服务就在身边，而不能只有"管"没有"理"。

3. 角度要新。社会管理的根本在于保障民生，而最好的服务就是最好的管理，以服务促管理。要从农村群众需求的角度考虑问题，只有以人为本，才能得到群众拥护，社会管理才能取得实效。在管理中应重视群众参与，发挥群众组织的作用，与群众建立互信关系。

（二）把握农村工作的艰巨性，在工作重点上不断创新

社会结构的变化使农村社会管理工作更加复杂和艰巨，在管理过程中，不可能做到各项事务等量齐观，应把握农村社会管理的重点事项和关键任务，重点突出、有的放矢。

1. 围绕"实干"做文章。落实是管理的基础。威海市农村社会经济的发展水平，很大程度上受到人口、土地状况、经济结构、地域区位多重因素制

约。需要我们找准地方经济发展的突破点，根据地方情况，发展特色经济，解决传统发展不足的瓶颈。在此过程中，应发挥政府的政策引导、行政指导和市场主导的作用，带领百姓走向富裕之路；基层政府还应破除畏难情绪，攻坚破难，为农村发展提供交通、通信、水利等便利。

2. 围绕"增收"见成效。发展是管理的关键。经济基础决定上层建筑，农村经济发展是农村社会管理水平提升的台阶。政策执行好不好，思路创新对不对，民生问题解决程度高不高，最终体现在农业增效、农民增收和农村社会发展上。解决农民增收问题，应通过转变经营模式和转换经营方式、调整农业结构、提高农业机械化水平、发展互助性合作组织等多种途径，提升农业发展质量和效益。

3. 围绕"稳定"下功夫。稳定是管理的重要目标。要维护农村社会稳定，首先，在制定农村政策时要注重实际，注重政策的科学性，使其有助于农村工作的开展；其次，畅通民情诉求，化解各种矛盾。在解决农村矛盾过程中，让老百姓说理有地方，能够有效破解"闹访""缠访"等一系列难题；最后，整合社会管理的各方面力量，运用各种手段，采取多种渠道来化解矛盾。进一步发挥基层党组织和人民调解员的作用，把社会矛盾的处置关口前移。

（三）把握农村工作的时代性，在工作体制上不断创新

体制创新是社会和经济发展的强大动力。在农村管理过程中，工作体制创新主要体现在基层政府在农村社会经济发展过程中应该有所作为。

1. 加强政策引导。政府部门的战略思想及战略眼光直接影响到当地经济、社会发展的水平。农村要实现经济发展和社会秩序维护的良性循环，同地方政府的政策引导密切相关。政府要从旧的行政管理体制中走出来，充分发挥政府的引导、调控和服务职能，对农村工作少行政命令、不独断决策、不虚报浮夸，真正保护好农民的合法权益。

2. 善用行政指导。基层政府在当今的农业生产中可通过说服、建议、协商、帮助、奖励等行政指导的方法指导农村社会发展。经验告诉我们，凡是农村管理搞得好的地方都有一个很突出的特点，就是政府和老百姓能想到一块，政府指导的事情恰好是老百姓感兴趣的。要把目标变成现实，关键在于如何引导调动群众的积极性。如果政府想的是一套，老百姓想的是另一套，资源整合和动员的能力就会不足。地方政府在农村社会管理中应既不强迫命令，也不搞泛泛一般号召，而是根据发展的阶段性，灵活采用不同方法。

3. 放手市场主导。"要发展找市场"，农村社会管理的基础——农业发展需要走向市场，但是老百姓面对市场往往比较盲目。这就需要基层政府在引导农村社会发展和农业生产过程中，按照市场经济规律来指导农村经济发展，让农民进一步减少风险，增大收益，多得实惠。

（四）把握农村管理的急迫性，在管理环节上创新

随着农村社会经济的快速发展和农村社会结构、组织结构、制度结构等的不断演变，原有的管理模式已显捉襟见肘，需从管理主体、管理内容和管理方式等各环节进行完善。

1. 管理主体创新是前提。社会管理的创新，必须弄清楚谁是管理主体，各自的责任、权利应界定明确，并与村民自治有效结合。

一是发挥好农村基层党组织领导核心作用。村级党组织处于新农村建设第一线，发挥村级党组织十分关键。一些经济发展迅速，社会事务管理卓有成效的村，无不与村级党组织具有较强战斗力、凝聚力、号召力密切相关。但党组织的领导核心作用，并不是包办代替各项社会事务，而是在分级管理中分清各自责任，在整个组织网络体系中党组织起到统筹全局、协调各方的领导核心作用；同时又能调动各方参与社会管理的积极性，从而大大提高社会管理的有效性、针对性以及对农村社会的可控性。

二是充分发挥村民的主体作用，完善村民自治。在创新社会管理模式中，仅仅依赖几名村干部难以提高农村社会事务管理水平。目前，一些农村组织的社会管理水平较低，工作难以取得成效，关键在于没有调动村民对社会事务管理的积极性、主动性，村民自治功能没有充分发挥出来。因此，促进农村社会管理的关键是，使社会管理的权力与责任向下延伸，重心下移，充分发挥村民委员会自我教育、自我管理、自我服务的功能；同时充分利用村民小组的作用，通过村规民约明确村级党组织、村委会、村民小组和村民等各自的分工与职责。

三是发挥农民互助性经济组织的作用。随着威海市农村特色农业和农业产业化的发展，农村互助性经济组织的作用也日显突出。农民互助性经济组织，如各种农业合作社不但为农民提供经济服务，其触角逐渐伸向社会各个领域，在协调农民之间关系、维护群体利益方面也发挥重要作用。

2. 管理内容创新是关键。威海市农村正处于由传统社会向现代社会的加速推进过程中，农村社会管理的内容不断增多，如果农村管理内容仍然停留在原来的基础上，将很难满足群众对农村社会公共事务的需要。因此，必须

创新管理内容，拓展管理领域。

一是强化农村社会公共事务的管理。随着新农村建设的有力推进，事关民生的许多公共服务职能延伸到村级组织，如劳动就业、社会保障、农村科技、村落文化等已成为农村社会管理的重要内容。为此，农村公共事务投入应不断增加，并增强对公共事务的处置能力和管理能力。

二是强化农村社会矛盾的调处。作为基层组织，要正确处理各种纠纷和矛盾，把问题解决在基层。通过建立和延伸有效的社会管理网络，从矛盾预警到调处做到快速反应，做到关口前移，把矛盾纠纷控制在初始阶段，使农村社会矛盾得到有效处理。

三是强化对外来新居民的有序管理和服务。从外来新居民入住农户开始进行登记，并实行动态管理，及时掌握他们的入住信息、工作作息及生活信息，发现问题及时处置和帮助解决。把外来务工分散人员通过各种活动组织起来，以文化活动为载体，增强他们的归宿感，及时了解他们的需求，为他们解决实际困难，维护他们的正当权益，在新的形势下营造和谐的农村社会环境。

3. 管理方法创新是突破口。随着农村社会管理对象的变化及管理内容的拓展，仅靠传统的单一的由上而下的行政性管理方式是无法适应的。

一是注重新方法的使用，要由控制型管理向服务型管理转变，综合运用法律、经济、教育等管理手段，坚持堵疏结合，宽严并济，教育为主的方法，否则就会出现"行政方法不能用、经济方法不好用、法律方法不会用、思想教育不顶用"的局面。在此过程中，应特别注重对农村社会自治组织培养，借鉴社区管理的经验，针对农村以血缘纽带为主、居住关系为辅的特征，寻求适合当今农村发展的社会管理方式。

二是重视平等的对话协调，进行协同治理，形成党委领导、政府负责、社会协同、公众参与管理网络，使农村社会管理形成一个完整的系统。随着独立性、自主性不断提高，威海市农村将逐步具有农民参与社会管理的条件。

三是尝试采用先进的管理手段。如随着计算机的普及，可以尝试通过网络对农村社会进行即时动态管理，发现情况及时做出反应，从而提高农村社会事务管理效率。

（作者单位：中共威海市委党校　课题组成员：

李进成　刘变叶　刘家强）

支持威海市蓝色经济区建设的税收政策思考

孔庆俊

2011 年 1 月，国务院批复了《山东半岛蓝色经济区发展规划》，这是"十二五"开局之年第一个获批的国家发展战略，也是我国第一个以海洋经济为主题的区域发展战略。《山东半岛蓝色经济区发展规划》确定的"一核、两极、三带、三组团"的总体开发框架中，威海处在胶东半岛高端海洋产业集聚区这个核心区，是海岸、近海和远海三条开发保护带的实施主体之一，是烟台—威海城镇组团的中心城市。山东半岛蓝色经济区的加快建设，为威海市提供了难得的发展机遇，也给威海市带来了更大的责任和挑战。税收作为支持蓝色经济发展的重要政策杠杆，理应在蓝色经济区建设中发挥更大作用。

一 税收政策对威海市蓝色经济区建设影响分析

(一) 税收优惠政策的作用机制分析

合理的税收优惠政策能够拉动经济发展，经济发展必然会带来税收增长，最终形成税收增长与经济发展的良性循环。税收政策影响蓝色经济发展的具体机制可概括如下。

1. 税收政策对资源配置的影响

对特定地区实施税收优惠政策，实质上是在全国范围内重新进行资源配置。税收优惠政策在特定地区实施，享受税收优惠政策较多的地区，可以降低该地区企业的生产成本，降低税负，提高企业的利润水平，提高资本回报率，提高企业的积累能力和发展后劲，从而导致资本、高素质劳动力和信息技术等相关资源的流入，资本投入规模的扩大，则使该地区生产规模扩大，提供的劳动岗位增加，推动经济发展。相反，没有税收优惠政策的地区，则可能使资本回报率降低，资本投入规模缩小，从而使经济增长乏力，经济发展放缓，地区间的经济发展差异逐步形成。

2. 税收政策对技术进步的影响

一个国家尤其是大国各个地区之间，由于历史条件、技术基础、教育水平以及科技成果转化程度的不同，存在技术水平的差异。各地区享受税收政策优惠程度的不同，也使区域间经济发展差距拉大，对教育、科技研发投入差异较大，导致地区间技术进步进展不一。显然，享受税收政策优惠多的地区，资本相对充足，技术进步快，对先进技术的吸收能力强，经济增长快。此外，对国外资本的引进，也可直接带来管理技术和生产技术的进步。享受税收政策优惠少的地区，吸引力不足，技术水平难以迅速提高，经济增长必然受到影响。

3. 税收政策对公共产品供给的影响

不同税收政策的实施影响税收收入的增长和地方财力的充裕度，一个地区财力充足，地方政府就能够提供充足的公共产品，降低交易成本，影响私人部门的产出，促进当地经济发展，反之则不利于地方发展。因此，要促进威海市蓝色经济的协调发展，必须保证地方政府有充足的提供公共产品和公共设施的财力，培植地方税源、加强税收征管力度显得尤为重要。

（二）支持蓝色经济区建设的现行主要税收优惠政策

威海市蓝色经济区建设享受的税收优惠政策大多数是国家以法律法规形式颁布的，这些优惠政策在其他沿海经济区也都可以享受，威海市没有根据地域实际发展需要制定税收优惠政策的权力。威海市蓝色经济区建设享受的主要税收优惠政策包括：

1. 分行业的税收优惠

（1）现代渔业。①企业从事远洋捕捞免征企业所得税。②个体工商户或个人专营种植业、养殖业、饲养业、捕捞业，其经营项目属于原农业税、农业特产税、牧业税征税范围的，不再征收个人所得税。③企业从事农、林、牧、渔业项目的所得，可以免征、减征企业所得税。

（2）海洋制造业。①对企业从事公共污水处理、公共垃圾处理、沼气综合开发利用、节能减排技术改造等的所得，自项目取得第一笔生产经营收入所属纳税年度起，第一年至第三年免征企业所得税，第四年至第六年减半征收企业所得税。②企业购置并用于环境保护、节能节水、安全生产等专用设备，其投资额的 10%，可以从企业当年的应纳税额中抵免；当年不足以抵免的，可以在以后 5 个纳税年度继续抵免。③企业以《资源综合利用企业所得税优惠目录》规定的资源作为主要原材料，生产国家非限制和禁止并符合国家和行业相关标准的产品取得的收入，减按 90% 计入收入总额。

（3）海洋科技业。①对由政府举办的高等、中等和初等学校（不含下属单位）举办的进修班、培训班取得的收入且收入全部归该学校所有的，予以免征营业税。②国家需要重点扶持的高新技术企业，减按 15% 的税率征收企业所得税。③对于国家承认的学历教育收入，予以免征营业税。④对单位和个人（包括外商投资企业、外商投资设立的研究开发中心、外国企业和外籍个人）从事技术转让、技术开发业务和与之相关的技术咨询、技术服务业务取得的收入，免征营业税。⑤按照国务院规定发给的政府特殊津贴、院士津贴、资深院士津贴，以及国务院规定免纳个人所得税的其他补贴、津贴免纳个人所得税。

（4）海洋旅游业。①纳税人从事旅游业务的，以其取得的全部价款和价外费用扣除替旅游者支付给其他单位或者个人的住宿费、餐费、交通费、旅游景点门票和支付给其他接团旅游企业的旅游费后的余额为营业额。②纪念馆、博物院、文化馆、美术馆、展览馆、书画院、图书馆、文物保护单位管理机构，举办文化活动所售第一道门票收入，以及宗教场所举办文化、宗教活动的销售门票收入，均免征营业税。③对为中小旅游企业筹融资而建立的纳入全国免征营业税中小企业信用担保机构名单的中小企业信用担保、再担保机构，对其从事担保业务收入，3 年内免征营业税。④对旅游企业纳税人缴纳房产税、土地使用税确有困难的，可依法按税收管理体制，上报山东省地方税务局审批，定期减征或免征房产税、土地使用税。

（5）海洋运输业。①自 2010 年 1 月 1 日起，对中华人民共和国境内（以下简称境内）单位或者个人提供的国际运输劳务免征营业税。②从事国家重点扶持的港口码头、机场、铁路、公路、城市公共交通的投资经营的所得，自项目取得第一笔生产经营收入的纳税年度起，第一年至第三年免征企业所得税，第四年至第六年减半征收企业所得税。③对铁路、公路、航运、水路承运快件行李、包裹开具的托运单据，暂免贴印花。④经批准开山填海整治的土地和改造的废弃用地，从使用的月份起，免征土地使用税 10 年。

2. 分区域的税收优惠

（1）经济技术开发区的税收优惠政策。国家级经济技术开发区（以下简称开发区）为改革开放后所设立的国家级现代工业园区。截至目前，全国国家级经济技术开发区共有 88 家，其中包括威海经济技术开发区。国家在开发区实行的税收优惠政策主要有：开发区内举办生产、科技性的三资企业，其从事生产、经营所得和其他所得，减按 15% 的税率征收企业所得税。其中，经营期在十年以上的，经企业申请，市税务机关批准，从开始获利年度起，第一年和第二年免征所得税，第三年至第五年减半征收所得税；凡被确认为产品出口企业，可再延长三年减半征收企业所得税；当年出口产品产值达到70% 以上的，所得税还可减按 10% 的税率征收。中外合资经营企业的外商将从企业分得的利润汇出境外免征汇出税。

（2）高新技术开发区的税收优惠政策。1986 年国家批准实施高新技术研究发展计划（863 计划），1988 年又批准实施高新技术产业开发计划（火炬计划）。截至 2010 年，我国的国家级高新技术开发区的数量达到了 69 个，其中包括威海高技术产业开发区。国家在高新技术开发区实行的税收优惠政策主要有如下两种。

第一，区内被认定是高新技术企业，从被认定之日起，减按 15% 的税率征收所得税。高新技术企业出口产品产值达到当地出口产值 70% 以上的，经税务机关核定，减按 10% 的税率征收所得税。新办的高新技术企业，经企业申请，税务机关核准，从投产年度起两年内免征所得税，其中对中外合资企业，合营期十年以上的，经企业申请，税务机关核准，可以从获利年度起，头两年免征企业所得税。

第二，高新技术企业用于高新技术开发而国内不能生产的仪器和设备，凭审批部门的批准文件，经海关审核后，免征进口税。高新技术企业为生产出口而进口原材料和零配件、配套件，海关按实际加工出口数量，免征进口税。高新技术企业生产的出口产品，除国家限制出口或另有规定的产品外，免征出口关税。

二 支持蓝色经济区建设的税收政策借鉴

（一）国外发达国家促进蓝色经济发展的税收政策

国外对蓝色经济发展问题的研究和个案都较多，巴西、德国、澳大利亚、美国等都纷纷建立海洋发展战略，建立了有关法律制度，展开了"蓝色圈地运动"。各国在发展蓝色经济的过程中所采取的税收政策基本一致，主要有以下特点。

1. 加大对蓝色经济的财税扶持力度。各国政府财税扶持的重点是蓝色经济区公共基础设施建设、基础教育和科研、资源与环境保护、区域产业振兴等领域，通过财税扶持，提高人力资本素质，加强资源的宏观控制，保护经济发展环境，解决产业转换过程中的社会经济问题。

2. 注重发挥地方政府的积极作用。各国中央政府在实施区域财税政策的同时，还赋予地方政府一定的税收管理权。如美国允许各州在保证联邦财政收入的基础上，可以实行相对独立的有差别的税收政策，为发展蓝色经济区创造有利的区域投资环境；日本通过《地方自治法》和《地方税法》，赋予地方政府一定程度的税率决定权、新税开征权。

3. 在税收政策上给予特别优惠。为了保证蓝色经济区特有的利益，一般国家都给予特别优惠的税收政策，创造类似于保税区的外部经济。如德国在有些重点地区实行"无税特区"，美国对各州实行相对独立的有差别的税收政策等。

4. 综合使用各种财税工具。各国政府在进行财税干预时不是单独依靠某一种或两种财税政策工具，而是根据不同情况，对财政转移支付、公共投资、税收优惠、财政补贴、财政奖励等财税工具进行组合使用，发挥各种政策工具的综合优势。

5. 突出税收政策对生态建设的保障作用。德国对排除或减少环境危害的产品，可以免交销售税，而只需缴纳所得税。此外，企业还可享受折旧优惠，环保设施可在购置或建造的财政年度内，折旧60%，以后每年按成本的10%折旧。美国亚利桑那州1999年颁布的有关法规中，对分期付款购买回用再生资源及污染控制型设备的企业可减税（销售税）10%。美国康奈狄克州对前来落户的再生资源加工利用企业除可获得低息风险资本小额商业贷款以外，州级企业所得税、设备销售税及财产税也可相应减免。在美国，每购买一辆使用新能源的汽车可减免联邦税2000美元。日本政府对废塑料制品类再生处理设备在使用年度内，除了普通退税外，还按价格的14%进行特别退税。对废纸脱墨处理装置、处理玻璃碎片用的夹杂物除去装置、铝再生制造设备、空瓶洗净处理装置等，除实行特别退税外，还可退还3年的固定资产税。荷兰利用税法条款来推动清洁生产技术的开发和应用，对采用革新性的清洁生产或污染控制技术的企业，其投资可按1年折旧（其他投资的折旧期通常为10年）。

（二）国内先进地区促进蓝色经济发展的税收政策

改革开放以来，国家相继批准了上海浦东新区、天津滨海新区、广西北部湾地区、海峡西岸经济区、江苏沿海地区、黄河三角洲生态经济区、辽宁沿海经济带、江苏沿海地区、山东半岛蓝色经济区、浙江海洋经济发展示范区等多个促进沿海区域经济发展的规划，实现以沿海经济的繁荣带动整个国民经济发展的大战略。国家为推动这些地区的发展，相应出台了一系列税收优惠政策，各沿海经济区也结合自身实际，制定了一些税收优惠。

1. 天津滨海新区。（1）对在天津滨海新区新设立的总部或地区总部、新设立独立核算的金融企业，新购建的自用办公房产，免征契税，并免征房产税三年。（2）天津滨海新区内企业的固定资产（房屋、建筑物除外），可在现行规定折旧年限的基础上，按不高于40%的比例缩短折旧年限。（3）滨海新区企业受让或投资的无形资产，可在现行规定摊销年限的基础上，按不高于40%的比例缩短摊销年限。（4）设立滨海新区综合保税区，重点发展国际中转、国际配送、国际采购、国际转口贸易和出口加工等业务。主要税收政策为：比照执行上海洋山保税区的税收政策，主要对国外货物入港区保税；货物出港区进入国内销售按货物进口的有关规定办理报关手续，并按货物实际状态征税；国内货物入港区视同出口，实行退税；港区内企业之间的货物交易不征增值税和消费税。

2. 黄河三角洲。东营市对固定资产投资200万~500万元、500万元以上的水产品加工、销售项目，自投产之日起，3年内分别给予实际上缴增值税地方留成部分40%和30%返还；被认定为省级以上高新技术企业的，3年内按实际缴纳增值税地方留成部分全额返还。

3. 广西北部湾经济区。（1）自2008年1月1日起至2010年12月31日，经济区内享受国家西部大开发15%税率以及"两免三减半"中减半征收期税收优惠政策的企业，除国家限制和禁止的企业外，免征属于地方部分的企业所得税。（2）自2008年1月1日起至2012年12月31日，经济区内经批准实行减按15%税率征收企业所得税的高新技术企业，享受国家减半征收税收优惠政策的软件及集成电路生产企业其减半征收部分，均免征属于地方分享部分的企业所得税。（3）自2008年1月1日起至2012年12月31日，经济区内石油化工、林浆纸、冶金、轻工食品、高新技术、海洋等工业企业以及物流业、金融业、信息服务业、会展业、旅游业、文化业、广播电视、新闻出版、体育、卫生等服务企业，免征自用土地的城镇土地使用税和自用房产的房产税或城市房地产税。

三 促进威海市蓝色经济区建设的税收政策建议

（一）用足用活各项税收优惠政策

充分发挥税收政策的引导和调节作用，积极培植税源，壮大经济总量，优化经济结构，促进蓝色经济协调可持续发展。一是及时、不折不扣地落实国家出台的支持蓝色经济、区域经济发展的各项税收优惠政策，切实减轻纳税人的不合理负担，增强发展后劲，壮大蓝色经济的创税实力。二是加大税收政策宣传力度，完善税收公告制度，积极开展网送税法活动，规范"12366"纳税服务热线，加强税收政策和管理方式变化的宣传告知，采取多种措施，使纳税人及时了解政策变化，熟悉办税程序，掌握管理要求，享受税收优惠。三是抓好政策调研，充分把握税收对蓝色经济运行的监督管理作用，深入经济社会各个领域、各个层面调查研究，及时了解和掌握蓝色经济发展中出现的新情况、新问题，通过对税收与经济增长各项数据的分析，积极寻找税收与区域经济发展的最佳结合点，提供发展经济的合理化建议，为地方经济决策提供参考依据。

（二）深入推进企业二、三产业分离

针对威海市蓝色经济中三产所占比重偏低的问题，建议按照"因企制宜，规范完善，突出重点，稳步推进"的原则，从行业发展的内在经济规律和要求出发，从各企业的实际情况出发，通过加强税法宣传、纳税辅导等形式，引导企业自愿开展资产重组、股份制和业务剥离，把企业中属于第三产业范畴的环节剥离出来，如将工业企业或集团公司内部的房地产、运输、仓储、包装、配送、项目策划、工业设计、技术服务、技术咨询、工程咨询、广告、资信、住宿餐饮、场地使用、卫生保洁、内勤保障、园林绿化、物业管理、洗衣、洗浴、卫生医疗等服务性行业实施分离，单独成立专业化运营公司，既可为母体企业服务，又可在社会上承接业务，有利于企业做大做强主导业务，增强企业的专业化水平，提高市场竞争力。同时，要认真落实省政府《关于加快发展生产性服务业的意见》，对工业企业二、三产业分离后税负高于原税额的，由各地财政视情况对该企业予以适当扶持补助政策，切实减轻分离企业负担。

（三）切实加强地方税收征管

认真落实《山东省地方税收保障条例》，加强部门间的沟通协调，形成强大的信息管税工作合力，尽快改变税收征管信息不对称的局面，充分发挥税收政策在蓝色经济发展中的调节作用。一是建立税源监控预警机制。建立地方税收与相关经济指标的分析模型、营业税与相关行业经济指标分析模型、企业所得税与企业利润分析模型、个人所得税与居民收入分析模型等，对地区、行业和企业纳税情况进行分析和评估，加强税收征管和税源监控。二是建立及时准确的信息发布机制。明确信息发布及反馈期限和质量要求，保证信息的及时性、全面性和真实性。三是建立快速高效的问题处理反馈机制。对税收征管中发现的问题，有关职能部门应迅速做出反应，研究可行措施，并组织实施。四是建立严密有效的监督制约机制。进一步明确各部门的工作内容和职责，理顺各环节间工作关系，形成分工合理、相互联系、相互制约、密切协作的工作秩序。

（四）积极争取新的税收优惠政策

1. 争取支持港口物流业发展的税收政策。（1）对于新设立的大型分拨、配送、采购、包装类物流企业及期货交割库，自开业年度起，由同级财政部门前两年全额返还营业税，后三年减半返还营业税；自获利年度起，由同级财政部门前两年全额返还企业所得税地方分享部分，后三年减半返还企业所得税地方分享部分。（2）对于新设立的大型仓储类物流企业，自开业年度起，由同级财政部门第一年全额返还营业税，后两年减半返还营业税；自获利年度起，由同级财政部门第一年全额返还企业所得税地方分享部分，后两年减半返还企业所得税地方分享部分。（3）对于新设立的大型专业物流服务类企业，从事货物运输的大型专业运输企业，自开业年度起，由同级财政部门三年内减半返还营业税；自获利年度起，由同级财政部门三年内减半返还企业所得税地方分享部分。（4）对于新设立的大型专业运输企业专门用于营运业务的运输设备，可采用加速折旧的方法提取折旧，并准予在所得税前扣除。

2. 争取支持滨海旅游业发展的税收政策。（1）为鼓励企业对旅游产业的再投资，促进旅游企业经营规模的扩大，允许企业在税前提取一定的比例金用于旅游资源的再开发，同时鼓励个人投资，如对个人购买蓝色经济区内旅游企业的债券、股票的利息、股息红利所得可以免征个人所得税等。（2）对从事滨海旅游资源开发的企业可以实行投资抵免的政策，允许企业在盈利后将投资的20%抵免企业所得税,其他的抵免事项可以比照现行企业所得税相关规定。(3)对新开旅游发展区航线、新购建或改造突出观光游览功能船艇的,允许固定资产实行加速折旧;对开发新生态旅游产品企业,包括海钓、邮轮、游艇、游船、会展等,可以减征或免征城镇土地使用税的照顾。

3. 争取支持现代海洋服务业发展的税收政策。(1)在山东半岛蓝色经济区内,对符合条件的技术先进型服务企业,减按15%的税率征收企业所得税;技术先进型服务企业职工教育经费按不超过企业工资总额8%的比例据实扣除;对技术先进型服务企业离岸服务外包业务收入免征营业税。(2)凡设立在山东半岛蓝色经济区内,以海洋科研为目的或者生产海洋生物产品的企业,减按15%的税率征收企业所得税。(3)对山东半岛蓝色经济区内的高级人才,经省级科技部门认定后,对其专利技术、专有技术等所得减免个人所得税。

4. 争取支持海洋制造业发展的税收政策。(1)扩大税收优惠的范围,除继续对"三废"综合利用和向环保产业投资给予税收优惠外,将优惠范围扩大到环保机器设备制造、环保工程设计、施工、安装、生态工程等领域,并对环保产业新产品、新技术的试制和研制以及消化吸收外来环保技术等给予减税或免税优惠。(2)加大对节能设备和产品研发费用的税前抵扣比例。(3)对单位为生产节能产品服务的技术转让、技术培训、技术咨询、技术服务、技术承包所取得的技术性服务收入,可予以一定的企业所得税优惠。(4)对于企业用于环境保护的投资实行税收抵扣。(5)对企业为减少污染而购入的环保节能设备实行加速折旧或实行投资抵免企业当年新增所得税优惠政策;对企业购买的防治污染的专利技术等无形资产允许一次摊销。

(作者单位:威海市地税局 课题组成员:孙忠显
丛 宏 连伟光 段美杰 于 鹏)

以创业促就业　全力打造就业增长新局面

孙　波

一直以来，威海市委市政府高度重视创业工作，并把创业带动就业工作摆在了"保稳定、保民生、保发展"的重要位置来抓。近年来，威海市又把"创新创业"作为"威海精神"的重要内涵来弘扬，为全民创业奠定了坚实基础。特别是 2 月份，威海市被国家人力资源和社会保障部确定为首批创建国家级创业型城市后，威海依托"三大基地""五大产业群"建设，不断完善扶持政策，优化创业环境，积极推动城乡劳动者自主创业，取得了明显成效。目前，全市劳动者创业积极性明显提高，创业成功率达到 80% 以上。去年 11 月份，威海市在推动全民创业方面的做法被省政府领导充分肯定并加以推广。

一　加大政策扶持力度，充分发挥政策在扶持创业上的基础性作用

本着"能放则放、能宽则宽、切实可行、操作性强"的原则，突破性地出台了一系列优惠政策措施，鼓励全民关心创业、支持创业、参与创业，全力推进国家级创业型城市建设。

在工商管理方面，放宽准入领域。一是按照"非禁即入"的原则，向各类创业人员开放。凡法律法规未禁止的行业和领域，只要符合规定的条件和标准，均鼓励各类创业人员进入。同时，鼓励和支持各类创业人员通过参股、联合、并购、独资方式，参与各个领域的投资建设。二是放宽了登记条件。允许具备生产经营条件的创业者，凭居民身份证及前置审批许可等材料直接申办私营企业和个体工商户营业执照。从事个体经营的，出资 1 元即可申报

登记。允许企业跨行业经营，尊重企业对经营范围的表述。对具备生产经营条件才能取得许可证或资质证的，可在提交立项批准文件后，核准登记经营范围。改制企业经营范围中有属于法律法规限制项目的，只要审批文件在有效期内，均可不再办理审批手续，创业企业设立连锁经营门店的，可持总部的连锁经营文件和登记材料，直接到经营场所所在地工商行政管理部门申请办理登记手续。三是放宽了集团组建条件。城乡各类企业申请企业集团登记，其母公司注册资本放宽为1000万元，子公司放宽为3个，母子公司注册资本总额放宽为2000万元。同时，鼓励外商参与威海市企业的兼并重组，其申请得到批准后，可依法变更为外商投资企业。四是放宽了企业名称登记条件和注册资本（金）限制。符合法律规定的投资主体，注册资本（金）达到3万元以上的，均可投资设立有限责任公司。单位和个人投资10万元以上的，可设立一人有限公司。允许公司注册资本（金）两年内分期缴付，其中投资公司注册资本五年内分期缴付。分期出资设立的公司，全体股东首期出资合计达到20%即可。出资人可以货币出资，也可以实物、工业产权、非专利技术、出让土地使用权、高新技术成果等非货币形式出资，非货币形式出资比例最高可占到注册资本的70%。创业者申办个人独资企业、合伙企业和农民专业合作社登记的，一律不受出资金额限制。五是放宽了企业经营场所登记条件。只要创业者承诺遵守法律法规并经有利害关系业主同意，或提交住所和经营场地所在居民委员会、业主委员会的证明文件，允许非生产类、无污染、不扰民的企业将商住房和住宅作为企业场所。创业者在各类经济技术开发区、高新技术开发区、出口加工区、科技园区内申办企业及个体工商户，如确实无法提交房屋或土地使用证明文件，可依据其相关证明文件，登记企业及个体工商户住所或经营场所。六是推行试营业制度。凡创业人员申请个体工商户登记，除从事需前置审批的经营项目外，可申请试营业，核发有效期为6个月的营业执照。试营期满，经营状况良好的，引导其办理个体工商户或公司登记，要求继续试营业的，经申请可再续延1次，有效期不超过6个月。

在税收政策方面，采取减免缓政策。（1）对创业人员创建的商贸、服务型企业（国家限制行业除外）、劳动密集型加工企业和具有加工性质的小型企业实体，在新增加的岗位中，当年新招用持《再就业优惠证》人员，并与其签订1年以上期限劳动合同且依法缴纳社会保险费的，在规定期限内审批的，按规定予以定额依次扣减营业税、城市维护建设税、教育费附加和企业所得税，定额标准为每人每年4000元；从事个体经营的（国家限制行业除外），按规定在限额内依次减免营业税、城市维护建设税、教育费附加和个人所得税。减免时间最长不超过 3 年。（2）创业人员自办营利性医疗机构取得医疗服务收入，直接用于改善医疗卫生条件的，自取得执业登记证之日起，免征营业税 3 年；非营利性医疗机构按国家规定的价格取得的医疗服务收入免征各项税收。（3）创业人员下乡创办、领办农村合作经济组织或从事特色种养业的，享受各项支农惠农政策。其中，对农业生产者销售的自产农产品免征增值税；对农民专业合作社成员生产的农业产品，视同农业生产者销售自产农产品免征增值税；增值税一般纳税人从农民专业合作社购进的免税农业产品，可按 13% 的扣除率计算抵扣增值税进项税额；对农民专业合作社向本社成员销售的农膜、种子、种苗、化肥、农药、农机，免征增值税。对企业从事农、林、牧、渔项目的所得，可按国家税收规定免征、减征企业所得税。（4）残疾人自主创业，可按规定享受现行增值税、营业税、企业所得税、个人所得税等税收优惠政策。对各类企业招用残疾人达到规定人数和比例的，由主管税务机关按实际安置残疾人的人数，限额即征即退增值税。（5）单位和个人从事技术转让、技术开发和与之相关的技术咨询、技术服务业务取得的收入，按规定免征营业税、城市维护建设税和教育费附加；创业人员兴办的居民企业技术转让所得不超过 500 万元部分，免征企业所得税；超过 500 万元部分，减半征收企业所得税。（6）对符合条件的小型微利企业，可依税法规定减按 20% 的税率征收企业所得税。对创业企业经认定、审核符合国家重点扶持的高新技术企业条件的，可减按 15% 的税率征收企业所得税。（7）自 2009 年 1 月 1 日起，增值税一般纳税人购买机器设备、非应征消费税的机动车等固定资产时，所缴纳的增值税税款可全额抵扣（不包括厂房、建筑物等不动产及用于非增值税应税项目、免税项目集体福利或个人消费的购进货物）。对小规模纳税人，增值税征收率由工业 6%、商业 4% 统一降低为 3%。（8）个人增值税应税销售额未达到规定起征点的，免征增值税。增值税起征点标准：销售货物的为 5000 元/月；销售应税劳务的为 3000 元/月；按次纳税的为 200 元/次或日。从事个体经营应税营业额未达到 5000 元/月的，免征营业税。

在资金政策方面，采取补贷缓政策。一是对就业困难群体和家庭困难高校毕业生自主创业，需租赁场地经营的，可按年租金的 20% 给予一次性经营场地租赁补贴，最高不超过 1 万元。二是对创业人员投资加工业、旅游业、农业产业化项目，固定资产投资达到 500 万元（含）以上、1000 万元以内的，由受益财政部门确认完成实际投资后，对投资者奖励 5 万元；投资达到 1000 万元（含）以上的，奖励 10 万元。三是对创业人员创办符合国家产业政策及"节能、减排、环保"政策的民营企业，其超基数新增的地方税收和共享税收属市、区（市）级财政留成并形成财力的，市、区（市）级财政每年视可用财力情况安排资金，用于支持企业发展。四是对从事服务业、加工业、商业及种植业、养殖业的贫困残疾人，经申请可享受 500～5000 元的一次性扶持。扶持资金从残疾人就业保障金中列支。五是放宽小额担保贷款担保条件并提高贷款额度。允许申请人选择财产抵押担保或提供反担保人，将反担保人范围放宽至有稳定收入的工作人员，对参加创业培训、取得合格资格并且劳动就业部门全程参与创业过程的创业人员，经金融机构考察评估认可，可以免除反担保条件。积极建立完善信用社区担保体系。对个人贷款额最高不超过 5 万元，但招用失业人员达到企业现有在职职工总数 30% 以上，并与其签订 1 年以上期限劳动合同的劳动密集型小企业，可申请贷款支持，贷款额度一般掌握在 100 万元以内，最高不超过 200 万元，贷款期限不超过 3 年，同时由担保机构提供担保服务。并根据各类创业人员贷款需要，随时增加担保基金额度，最大限度地保证申请者"应贷尽贷"。放贷比率提高到 1∶5，符合贴息项目的，由财政全额贴息。六是大力支持创业项目，对当年新建、扩建、改建项目，优先安排贷款资金。建立政府、银行、企业协调联席会议制度，推进政府、银行与企业的沟通联系，搭建政、银、企交流合作平台，有效解决重点企业和重点项目的资金需求。支持符合条件的创业企业进入资本市场，通过股票上市、企业债券、项目融资、产权置换等方式筹措资金。八是加大金融机构的信贷支持力度。降低贷款门槛，简化贷款程序，提高审批效率。建立机制灵活、资本金充裕、运行规范安全的小额贷款公司，拓宽民间融资渠道，规范发展民间借贷，形成全民创业的多元化融资格局。同时，建立了完善全市中小企业信用担保体系，整合扩大政策性担保公司的担保资本金规模，扩大担保业务和担保规模，为创业主体提供融资担保服务。

二　扩大免费创业培训规模创新创业培训模式

一方面，对自主创业和到创业企业就业的高校毕业生，按规定办理人事代理手续，参加社会保险；对高校毕业生自主创业的，自领取营业执照之日起免收人事代理费，5 年内免费参加创业指导、进入人才库。在公务员招录方面予以政策倾斜，其创业经历可视为基层工作经历。另一方面，对自主创业的专业技术人才可以申报评审各类专家。对因创业业绩突出、符合选拔条件评选出的各类专家，按规定发放津贴。在职称晋升中符合相应专业破格晋升条件的，不受学历、资历限制。同时，对辞职创业的机关事业单位人员，人事档案转入政府人事部门所属的人才服务机构免费代理，协助办理各种缴费以及专业技术职称的申报和评审事宜。

在劳动保障方面，采取补贴措施。一是对创业人员创办企业吸纳登记失业人员并与其签订1年以上期限劳动合同、为其缴纳各项社会保险费的，可按实际创造就业岗位的吸纳人数，给予每人500元的一次性岗位开发补贴。对创业成功人员首次领取营业执照并正常经营1年以上的，给予1000元的一次性创业补贴。岗位开发补贴和一次性创业补贴从就业资金中列支。创业者自首次注册登记之日起3年内，公共职业介绍机构免收档案托管费。二是对各类创办的企业招用就业困难人员（女35周岁以上、男45周岁以上）并与其签订1年以上期限劳动合同的，在劳动合同存续期内给予社保补贴和岗位补贴。社保补贴标准按企业应为所招人员缴纳的养老、医疗、失业、工伤、生育保险费之和计算。社保补贴和岗位补贴之和按当地上年社会平均工资的50%计算，补贴期限一般不超过3年。三是对创业人员成功创办企业，自注册登记之日起正常经营1年以上的，经确认可在企业有效存续期内，给予创业者每年2500元的社保补贴。补贴时间最长不超过3年。并扩大创业培训范围，将登记失业人员、高校毕业生、军队复员转业人员、随军家属、返乡农民工全部纳入免费创业培训范围，凡有创业意向的上述人员都可为其提供一次免费创业培训。

在土地资源方面，采取相对宽松政策。一是把民营经济发展用地纳入城乡建设用地总体规划，优先安排全民创业用地计划指标。二是对创业人员在办理国有土地使用权手续时，除以出让方式取得土地使用权外，可采取租赁方式用地；创业项目建设需占用农用地的，国土资源部门优先安排用地指标，优先办理用地手续；农村集体经济组织成员使用本经济组织集体土地创业，可办理集体建设用地征用（占地）手续。三是鼓励各类创业主体以集体土地入股方式进行创业；鼓励高新技术企业二次创业向园区集中，优先供地。

三 做好创业后续服务工作为全民创业牵线搭桥

在城建、民政和卫生等方面，出台了一些优惠政策，以全方位激励全员参与创业。

为确保各项制度措施落到实处，威海市在政策中确立了创业主体，分侧重点鼓励各类人员创业。在鼓励高校毕业生积极创业中，以充分发挥高校毕业生的才能和智慧为重点，引导和鼓励他们从事个体经营，创办经济实体，在创业中实现自身价值。在鼓励失业人员自主创业时，以引导失业人员利用已经掌握的专业技术和创业技能为重点，引导其自谋职业、自主创业。在鼓励农民致富创业中，以树立"培育创业型新农民，建设创业型新农村"理念为重点，鼓励农民开展规模种植、养殖和农副产品流通及深加工等形式的创业活动，引导和帮助被征地农民转变观念，破除"等、靠、要"思想，自谋职业、自主创业。在鼓励回国劳务人员和返乡农民工创业时，以引导他们利用资金、技术和经营理念等方面为重点，引导其发挥专长，投资创业，带头致富。同时，在鼓励外来务工人员在威创业、鼓励转业退役军人再创新业、鼓励公职人员创业、鼓励科技人员兼职创业、鼓励优秀人才来威创业、鼓励民营企业二次创业、鼓励残疾人等自立创业中，也都确立了不同的侧重点，以此带动全民投身到创建创业型的城市建设之中。

（作者单位：威海市劳动和社会保障局）

关于公司解散、清算相关问题的调研报告

王继青

前　言

　　公司作为市场经济的主体，是市场经济运行中的基本细胞，其本质属性决定了公司同时承担着社会责任和民事责任的双重责任，要求其在参与市场竞争时不仅要遵循准入规则，退出市场也要有完备的规制。公司解散、清算是公司退出市场、了结现有法律关系、消灭公司人格的必经途径。随着 2005年《公司法》的修订及 2008 年《最高人民法院关于适用〈中华人民共和国公司法〉若干问题的规定（二）》（以下简称《公司法解释（二）》）的出台，公司法律制度不断健全，市场主体退出机制进一步规范，基本建立了保障公司依法、有序退出市场的解散、清算制度，对债权人、股东权利的保护以及对市场经济秩序的维护作用意义重大。然而上述法律及司法解释实施以来，预期中公司解散、清算案件大量涌现的现象并未发生，尤其是就公司强制清算案件而言，一方面是实践中已吊销营业执照或停业多年、具备了解散事由的"休眠公司（企业）"大量存在，另一方面却是寻求司法解决的动力不足，其中的缘由值得研究。

　　反观公司解散、清算案件的审理现状，由于公司解散、清算案件是较为新颖的案件，实践中法院的审判经验及相关调研均明显不足，使得对两类案件的法律适用规则、审判程序规则尚存困惑；清算案件作为新类型非讼案件，法律和司法解释对于其具体的实施方式、步骤和程序未做出规定，亟待进一步从体系上进行规范完善；对于公司退出机制中的衔接问题，一是如何引导具备解散事由的公司尽快按照法律规定进入清算程序，即公司解散与清算程

序的衔接，二是在清算程序中发现公司具有资不抵债情形而需转入破产程序时的操作问题，即清算程序与破产程序的衔接，亦是实践中亟待明晰的问题；而鉴于目前普遍存在的清算义务人怠于清算、恶意不清算或不规范清算以逃废债务的现象，大量公司并不通过法律设计的途径合法退出市场，因此，建立和完善相关责任体系，进一步明晰清算义务人的责任，从制度上强制当事人积极清算、规范清算，亦是弘扬法律价值与目的的应有之义。

基于公司解散、清算制度体系及司法实务中所存在问题的严重性与迫切性，省法院将《关于公司解散、清算相关问题的调研》确定为 2009 年全省法院重点调研课题。威海中院被确定为课题承担单位后，为顺利完善调研任务，制定了详细的调研计划，并扎实有效地开展了调研：首先对全市法院审理公司解散、清算案件的情况进行了调查，然后到相关行政管理部门，如工商局、对外经济贸易合作局进行了调研，并向公司（企业）发放调查问卷 90 余份。为全面了解相关审判情况，课题组还选择有代表性的法院，省内的如济南、青岛中院，省外的包括江苏高院和上海、杭州、南京、温州等中院进行了调研，共召开座谈会八次，查阅典型案例 20 余件。在较为全面掌握公司解散、清算案件的审理情况和特点的基础上，课题组试图从审判实践出发，认真分析相关案件审判的现状及存在的问题，探索该类案件的审判思路，解决法律适用中的疑难问题，明晰相关操作规则，总结审判经验和教训，以期对公司解散、清算案件的审理提出建设性的意见和建议，提高法院公司解散、清算案件审判对当前金融危机下社会主义市场经济稳定的保障作用，真正实现理论、制度与实践的统一。

第一部分　公司解散案件审理中的问题及解决思路探析

一　公司解散案件的基本情况及特点

（一）基本情况

《公司法》修订前，由于法律没有对公司司法解散做出规定，根据最高法院的精神，法院对于公司解散案件不予受理。股东在发生纠纷、难以继续合作时，无法就解散公司直接诉诸法院，只能转而通过解除合作合同、股权转让以及侵权诉讼等其他方式解决，纠纷的解决机制不够畅通。《公司法》修订后，专门规定了"公司解散和清算"一章，其中第 183 条明确赋予了股东请求司法解散公司的权利，法院受理公司解散案件有了法律依据，自 2006 年起，各地法院开始受理公司解散案件。2008年，《公司法解释（二）》颁布施行，审理公司解散案件有了更为明确的法律依据，该类案件成为法院受理的公司诉讼纠纷的主要类型。

（二）案件特点及分析

目前，在公司解散案件审理中存在以下特点：

1. 案件数量不多。2006年以来，威海全市法院共受理一审公司解散案件4件，其中中院受理2件，环翠区、乳山法院各受理1件，有的基层法院甚至从未受理过此类案件。从山东省内、省外法院情况看，无论是在经济较为发达、公司诉讼案件数量较多的南方沿海地区，还是在北方欠发达的地区，大多数法院受理的公司解散案件均仅为几件，个别法院受理数量在十几件（包括一、二审），案件数量普遍不多，地区差异不大。其原因在于：首先，公司司法解散制度属于《公司法》一项较新的制度，尚不为公众所熟知，在发生僵局后，大多数公司还是习惯性选择通过其他途径解决；其次，在我国，小型公司中有较大部分是家族式企业，如在浙江沿海民营企业发展较早的地区，夫妻式、家庭式有限责任公司占较大比例，这类企业在出现僵局时自行处理、内部解决的较多；第三，在公司制企业起步较晚的地区，公司设立时间大都不长，发生僵局的可能性不大。

2. 申请解散的公司规模一般不大。被申请解散的公司一般为股东人数较少的中小型有限责任公司。从威海市法院审理的公司解散案件看，注册资本在1000万元以上的仅为1家，其余均为注册资本在50万~60万元的小公司。从公司股东人数看，一般为2名~4名股东，股东人数较少。由于中小型公司的内部治理结构往往不够规范，公司自行化解矛盾的能力较弱，容易形成个别股东控制公司，侵犯其他股东利益的情况。并且由于股东人数较少，持股比例多呈现均等状态，较易形成公司僵局。

3. 股东间矛盾纠纷复杂。从股东之间矛盾根源分析，均存在股东违约、侵权或个人因素导致的人合性丧失等原因。包括股东或董事违反法定义务、公司或董事违反公司章程规定以及与公司运营无关的股东个人因素导致的矛盾。大多数案件中，股东间往往已存在其他纠纷，有的股东在提起公司解散诉讼的同时，还提起了其他侵权诉讼。

4. 判决解散的较少。已结案件中，判决公司解散的案件所占比例较小。三年来，威海市法院共审结公司解散案件3件，驳回原告诉讼请求的2件，调解1件，没有判决解散的案件。从济南、上海、南京等中院审理的公司解散案件情况看，审结案件中判决解散的一般只有一、二件，占审理案件的20%左右。

5. 社会影响大。当事人提起公司解散之诉意味着股东之间的矛盾已到了不可调和的地步，因此，案件中当事人的争议往往很大，调解难度大。另外，由于公司解散案件可能会导致公司走向消灭，并涉及职工稳定等问题，往往会引起党委政府的关注，社会影响较大。

二　公司解散案件受理中的问题：严格审查原则的把握

公司解散案件，是涉及公司存亡的重大诉讼，是在用尽其他救济方式后的终极处理措施，解散公司的司法程序不可轻易启动，因此，《公司法》及《公司法解释（二）》为公司解散案件设置了较为严格的受理条件，在公司解散之诉的提起主体、解散事由、其他途径解决等方面加以限制。

（一）起诉主体的审查

根据《公司法》及《公司法解释（二）》的规定，提起公司解散之诉的主体为"单独或合计持有公司全部股东表决权百分之十以上的股东"。需要注意的是，上述规定为持有股东表决权 10%，而非持有股权 10%，在公司章程规定或股东约定股权与表决权不一致的情况下，应当审查表决权的比例。由于大多数的公司章程规定股东按出资比例行使表决权，即股权与表决权比例是一致的，因此，实践中有将表决权和股权混淆、忽略对表决权审查的情况。对于原告股东表决权持有的时间应在起诉时为 10% 以上，至于立案后原告股东的持股比例发生了变化，如丧失股东资格或实际享有的表决权达不到 10% 的，法院应当驳回起诉。

（二）解散能力的审查

根据《公司法》的规定，申请解散的对象是公司，对于外商投资设立的公司，如相关部门法没有特别规定的，亦适用《公司法》的规定，因此，对于公司解散之诉需审查被申请解散的主体是否为依照《公司法》设立的公司。

实践中，对于中外合资、合作经营企业的解散之诉，相关行政法规规定了前置程序，应当引起注意。根据《中外合资经营企业法实施条例》第 90 条第 1 款第（三）项、《中外合作经营企业法实施细则》第 48 条第 1 款第（三）项均规定了合资（合作）一方不履行合资（合作）企业协议、章程规定，致使企业无法继续经营的，可以申请解散。根据商务部办公厅《关于依法做好外商投资企业解散和清算工作的指导意见》（商法字〔2008〕31 号）的规定，按照上述规定单方提起解散申请的，应当首先向审批机关报送提前解散申请书，并提供法院或仲裁机构的生效裁决。对此，最高人民法院也做出规定："中外合资经营企业一方当事人向人民法院提起诉讼，要求解散合营企业并追究对方违约责任的，人民法院仅应对合营合同效力、是否终止、违约责任等做出判决"（法释〔1998〕1号）。依据上述规定，在合营企业一方以相对方违约造成公司无法继续经营为由要求解散公司时，应当先行请求法院或仲裁机构确认违约的事实，再向审批机关提出解散申请或向法院提起解散之诉，因此，在审查立案时应当对此类情形加以重视。当然，如外资企业以《公司法》第183条及《公司法解释（二）》第1条规定的情形即公司僵局为由起诉要求解散公司的，则无须经过上述前置程序。

（三）解散事由的审查

根据《公司法解释（二）》的规定，对于股东提起公司解散之诉，应对其解散事由进行审查，只有符合该司法解释第1条规定的四种情形的，才能立案受理，并且司法解释明确规定了对于股东以知情权、利润分配请求权等权益受到损害，或者公司亏损、财产不足以偿还全部债务，以及公司被吊销执照未清算等为由提起解散公司诉讼的，法院不予受理。从调研情况看，大部分法院对此未引起重视，认为只要诉至法院就应当受理，在实体审理中发现不符合受理条件的可以驳回起诉。对此，我们认为，应当加强对解散公司案件的立案审查，因为一旦启动公司解散案件，如不能马上结案，对公司的运营影响较大，因此，应将不符合受理条件的在立案阶段就拒之门外。在这一点上，有的法院采取公司解散案件由审判业务庭审查立案的做法较好。当然，起诉阶段对解散事由的审查只是形式上的审查，原告股东如以符合法律及司法解释规定的事由提起诉讼，虽然该事由可能实际上并不存在，法院也无理由不予立案。

（四）"通过其他途径解决"的审查

《公司法》第183条规定，股东应在"通过其他途径不能解决的"条件下方可提起公司解散之诉。该条款的规定是要求股东在发生僵局时应当首先考虑通过公司自治的方式解决，不要轻易通过司法程序解散公司。从这一规定的表述看，"通过其他途径不能解决"应为起诉解散公司的前提条件，因此，在法院受理案件时应审查股东是否已采取其他措施解决纠纷，如不具备这一先决条件，应对起诉不予受理。这一阶段的审查仍为形式上的审查，仅审查原告是否在诉状的事实和理由部分对此进行了表述并提供了初步证据证明对抗事实的存在。

三 审理公司解散案件的实体问题解决：裁量尺度的把握

公司解散诉讼既是一个事实判断，又是一个利益判断，公司解散判决的做出，应该是在利益衡量基础上做出的综合判断。公司已达到僵局状态，是公司法及司法解释规定的法院判决公司解散的标尺。然而，何种状态为僵局，《公司法解释（二）》虽有具体规定，但从调研情况看，实践中法院裁判的个人化、感性化特点较为突出，面对相同的案情，不同的法院会做出解散与不解散两种判决。因此，在认定公司是否达到僵局状态，细化裁量的标准势在必行。

（一）公司僵局类型的界定及成因分析

判断公司是否已形成僵局，首先应界定公司僵局的类型。《公司法解释（二）》第 1 条规定的公司僵局包括：公司持续两年以上无法召开股东会或者股东大会，公司经营管理发生严重困难的；股东表决时无法达到法定或者公司章程规定的比例，持续两年以上不能做出有效的股东会或者股东大会决议，公司经营管理发生严重困难的；公司董事长期冲突，且无法通过股东会或者股东大会解决，公司经营管理发生严重困难的；经营管理发生其他严重困难，公司继续存续会使股东利益受到重大损失的。上述四种情形均以"公司经营管理困难"作为条件，着重从公司经营管理机构角度，以机构陷入瘫痪为特征，包括：股东会议无法召开，股东会议即使召开也无法达成有效决议，董事冲突无法通过股东会解决，究其实质，就是公司表决僵局。

从各国立法例来看，对于公司僵局，一般包括股东会和董事会僵局，对于何为僵局，大多数国家法律的具体表述为：董事们在公司事务管理中陷入僵局，而股东不能打破该僵局，只是公司可能遭受或正在遭受无法弥补的损害，致使股东利益受损等。对于英美法国家公司法中规定的公司解散情形"对股东进行了非法、欺诈或压迫行为"，即股东压迫，《公司法解释（二）》没有将其规定为公司解散情形，认为，即使存在股东压迫，只要是在公司的经营管理状况良好的情况下，不适宜启用司法解散程序。另外，对于其他如公司资产正在被不当地滥用及浪费等也均不作为可以解散公司的事由。因此，从《公司法解释（二）》来看，仅将公司僵局作为公司解散的事由，而该事由更多地表现为公司表决僵局。

从实践情况看，导致公司僵局的原因主要有以下几个方面：一是公司股东一方违反法定义务而导致公司僵局；二是公司一方股东违反约定义务而导致公司僵局，例如，公司章程约定一方股东应以技术作为出资，但该股东没有按照约定投入技术，致使公司无法继续经营；三是股东之间因商业性判断的分歧而导致僵局；四是公司运营以外的因素导致的僵局，如夫妻公司，因夫妻间感情破裂，婚姻解体而导致无法合作等。

（二）公司僵局的衡量要素之一：时间因素

对于公司僵局达到何种程度可以判决解散公司，《公司法》第 183 条给出的答案是"公司经营管理出现严重困难"，对于"严重"如何掌握，《公司法解释（二）》第 1 条规定的衡量标准是"长期"，即在公司"长期"处于僵局状态时方可解散公司，其立法本意在于否定将"短时间的或偶然性的运行困境"认定为公司僵局。对于"长期"，司法解释确定的认定标准为"二年以上"且"持续性"，这一标准较容易掌握。

〔案例〕某公司共有三方股东，甲方为外方股东，且为公司董事长，乙、丙为中方股东，因丙方只是投资，不参与公司经营，公司的运营由甲乙双方负责，约定公司的公章、营业执照等由甲乙双方共管，因甲常年在国外，故公司经营实际由乙方单独负责。后甲方回国时发现公司账目有问题，要求查账却遭到乙方拒绝，引发甲乙双方矛盾，甲方控制了公司公章，乙方委派人员拒绝合作，双方在 4 月初发生冲突，在 4 月 13 日召开的董事会上未达成一致意见，乙方股东于 4 月 17 日向法院起诉要求解散公司。因该案在乙方起诉之时，不符合《公司法解释（二）》规定的"长期"且持续性条件，并且，公司董事会也没有召开会议，不符合"通过其他途径不能解决"之条件，最后法院判决驳回乙方的诉讼请求。省法院二审予以维持。

对于"长期"的理解，实践中存在的问题是：一审中未达到、二审达到"长期"是否应判令解散。对于这一问题，我们认为不能认定。理由在于：首先，二审审理的是一审处理是否正确的问题，一审中认定为未达到公司"长期"僵局，该认定如不存在问题，则二审不能予以否定；其次，由于公司处于是否应予解散的诉讼中，冲突各方（股东或董事）因此没有采取积极态度，通过召集股东会或董事会解决争端，但并不代表当事人之间已无法召开会议或召开会议亦达不成一致意见，因此，对于在二审中达到"长期"也不能因此改判一审判决。

（三）公司僵局的衡量要素之二：严重程度因素

根据《公司法解释（二）》的规定，判断公司僵局严重程度的衡量标准为时间要素，即需达到长期且具有持续性。如果股东间矛盾重重，发生过如因争夺公司控制权而引发的打砸抢事件，有的存在股东因个性差异、无法共处等原因坚决拒绝合作等情形，虽经法院多次调解也难以有所改观。但根据公司章程或协议，公司的股东会本来就是两年才召开一次，或者股东并未提出召开股东会，公司尚未出现表决僵局，或者公司僵局刚刚发生，尚未到达长期，此时股东是否可以提起股东解散之诉？

〔**案例**〕甲公司是拥有某名牌商标的企业，其与乙公司共同投资设立丙公司，甲的投资占公司资本的20%，乙占80%，合作目的在于利用甲所持有的名牌商标的品牌优势，开发与甲公司生产产品不同的其他系列产品，双方明确约定丙公司不能生产与甲公司相冲突的产品。但丙公司设立后，乙公司利用其控制地位几次单方形成股东会决议，未经全体股东同意就修改公司章程、增加经营范围，并委托他人或者允许他人以其名义生产销售侵犯甲公司商标权的产品，给甲公司造成巨大损失。甲公司请求法院解散丙公司。法院经审理认为，丙公司股东在重大经营决策方面存在严重分歧，超过两年不能正常召开股东会，经营管理发生严重困难，已形成公司僵局，公司违背发起人协议授权他人生产与股东相冲突的产品，形成同业竞争，继续存续会使股东利益受到重大损失，且通过其他途径不能解决，因而判决丙公司解散。

上述案例中，由于乙公司为控制股东，即使甲公司不参加，丙公司的股东会仍可召开并形成决议，因此，公司的运营仍在进行，但不解散丙公司，其对股东的侵权就不会停止。有限公司的人合性是其最大特点，在股东发生矛盾、人合性丧失时，继续合作会造成股东、公司及相关利益者的重大损失，及时了断是股东们的首选。因此，在股东间冲突已达到较为严重的境地，法院应将公司僵局、股东矛盾的严重性作为衡量要素，综合考量案件的具体情况合理判决。

（四）公司僵局的衡量要素之三：解决路径因素

根据《公司法》的规定，股东在"通过其他途径不能解决"的条件下方可提起公司解散之诉。根据这一规定，法院在审理公司解散案件时，应当审查股东是否已"通过其他途径解决"而未能解决。这一条款在实践运用中存在以下几个方面的问题：

1. 审查的阶段。如前所述，在公司解散案件的立案审查阶段，已经对是否"通过其他途径解决"进行了审查，但只是形式上的审查。而在案件审理阶段，法院应对"通过其他途径不能解决"进行实质判断，除了对是否实施了其他解决纠纷的行为的事实进行实质审查，还应将重点放在其他途径是否能够解决上，进行可能性的判断。

2. 审查的程度。从实践来看，法院在审理案件时，对于股东应当通过其他途径试图解决争端的前置条件普遍未给予足够重视，原因在于：规定的内容不够清晰明确，"其他途径"为何种途径，是否需竭尽努力，还是有所行动即可，法院审查程度如何，语焉不详。实践中审判人员因理解不同而审查程度不同，有的认为，股东提起解散之诉是最后的手段，在此之前必须穷尽公司法中赋予股东的全部救济手段；有的则认为，这一条件并非公司解散的必要条件，只进行形式上的审查即可。对此，我们认为，法院在审理公司解散案件时应当对这一条件是否具备进行审查，这种审查是一种能力事实的判断，即股东虽未穷尽救济手段，但法院认为事实上已经不能通过其他途径解决的，仍可判决解散公司，如果股东尚未通过其他途径解决或者股东虽采取了一些措施，但未采取较为有力的措施，股东间的矛盾能够通过其他途径解决，则法院不应判决解散。

3. 审查的内容。股东应通过其他途径解决中的途径包括哪些途径，是法院判断是否已经穷尽所有救济手段的前提。途径应包括两个方面：一是内部救济途径。"通过其他途径不能解决的"主要指的是应当用尽公司内部救济手段，比如原告股东是否采取过旨在解决僵局的行动，是否产生影响，其他股东是否有所回应，原告股东是否采取过多样的手段等；二是外部救济途径，在股东之间发生纠纷、公司出现僵局时，往往相伴产生的是股东知情权、利润分配请求权等受到侵害等，股东可就该类纠纷提起诉讼，通过外部救济手段解决纠纷，使股东间的权利义务得到应有的调整。法院应将这一情节作为判断是否应当裁判解散公司的事实性考量因素。

4. 法院应在促成"其他途径解决"上发挥作用。股东对公司僵局的自我救济，并非仅指在提起公司解散之诉前，在诉讼中，也应尽最后的努力，力争实现股东内部和解。在这一过程中，法院应发挥主导作用，尽量引导当事人达成利益共赢的协议。《公司法解释（二）》所确定的"公司解散案件应当注重调解"的原则，就是希冀在法院的主持下，公司或者股东能够采取理性、温和的态度，通过协商解决彼此之间的矛盾。司法实践也表明，不少当事人提起解散公司之诉，本意并不在于解散公司，而是无力解决股东僵局的无奈之举，也希望借司法之力，促使相对方妥协。因此，法院在公司解散案件的审理中，应充分运用司法智慧和社会经验，为公司僵局找到好的解决方案，避免公司解散。

（五）公司僵局的衡量要素之四：社会效果因素

公司解散案件不同于一般的公司诉讼案件，关系到一个公司的存亡，必然会产生一定的社会影响，合理评估这一影响，是法院裁判公司解散案件必须要做的。影响评估的一个重要因素是公司的社会责任。对于需要承担一定社会责任的公司，要防止其以公司解散的方式逃脱社会责任。如在威海中院审理的一起公司解散案件中，被告某公司是为某康复中心项目而设立的，在该公司与当地政府签订的协议中约定，由当地政府批给其 200 多亩的土地，建设一个大型康复中心。为弥补该公司在建设康复中心上的巨大投入，当地政府除了在土地出让金上给予较大幅度降低外，还同意其在康复中心附近开发房地产。该公司首先开展房地产开发，在获得巨大利益后，一方股东提出解散公司，并起诉到法院，其目的在于就房地产开发所获得的利润进行分配，而不再投资建设康复中心。对于这种意欲通过司法解散逃脱公司社会责任的行为，当然不能获得司法支持。另外，在公司解散案件审理中，公司职工状况如何，公司解散是否会引起社会不稳定，亦是公司解散案件审判应予考量的因素。

四 审理公司解散案件的程序问题解决：公司在公司解散案件中的尴尬处境

根据《公司法解释（二）》的规定，在公司解散案件中应将公司列为被告，其他股东列为第三人。从实践情况看，这一处理问题较多：

1. 诉讼的对抗性不足。公司作为股东投资设立的拟制法人，其意志即股东意志。而在公司解散案件中，因公司陷入僵局状态，股东的意志难以达成合意，此时何为公司意志，关键是由谁来代表公司。当公司在自行解散不能时，必然是由于股东间对于是否解散意见对立，而不管是哪一方股东可以委派代表人代表公司应诉，所谓的公司意志必然依附于该股东，这就使得本应最具对抗性的原告与被告在公司解散诉讼中常常会异化，演变成为原告股东与第三人股东之间的对抗，而公司的意志则变得可有可无，容易被法院忽略，因此，作为被告的公司在诉讼中处于尴尬境地。

2. 案件以调解方式结案存在障碍。在公司解散案件审理中，通过其他途径如股权转让、公司章程的修改等解决纠纷，能达成调解合意的双方必然是原告股东与第三人股东，但因第三人股东在该案中并不负有义务，而被告公司又非该协议的一方，因此，在操作程序上，无法就该调解协议出具调解书，只能采取原告申请撤诉的方式解决，在当事人要求对调解协议予以司法认定时法院无能为力。

3. 公司代表人难以确定。在公司法定代表人作为原告起诉要求解散公司的情况下，如果仍以原告代表公司应诉，则会出现"自己告自己"的情形，因此并不能获得法院的准许，那么由谁来代表公司，争议较大。对此，我们认为，应当由公司的其他董事代表公司应诉，若其他董事不愿代表公司应诉或下落不明，可指定公司监事代表公司应诉。但如果公司没有其他董事、监事，即使有其他董事或监事，也不同意代表公司应诉，则程序上的问题无法解决。

〔案例〕某公司共有四个股东，其法定代表人、董事长即为股东，另一股东提起公司解散诉讼，将法定代表人列为第三人。在关于谁来代表公司的问题上，双方发生争议。根据该公司章程规定，公司"提起或解决任何法律程序的任何规定"均需要董事会决议通过，该公司就委派代理人问题召开董事会，董事会中除法定代表人外的其他董事通过决议委派了两名代理人，而法定代表人也委派了代理人。法院经过研究，认可了董事会决议确定的代理人。

五 关于公司解散案件的流行裁判思维之检讨：解散还是不解散

为实现公司稳定、资本维持的原则，对于公司解散纠纷，司法界一贯秉持的是慎重处理、多途径解决、尽量不判决解散的执法原则。这一原则在《公司法解释（二）》中得到了明确体现，如特别规定了公司解散案件的受理条件，规定了应当注重调解等原则，这与各国立法的规定也是一致的。从调研情况看，这一原则在各地法院得到较好贯彻，威海全市法院审结的4起公司解散案件中，没有判决解散的案件，浙江、江苏、上海等地法院审理的公司解散案件中，判决解散的一般只占到20%左右。

但不可否认的是，在实践中，尽量维持公司稳定的原则被司法教条化、机械化的倾向在一定程度上呈现。表现为：对调解原则的不当适用，甚至表现为反复调解、长期调解的过度调解；狭隘理解《公司法解释（二）》第1条的规定，动辄以不符合该条规定为由驳回原告的解散请求等。

〔案例〕某公司有五名股东，自设立以来，一直由大股东、法定代表人侯某负责经营。后其他股东要求参与公司管理，与侯某发生矛盾，双方为争夺公司管理权多次发生冲突，其他股东向税务机关举报侯某偷税等问题，使侯某受到查处，侯某则起诉其他股东损害公司利益要求赔偿。双方曾分别召集股东会，均因双方存在矛盾而未能召开或未能通过决议。其他股东诉至法院请求解散公司，诉讼中经法院反复调解，双方不能就股权转让等调解方案达成一致意见。对此案，一审法院以符合公司僵局的法律特征而判决解散公司，二审法院则以公司经营管理正常运行、受压制股东权益可以通过其他合法途径保护为由予以改判，驳回了原告的诉讼请求。

〔案例〕浙江某公司、上海某公司的创办人吴某因车祸去世后，股权由妻子儿女继承，二公司由其前妻所生的儿子吴小某负责经营，吴小某拒绝为其他股东办理股权变更手续，并控制公司经营和财产，拒不召开股东会，不允许查账，不分红和转移公司资产，事实上剥夺了其他股东的权利，对立双方股东的股权比例分别为50%。其他股东诉至法院请求解散公司，法院以"股东之间已丧失最起码的信任，相互合作的基础已完全破裂，且彼此不愿妥协而处于僵持状况，导致股东会、董事会等权力机构和决策机构不能按照法定程序做出决策"为由判决公司解散。

从上述案例可以看出，在案情基本相同的情况下，法院在审判思路上有较大差异，不判决解散是实践中的倾向性执法思路。分析以尽量不判决解散公司为特征的流行裁判思维，其中存在不少弊端：

一是诉讼的不当拖延导致当事人利益受损。由于《公司法解释（二）》明确规定公司解散案件应注重调解的原则，因此，在审理中调解是法院审理案件的必经程序。但由于股东间矛盾的严重性，调解难度很大。实践中，有的法官为了调解不辞辛苦，反复做工作，耗费大量精力，当然也需要大量的时间。在调解期间，由于公司股东间存在争端，公司运营受到影响，纠纷难以尽快及时解决必然会给股东及其他利益相关者造成更多的经济损失。在贯彻调解为主的原则时，《公司法解释（二）》规定了"当事人不能协商一致使公司存续的，人民法院应当及时判决"，即"能调则调，当判则判"，却常常被法官忽略。这固然有理解司法解释不到位导致的无意忽略，同时，由于判决解散与判决不解散同样面临较大的风险，包括改判的风险、社会效果不佳的风险等，使得法官们更为偏爱调解，而有意忽略"当判则判"这一原则。

二是立法本意难以得到实现。修订前的《公司法》中并未有关于公司解散的规定，这一法律疏漏为理论界和实务界所诟病，公司陷入僵局而无法得到救助，有限责任公司"进来容易出去难"，阻碍了资本流通，妨碍了经济发展，因此，在《公司法》中引入公司司法解散制度的呼声十分强烈。在《公司法》及司法解释相继出台后，这一问题本已得到解决。然而司法实践中的情况是：鼓足勇气诉到法院的公司解散纠纷，大多以被否定的方式解决。耗时费力，却得到这样的结果，定会让那些意欲寻求司法救助的股东们望而却步，转而寻求其他方式，包括转移主要经营业务，让原公司自生自灭，有的甚至通过武力方式解决。当初立法时建立股东退出公司的畅通渠道的良好愿望并未完全实现。

针对目前公司解散纠纷的实际情况，秉持过于慎重的态度，并不完全契合实际。首先，法院受理的公司解散纠纷中所涉公司大多为中小型公司。由于规模大的公司一般建立了良好的股东会、董事会及监事会的运行机制，大股东欺压小股东、严重侵害小股东利益的情况较少发生，并且在股东、董事间产生矛盾时也大多通过合法渠道得到解决，因此，股东、董事间发生僵局的可能性较小。从法院受理案件来看，诉到法院请求解散公司的多为小型公司，资本数额不大，股东人数较少，公司职工数量也较少。对于这类公司，一旦解散，对社会经济影响不大，而对于这些小的投资者来说，投资的灵活性、自由度是他们的特点，对于这些公司发生僵局后予以解散，以便于他们重打鼓另开张，反而是好事。其次，股东的人合性"自由"的基础不能丧失。随着社会经济的发展，"合则来，不合则去"的观念渐入人心，即便在离婚案件的处理上，过去是"宁拆十座庙，不拆一门婚"，现在是判决离婚的数量远远超过判决不准离婚的。与此同理，在公司股东间发生争端，已不愿或无法继续合作的情况下，自由的退出机制十分重要，非要将股东捆绑在一起，在公司经营中双方如果继续掣肘，对公司发展不利。第三，资本的流动性价值不可低估。在维护资本的稳定性的同时也要看到，资本的有效流动才能产生更多的效益。如果在资本投入后不能产生利益，投资者当然想变换投资的方向，改变的难度太大、成本太高不但会使投资者的利益受损，而且会严重挫伤投资者的积极性。

当然，上文所述并非要抛弃审理公司解散案件的慎重原则，而将商榷的对象确定为"过分慎重"的司法教条化、机械化的倾向。对于公司运转正常，只是股东权益受到侵犯、可以通过其他途径解决的股东纠纷，当然不能以解散公司这样强烈的方式解决。

〔案例〕甲、乙经外资管理部门审批及工商登记为某合资公司股东，甲为实际出资人，乙未实际出资。公司设立时，甲乙签有协议，约定因乙未投入任何资金，故对公司不享有任何权利。公司在甲的经营下发展状况良好。乙垂涎于公司利益，要求以股东身份参与经营，遭到拒绝后，起诉到法院，以股东冲突为由要求解散公司。法院以在股东协议中约定乙对公司不享有权利，不符合《公司法》规定的起诉主体的要求，因而驳回其起诉。

在上述案例中，乙擅用公司解散请求权，力图造成本来运转良好公司的运转障碍，以谋取不当利益，当然不会得到司法支持。

综上，在公司解散案件中，应当秉持慎重原则，既要贯彻调解为主的原则，又要贯彻当判则判的原则，二者不可偏废。当司法者挥舞利剑，严格否定公司解散的自由性时，貌似维护了公司表面的稳定与和谐，但却置股东于痛苦的深渊，从而演变成为司法暴力。至于如何衡量该散还是不该散，法官应以全面的事实，结合自身的社会经验，综合考量作出判断，这对一名法官掌控全局的能力是最好的考验。

第二部分　对公司强制清算案件的调查分析

公司清算根据主持清算机关的主体不同，即清算是否受到法院或行政机关的干预，可以分为普通清算和特别清算。普通清算指公司在解散后依法自行组织清算机构按法定程序所进行的清算，通常法院及债权人不直接干预公司清算事务。特别清算指公司解散后在执行普通清算过程中如发生清算不能、显著障碍、债务有超出公司资产之嫌疑等情况时，法院根据申请人的申请适用不同于普通清算的特别清算程序进行的清算。我国《公司法》没有特别清算的规定，仅规定普通清算，包括自行清算及强制清算。

公司强制清算，主要指在公司自行清算无法启动时，通过公权力的介入而开始的一种解散清算，根据我国现行法律规定，主要是指通过人民法院指定清算组开始进行的清算。

针对我国公司退出市场的混乱局面，立法层面给予了极大关注，甚至不惜以"乱世用重典"的思路规制公司强制清算诉讼及相关责任诉讼。《公司法》及《公司法解释（二）》确定的公司强制清算制度的核心内容是：公司解散后必须清算，办理注销手续，依法退出市场。清算义务人不清算、怠于清算或违法清算的，应对债权人承担相应的民事责任。

一　公司强制清算案件特点分析

《公司法》修订及《公司法解释（二）》出台后，公司强制清算案件审判中存在比较明显的特点是：

（一）案件数量未明显增加

《公司法》修订前，实践中已被吊销营业执照或停业多年、具备了解散事由的公司人去楼空、无人过问，长期不通过法定程序退出市场，处于休眠状态，严重危害市场经济秩序和债权人的利益，由于这类"休眠公司"的主体资格依然存在，公章、财会资料及相关证明文件均为通过法定程序予以处理与销毁，如果发现有利可图的经营，也会参与，并且不计后果，因此还存在继续对市场经济秩序及相关权利人继续造成危害的巨大风险。针对这一现状及危害，修订后的《公司法》及《公司法解释（二）》规定及完善了公司强制清算制度，并对法院审理公司强制清算案件的相关程序做出规范，其意义不仅在于规范了公司清算中的民事责任，更在于通过民事责任的追究，进一步督促清算义务人依法、积极、规范地履行法定清算义务。规定出台后，理论界、实务界预期公司自行清算情况和申请强制清算案件会明显增加。但从调研情况看，实际情况并非如此。一方面，公司自行清算的数量有所增加。以威海市为例，《公司法解释（二）》出台后，被吊销营业执照后自行进行清算并注销的公司数量从无到有，有明显增加（见表一），但占吊销总数的比例依然较小。另一方面，法院受理的公司强制清算案件并未明显增加。《公司法解释（二）》出台后，威海全市法院共受理公司清算案件3件。从实践情况看，公司强制清算制度尚未起到其应有的作用，市场主体不依法清算即自行退出市场的问题未得到明显解决，通过公权力介入而进行的强制清算制度并未发挥作用。

表一　威海市公司吊销、注销对比表

年　　　度	2006 年	2007 年	2008 年	2009 年上半年
公司总数（户）	16084	17601	18708	18645
吊销总数（户）	1975	1545	2459	1853
吊销后经清算注销总数（户）	0	0	52	27

（二）申请清算主体单一，绝大多数为股东

《公司法》规定，在公司出现解散事由后，应由清算义务人自行清算，否则债权人有权申请法院启动强制清算程序，《公司法解释（二）》进一步规定，股东在债权人未申请强制清算的情况下，亦可依法申请强制清算，即申请强制清算的主体既可以是股东，也可以是债权人。但从实践看，这一制度对股东权益的保护更为凸显。司法实践的现实是：第一，债权人在公司出现解散事由后通常可以通过起诉及执行公司所剩财产实现其债权，或通过起诉清算义务人不履行清算义务而要求其承担清算责任来救济其损失，通常不会申请法院启动强制清算程序，因为毕竟公司强制清算程序不论是追求效率还是效果，均劣于直接要求公司或清算义务人承担责任；第二，对于市场经济秩序的损害，通常是通过清算义务人承担行政或刑事责任来予以救济；第三，因控制股东不履行清算义务，在公司出现解散事由后对公司放任不管，甚至私自侵占公司财产，使其他股东无法了解公司解散时的财产状况，股东只有通过申请法院启动强制清算程序来对其权利来进行救济。通过调研发现，威海市乃至我省法院的公司强制清算案件的申请人基本全部为股东，债权人申请公司强制清算的案件几乎没有。

（三）受理的强制清算案件数量占立案审查案件总数的比例较小

与普通民事案件不同的是，公司强制清算案件的立案审查并非仅仅是程序性审查，还包括实体审查，根据《公司法》及《公司法解释（二）》的规定，不论债权人还是股东，提起公司强制清算的申请被法院受理的条件是公司清算义务人存在不清算、怠于清算或违法清算的事实。鉴于此，威海市法院及全省大部分法院（如济南、青岛等）均将公司强制清算的立案审查权赋予相关商事审判庭，法院在审查申请人申请过程中，由于申请人对公司，特别是休眠公司的账册、会计资料及财产情况取证能力欠缺，以及法院对公司强制清算案件的受理缺乏积极性、审判程序立法不具体，使部分案件并未进入实质审理阶段，对申请人申请的受理所占比例较少的现状普遍存在，即使已经立案的公司强制清算案件，大部分通过申请人撤诉或调解结案，并未发挥强制清算制度的价值目标。以威海全市法院为例，公司法修订前受理的均为指定清算组案件，即依当事人申请，法院指定进行清算的清算组后即予以结案，并不对公司清算进行实质审理，自公司法修订后及《公司法解释（二）》施行后，受理的公司强制清算案件也仅有 3 件。

（四）公司强制清算案件审理程序烦琐，难度大

清算案件从立案到审理程序复杂，涉及法律关系众多，不论与社会经济秩序的规范及社会秩序的稳定，还是从审理程序的复杂性上说，堪比一个小的破产案件。这也是一些法院不愿意受理清算案件的原因。从调研的情况看，大多数法院所审理的清算案件，除了以撤诉、调解、驳回申请等方式结案外，审理期限都在两年以上。

二　公司强制清算案件审判中存在的基本问题

公司强制清算制度作为一项重要的法律制度，有着突出的实践价值，包括以下几个方面：第一，有效打破清算僵局，对于公司解散后不予自行清算或自行清算出现障碍无法继续进行时，公司强制清算制度可以通过公权力的介入而打破这种清算僵局。第二，充分保护债权人和其他利益相关人的合法权益，通过司法介入公司清算，避免解散公司不依法清算而给相关权利主体，特别是债权人的利益造成损害。第三，充分保护作为投资者的股东的合法权益，使他们也能够从剩余财产中得到公平的分配。公司强制清算与破产清算的主要区别之一即为投资者可以分配到公司的剩余财产，因此对投资者的保护亦是强制清算制度重要的价值目标之一。第四，以尊重公司自治原则为基础，追求公司自治原则与司法介入公司清算的利益平衡。第五，通过公司强制清算程序，尽快地、公正地解决与公司相关的债权债务关系，达到公平与效率的统一。

　　通过对公司强制清算诉讼的调研，我们发现，一方面是法律在立法层面规定公司强制清算制度，以期有效地解决我国市场主体退出市场法律失灵、制度缺位的现状；另一方面是《公司法》仅规定法院依申请启动强制清算程序后选任清算组、确认清算方案等职权，对强制清算的司法介入程度明显不足。从而导致实践中所显现出的债权人申请极少、案件受理不多、审理程序不规范、和解机制难以运行等，极大地阻碍了公司强制清算制度固有的有效打破清算僵局、最大限度地维护利害关系人的权益、体现司法介入与意思自治的衡平以及追求公正与效率原则统一等价值目标，也极大地影响了公司强制清算制度得以有效促进我国市场主体退出现状及其混乱局面的解决，维护社会的交易安全和正常的市场经济秩序的社会功能。这些问题不予以解决，必然导致公司强制清算制度立法目的与司法实践的严重脱节。基于此，必须进一步加强公司强制清算司法介入程度的审判理念，在程序操作中积极引入带有特别清算特点要求的有关程序性规定，如确定法院对清算组的选任与解任权、引入债权人会议制度、加强法院监督职能、规范诉讼保全措施等，并逐渐规范强制清算程序的可操作性。只有如此，才能真正发挥公司强制清算作为自行清算的补充，在自行清算无法进行时保障公司清算得以完成的制度功能，彻底改变审判实践中公司强制清算制度难以良性运行的司法现状。

（一）加强公司清算的司法介入——打破公司清算僵局价值功能的必然要求

　　综观我国《公司法》的发展，确立公司强制清算制度有一个过程，1993年《公司法》规定，公司出现解散情形，应自行进行普通清算。因公司违反法律、行政法规被依法责令关闭的，由有关主管机关组织清算。该法对强制清算制度的规定并不完善，亦未对清算义务人做出明确规定，导致理论界及实务界对于"有关机关"的理解极其模糊，相关法律及地方性法规大多确定为公司的主管部门（开办单位）或特定机关（如工商管理机关）为"有关机关"，

　　2005年《公司法》修订后，对公司强制清算进一步予以规定，主要内容为公司解散后应当在解散事由出现之日起15日内由股东或董事或股东大会确定的人员组成清算组开始清算，清算结束后办理注销手续，依法退出市场。逾期不成立清算组进行清算的，债权人可以申请人民法院强制清算。但修订后的《公司法》对公司强制清算制度的规定仍然缺乏可操作性，并且没有对清算义务人不履行或违法履行清算义务应承担的民事赔偿及清偿责任予以系统规定。由于法律规定不明确，对公司清算行为的规制几成真空状态，大量

早已出现解散事由的公司，对公司法规定的退出市场必经的清算、注销等程序放任不管。特别是在公司被依法吊销营业执照、责令关闭或被撤销的情况下，不管公司解散时的财产情况怎样，相关股东及管理人员对于已经解散的公司不闻不问，放手不管，更不用说清理所欠债权人的债务，使得大量资产无法继续流入社会中使用，造成社会资源的严重浪费，严重扰乱了市场退出秩序，使得我国现代企业制度建立的过程中，市场退出机制形同虚设。调研中发现，以威海市为例，2006 年至 2009 年上半年，全市注册公司总数达 71038 户，被吊销营业执照的公司为 8832 户，但其中按照公司法要求经过清算等正常程序退出市场的公司只有 79 户，所占比例不到被吊销营业执照公司的 1%，而未办理任何手续即人去楼空的公司占注册公司总数的 12.3%，这一比例，甚至比外资逃逸现状严重得多。针对这种情况，最高人民法院于 2008 年 5 月出台了《公司法解释（二）》，明确了公司强制清算的启动主体、清算义务人的范围以及未依法履行清算义务应承担的相关责任等，更加完善了公司强制清算制度。该解释出台后，法院受理的公司清算案件并未明显增加，显现出立法对审判程序的规定仍较原则、缺乏可操作性，同时审判实践中部分法官对公司强制清算制度的法律价值认识不够深刻，对公司清算的司法介入程度掌握不清，加之审判力量并不适应对此类案件放开受理，导致当事人不能、不愿起诉，法院对受理亦持谨慎态度。

我们认为，法院应以客观的态度积极受理公司强制清算案件，既要最大限度地发挥公司清算制度有效打破公司清算僵局的制度价值，当然，同时又要科学谨慎地引导公司清算案件的立案受理，最为有效的手段是建立与完善公司清算案件立案审查听证规则，对于在向被申请人送达申请书后，被申请人对申请人的申请理由提出实质性异议的，如对是否已经清算、正在清算，是否构成怠于清算、违法清算以及相关账册、相关财会资料及财产等实际控制以及是否具备了破产原因等事实有异议的，法院可组织听证，具体内容包括听证人员组成、听证事项、听证结果等。

（二）完善审判中公司强制清算程序的规范——对公司强制清算制度程序正义价值功能的进一步保障

"正当程序不光是说权利只要是法定的并符合一定标准就可以获得维护权利的程序，它还意味着这程序有助于得到正义的结果。"公司强制清算是在自行清算存在障碍无法进行的情况下，相关权利人申请法院进行强制清算，其目的是以司法强制力保障公司清算得以进行并取得公正的清算结果，以保护各方权利人的合法权益，与任何法律制度一样，程序正义必然是公司强制清算取得公平结果的必要条件之一。公司强制清算制度之所以在实践中未得到切实实行，程序性规定不足是其主要原因。因此，针对实践中存在的问题与不足，进一步完善公司强制清算程序规范，亦是公司强制清算制度价值的基本要求之一。

这一问题也引起了最高法院的重视。日前出台的《最高人民法院关于审理公司强制清算案件工作座谈会纪要》（以下简称《座谈会纪要》），对公司清算案件审理中的主要程序性问题进行了规定，包括强制清算案件的申请、管辖、案号、审判组织、清算组的指定、财产保全、案件终结、法律文书以及无法清算案件、衍生案件的审理、强制清算和破产清算的衔接等，涵盖了强制清算案件审理中的主要问题。这一规定的出台是司法实践的及时雨，将会有效解决公司清算案件审理中的问题，清除司法障碍。

在问题得到初步解决的同时，我们通过调研也发现了审判实践中存在的其他问题，亟须得到解决。

1. 关于清算组的组成问题。公司强制清算案件审理的第一步即为指定清算人（我国公司法称之为清算组），从各国立法实践来看，公司清算人的产生主要有以下几种方式：一是由法律直接规定，二是由公司章程规定或股东选任，三是由法院指定，即在无法确定清算人的情况下，由利害关系人申请法院指定清算人。方式二中，章定或议定清算人是尊重公司意思自治的结果，充分体现了公司法的私法性；而方式三由法院选任清算人的方式则是对恶意不进行清算行为或自行清算不能的司法救济。

我国《公司法》没有法定清算人的规定，只规定了自行清算中清算组的组成。《公司法解释（二）》第 8 条规定：人民法院受理公司清算案件，应当及时指定有关人员组成清算组；清算组成员可以从下列人员或者机构中产生：公司股东、董事、监事、高级管理人员；依法设立的律师事务所、会计师事务所、破产清算事务所等社会中介机构；依法设立的律师事务所、会计师事务所、破产清算事务所等社会中介机构中具备相关专业知识并取得执业资格的人员。可见，强制清算中，清算组的组成既包括了公司内部成员及股东、董事、监事及高管人员，亦包括公司外部人员，即中介机构等。但到底清算组的组成以谁为主导，法院的认识并不统一。实践中的做法主要有以下几种：第一，指定申请强制清算的一方股东、控制公司一方股东与中介机构共同组成清算组，双方股东数量相当，以中介机构为主；第二，在控制股东下落不明的情况下，为了避偏袒之嫌，仅指定中介机构组成清算组；第三，指定股东组成清算组，需要时由清算组委托有关中介机构从事清算事务。

法院指定清算组的不同构成，体现了以公司内部人员为主组成清算组、侧重公司自治原则和以公司外部人员为主组成清算组、侧重司法介入的强制性原则的两种不同价值取向。在最高法院《座谈会纪要》中，规定了优先考虑公司内部人员，只有在其不能、不愿或不利于清算的情况下才由中介机构和人员组成清算组。

我们认为，公司法对于强制清算制度的完善，正是逐步加强公司强制清算的司法介入的过程，通过公权力的介入保障清算及时、合法地进行，将公司强制清算事务更多地赋予与公司无关的中介机构，则能更好地体现加强强制清算司法介入这一侧重点。而正是由于公司清算义务人不予自行清算或自行清算存在障碍，相关权利人才申请启动司法强制清算程序，如强制清算程序仍旧以清算义务人为主导，显然不符合逻辑，也不便于法院的监督与管理。

界定公司清算义务人的根本依据在于：哪些主体对启动公司清算应负有义务，以及哪些主体有足够的能力启动公司清算。在公司自行清算中，清算的事务比较简单，清算义务人掌控公司，对公司经营事务亦十分了解，在其没有重大分歧之时，清算工作一般能得以顺利进行。此时，立法和实践都倾向于将处理公司清算事务的自由权利交予公司的股东或董事，以体现意思自治，同时亦可节省清算成本。但在公司进入到强制清算阶段，通常是因为自行清算遇到障碍，清算义务人不予进行清算或自行清算遇到障碍而无法进行，这亦从另一个侧面反映了此时清算人并不能胜任清算事务之执行。与自行清算相比较，此时清算义务人已经不履行或不能依法履行清算义务，债权人以及利益相关者的权益受到侵害的风险大大提高，因此，此时具体清算事务的执行者是否具备良好的专业素质、是否处于超脱的第三方地位对于清算能否达到既定目的具有重要意义。指定以中介机构为主导的清算组的优势在于：一是有利于借助中介机构的职业经验更好地进行清算事务。二是有利于借助中介机构的第三方中立地位更好地保障清算活动公平、公正的开展。三是有利于避免因已经存在的清算僵局的原因继续干扰清算活动，避免股东间的矛盾冲突，保障清算活动的效率。因为实践中两方股东都参加清算组的，通常都矛盾很深，这方的意见另一方不可能同意，严重影响清算事务的效率及质量。四是有利于与破产清算衔接作准备，在强制清算转为破产清算后，由专业机构规范地进行的清算事务能够更有效地得到破产清算程序的确认。综上，清算组的组成应以指定中介机构为原则，以指定股东为补充，即指定中介机构组成清算组，在股东或债权人要求时，可依据法院审查结果予以确定其是否参加清算组。

另一个问题是，清算组是否可由一人组成？根据公司法将进行公司清算事务的机关的名称确定为"清算组"，似应包括至少两人以上组成，但在司法实践中，部分公司强制清算案件的提起仅是因为清算义务人不履行清算义务或怠于履行清算义务，在进入强制清算程序后，对公司的清算相对简单，并不复杂，此时指定中介机构或多人成立清算组进行清算实无必要，因此，笔者认为可以借鉴破产清算中指定个人担任管理人的相关规定，仅指定一人成立清算组对公司进行清算，既有利于清算的效率，又可有效地减少清算费用增加对债权人及出资人利益的损害。

2. 关于没有清算费用或清算费用不足的强制清算案件的处理。对于存在债权人的公司强制清算案件，如果出现清算费用不足的情况，法院即应依法审查，如公司存在破产原因的，法院应告知申请人变更其强制清算申请为破产清算申请，申请人不予变更的，法院应裁定终结强制清算程序。审判实践中存在的问题是，强制清算的公司对外没有债务，不存在资不抵债情形，但由于清算义务人在公司解散后拒不履行清算义务或下落不明（此类情况在休眠企业的清算中较常见），股东提起强制清算申请，清算中发现公司资产不足抵偿清算费用，此时应如何处理法律没有规定。我们认为，对于没有清算费用或清算费用不足，并且公司对外没有债务，不存在破产原因的清算案件，应裁定终结强制清算程序，理由是没有清算费用或清算费用不足，无法清算。对此，股东即可通过向清算义务人提起清算赔偿之诉来救济其权利（本文第三部分对股东要求清算义务人承担清算赔偿责任和清偿责任的诉权予以论述）。同时，应通过追究清算义务人拒不履行清算义务的行政责任直至刑事责任来规制清算义务人的违法行为，进而通过完善清算违法行为的民事责任、行政责任、刑事责任的整体责任构架来规范解散公司的清算行为，保障公司依法退出市场，维护市场经济秩序。

3. 关于证据保全和财产保全。由于相关责任立法的不足及我国社会中商业信用的严重缺失，实践中已解散公司的控制人转移财产、毁损、遗失公章、财会资料的情况非常严重，因此，法院在审理公司强制清算案件中充分运用诉讼保全职能非常重要。

〔案例〕股东张某、李某、本某三股东（占公司股份共计47%）申请法院对股东鞠某某（占公司股份53%）控制的有限责任公司进行强制清算，三申请人要求法院在立案前对公司的账册及剩余的大量机器设备予以查封，因公司解散后股东鞠某某一直控制账册及剩余的闲置机器设备，并不予清算，如法院立案，鞠某某极有可能转移账册及财产，使清算无法进行。对是否应在立案前进行保全，法院存在不同观点。此案后因涉及刑事案件，申请人撤回了申请。

对于在法院受理公司强制清算案件后，法院是否得以采取诉讼保全措施的问题，实践中意见比较统一，《座谈会纪要》中也规定，法院在受理强制清算申请后，可依清算组或申请人的申请，对公司的财产采取相应的保全措施，而对于法院在立案受理公司强制清算案件之前是否可以采取诉前保全措施没有规定。我们认为，法院在受理公司强制清算申请之前或之后，均可依申请或在必要时依职权对公司财产和公司账册、印章等采取保全措施，以保障公司清算工作的顺利进行，如申请人在申请时，为避免立案送达后被申请人转移账册及财产，使强制清算无法进行而要求法院在立案前对公司的账册、会计资料及财产进行类似于诉前保全的，经审查对于确实存在隐匿、转移、毁损公司账册等会计资料及财产情形的，申请人提供担保，法院在立案前即可参照民事诉讼法对诉前保全的相关规定保全证据及相关财产，同时应注意，对于仍在经营中的公司财产，应采取活封的方式保全财产，以免对公司的经营造成不必要的损害。

4. 关于强制清算程序中的个别清偿和强制执行。强制清算程序被申请人向债权人个别清偿和针对被申请人的强制执行是否中止，一直是公司强制清算案件审理实践中争论颇大的问题。我们认为，在公司强制清算程序中，不应停止债务人对债权人的个别清偿及对债务人的强制执行程序。第一，没有法律依据。对于公司清算中的个别清偿，特别是强制执行程序的中止，应由法律明确规定，我国现行相关法律没有对此做出明确规定。第二，法理基础不足。公司强制清算制度的最主要价值目标是有效打破清算僵局，对于资产大于负债的公司在解散后不予自行清算或自行清算出现障碍无法继续进行时而通过公权力的介入保证公司清算的依法进行，进而达到公司依法退出市场的目的。保障市场经济秩序的规范与经济发展的稳定，其并非破产程序的替代程序，在发现公司资产不足以清偿债务的，应通过法律规定的途径依法、及时地转入破产程序。因此，个别清偿及强制执行并不会对其他债权人的权益造成侵害。相反，中止个别清偿及强制执行程序，必将对被中止清偿的债权人的合法权益造成侵害。第三，有利于避免债务人恶意损害债权人利益，我国现行公司强制清算制度从本质上还属于普通清算范畴，并未确立特别清算制度。在此情形下，公司强制清算的主要制度价值为打破清算僵局，保证公司清算的依法进行。若规定强制清算中中止个别清偿及强制执行，则难以避免债务人滥用诉权，以申请强制清算为手段达到恶意停止向债权人清偿债务的目的。

5. 关于在清算程序中法院的监督职能。《公司法》及《公司法解释（二）》

不仅规定清算组可由中介机构组成，还规定公司的股东、董事、监事、高级管理人员均可成为清算组成员，注重了公司清算过程中公司自治原则的体现，这就要求法院科学地把握司法介入的程度、在强制清算中的地位及与清算组的关系等。我们认为，法院对公司清算事务积极干预是公司强制清算的本质特点，更是有效解决公司退出市场极其混乱现实的目的保障，鉴于目前我国专业的清算人队伍还未完全形成，因此对于公司强制清算案件，应着力加强法院对清算组的监督职能，即清算组履行清算职务必须在法院监督下完成，通过监督清算程序，以求平衡公司强制清算的效率和公平，从而保障清算的顺利进行。

审判实践中，加强法院对清算组的监督应体现在以下几个方面：第一，对清算组履行清算职责的检查与指导。法院就清算事务与公司财产状况变化应随时要求清算组报告，并公正审查清算组制定的清算方案及清算报告的真实性及合法性，严格追究清算组成员给公司或债权人造成损害的违法行为，同时充分审查债权人、股东及相关权利人对清算方案及清算报告提出的异议以及对清算组成员的行为可能损害有关权利人嫌疑而提出的报告及线索，避免并尽可能预防清算组的违法及瑕疵行为而导致对相关权利人权力的损害。第二，对清算组相关成员的报酬的审核与确定。《座谈会纪要》中将清算组中中介机构报酬的最终确定权赋予法院，并可参照《最高人民法院关于审理企业破产案件确定管理人报酬的规定》确定其报酬。我们认为，这一规定有利于审判实践中法院通过对清算组中占主导地位的中介机构的报酬确定，得以更好地行使对清算组履行职责的监督职能。第三，通过清算组成员的解任加强法院的监督职能。如清算组成员本身有碍清算事务的进行或出现《公司法解释（二）》第9条列举情形的，法院根据利害关系人的申请或依职权可将清算组成员更换或解任。第四，法院得以直接或通过指派检查人的方式检查公司财产及清算组工作，以保障公司强制清算的公正与效率。

（三）建立债权人会议制度——完善公司强制清算制度保护债权人利益的价值功能

《公司法》对公司强制清算未规定债权人会议制度。对债权人的保护以及债权人对清算的监督未给予更多的规定，使得债权人在公司强制清算程序中的监督缺位。

通常的观点认为，公司强制清算是建立在假定公司资产足以抵偿债务的基础上对公司进行的清算。如果公司强制清算得以顺利进行，未出现因资不抵债而转为破产清算程序的情形，全体债权人的债权应能得到全部清偿。因此，不存在对债权人权利侵害之顾虑，对确定债权人会议制度予以监督公司强制清算事务并不必要与紧迫。

我们认为应完善债权人的监督机制，建议确立债权人会议制度。虽然在正常情况下公司强制清算的债权人债权都可获得完全受偿，但债权人的监督仍然是必要的。公司制度的基础是有限责任制度，其在最大程度上保护出资人的利益的同时，存在对债权人的利益造成损害的极大风险，可以说，有限责任制度在一定程度上是以牺牲债权人的利益为代价的。而法人人格否认制度、公司清算制度等则是立法对债权人和公司投资者利益的平衡，如通过清算制度可以使债权人的利益得到更好的保护，不论是公司法规定的公司自行清算，还是公司强制清算，其最主要的制度价值即是保护债权人的利益。债权人会议的性质是由全体已知债权人组成的议事机构。由于公司强制清算制度涉及债务的清偿、协定机制的通过以及资不抵债时对破产程序的选择，设立债权人会议，由债权人会议或由债权人会议选举产生的债权人会议代表，对公司强制清算程序中清算组的行使监督权是十分必要和有益的。

（四）债务清偿协定机制的适用问题——意思自治与司法介入的平衡

修订后的《公司法》形成了尊重股东权利、加强公司自治的共识和立法原则，而公司清算制度亦是以尊重公司自治原则为基础，允许在清算过程中各方利害关系人通过和解和协商的形式达成清理债权债务关系的目的。但毋庸置疑，在进入公司强制清算程序后，司法领域里的意思自治原则的适用将受到极大限制。

《公司法解释（二）》第17条对公司强制清算中的债务清偿协定机制做出了规定：清算组发现公司资不抵债的，可以与债权人协商制作有关债务清偿方案，债务清偿方案经全体债权人确认且不损害其他利害关系人利益的，人民法院可依清算组的申请裁定予以认可并终结强制清算程序。上述规定将债务清偿方案经全体债权人确认作为债务清偿协定机制适用的前提之一，在实践中难以操作。如前文所述，现实情况是，出于对自身权利保护的现实性考虑，债权人申请公司强制清算的情形极少，因此债权人通常对已经进行的公司强制清算程序的参与积极性并不强烈，个别债权人甚至不会参加到清算程序中，因此由全体债权人均对债务清偿方案予以确认极难实现。

协定机制是境外特别清算立法中的一项重要程序，鉴于该机制的舶来性，司法解释在做此规定时，明确债务清偿方案需经全体债权人确认通过，以保障所有的债权人在公司清算时能够得到公平的清偿，体现了在引入协定机制时对债权人权利进行慎重保护的立法意图。

完善协定机制的建立，应明确债务清偿协定机制的通过决议机制采用多数表决规则，在建立债权人会议制度的基础上，规定全体债权人三分之二以上，并且所占债权数额亦在三分之二以上确认，即可通过债务清偿协定，从而终结强制清算程序，更好地发挥强制清算程序取代破产程序的价值功能，兼顾强制清算程序的公正与效率。

（五）规范强制清算程序与破产程序的衔接——追求强制清算制度的效率目标

同其他法律制度一样，追求效率也是公司强制清算制度的重要价值目标之一。实践中，在涉及强制清算程序与破产程序的关系与衔接对司法效率的影响，存在两方面的问题。

1. 关于破产清算相关程序的准用问题。破产清算是法院以裁定方式做出的认定债务人已经缺乏清偿债务的能力，应当依照破产程序进行的清算。破产清算过多关注的是债权人债权是否得到了公平的清偿，而强制清算则过多关注终止公司法人资格问题，只在发现公司资产不能清偿债务时即转入破产清算程序。强制清算在程序和处理上与破产清算的操作模式互有借鉴意义，除具有剩余财产内容外，破产清算与一般清算有异曲同工之处。因此，我们认为，对于公司强制清算程序中，除涉及股东财产权利的认定以外，法律没有规定的其他情形，均可参照企业破产法的相关规定处理。最高法院《座谈会纪要》亦对此做出规定，认为鉴于公司强制清算与破产清算在具体程序操作上的相似性，对于强制清算程序中没有规定的相关情形，可以参照破产法及其司法解释规定的程序处理。

2. 关于强制清算程序与破产清算程序的衔接问题。根据《公司法解释（二）》第17条规定，在清算中发现公司存在资不抵债情形并且债权人对债务清偿方案不予确认或者人民法院不予认可的，清算组应当依法向人民法院申请宣告破产，进入破产程序。实践中，公司强制清算程序与破产程序的衔接存在诸多问题，包括清算组发现公司资不抵债事实，但拒不申请破产清算，对清算组的责任如何认定，强制清算程序如何向破产程序转化，已经停止的执行程序是否恢复等。

对于公司强制清算程序与破产程序的衔接，《公司法》第188条及《公司法解释（二）》第17条予以规定：清算组在清理公司财产、编制资产负债表和财产清单后，发现公司财产不足清偿债务的，并且债权人对债务清偿方案不予确认或者人民法院不予认可，则清算组应当依法向人民法院申请宣告破产。我国破产法以破产申请主义为立法原则，在公司强制清算中司法权的介入体现的是强制公司进行清算，但并不产生法院依职权对强制清算中发现破产原因的公司直接启动破产程序的法律效果。因此，利害关系人（包括清算组）提出申请成为公司强制清算程序与破产程序的衔接的一个重要条件，这也就导致了公司强制清算程序向破产程序转化的不确定性。

我们认为，公司强制清算中发现存在破产原因的，清算组依法向法院提起破产申请是公司法对清算组规定的一种义务，如果清算组拒不履行这种义务，则会使公司在强制清算程序因出现破产原因情形下终结后，可能出现并不进入破产程序的情况（如果债权人及其他利害关系人亦不申请的话）。如此，则公司仍旧退回到市场中游离，继续损害市场秩序及相关利害关系人的利益。因此，我们建议应立法对上述清算组违反义务应承担责任做出规定，只有这样，才能有效地完善强制清算程序与破产程序的衔接。

第三部分　对清算义务人民事赔偿、清偿责任案件情况的调查

《公司法》及《公司法解释（二）》确定了清算义务人未尽清算义务所导致的三种民事责任，即清算责任、清算赔偿责任及清偿责任。其中的清算责任指清算义务人在公司解散后，未依照法定程序和期限实施清算而应承担的强制履行清算义务的民事责任。对清算责任的追究是通过申请强制清算方式实现的，即法院所受理的公司清算案件。而对于清算义务人不清算、怠于清算或违法清算的，债权人可以据此提起民事诉讼，要求清算义务人对公司所欠其债务承担赔偿责任或清偿责任，对于清算赔偿责任及清偿责任的追究，则是通过提起相关责任诉讼的方式实现。

一　公司清算赔偿、清偿责任案件的类型及特点

在《公司法》修订前，对于企业法人解散而未经清算的情形，均规定了应当清算，但对于如何强化债权人合法权益的保护，法律没有明确规定，因此，实践中做法不一。对此，最高院的意见是：如果清算主体不履行清算义务而实际损害了企业债权人的合法权益，人民法院可以判令其在限定时间内承担清算责任，以被清算企业财产为限对该企业债务承担清偿责任；如造成企业财产毁损、灭失、贬值，甚至私分财产，致使债权人的债权受到实际损失的，则应承担赔偿责任。根据这一要求，司法实践中对于公司清算责任案件的处理方式是：根据不同的诉讼请求，如要求清算义务人承担偿还责任的，

判决清算义务人限期清算（一般为3个月），并以清算后的财产对债权人承担清偿责任；如要求清算义务人承担赔偿责任的，则判决清算义务人未在限定期限内完成清算的，需对债权人负赔偿责任。

《公司法》及《公司法解释（二）》明确将追究清算责任的案件及追究清算赔偿、清偿责任的案件在诉讼程序上分割开来，使得我国公司清算制度更为完善，债权人利益的保护更为切实。

清算赔偿责任，指公司解散后，清算义务人未在法定期限内履行清算义务，造成公司财产损毁、灭失、贬值等，致使公司的偿债能力下降并进而使债权人的债权遭受实际损失的，应当对债权人的损失承担赔偿责任，此种赔偿责任属于侵权责任。如《公司法解释（二）》第18条规定：有限责任公司的股东、股份有限公司的董事和控股股东未在法定期限内成立清算组开始清算，导致公司财产贬值、流失、毁损或者灭失，债权人主张其在造成损失范围内对公司债务承担赔偿责任的，人民法院应依法予以支持。第19条规定：有限责任公司的股东、股份有限公司的董事和控股股东，以及公司的实际控制人在公司解散后，恶意处置公司财产给债权人造成损失，或者未经依法清算，以虚假的清算报告骗取公司登记机关办理法人注销登记，债权人主张其对公司债务承担相应赔偿责任的，人民法院应依法予以支持。

清偿责任，指依据公司人格否认制度，在出现法定情形后根据具体情况让股东承担有限责任以外的其他责任，作为股东有限责任的补充。如《公司法》第20条规定："公司股东滥用公司法人独立地位和股东有限责任，逃避债务，严重损害公司债权人利益的，应当对公司债务承担连带责任。"《公司法解释（二）》第18条第二款规定：有限责任公司的股东、股份有限公司的董事和控股股东因怠于履行义务，导致公司主要财产、账册、重要文件等灭失，无法进行清算，债权人主张其对公司债务承担连带清偿责任的，人民法院应依法予以支持。第20条规定：公司解散应当在依法清算完毕后，申请办理注销登记。公司未经清算即办理注销登记，导致公司无法进行清算，债权人主张有限责任公司的股东、股份有限公司的董事和控股股东，以及公司的实际控制人对公司债务承担清偿责任的，人民法院应依法予以支持。公司未经依法清算即办理注销登记，股东或者第三人在公司登记机关办理注销登记时承诺对公司债务承担责任，债权人主张其对公司债务承担相应民事责任的，人民法院应依法予以支持。

实践中，债权人通常不会选择申请法院进行费时费力而又很难保证债务得到有效清偿的强制清算程序，而是直接对清算义务人提起要求承担清算赔偿责任的诉讼。这种现象在司法实践中已得到印证，即申请公司强制清算的基本都是股东，而没有债权人。同时，实践中，债权人要求清算义务人承担清算责任的诉讼请求有时会存在于其他普通民事案件中，如在要求公司作为债务人承担责任的同时，要求清算义务人承担相应的赔偿或连带清偿责任，因此，该类纠纷往往以债权人与公司之间的基础纠纷作为案由，如买卖、借款等，单纯的公司清算法律关系纠纷案件相对较少。从调研情况看，威海市法院尚未受理单独请求清算义务人承担清算赔偿责任及清偿责任的案件，所受理的在其他案件中同时追究相关责任的也比较少。

二 公司清算赔偿、清偿责任案件审判中的有关问题研究

（一）清算责任的请求主体不完善的问题

公司法对清算赔偿责任及清偿责任的规定都是针对有关给债权人造成损失的情况，而对于实践中大量存在的控制股东或公司的实际控制人违反清算义务给其他股东造成损害的情形，控制股东或实际控制人是否需承担民事责任则没有规定，应是立法的遗漏。我们认为，公司自行清算及强制清算（合称公司清算）与破产清算的主要区别是公司资产是否大于负债。在公司清算中，一般的情况是资产大于负债，在以公司资产清偿债务后，存在剩余财产，而对此剩余财产，公司的所有股东作为出资者均享有分配权。因此，在清算义务人不履行、怠于履行或违法履行清算义务时，不但侵害了债权人的利益，同时也侵害了其他股东（主要是中小股东）的利益，此时，其他股东应与债权人一样，拥有要求控制股东承担清算赔偿责任和清偿责任的诉权。最高法院也认识到这一立法缺失，在日前出台的《座谈会纪要》中对此做出了明确的规定。

同时存在的问题是，如果认定控制股东或实际控制人对其他股东负有赔偿责任，那么，股东的具体损失如何确定？我们认为，原告股东应提交造成损害的相关证据，如在清算义务人拒不履行清算义务时公司除去偿债财产后所余的剩余资产数额，如果其他股东未能提供上述证据，则应按照其提交的出资证据以其出资额确定股东的损失数额。

（二）清算赔偿责任之诉是否适用诉讼时效的问题

诉讼时效是指民事权利受到侵害的权利人在法定的时效期间内不行使权利，当时效期间届满时，人民法院对权利人的权利不再进行保护的制度，是对请求权的一种限制。对于《公司法》及《公司法解释（二）》规定的清算义务人的清算赔偿责任，其法律性质为侵权责任，相关权利人有权依据侵权

责任理论要求侵权人及清算义务人承担赔偿责任。我们认为，这种权利亦应受到诉讼时效的限制。鉴于清算赔偿责任自身的特点，可对相关权利人对清算义务人提起的要求其承担清算责任的损害赔偿之诉规定特别时效，即在公司解散事由出现后超过 5 年提起的，法院不予受理。

（三）与执行程序衔接的相关问题

在调研中我们发现，有的法院在执行案件中直接将债务人的股东以公司已经解散而未履行清算义务为由追加为被执行人，要求其承担公司所欠申请执行人的债务。

〔案例〕被执行人某金属公司已经被有关部门撤销，债权人某公司在申请强制执行债务人某金属公司期间发现，该公司的股东柳某及柳某某一直未对该公司进行清算，遂要求法院追加该二股东为被执行人，对债务人某金属公司所欠债务承担连带责任，法院审查后认为，股东柳某、柳某某在某金属公司解散后未履行清算义务，且有将公司财产与个人财产混同的事实，应承担相应民事赔偿责任，裁定追加股东柳某及柳某某为被执行人，承担还款责任。

审判实践中出现这一现象的原因在于，有的法院对于《公司法》及司法解释规定的清算义务人的民事赔偿责任承担的法定程序认识不清，为了保护债权人的利益得到实现，直接确定清算义务人的民事赔偿责任，进而直接将债务人公司股东追加为被执行人，承担债务人公司所欠债权人的债务。而最高法院对这一问题的意见也存在反复，在其制定的《关于变更和追加执行当事人的若干规定》（2004 年征求意见稿）中，就将负有清算义务的人列为可以申请追加和变更的被执行人之列。对此，我们认为，应明确的是，清算义务人是否应承担清算赔偿或清偿责任，必须经诉讼程序予以确定，不应在执行程序中直接以清算义务人未履行清算责任而追加清算义务人为公司债务的被执行人。理由在于：民事诉讼程序是确认民事权利存在的程序，而强制执行是实现民事权利的程序，对于清算义务人是否应当承担赔偿责任需要确认是否存在未履行清算责任的事实、该事实与债权人损失之间的因果关系等，应当通过合法合理的民事程序予以确定，赋予被追究责任的股东举证、质证、辩论、上诉的权利，这只有通过诉讼程序才能解决，执行程序无法承担这一功能。

三 关于清算责任案件的思考：如何促进公司清算相关责任立法目的的实现

公司解散后拒不清算行为的危害前文已多有论述，究其原因，主要包括清算程序复杂麻烦，公司管理人员及股东下落不明，没有清算义务人，公司管理混乱，账目遗失或不清，无法做出清算报告，清算义务人为了逃避债务，故意不清算，不予清算违法成本极低等多方面原因，但也与长期以来对公司清算的立法滞后、市场主体对清算制度不甚了解有极大关系。《公司法》及《公司法解释（二）》对有关公司清算的民事责任的相关规定，根本目的不是追究清算义务人的民事责任，而在于督促清算义务人依法组织清算，规范法人退出机制，保护债权人的应有利益，以解决我国目前实践中该清算不清算的突出问题。《公司法》从不同层次对清算义务人不依法履行法律规定的清算义务所承担的法律后果予以规范，以保障我国法人退出机制的健康、有序地发展与完善，"除了有事后救济的法律价值外，更多的价值在于警示、引导作用。清算义务人在对借解散逃废债务（后果是承担上述清算义务人民事责任）和依法清算了解公司债务（享受有限责任庇护）进行利益权衡的基础上会自行作出对其有利的抉择"。可见，对清算义务人的清算赔偿责任及清偿责任的相关规定，促进公司清算义务人在公司解散后积极选择依法履行清算义务亦是其十分重要的立法目的。

从课题组在 2008 年 6 月《公司法解释（二）》施行一周年之际向威海市近百家中小企业下发的问卷情况看（实际回收 62 份），对我国公司清算相关制度比较了解的仅有 3 家，仅占 5%，不了解的 28 家，占 45%，其他为一般。因此，加强法制宣传，对促进市场相关主体，特别是中小企业了解公司强制清算制度十分必要。实践中，一方面应加强对公司法及其司法解释的宣传，使更多的公司及投资人了解合法退出市场的必要性；另一方面，应加强对公司强制清算相关诉讼案件的审理工作，严格规范清算义务人在公司出现解散事由后不清算、怠于清算及违法清算的赔偿责任，彻底改变现实中清算义务人对已解散公司放任不管违法成本极低的现状，从民事责任的承担规范清算义务人对解散公司的依法清算，有效地促进市场主体退出机制的完善。

（作者单位：威海市中级人民法院　课题组成员：
时述森　马绪福　宋　光　邓　锐　赵　芳　赵　欣）

关于当前农民持续增收问题的研究

杨绍平

"三农"问题从中央到地方历来是各级关注的焦点。"三农"问题的根本是农民问题,农民问题的关键是农民增收问题。积极探索新形势下促进农民持续增收的新思路、新途径,既是保持经济社会持续协调健康发展的现实需要,也是树立落实科学发展观以人为本思想的客观需要。

一 "十一五"期间,威海市农民收入快速增长

地级市成立以来,威海市的农民人均纯收入以平均每年 12.33% 的速度由 1987 年的 739 元提高到 2010 年的 10516.99 元,增长了 13 倍多。"十一五"期间,威海市农民收入增长更快,2010 年,农民人均纯收入首次突破万元大关,为 10516.99 元(见图一)。

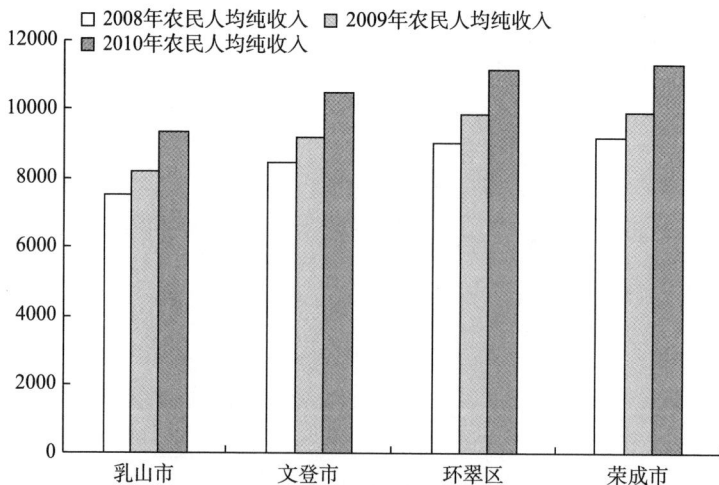

图一 威海三市一区农民 2008~2010 年人均纯收入增长情况

二 农民收入快速增长的原因分析

第一，优化布局，深化调整，靠规划确保增收

调整优化结构是新阶段农业发展面临的重大课题。农业结构战略性调整的一个重要内容是优化农业区域布局，开发区域特色产品，形成区域特色产业。合理调整资源利用方向，因地制宜地确定区域主导产业，加快形成特色农业经济区，促进特色农产品生产区域化、规模化，可以形成农业发展新的增长点，对提高威海市农业的整体素质和效益具有重要意义。近年来，威海市充分发挥自身优势，摒弃过去"样样都有一点，样样都形不成拳头"的适应性调整，打破农业区域结构"小而全"的格局，按照"因地制宜，分类指导，宜渔则渔，宜种则种，宜养则养"的原则，构建符合本地实际、具有竞争强势的特色产业带，造就区域板块优势。坚持用工业的理念来谋划发展农业，重点在海产品、果品、蔬菜、乳制品、中药材加工制造等已具备一定基础的产业上率先实现突破。各市区按照"主攻一个产业，突出一个特色"的思路，优先发展适合本区域的产业，其中，乳山主攻大姜，突出加工型苹果；荣成主攻水产，突出花生；文登主攻畜牧，突出药材；环翠区和高区主攻城郊农业，突出旅游农业；经区主攻无花果，突出无花果加工。通过发展区域特色产业，形成规模，促进农民增收见表一。

表一 威海各区市的主攻产业和突出特色汇总表

	乳山	荣成	文登	经区
主攻产业	大姜	水产	畜牧	无花果
突出特色	苹果	花生	药材	无花果加工

第二，扶持龙头，建设基地，靠企业带动增收

农业龙头企业以农产品加工或流通为主，通过各种利益联结机制与农户相联系，带动农户进入市场，使农产品生产、加工、销售有机结合、相互促进。威海市在发展现代农业过程中，通过做大做强农业龙头企业带动农民致富之路，激活了农业产业链，截至2010年省级以上农业产业化龙头企业由19家发展到50家。威海乳山市重点扶持了一批市场潜力大、辐射面广、带动力强的龙头企业300多家，先后培育起30万亩苹果、30万亩花生、4.5万亩大姜、1万亩茶叶、3万亩牡蛎、1万亩萝卜、1万亩葡萄、30万头生猪、450

万只鸡、1 万亩蓝莓等十大特色产业，一个"优势产品有基地、规模生产有标准、产品加工有龙头、特色产品有品牌、带动农户有效益"的特色农业新格局正在形成，大大增加了农民的收入。荣成好当家集团坚持"大投入、高产出"的原则，建设高效优质的农业产业生产基地，旨在提高农业的机械化水平，促进当地农业的产业化进程，在省内建立了蔬菜、肉类、水产生产基地 10 多处，面积达 20 多万亩，带动各类专业村 50 多个、专业户 1.7 万个，从业人员达 5 万多人，带动户均增收 1 万多元。

第三，打造名牌，提高声誉，靠品牌推动增收

健全农产品质量安全管理体系，提高农产品质量安全水平，增强农产品国际竞争力，成为新阶段农业和农村经济发展的重要任务。近年来，威海市顺应农产品"绿色、安全、生态、高效"的发展新趋势，以提高农产品质量安全水平为中心，在农产品质量安全管理上狠下功夫，致力打造有市场竞争力的绿色农产品品牌，认证的无公害农产品、绿色食品、有机食品由 101 个增加到 933 个，"威海刺参""威海无花果""荣成海带""文登大樱桃""乳山绿茶"等 15 个农产品注册为地理标志产品。2007 年，在山东省开展出口农产品质量安全示范区建设中，作为试点的乳山市突破性地在全国率先将出口农产品质量安全管理要求和模式延伸到行政区域内农、牧、渔所有农产品生产地，做到了农产品质量安全监管区域和品种全覆盖。乳山市围绕安全农产品生产、管理制定了 130 多项规程和地方标准，已建立经过认证的标准化农业生产基地 38 万亩，获得了 25 个绿色无公害农产品认证和"乳山牡蛎""乳山大姜" 2 个国家地理商标认证。2010 年乳山市大姜种植面积新增 5000 多亩，总面积达 4.5 万亩，仅大孤山镇因种植大姜人均增收 1 万多元。崖子镇注册的"垛山"牌商标 2007 年获得山东省名牌农产品称号，并评为"中国优质苹果基地百强乡镇"，2010 年全镇苹果收入 7 亿多元，全镇人均增收近 2 万元。

第四，健全组织，强化服务，靠流通促进增收

农户与市场能否对接，直接关系农民的增收，关系农业生产能否走上产业化道路。农民专业合作社是为农户与市场间架起的一座"金桥"。从种植到加工、销售，直至远销国外，打响品牌，形成这样一个产业链，并创出自己的品牌，如果没有合作社这样的组织形式，仅靠农户在短期内是无法完成的。日本农民组织化程度高，这对中国农业的发展具有很好的借鉴意义。日本农协组合作为农业产业化经营中的"龙头企业"，不仅提供产前、产中、产后的一系列服务，还为社员销售农产品、购买生产资料、仓储和加工服务、进行

质量管理和市场谈判等，农协掌握了 70% 的农资销售渠道，因此农资的价格由农协决定。截至 2010 年威海市农民专业合作社发展到 968 家；威海市按照"政府引导，政策扶持，典型带动，农民自愿"的思路，通过政府提供开办场所、政府出资支付先期费用等形式，积极探索建立股份合作型、能人领办型、技术服务型、市场带动型等农村专业合作组织和协会，切实解决了农民卖难的问题。乳山市大姜协会是乳山市供销社与村民自办协会优势嫁接成立的新型合作组织，已发展会员 5800 多人，培养了 120 名大姜经纪人，在全国建立了 30 多处销售网点，年销量占乳山市的 90% 以上，带动乳山市大姜种植面积由原来的不足千亩增到 4 万多亩；文登市侯家镇特种养殖协会与中国农科院建立了协作关系，建立了养殖示范基地，进行优良品种、养殖加工技术的示范推广，目前全镇优质貂良种达到 90% 以上，发展养貂专业户 400 多个，水貂存养量 40 多万只；同时，围绕搞活流通，加大农产品批发市场建设力度，提升服务平台集聚功能，目前全市已建成各类农副产品批发市场 37 家，其中，威海市农副产品批发市场、威海市水产品批发市场、荣成市石岛水产品批发市场、乳山市诸往镇良种兔批发市场 4 处市场被农业部列为部级农产品定点批发市场。

第五，招商引资，辐射带动，借外资拉动增收

近年来，威海市坚持全方位、多层次、宽领域的招商格局，加大农业对外开放和招商引资力度，积极引进国内外大型农产品加工和营销龙头企业，不断扩大农业利用外资比重。截至目前，规模较大的企业有日本烟草投资的威海佳康食品有限公司、韩国东源水产株式会社投资的威海东源食品有限公司、韩国乐天三冈株式会社投资的山东鹏程三冈食品有限公司、美国福喜公司投资的福喜（威海）农牧发展有限公司等，加快了全市农业产业产品结构的调整，推动了传统农业向现代创汇农业的发展。美国福喜公司是肯德基的全球供应商，该公司在乳山市投资建设的年加工 3500 万只的肉食鸡加工车间已投产，孵化厂、饲料厂等配套公司也破土动工，全年肉鸡出栏量可达 3500 万只。预计到 2012 年，乳山市的肉鸡养殖规模将达到 5000 万只，可形成集种鸡、孵化、养殖、饲料、兽药、宰杀、深加工和销售于一体的一条龙式产业链，年总产值可达到 20 亿元，每年可带动群众增收 1 亿多元。

三　当前影响农民持续增收的原因分析

尽管农民收入一直在较快增长，但是，与新农村建设的要求、全市现代

化建设的步伐以及广大农民群众的迫切愿望，还有很大距离。为寻找影响农民持续增收的主要原因，我们选择了威海乳山市大孤山镇、午极镇、白沙滩镇、崖子镇进行了调查分析（见图二）。我们认为，当前制约农民收入增长的因素主要有以下几个方面：

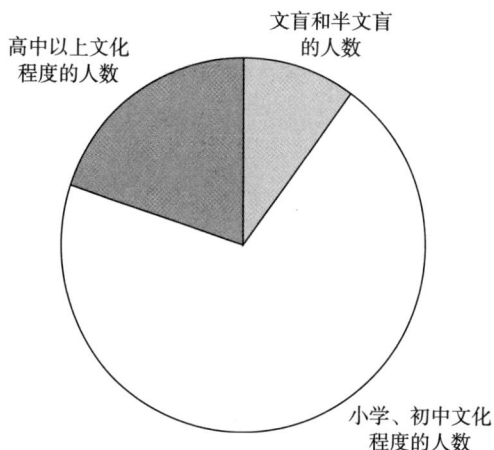

图二　乳山市农村劳动力文化程度比例图

1. 思想观念落后，整体素质偏低

根据农村抽样调查资料显示，在威海乳山市农村劳动力中，文盲和半文盲的人数占10%，小学、初中文化程度占70%，高中以上文化程度占20%，大部分农民思想保守、没有文化，整体素质偏低，对市场的把握不准确，容易盲目生产，扎堆上市，难免会出现"第一年年底农产品价格上涨→第二年农产品供给过剩→第二年农产品价格下跌→第三年农产品短缺→第三年农产品价格上涨"蛛网性波动的困境，导致农业生产大起大落。另外，他们的创新意识和科技意识差，学科学用科学的气氛不浓、积极性不高，对新技术接受慢，致使先进的科技成果得不到推广。如近几年来，乳山市虽然着力实施了农产品质量安全示范区建设，投巨资建设了农产品质量检验监测中心，但有少数农产品生产经营业者或群众农民对绿色生态农业的认识还不到位，仍以增加农产品产量为重点，忽视农产品的质量安全，超标超量喷洒农药，违规使用添加剂等问题还不同程度存在。同时，由于人民群众消费观念尚未改变，优质优价难以体现，致使农产品存在较大的安全隐患，农业的质量和效益提高不大。

2. 产业结构调整慢，收入渠道单一

在农民总收入中，第一产业占比很大，第二、三产业占比很小。近年来，乳山市委、市政府对农村产业结构不断地进行调整，但这种调整也仅局限于第一产业内部，第二、三产业发展仍然滞后。2010 年，在农民总收入中，第二、三产业占比为39%。在种植业内部，农产品结构也不尽合理，大宗产品居多，多年来，种植品种仍以小麦、玉米、大豆为主，尽管政府对这些作物进行直补或粮种补贴，但这些作物对增加农民收入作用甚微。一些名优特新、高附加值产品少，不能满足市场对农产品优质化和多样化的需求，种植业收入不高直接影响着农民的总体收入水平（见图三）。

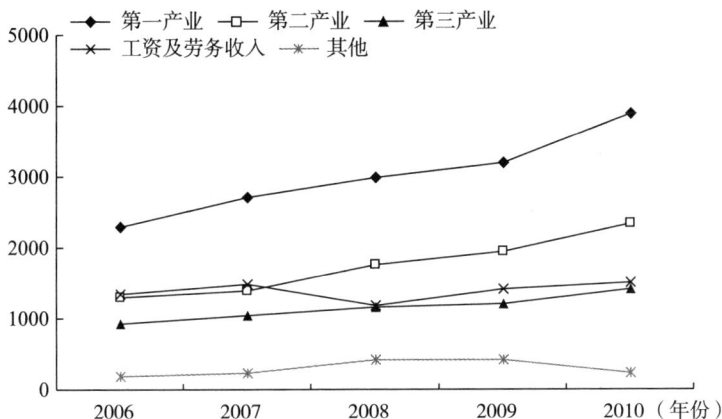

图三　2006 年～2010 年乳山市农民收入构成

3. 集约化程度低，生产经营水平低

首先农业生产风险大，在农业生产中，经再生产与自然再生产相互交织，这使农业生产既可获得大自然恩赐，又在很大程度上受到大自然约束。农业生产难以逃避种种自然灾害侵袭，生产风险相当大。如乳山市近几年来不断遭受旱灾，每年都给农业带来一定损失。同时，农作物单位面积产品重量大、产值低，保存费用高，风险大。农产品需求弹性小，市场变化风险大。农业"无效成本高"（"无效成本"是指自然灾害成本，农药与化肥流失成本，农机具露天大面积运转成本与农机具季节性闲置成本等）。这些都会使农业生产处于艰难境地。

其二，农产品品种单一、品质不高。乳山市农产品品种不够丰富。低档产品多，优良品种少，造成大多数产品供过于求，产品销售困难，价格低迷，农民增产不增收。

其三，农产品附加值提升少。在市场经济条件下，农产品深加工，特色及产品附加值，成为农民增收的有效途径。目前乳山市农产品供给中"四多四少"的矛盾比较突出，即大路货多、优质货少，低档货多、高档货少，普通货多、专用货少，原材料多、加工制成品少。如威海市的牡蛎，年产量在15万吨左右，但全市牡蛎加工企业不到10家，年产品加工出口能力仅1万多吨，且多以生鲜产品为主。再如威海市的大姜，年产量2亿公斤左右，但大多数以原料形式供应市场，姜粉、姜汁、大姜调味品等下游产品基本没有，产品附加值不高。农产品深加工差距不仅降低交易价格，更减少了市场占有份额，在相当程度上制约着农业对农民收入的贡献能力。

4. 市场机制不健全，农产品收益水平低

市场经济是一把双刃剑，它给农民带来好处的同时，也在侵蚀农民的话语权，无论是作为弱势的农民还是符号化的农民工，都没有足够的可以与市场上其他阶层谈判的能力。如2011年春，山东、河南、广州出现的蔬菜严重滞销。最为明显的就是对粮食价格的担忧，粮价的微小波动都会对农民造成极大负担，从近年来的经验来看，一旦市场控制了粮价，就很容易下跌。而农资价格却在不断攀升，这使得农民苦不堪言。为了提高农民收入，各级政府也很重视稳定农资价格，但效果并不尽如人意。农资价格上涨过快，根本原因在于农民在市场中话语权过弱。自去年以来，乳山市农业生产资料价格总指数比上年同期上涨20%以上。农资价格的高位攀升，抵消了农产品价格上涨和惠农政策带给农民的实惠。全市农业及牧业生产费用支出分别同比增长35%和45%左右，增加了120元和50元左右，两项合计170元，占农产品价格上涨和惠农政策带给农民实惠（农产品价格上涨使农民人均增收200元，补贴力度加大使农民直接比上年人均多受益40元）的近70%。由于农业生产资料价格上涨将使农民今年种植业生产费用比上年人均多支出200元左右，畜牧业生产费用人均多支出70元左右。生产费用的大幅增长直接制约着全年农民纯收入的增加。

四 "十二五"期间保证农民收入持续增长的思考和建议

1. 进一步搞好农业产业结构调整，加快农业产业化发展步伐

搞好农业产业结构调整，推进农业产业化发展步伐是保证农民收入持续增长的根本措施。

第一，继续合理规划和布局产业区域，建立基地和示范区。进一步形成优势产业区域化、规范化生产格局，引导农民在规模效益上做文章，做大做强一批优势农业产业，实现资源优势向经济优势转化。如乳山主攻大姜、苹

果产业；荣成主攻水产、花生产业；文登主攻畜牧、药材产业；环翠区和高区主攻城郊农业、旅游农业；经区主攻无花果产业等。

第二，要继续扶持龙头企业，带动农产品加工，增加农产品附加值。加快发展农产品加工业，精心培育产业龙头，着力打造规模大、起点高、带动能力强的农产品加工贸易企业，形成具有国际国内市场影响力的名牌产品。加强对农产品采后处理的检验工作，保证农产品质量卫生安全，提高农产品竞争力和附加值。发展"订单农业"，让农业实现规模生产经营和销售，形成生产、加工、销售一体化，真正实现"以工带农"的发展之路。

2. 推进农超对接、基地直供，完善农产品流通体系

在市场经济条件下，无论是农民个人还是农业生产合作社，生产的农产品必须走向市场，由市场决定农产品价格，这时，流通的作用凸显出来了，农产品只有通过流通，才能实现价值转化成农民收入。农产品流通体系主要包括农产品的生产、采购、调运、加工、存储、销售等环节和方面，其中生产和销售环节是关键。据有关权威部门的计算，现在，流通成本已占蔬菜价格的50%以上，而生产者并没有从高菜价中得多少实惠。流通渠道不畅，还造成不少地方出现"货到地头死"的情况。农超对接、基地直供本着"减环节、降成本"的经营理念，有效地把生产与销售两大环节"对接"起来，实现市场有效引导生产，生产直接面向市场，并通过采购、调运、加工、存储等手段，在时间、空间、品种等方面有效调整农产品的状态，使之更适合市场需要，实现农产品增值，从而直接促进了农民增收。同时，对农产品专业合作社、基地来说，达标并对接超市，本身是一个组织规范化、经营规模化、产品标准化、营销品牌化的过程。通过与超市对接，可以在更高层次上获得制胜市场的素质和实力，壮大自身，从而更好地辐射带动入社农民增收。所以，农超对接、基地直供是专业合作社、基地实现跨越式发展和增加农民收入的一个难得的机遇。

另外，我们还应加速农村小城镇和信息网络建设步伐，逐步形成灵活高效的农产品集散调节机制和自由流通机制，全力推行农产品绿色流通通道，减免农产品流通收费，切实搞好农产品市场流通。

3. 进一步加大对农业基础设施和农民素质的投入力度

第一，农业基础设施建设落后，使农业生产处于粗放经营状态，并始终在低水平上徘徊。因此，要想办法，从多渠道投入资金，引导本市一些夕阳产业或准备转型升级企业投资现代农业，成为带动农民增收的龙头企业。尽快建设一些现代化的、使用效率高的抗旱、排涝设施，提高农业的抗风险能

力。建设旱涝保收田，尽量让农民做到旱涝保收，减轻自然灾害对农民收入的影响。

第二，提高农民素质已刻不容缓，我们必须从战略的高度采取切实可行的措施，加紧培养一支适应新形势、适应农业产业化发展要求的农民队伍。当然，提高农民素质是一项长期系统的工程，不可能一蹴而就。因此，要建立和完善多形式、多层次的农民培训体系，使农民尽快掌握农业新技术、新知识，并帮助农民树立市场观念、增强民主法制意识。此外，还要培养一代学习型农民，这是提高农民素质的根本。同时要通过农业基地、农业龙头企业、农业合作社等组织促进高科技成果的转化和推广，通过提高农民素质，推广农业科技，促进农民增收。

4. 进一步健全土地承包经营权流转市场，增加农民收入多样性

党的十七届三中全会提出："加强土地承包经营权流转管理和服务，建立健全土地承包经营权流转市场，按照依法有偿自愿原则，允许农民以转包、出租、互换、转让、股份合作等形式流转土地承包经营权，发展多种形式的适度规模经营。有条件的地方可以发展专业大户、家庭农场、农民专业合作社等规模经营主体。"

首先，土地流转便于在集中连片的基础上调整农业结构，推广应用新设备、新技术、新品种，实施规模化、机械化、标准化生产；

其次，土地流转有利于农产品质量安全。如经营者为增强农产品市场竞争力、有效规避市场风险，必须严格控制产品质量安全，如将土地流转经营与农产品质量安全区域化管理有机结合，从根本上解决农产品质量安全问题。

第三，随着土地流转，在土地经营主体改变的同时，土地"嫁"给企业，农民"转"为工人，许多农民可以成为身在农田的蓝领工人，从而增加农民的工资性收入。

5. 深入推进出口农产品质量安全示范区建设，发展绿色农业

当前，农产品质量安全问题引起国内外各界高度关注，受国际金融危机影响，国际贸易保护主义加剧，发达经济体市场对农产品质量安全标准更加严格。深入推进出口农产品质量安全示范区建设，除了是突破国际贸易壁垒的有效途径，还可以：

第一，有助于增加农民收入。在当前国内大部分农产品供过于求的情况下，农产品出口效益普遍好于国内销售，在一些主产区，出口农产品已经成为当地农民收入的主要来源。

第二，有助于带动农村就业。农产品出口带动了农业、制造业和服务业

的发展，为这些行业创造了大量的就业岗位，从而可吸引大量农村劳动力，促进农民就业，增加农民收入。据专家测算，每 1 万美元的出口农产品，能直接和间接创造约 20 个就业岗位。

第三，有助于促进农业发展。为了适应国际市场的"高标准、严要求"，出口农产品质量安全示范区在基地建设、品种、品质、品牌、包装、储运等方面的标准更加优化，引进了大量的国外品种、资金、技术和先进的管理经验，形成了一些优势农产品生产和出口龙头企业、基地，可以更好地带动农民增收。

（作者单位：中共乳山市委党校）

农村（社区）股份合作制：发展壮大农村经济的有效模式

——荣成市崖头街道小孙家村的调查与思考

梁　栋

建设社会主义新农村，根本目的是发展农村经济，增加农民收入，提高农民物质文化生活水平，这最终必然要落实到村庄上，落实到广大农民的生产生活中。在家庭联产承包责任制以后，尤其是在工业化、城镇化和新农村建设快速发展的大背景下，如何进一步释放农业生产力？如何在推进城镇化进程中妥善解决失地农民的生产生活出路问题？如何确保农村集体资产保值增值？已成为当前新农村建设中迫切要解决的实际问题。在人地关系高度紧张的基本国情和城乡二元结构体制性矛盾的双重制约下，要解决上述问题，实现农民持续增收和城乡统筹发展，必须通过组织创新和制度创新，按照"资源资产化、资产资本化、资本股份化"的发展方向，加快发展各类股份合作制经济，推动农业发展方式转变，实现农业现代化和可持续发展。荣成市崖头街道小孙家村的实践有力地证明了这一点。

早在1996年，小孙家村就开始进行以集体资产量化折股为基础的股份合作制改革，当时不仅是威海市首家农村股份合作制改革试点村，而且在全国也走在了前列，引起了各级政研部门的广泛关注。十多年以后，我们再次走进小孙家村，这里路畅楼洁、市活民丰的农村新面貌，让我们深切感受到了这一改革带来的活力，也引发了我们更多的思考。

一　起点与历程

小孙家村位居威海市新城区，总人口300户、870人。其发展历程大致可以划分为两个阶段：从 1993 年村改企成立亚飞实业总公司、1996 年进行股份合作制改革，到 2001 村改居为第一阶段，"小孙家模式" 初具规模；从亚飞社区居委会成立，特别是 2004 年农转非以后，小孙家模式得到了进一步发展，走出了一条全新的发展道路。

"小孙家模式" 的基本点在于，坚持土地集体所有和集体资产不分割的前提下，按照合作制原则，借鉴股份制形式，将村集体经营性资产折股量化到人，在全村范围内进行股份合作制改革。具体做法是：

（一）确定股权设置。以当时核准的村现有净资产的 80% 作为集体股，净资产的 10% 作为福利股转让给符合条件的村民与企业职工，村民与企业职工按配一买一的比例以现金购买 10% 的个人股。集体股由亚飞实业总公司掌握，其分红金额为集体的公共积累，用于扩大再生产，解决全村的公益福利事业等；福利股为村集体所有，村民和职工只享有分红权，不得转让、抵押、继承和出售；个人股归村民、职工个人所有，在办理过户手续后可以在本公司内继承、转让。

（二）核定股东资格和量化股份。根据村民的户口情况、贡献大小和人口数量确定应得的福利股数。具体规定：凡户口在本村的村民每人分得一股，同时在本村企业工作的（只限本人）另增加一股；新迁入户及本村女子出嫁户口未迁出者，男方在本村企业工作其直系同居者每人分得一股，女方自己在本村企业工作的本人可得一股；独生女户招婿入户的，全家人每人分得一股；在本村居住的非农业户口离退休党员干部分得一股；新迁入户在本村居住但不在本村企业工作的，每户分得一股；总公司及两委主要负责人另增加六股，总公司副职兼任下属企业法定代表人另增加二股，两委各部门主要负责人及下属企业副职另增加一股，总公司、两委成员交叉任职的不重复计算福利股。

（三）严细股份管理。规定每股 1000 元，福利股同现金股一样参加分红补贴，股份分红补贴三年内保值，保值期内每年股份补贴不低于持股总额的 15%；股东因死亡、招工、招干、结婚、升学等原因迁出户口的，退给个人股、取消福利股，享受当年分红补贴；股东自由离职、开除或触犯法律被判刑，适龄青年未办理兵役登记或拒服兵役，当年个人股分红后退给、福利股收回并取消当年的分红补贴资格；对违反计划生育政策的股东，根据情节轻重，一并退给个人股、收回福利股、取消分红补贴资格或停发全家分红补贴若干年；对违反村规民约的股东，采取行政与股份分红补贴挂钩的办法进行处罚；村、企主要领导（不含受党纪处分的）达到退休年龄标准不再任职的，连续工作满五年以上保留福利股 50%，连续工作满十年以上保留福利股 100%。

"小孙家模式"处于股份合作制改革的探索起步阶段，形式上还不尽规范，管理水平也有待进一步提高，但它把发展生产与改善村民福利待遇、把搞好村政管理与建立现代企业有机结合起来，将福利股与计划生育、服兵役、遵纪守法、贡献大小等直接挂钩，使烦琐杂细的村级事务与个人的经济利益紧密结合，直接触及农村经济社会发展的许多层面，让农民在获得更多工资性收入的同时，获得更多财产性收入，在盘活集体闲置资产、促进农村经济发展、保障农民合法权益、维护农村稳定等方面都做出了不可磨灭的贡献。

二　变革与现状

在工业化、城市化快速推进，农村经济、社会形态出现巨变的大背景下，"小孙家模式"经历了一个嬗变期，将股份合作制与撤村建居、旧村改造和发展服务业紧密结合在一起，为社区建设和集体经济发展打开了一扇大门。

（一）旧村改造。从 1996 年开始，小孙家村开始大规模的旧村改造，利用村原有公共积累和股份合作制募集的资金投资房地产开发，聘请市规划处与哈尔滨建筑工程设计院，高起点规划设计改造方案，由村集体统一拆旧平房建住宅楼，一部分用来改善并妥善安置村民和大龄青年住房，原则上每户村民 4 间平房可以换住 80 平方米新楼，每个家庭中有一个儿子或两个女儿的可以另购一套平价楼；一部分对外出售，所得收益用来再开发建设和发放村民住楼生活补贴。补贴标准是：每户每年免费供应 4 罐液化气，每月免费供应 4 方水，60 岁以上的老人每年 200 元电费。这样经过几轮开发，除极少数村民因特殊原因没有拆迁以外，绝大多数村民都住上了新楼，新农村建设取得了明显成效。

（二）发展第三产业。作为城中村，小孙家村具有更快融入城市的先天条件，大部分土地被征用，大量集体资源性资产转变为经营性资产和货币资产，农村产业趋向非农化，农民转为市民。所有这些，都为发展第三产业提供了难得的机遇，小孙家村便利用村集体所有和旧村改造节省下来的土地，高标准建设商务楼、写字楼等公用服务设施，大力发展租赁服务业，让原来的村级资产进入市场、实现盈利，实际上等于在农村经济发展中增加了多个公司，主要经营房地产、楼宇租赁、物业管理、专业市场等。目前，小孙家村共有14000 多平方米的公用设施对外出租，年租金收入 80 多万元，成为村集体收入和改善村民福利的主要来源。

（三）为村民办养老保险。撤村建居以后，小孙家村不再以耕田种地为主，如何保障失地农民的根本利益，他们在大力发展第三产业的同时，为村民办养老保险以解决农民的后顾之忧。具体做法是：在企业工作的村民，参加企业职工养老保险；不在企业工作的村民，参加失地农民养老保险，村集体按满 60 周岁每人每月领取 30 元的标准投保；在村办企业工作、因年龄大而没有参加企业养老保险的，由村集体按每年工龄每月 10 元的标准发放工龄补贴。

撤村建居使小孙家村社区化、村民市民化，把村级经济变成了社区股份合作制经济，避免了撤村建居以后集体资产流失的可能，村民无论走到哪里都有一份资产属于他；旧村改造使村民在城中居者有其屋，在二、三产业就业，大大促进了农村劳动力的转移，农村经济向城市化过渡，农民顺利转化为城市职工与市民；为村民办养老保险，让农民不再光着身子进城，没有把城乡二元体制带到城市中来，妥善地解决了"要地不要人"的城市化问题，实现推进城市化与维护农民利益的双赢目标。截止到 2009 年，小孙家村总收入由改制前的 2544 万元提高到 8500 万元，集体资产由改制前的 800 万元提高到 1500 万元，村民人均年可获得 6500 元左右的福利待遇，有效地保障了农民的根本利益，维护了农村的和谐稳定，加快了农村城市化进程。

三 思考与建议

（一）对村企合一的沿海渔农结合村很有借鉴意义。小孙家村股份合作制改革的一个最大特点，是股份的分配不仅是一种投资行为，更是一种有差别的福利待遇，这种福利待遇不仅仅局限于在企业工作的职工，而是扩大到全体村民，每个人都能享受到，这就从根本上改变了现有村级集体资产名义上归农民所有，实际上却"看得见，摸不着"的状况，真正让农民由"局外人"变成"局内人"，充分体现了发展成果惠及于民的思想，更是对胡锦涛总书记提出的实现"包容性增长"的实践探索。作为继家庭联产承包责任制和乡村集体企业产权制度改革之后的农村集体资产产权制度改革，农村（社区）股份合作制必将在很长一段时间内存在并发挥作用，这对威海市村企合一的沿海渔农结合村很有借鉴意义。一方面，这些渔农结合村都是经过多年共同的原始公共积累发展起来的，其现时的经济成果包含了几代人多少年的共同努力，发展成果理应由他们共享。另一方面，这种福利待遇又与贡献多少、责任大小和个人投资直接联系，实现投资联合与劳动联合的有机统一，让村民在享受村级经济发展成果的同时，更加关心集体、关注发展，这对于调动村民积极性促进公司发展具有积极意义。

（二）城中村、镇中村、近郊村的社区建设和城乡一体化发展值得效仿。土地既是农民赖以生存的基础，又是村级集体经济发展壮大的基础。在城市化进程中，对城郊村的征地不断增加，出现一大批"无地户""无地村"，农民不可能仅靠有限的补偿继续生存发展，农村也不可能按照传统的模式继续发展，选择一种有效的投资新渠道和快速融入城市的新模式，成为农村（社区）股份合作制的一个基本发端。小孙家村的股份合作制改革，一方面把福利分配融入对各项村级事务的管理考核之中，承担多大的责任、做出多大的贡献即配给多少福利股，享受多少福利股才能购买多少个人股；另一方面，加强公用设施建设，妥善解决村民养老问题，同时还考虑到农村以家庭为单位的传统习惯，把个人对家庭的责任具体化。这种以市场化手段管理社区事务的方法，既是对村民利益的调整，让村民充分享受到城市公共品和服务，更有助于规范社区管理，促进社会文明，为城中村、镇中村和近郊村的社区建设和城市化发展提供了一个有效样本。

（三）经济薄弱村的发展也可以从中得到启示。区域股份合作制的社会福利性质，决定了其发展必须具有稳固的经济实力作保障，否则无法保证对村民入股的利益兑现，经济实力较弱村完全实行这种模式显然是不可能的。但同时我们也可以从中得到一些发展的启示。经济薄弱村往往集体项目较少，而依靠农民自己的力量单家独户闯市场、参与激烈的竞争，目前还相当困难。在这种情况下，可以考虑将村集体所有、承包给农民的土地集中起来量化入股，吸收农民手中的闲散资金，引导农民加入到专业合作社中来，将专业合作社改制成专业股份合作社，实行统一规划、经营和开发，集中发展适合本地特色的特色农业、精品农业、生态农业、高效农业等，实现土地的合理流转和适度规模经营，促进集体经济发展和农民增收。这种改革是针对全体村民和合作社职工的，经济薄弱村在发展起来之前，可以暂时不考虑福利股，仅吸引个人股，特别是对基础投入较大的项目，让全体村民和职工都参与其中，权利与机会均等，增强他们的责任感，将有助于集体经济的较快发展。在许多地方，我们都能感受到这种改革的必要，现在一些村建起了很多集体公用设施，由于经营不善、管理薄弱，再加上集体资产与农户利益没有直接挂钩，村民对集体资产的关切度不高，很少有人积极主动地自觉维护，造成集体公用设施建起来不久就坏掉了。还有农村中现有的一些资产流失等问题也是这样。这也说明了其中的体制问题。由上述，我们可以认为，农村（社区）股份合作制是在农村生产要素与市场机制双重约束下的一个最优选择，不仅适用于经济较发达的村，对一些尚处于发展中的村也应该是一种值得效仿的好形式。

（四）农村（社区）股份合作制发展的根本方向是规范的股份公司，必须在实践中不断丰富和发展。小孙家村的改革发展是成功的，抓住了新时期农村发展的主要矛盾，承担着发展壮大集体经济、加强社区管理和提高村民社会福利水平的特殊使命，尤其是在当前农村公共服务体系还缺位的情况下，社区集体经济的发展将替代这一"空白"。但就其发展方向来说，最终必须向股份公司转型。这种转型来源于进一步发展的内源性。一是管理上的内源性。权责明确、管理科学是现代企业制度的基本特征之一。小孙家村股份合作制改革相关的制度性文件多是十多年前制定的，这些政策本来就是"试点"的、"暂行"的，有先天的不足。其工商注册仍是亚飞实业总公司，而不是规范的亚飞实业有限责任公司；在内部管理上，虽然创立初期的公司章程明确提出以董事会、监事会、股东大会"三会一体"的现代企业管理制度，但实际操作中仍沿袭传统的村级管理模式，企业及村级负责人的产生还是任命制，股东了解村级经济经营情况还是一张政务公开栏，缺乏充分公正、严格的权利制约机制和公开、民主的人员遴选制度，很难完善法人治理结构。二是股权上的内源性。股东由原籍村民构成，股权只是分配社会福利的凭证，分红是生活补贴，股值被固定化，具有明显的封闭性。一方面没有形成盈亏共负、风险共担的利益分配机制，集体资产经营得好，可享受分红福利；若经营亏本，村民也没有损失，更不须负责任。此外，在集体经营性资产量化到人的比例、土地资产和非经营性资产是否量化、集体股所占比例、领导和经营者的股份分配以及村原有旧村改造政策与全市政策的衔接问题等方面，也有必要作进一步探讨。另一方面，"圈内人出不去，圈外人进不来"，阻碍了社会资本和外地人才的进入，而原村股民因思想观念、文化素质等因素的影响，参与管理的意识、能力和水平有限，导致公司内部人才匮乏。三是集体经济发展上的内源性。小孙家村走出了一条自主创新的路，不仅壮大了集体经济，使村民走上了共同富裕的道路，也走在了全市新农村建设的前列。但从当前情况看，经济结构比较单一，以租赁经济为主，"建房出租、坐地生财"，缺乏发展后劲，不但容易受外界经济环境的影响，也容易使管理者安于现状，产生"小富即安、小富即满"情绪，缺乏"二次创业"勇气。我们要有效地解决股份合作制经济在发展中遇到的问题，必须有计划有、步骤地吸收外部资源，包括资金、技术、人才和管理优势等，以公司的形式而不是以社区的形式运作这些资源，并逐步按照现代企业制度的要求建立规范的股份公司，由出租经济变为合作经济，主动参与合作项目，互惠互利，双赢发展，不断增强自身的发展活力。

（作者单位：中共荣成市委党校　课题组组成员：尹选芹　孙君秀　宋美媛　王英娜）

中学生心理危机早期干预及模式的研究

张积聚

所谓心理危机，是指个体遇到重大问题时，既不能回避，又无法用通常解决问题的方法来解决时所产生的心理上的不平衡。也就是说，心理危机是心理矛盾、冲突而导致的一种心理紧张状态。帮助学生应对心理危机有两方面的任务：一是如何面对已经发生的危机事件；二是如何预防可能产生的危机事件。前者主要是危机的干预和辅导，后者主要是危机的预防和预警。学生心理危机的预防和干预是近年来学校心理健康教育工作中一项紧迫而重要的任务。

一　研究目的和意义

近年来，由于受情感危机等因素导致青少年学生自杀或伤害他人的事件时有发生，学生心理危机已成为当前青少年学生群体存在的严重问题。目前，我国青少年学生群体大多都是独生子女，这是一个特殊的群体。调查表明：青少年学生中25％的有心理问题，10％需要危机干预。青少年学生的心理危机已经严重影响了他们的学习、生活和发展，对社会、学校和家庭正常的生活产生了消极影响。国外关于危机干预的研究成果较为丰富，主要集中在以下四个方面：第一，心理危机及危机干预的含义。心理危机干预理论的创始人 Chaplin 认为心理危机是指一个人赖以生存和发展的基本需要和供给发生了改变，这种改变既可能是负面的，也可能是正面的。后来 Glass 指出，危机干预是对面临危机的人采取迅速、有效的对应策略，对处于危险之中的个体能够提供其重新达到平衡状态所需要的帮助，目的是帮助个体恢复到危机以前的行为和心理水平。第二，评估在危机干预中具有重要作用。评估是进行干预的前提条件，更贯穿干预过程的始终。第三，危机干预模式。Lindemann 的干预模型、O'Halloran7 阶段干预模型、Belkin 等人的干预模式，都是针对不同人群、不同应激情境作深度拓展，发挥干预的特异性效果。第四，对不同人群进行干预。Gordon 对那些经历了灾难性事件的儿童进行了干预。Huleatt 等人在 2001 年"9·11"事件后建立了家庭援助中心（FAC），为失踪和已故人的家属提供干预。此外还有不少研究探讨了在学校环境中的危机干预等。

而我国对危机干预的研究起步晚，研究少，尤其是针对青少年学生群体的危机干预仍然处于起步阶段。因此，本课题研究的成果不仅为危机干预领域的研究提供理论支持，同时，更有利于早期发现、早期预防心理危机，从而保障青少年学生健康成长。

二 研究的内容和方法

我们通过各种心理测试量表和调查问卷，测评和了解不同年龄、性别的青少年的心理危机状况，分析研究造成青少年心理危机的主要影响因素。针对青少年心理危机问题，提出相应措施，为学生健康发展提供心理依据和教育参考。研究对象主要涉及中学生这个群体，使研究具有更好的效度。研究的具体方法有调查法、文献分析法、行动研究法、量表分析法、经验总结法等。

三 研究结果

1. 当前青少年学生心理危机的现状

社会学认为：中小学生社会化需要一个相对稳定和统一的社会规范与社会价值标准。在社会转型期中，社会规范与价值观念在指导思想和行为上的多元化和不确定倾向，以及随之而来的令人信服和敬佩的社会权威丧失，使身心未成熟的青少年遇到前所未有的烦恼、迷惘，挫折与危机难以避免。具体表现为：

其一，性成熟前倾与社会成熟滞后。

由于物质生活提高，食物结构改变，都市化与信息传播加快，中小学生性成熟前倾。他们生理上具备了成人体态和生殖能力，而心理上处于情感饥饿和情感空白状态。性成熟前倾与社会成熟滞后的矛盾，使现代中小学生生理上有许多成人的需要，而心理上不能担负成年人的责任，以致青春期的烦

恼比历史上任何一代都更多更强烈。

其二，自我意识分化与消极统一。

现实自我是指个人当前发展所达到的实际的自我状态，即自我在能力、品德、业绩等方面的实际表现。现实自我和理想自我的统一，可能会出现两种不同的情况，即积极的统一和消极的统一。如果理想自我中存在不切实际的成分，积极的统一就用正确的、符合社会发展要求的、有利于社会进步的理想自我，去改正、完善现实的自我，使个性得到升华。有些青少年缺乏改变现实自我的勇气，为了解除自我意识的矛盾，他们降低或放弃正确的理想自我，或强调客观原因，不做主观努力，求得自我安慰。有的甚至改变现实的自我去符合错误的"理想"自我，这种消极的自我意识统一，是个性的退化，危害极大，应尽力防止。

现在中小学生的自我意识矛盾比过去更加尖锐，作为自我意识发展水平标志的自我评价能力，难以适应社会多元文化，多元价值观的需要，自我意识分化与统一的危机不可避免地增多加剧，产生"人为什么活着""人的价值是什么""人应当怎样活着"等更多困惑，导致认知、情感、意志、理想、立场、态度等更大的挫折，使消极的自我统一增加。

其三，学习重负与严重厌学。

社会竞争加剧，在父母望子成龙、知识爆炸等多重压力下，学习困难已成了世界性的中小学生人生的一个重大问题，我国尤甚。各种调查表明，心理疾病、厌学情绪大幅度增加。不堪忍受的学习重负与严重的厌学情绪，使中小学生中逃学、逃离家庭、违法犯罪与自杀现象增加，已是十分触目惊心。

2. 心理危机早期预防和干预的基本工作思路

（1）积极的危机预测

学生心理危机的早期预防与干预，应以预防为主、干预为辅，以免形成跟在危机后边不断"救火"的被动局面，并造成不必要的人身或经济损失，影响社会安定。

学生的心理危机预防要从小抓起，从小事抓起，对高危学生、高危症状加以干预，将危机消灭在萌芽状态；要教育学生懂得危机是一种社会现象，危机中的人应被大家理解，要学会求助并得到大家的帮助，要学习精神卫生知识，提高危机应付能力。

（2）健全的自我意识

学生心理危机产生的根本原因是自我意识出了严重的问题。从危机的产生、发展来看，一般遵循"丧失—无价值（自我意识问题）—恐惧、失望—

自杀"的过程。从危机的干预来看，认知是情感和行为的中介，只有调整了自我，理性地看待问题，才可能平衡情感、消除危机行为。所以青少年危机预防与干预的核心是自我意识，要通过纠正非理性认知，树立科学的人生观来改造或和重塑自我。告诉学生战胜危机的权力在自己手中，不依赖他人，增强自信，相信自己也相信他人，具有自我实现和战胜危机的信心，开发潜能，才能战胜危机，度过危机并获得发展。

（3）积极的认知情绪

危机的预防干预应该以培养学生积极的认知和情绪为起点，这是由学生心理危机的特点决定的。从认知和危机的关系来看，中学生的危机事件，是个体社会化过程中遭遇的突发事件，这个突发事件是否构成危机最重要的是决定于学生的认知。因此要消除危机，首要的是改变认知。从情绪与危机的关系来看，积极的情绪有利于提高人体的免疫功能，在危机未产生时起保健作用，危机来临时可减轻危机对个体的伤害；它与积极认知的相互作用，既有利于危机的解除，又有助于学生人格的完善。

（4）处理危机的能力

危机预防和干预的重点不是危机事件，而是当事人处理危机的能力。危机中的学生面临混淆、麻木、重大压力、恐惧，使原有解决问题的机制超出负荷，自我认知对周围的知觉已彻底动摇，已尝试过或正在尝试解决问题的方法均证明无效。因此，要通过各种方式提高他们解决问题的能力，消除思维定式、功能固着、思考僵化，学习改变表征方式，进行信息处理训练，设想问题的多种处理方案，提高处理方案的评价、选择、实施能力。

3. 中学生心理危机的预防策略

学生心理危机早期预防的关键问题是透过危机的表征找出高危学生，针对每个人的具体情况，制订计划，才能有效地进行预防和干预。研究开发心理危机的早期预防策略，对学生潜在的心理危机进行多角度全方位的预防，有效防止危机的产生有着积极而重要的意义。

首先是发现策略——这是进行心理危机早期预防的前提和基础。发现高危学生的策略主要有：一是心理健康普查。主要是借助心理测量，了解学生的心理健康水平，同时及早发现可能的高危学生。普查的内容主要包括：心理健康诊断测验、性格测验、学习适应性测量、问题行为早期发现测验、亲子关系诊断测验等。二是多渠道调查研究。主要通过与学生面谈、学生心理护卫队信息反馈、查阅学生心理档案等动态过程中搜集危机的表征信息，发现心理问题；三是心理危机筛查。主要是对前两个环节中发现的可能的高危学生，再进行相关量表的检测，以最终确定高危学生。

其次是应对策略——建立科学的危机预防体系，实施危机预防的系统化的管理，有效防止危机的产生。一般而言，预防体系可以分为三个层次：

初级预防（或称全面预防）——以全体学生为对象，注重整体性和发展性的预防，通常以学校心理辅导活动课与日常心理辅导活动等方式，发展性心理辅导来帮助全体学生提升各自的心理素质，预防可能的危机。

次级预防（或称针对性预防）——以通过预测或其他方式了解到的容易产生危机的学生为对象，注重早期介入以预防学生危机的发生。一般可通过团体训练或小组辅导的方式，帮助这些学生学习并掌握有效应对其困扰或可能出现的危机的技巧和策略，提高其应对危机的能力和水平。

三级预防（或称重点预防）——以曾经遭遇过危机或遭受重大打击或变故的学生为服务对象，以主动的个别辅导为主，避免这些学生出现更为严重的危机行为并防止问题的恶化。对这类学生的预防工作必须要有专业心理医生的指导和协助，并长期追踪。

根据学校的实际情况，开展多种形式的心理危机预防活动。如通过开展心理健康教育活动周、活动月活动，宣传心理健康知识，预防危机事件的发生；通过班级心理辅导活动课、心理主题活动、心理主题班会等形式进行团体辅导，促进学生自我探索的意识和能力；通过咨询室、电话、信件、网络等形式进行个别辅导，有针对性地预防和干预心理危机事件的产生；通过开发实施生命教育、心理健康教育等相关校本课程，帮助学生提高生命质量，促进个体与自我、社会、自然的和谐；通过开展广泛的文体活动、学科渗透、进行应变能力训练等方式，充分释放被压抑、攻击的能量，使学生的身心得到及时调节，让不经意的危机积累消灭在萌芽状态。

4. 中学生心理危机的早期干预策略

心理危机的早期干预有它自身特殊的地位和作用。首先，干预是不可或缺的。没有干预，危机无法消除，无法转危为安，个体得不到新生和发展。其次，干预也是一种预防。危机干预，不只是对处于危机中的学生进行各种援助，使之战胜危机，也包括危机后的辅导，力求使危机稳定地转化为发展机遇，为以后的危机预防奠基。因此，危机干预研究，对危机预防有十分重要的价值。其三，干预是更高层次的技术，是一门艺术，要求干预工作者有较高的专业知识与应变能力、创造能力，善于从个体经历的心路历程中，找出心理援助的方法，不是一般心理咨询技术所能适应的，这是危机干预者必须高度重视的。

心理危机早期干预基础策略的核心是心理危机的分析与评估策略。我们要依据学生心理危机的特点，分析、评估心理危机，制订一个大致可行的危机干预计划，这是能否干预成功的基础。

心理危机分析主要从以下八个方面进行：危机事件、引发危机的根本事件、危机事件的表现、个体对危机的反应、个体应对危机的方法、个体的社会资源、危机的核心信念、促进危机解决的策略。综合上述八个方面的分析要素，就可为学生设计一个大致可行的干预计划。

心理危机评估则主要从主客观两个方面评估危机及危机者。主要从评估心理危机的严重程度、评估危机者的心理功能、评估求助者的自我意识、评估解除危机的策略与有益可用的资源及是否需要转介等方面进行。

不同的危机干预模式，其干预过程不尽相同，通过比较它们的优劣与我们的实践，危机干预过程一般应包括彼此联系、互相渗透的二阶段六步骤。

以倾听为主的非指导性阶段，可划分为三步：倾听确定问题，评估危机，决定干预还是转介；构建支持网络，保证安全，给予支持；商讨检查解决危机的替代方法，制订计划。

以行动为主的指导性阶段，也可划分为三步：实施求助者理解的短期应对计划；调整自我，寻找危机转接点；发展自我，预防危机再现。

四　分析与讨论

1. 在课题研究过程中我们发现，要做好中小学生心理危机预防与干预工作，首先要澄清对危机内涵和危机事件的正确认识。

一是要准确把握心理危机的内涵。中小学生的心理危机，主要是同一性危机，是个体在社会化过程中突然遭遇到某一事件或某一境遇后，陷入个人能力、资源和应付机制无法解决的困境，而导致的心理功能失调和紊乱。二是要形成对危机事件的正确认识。心理危机不是一种偶然现象，是青少年走向成熟过程中必然伴随的现象，是生活的一个重要组成部分；它是青少年人生发展受阻，或发展的暂时中断，是一种心理功能失调和紊乱状态。危机事件是一种个体的悲伤经历，是一种关键的压力事件，或长期的压力情境，而非一般生活事件，它的发生是在预料之外的。面对危机事件，当事人往往束手无策，尤其是对未来的不确定性，紧张、焦虑、抑郁，并且紧张持续时间过长，通常为 6~8 周；其日常生活、学习、工作发生了大的改变，甚至遭到破坏，无法进行；当事人有一种无法自我控制的感觉。三是对于青少年的心理危机，辅导者不能用安慰性的掩饰来降低危机的严重性，也不能代替学生去消除危机，只能启迪他们，开发潜能去战胜危机，获得发展。

2. 对于工作在一线的广大教师来说，不仅仅要懂得学生心理危机早期预防和干预的道理，更重要的是在辅导实践中知道如何操作。

本课题的研究不仅关注了这一研究领域中理论层面的本土化研究，更注重了具体危机类型的操作层面的研究。理论层面的研究，以专家、专职心理骨干教师组成的攻关小组，根据预设的研究目标分主题进行。实践层面的研究，多从学生普遍存在的发展性危机的角度进行研究和探索。如青春期危机、学业危机、道德价值危机、异常家庭学生人格危机等方面进行专题细致的研究和探索，总结了很多行之有效的操作策略。

3. 中小学生心理危机的早期预防与干预工作需要依靠家庭、学校、社区的联合行动，充分发挥团队的整体作用，尽量减少、控制危机的发生，尽量减少媒体与司法干预，使危机预防符合学生的身心特点以及危机的特殊性，保障学生的和谐发展和成长。

（作者单位：荣成市教育局 课题组成员：
杨 军 马华威 王红梅 王 军）

蓝色经济区视角下的威海优势产业选择及空间布局研究

崔宇明

引 言

蓝色经济区是以临港、涉海、海洋产业发达为特征，以科学开发海洋资源与保护生态环境为导向，以区域优势产业为特色，以经济、文化、社会、生态协调发展为前提，具有较强综合竞争力的经济功能区。其有以下特点：第一，注重海陆互补，推动海陆经济一体化。第二，海洋资源开发与海洋环境保护并举。第三，繁荣海洋经济的同时加强海洋文化建设。

威海市既是山东半岛蓝色经济区七个重点城市之一，又是胶东半岛高端产业聚集区四个重点城市之一。在经济发展规划中，威海市如何结合半岛蓝色经济区建设，选择和培育地区优势产业，以提升城市经济实力，开拓新的经济增长点，打造蓝色经济区建设的重点城市和海洋产业经济强市，意义重大。

威海市地处山东半岛最东端，北东南三面濒临黄海，拥有近千公里海岸线，海洋生物资源极其丰富。海岸带和近海海域蕴藏大量矿产资源，具有得天独厚的区位优势和海洋资源优势。经过近 5 年的发展，威海市"十一五"发展规划提出的建设"二区二带"的工业布局（即打造制造业聚集区、高新技术产业聚集区、临港工业产业带和农副产品深加工产业带）初具成效。五大产业集群（运输设备产业、电子信息产业、机电工具产业、轻纺服装产业和食品医药产业）建设已经初具规模，这为威海市优势产业的形成和发展提供了坚实的产业基础。

一 威海市优势产业选择的实证分析

对于工业产业的分析，通过构建优势产业评价的指标体系，建立优势产业评价模型，确定工业产业中具有优势的产业。对于无法纳入评价模型的第一、三产业，利用历史数据对优势产业做定性分析，并对前期产业选择及发展状况进行验证。

（一）优势产业评价的指标体系及计算方法

根据对优势产业界定，从发展潜力、规模效益、显示性优势、社会贡献、市场绩效五个方面衡量优势产业发展状况，构建评价优势产业的指标体系（表一）。

表一　优势产业评价的指标体系

发展潜力	产业贡献率 X_1
	产业增加值增长率 X_2
规模效益	规模效应系数 X_3
	劳动生产率 X_4
	销售利润率 X_5
	资产利税率 X_6
显示性优势	区位商 X_7
	比较利税系数 X_8
社会贡献指标	就业吸纳率 X_9
	产业利税率 X_{10}
市场绩效	需求收入弹性 X_{11}
	市场占有率 X_{12}

（二）工业优势产业评价中的备选产业确定

备选产业参考《国民经济行业分类》（GB/T4754—2002）下所列示的产业大类划分，以《威海统计年鉴》列示的工业产业的 33 个产业作为优势产业选择的基础，确定 31 个产业作为威海优势工业产业选择的备选产业。根据优势产业评价的指标体系，利用《威海统计年鉴 2008》《威海统计年鉴 2007》《威海统计年鉴 2006》《中国统计年鉴 2008》《中国统计年鉴 2007》中的相关数据，计算威海 31 个工业产业的五个评价角度 12 个指标的分行业工业产业评价指标值（表二）。

表二　评价指标变量转换表

评价指标	产业贡献率	产业增加值增长率	规模效应系数	劳动生产率
变量	X_1	X_2	X_3	X_4
评价指标	销售利润率	资产利税率	区位商	比较利税系数
变量	X_5	X_6	X_7	X_8
评价指标	就业吸纳率	产业利税率	需求收入弹性	市场占有率
变量	X_9	X_{10}	X_{11}	X_{12}

（三）对工业产业评价指标的 R 型因子分析

采用 z – score 标准化法对各个评价指标进行无量纲化标准化处理，以消除不同量纲因素的影响。利用 SPSS17.0 统计软件对威海市工业优势产业评价指标进行 R 型因子分析。采用主成分分析法对变量的相关矩阵提取主因子，计算各个因子得分，以各因子的方差贡献率为权重确立综合评价函数和各个产业的综合评价值并排序（表三），以此作为选出威海市优势工业产业的依据。

表三　因子得分及综合得分排名表

备选产业	F1	F2	F3	F4	F5	F	排名
农副食品加工业	4.00	– 0.17	1.07	0.03	– 0.50	1.11	1
黑色金属冶炼及压延加工业	– 0.42	1.39	– 0.86	2.27	1.00	0.48	2
医药制造业	– 0.01	– 0.13	– 0.51	2.93	0.75	0.44	3
通用设备制造业	1.08	0.15	– 0.24	0.48	0.09	0.35	4
非金属矿采选业	– 0.78	3.37	0.70	– 1.15	– 0.14	0.34	5
橡胶制品业	– 0.22	– 0.86	3.51	– 0.19	– 0.05	0.34	6
通信设备、计算机及其他电子设备	1.94	0.02	– 0.60	– 0.31	– 0.16	0.33	7
金属制品业	0.22	– 0.27	– 0.42	1.69	0.24	0.23	8
工艺品及其他制造业	– 0.45	– 0.37	2.26	0.06	0.17	0.23	9
交通运输设备制造业	0.95	– 0.07	– 0.88	0.19	0.29	0.15	10
饮料制造业	– 0.50	1.60	– 0.13	– 0.39	0.27	0.12	11
文教体育用品制造业	– 0.77	– 0.98	1.48	0.70	1.13	0.12	12
纺织业	0.28	0.33	– 0.50	0.42	– 0.15	0.10	13

备选产业	F1	F2	F3	F4	F5	F	排名
电气机械及器材制造业	1.16	0.08	-0.31	-0.95	-0.22	0.08	14
专用设备制造业	0.11	0.65	-0.08	-0.72	0.25	0.06	15
皮革、毛皮、羽毛（绒）及其制品业	-0.36	0.14	0.70	-0.15	0.21	0.05	16
仪器仪表及文化、办公用机械制造	-0.66	1.17	0.28	-0.15	-0.20	0.04	17
纺织服装、鞋、帽制造业	-0.09	-0.52	0.07	-0.66	1.39	-0.03	18
家具制造业	-0.69	0.73	0.07	0.82	-1.18	-0.06	19
塑料制品业	-0.35	-0.01	0.25	0.04	-0.17	-0.07	20
非金属矿物制品业	0.37	-0.21	-0.28	-0.28	-0.28	-0.07	21
食品制造业	-0.40	-0.14	0.15	0.12	0.02	-0.08	22
有色金属冶炼及压延加工业	-0.42	0.28	-0.74	0.41	-0.12	-0.13	23
造纸及纸制品业	-0.37	0.35	0.03	-0.39	-0.50	-0.15	24
化学原料及化学制品制造业	0.21	-0.04	-0.62	-0.95	-0.21	-0.23	25
电力、燃气及水的生产和供应业	0.01	-0.29	-1.18	-1.27	1.49	-0.26	26
印刷业和记录媒介的复制	-0.96	-1.36	-0.05	-0.11	0.04	-0.52	27
有色金属矿采选业	-0.66	-1.85	-1.12	-1.18	2.50	-0.55	28
木材加工及木、竹、藤、棕、草制	-0.77	-0.53	-0.54	-1.52	-0.76	-0.72	29
化学纤维制造业	-0.83	-1.76	-0.43	1.03	-2.64	-0.79	30
石油加工、炼焦及核燃料加工业	-0.60	-0.68	-1.09	-0.79	-2.57	-0.92	31

从综合得分的排名可以看出农副食品加工业位列首位。考察其五个因子的得分可知，第一因子得分是所有产业中最高的，其他四个因子得分在平均水平左右。这说明威海的农副食品加工业基于得天独厚的区位优势形成区域比较优势，成为首要的优势产业，在发展其竞争优势，进一步开拓价值创造能力的同时，注意培育良好的产业发展环境，提升人力资源利用效率，从而稳固优势地位。

黑色金属冶炼及压延加工业和医药制造业的第四因子和第五因子得分在综合得分排名前十的产业中均处于较高水平，说明这两类产业在价值创造和人力资源利用上相对其他产业具有优势。

非金属矿采选业第二因子得分明显高于其他产业，说明该产业发展环境较好，既有较好的外在市场条件，同时较高的投资回报使其具有较好的内在发展动力。

橡胶制品业和工艺品及其他制造业在第三因子上具有很高的得分，说明两类产业竞争力强，无论是与区域其他产业还是与全国同类行业相比，都有较强的竞争优势。

此外，在综合得分排名前十的其他产业，包括通用设备制造业，通信设备、计算机及其他电子设备制造，交通运输设备制造业和金属制品业，其五个因素的得分均在平均水平左右，因此与其他产业相比，形成综合优势。

二　威海市优势产业的确定

（一）工业优势产业的确定

根据各个基准的权重即可综合测算出威海市工业优势产业选择最终的总排序。需要指出，综合得分为优势产业的排序位于前 10 名之内，说明这些行业具有较好的发展性，威海在制定未来的产业政策时，应当向这些行业倾斜，加快威海经济的发展。

1. 农副食品加工业

威海的农副产品加工业主要以海产品加工为主，这与威海得天独厚的海洋资源密不可分。威海海产资源丰富，盛产对虾、海参、鲍鱼、贝类、藻类及各种经济鱼等 300 多种海产品，可用于养殖的浅海滩涂和水域 330 万亩，拥有远洋捕捞船 245 艘，海产品产量多年来一直保持在 200 万吨以上，居全国地级市之首。未来威海应继续扩大以海参、鲍鱼、对虾为主的名优养殖，鼓励有实力的渔业企业开展远洋捕捞，大力发展以海洋食品、药品和保健品海洋"三品"为主的海产品精深加工。这与威海市建设海产品生产加工基地的规划是一致的。

2. 橡胶制品业、交通运输设备制造业

威海橡胶轮胎产业闻名全国，以三角集团和成山集团领头的威海橡胶行业蓬勃发展，已经是威海有力的城市名片。同时交通运输设备制造业的发展已初具规模，特别是船舶修造业发展势头迅猛。目前已形成了以山东新船重工有限公司和山东黄海造船有限公司为龙头的一整条沿海造修船工业带及船舶配套产品产业链。这两个产业在现有优势基础上需要大力发展。

3. 通信设备、计算机及其他电子设备，通用设备制造业，工艺品及其他制造业，医药制造业

这些行业都属于设备制造产业，也是威海经济发展的重头企业。威海有发展制造业的有利条件。借助世界产业转移，特别是日韩产业转移，利用丰

富的人力资源，成为半岛制造业基地中的重要组成部分。为促进半岛高端产业聚集区建设，威海市确定在电子信息、新材料和机电一体化三大领域，打造 7 个高端制造业园区，其中包括医疗器械园区、新材料产业化园区、重型数控复合机床产业园区等。这些规划为威海高端制造业的发展提供了有利契机。

4. 非金属矿采选业，金属制品业和黑色金属冶炼及压延加工业

威海市矿产资源比较丰富，已发现各类矿产 47 种（含亚矿种），其中，非金属矿产 33 种，开展非金属矿采选业是对区域资源的有效利用。威海黑色金属压延加工和金属制品业发展较好，已经是威海的重要产业。威海的黑色金属行业主要从事的是设备安装、金属结构制作、安装、防腐保温工程、机械加工、新型建材的批发、零售等活动。这样的行业为高端制造业和交通运输制造业提供配套，既弥补了威海重工业不足的缺憾，同时对环境的污染也较小，是一举两得的好项目，很适合成为威海的优势产业。

（二）第一、三产业中优势产业的确立

由于统计口径的不同，第一、三产业的发展情况无法纳入上述模型中进行评价。为了使产业选择更加科学全面，下面将结合威海市经济发展情况，对第一、三产业中具有潜在优势的产业做重点分析。

1. 发展海洋渔业，以蓝色海洋产品和绿色农产品作为产业发展重点

根据威海市统计年鉴，得到威海市 2003 年至 2007 年的农业内各行业比重数据（见表四）。

表四　农业产值比重表

单位：%

年份	2003	2004	2005	2006	2007
农业	18.11	18.55	17.73	18.23	17.26
林业	0.43	0.43	0.82	0.27	0.65
牧业	14.17	14.27	15.02	16.41	16.43
渔业	66.09	65.49	65.23	63.80	63.87
服务业	1.20	1.26	1.21	1.29	1.80

可以看出，在威海市第一产业中，渔业产值所占比例都在 60% 以上，是主要的组成部分。威海是全国重要的海水养殖基地，海参、海带产量居全国首位。通过走规模化发展、集团化经营的道路，威海崛起一批渔业龙头企业

群体，全市年产值过亿元的渔业企业超过 40 家。因此威海市第一产业中渔业产业发展具有明显优势。威海拥有中国城市中最长的海岸线，海域广阔，浅海和潮间带有丰富的生物资源。从充分利用资源的角度出发，威海市应重点发展海洋渔业，将蓝色海洋产品和绿色农产品作为产业发展重点，并将水产养殖与海洋产品加工、海洋制药相结合，扩大产业规模，实现产业升级，同时带动船舶修造业、港口物流业的发展，打造一条开海洋产业链。

2. 旅游产业

威海市是著名的海滨度假胜地，拥有得天独厚的自然和人文景观。目前威海市旅游业已成为新的经济增长点。威海被誉为"最适合人类居住的地方"，旅游资源丰富，拥有 80 多处旅游景区和众多海滩浴场，其中刘公岛、成山头、赤山法华院、银滩 4 处国家 4A 级景区。

旅游产业应作为威海市重点发展特色优势产业，未来的规划，威海应将依托千公里海岸线，以福文化为主题，以刘公岛为龙头，充分发挥山、海、岛、滩、湾和温泉等资源优势，形成"一线（千公里海岸线）、六区（中心城市、海滨生态、渔家风情、温泉疗养、传统文化、休闲度假）"的旅游格局。积极开拓以农村生态、渔家风光游为主题的民俗旅游产品，为农村经济开辟新的增长点。旅游产业作为绿色产业，要注意开发与保护并举，实现经济效益与生态效益的统一。同时，对旅游产业的规划，组织好环渤海港口城市合作机制，争取在更大范围内融入国内发达旅游经济圈。打造一批特色旅游品牌路线，不断完善配套服务，将威海市打造成中国北方具有较强竞争力和吸引力的旅游度假基地。

3. 对外贸易

威海市是中国大陆沿海距韩国最近的城市，韩国也逐步成为威海最大的出口市场和外资来源国。威海市依托港口建设，开辟外贸渠道，外贸出口总值不断增加，同时积极开展对外经济技术合作，对外贸易成为重要的经济增长点。

近年由于受到国际经济环境的影响，外贸需求减少，2008 年威海市外贸进出口明显放缓，但是对非洲、东南亚、南美洲、中东等新兴市场保持高速增长。对外贸易仍可作为重点发展的优势产业。在发展对外贸易的同时，必须积极开展经济技术合作，在扩大利用外资规模的基础上，提高利用外资的质量，实施品牌战略，培育本土优势产业，优化外贸环境，建设高效市场化的外贸中介服务体系，同时加大政策的引导和支持，逐步增强应对风险的能力。

三 威海市优势产业空间布局探索

通过对威海市现有产业的定量选择和定性分析，得到了三大产业中具有优势的产业部门。现以政府对"半岛蓝色经济区"建设的部署为指导，结合原有产业基础和产业布局，对威海市优势产业发展战略的选择以及产业空间布局做进一步探索。

围绕优化城市空间布局，带动城区有序拓展的发展思路，在城市规划上，威海市加快实施"两城两区"工程。即建设以旅游休闲为主体、生态宜居为特色的威海双岛湾休闲旅游度假城和增强区域配套服务功能、承接产业转移的威海工业新城。大力发展集科研、旅游、服务外包、临港产业服务、办公等功能为一体的威海临港产业服务区和五渚河流域温泉生态休闲度假区。

威海市的优势产业布局，应在遵循功能区规划的基础上，以蓝色经济区建设为指导，重点打造六大海洋优势产业基地，加快推进资源优势向产业优势和竞争优势转变，逐步形成大而强的蓝色经济体系。

1. 海洋产品生产加工基地

利用丰富的海洋资源，发展海洋特色水产养殖。在荣成的荣成湾、桑沟湾、爱莲湾、靖海湾和环翠区的远遥嘴至双岛湾浅海海域，推行名特优品种养殖；在文登、乳山和荣成西南部利用沿海丰富的滩涂资源，侧重发展池塘健康养殖和滩涂贝类精养；在环翠区和荣成北部近海基岩底质区，推行鲍鱼、海参、海胆等海珍品养殖，打造一条环海岸线的特色水产养殖产业带。

高效利用海洋资源，必须实现海洋经济由资源开发型向加工增值型转变。加快发展海产品加工业，重点开发蓝色海洋食品，研究海洋生物制品。构建环翠区沿海、荣成桑沟湾以北沿海、石岛湾和靖海湾沿海、文登五垒岛湾沿海、乳山沿海五大加工产业带，以海参、海带、低值鱼贝类为主要原料，重点发展海带生物产品、浓缩汁系列产品、食品补充剂或保健食品、功能性食品等海洋"三品"加工业。

2. 临海先进制造业基地

蓝色经济区强调临港、涉海、发展海洋产业。威海市打造临海先进制造业基地，要依托港口体系，发展外向型、赖海型的现代制造业。包括船舶修造业，汽车及零部件制造业、机械装备制造业、医药制造。

（1）以船舶修造为重点的交通运输设备制造业。优化船舶修造业布局，推进造修船业聚集发展。重点建设皂埠湾、俚岛湾和石岛湾三大造修船业聚集区。配套发展船舶零部件产业，包括船用板材、风机、管舾装件等配套设备生产，形成船舶产业链条和配套产业集群。

（2）汽车及零部件制造业。在支持荣成华泰、东安黑豹等骨干企业的基础上，提高威海市汽车工业的规模化，汽车零部件生产加大新工艺、新材料应用。以三角集团和成山集团两大核心企业为龙头，打造国际知名轮胎生产基地。

（3）机械装备制造业。通过合资、技术引进，改造提升传统产业，积极打造木工机械制造业基地、印刷机械制造业基地、建筑机械制造业基地和航空地面专用设备制造业基地。以华东数控和山东华力电机集团为龙头，重点开发数控机床类产品和通用机械类产品，在现有基础上，形成规模优势。

（4）电子产品制造业。做大做强威海市电子信息产业，必须加大产业基地和产业园区建设。以高新技术开发区的电子信息产业园和高新技术开发区威海软件产业园为依托，不断拓展计算机外部设备、光纤光缆产品、传感器、电池及微电子产品的市场，打造东北亚地区重要的电子信息产品加工制造基地和软件开发基地。

（5）医药制造业。以威高集团为龙头，保持在医疗器械领域的领先地位。不断拓展海洋药物和基因工程药物的市场，推进迪沙工业园、华夏药业生态园、威高心内耗材工业区、达因工业区、南海医药生产园区等项目。以迪沙药业、华夏药业为骨干，重点发展新型中成药和化学药制剂。充分利用海洋生物资源，研发海洋医药、保健品，将海洋医药产业作为重点开发建设项目。

3. 港口物流基地

加快整合港口资源，加大港口的改建扩建力度。打造以威海湾港区为中心，石岛港区为辅助，龙眼湾港区、靖海湾港区、乳山口港区为补充的港口格局。推进威海港国际客运中心和航运服务中心、石岛新港港口物流集配中心等物流载体建设，同时，加强海上物流与公路、铁路、空港物流的对接，尽快构建起海陆空联运的立体综合运输网络，建立海陆相连、港城联动、空地一体的临港物流体系。

4. 休闲度假基地

围绕"幸福海岸"主题，重点实施"一线六板块"的旅游产业空间发展战略。开发海岸旅游线路，实现沿线旅游资源的统一整合。打造六大板块，即中心城市旅游板块、成山头极地海滨生态旅游板块、石岛渔家民俗风情旅游板块、昆嵛山文化旅游板块、文登温泉休闲旅游板块、大乳山福地养生旅游板块，使之成为威海市的旅游品牌。开发乡村旅游、生态旅游、温泉旅游等新型旅游产品。发展旅游配套服务产业，进一步优化旅游发展环境。

5. 新能源产业基地

在原有能源产业基础上，威海市应积极开发风能、核能等新能源。加快石岛湾核电站的高温气冷堆示范电站项目的实施建设，积极推进中海油风电项目和华能海上风电项目，大力推广蓝星泰瑞光电公司光伏发电。同时加快开发地热能、潮汐能等新型能源，充分利用海岸线长、地质构造稳定、站址良好的优势，合理布局，有序开发，争取在发展新能源产业发展上抢先一步。

6. 现代石化基地

加快实施镆铘岛大型石化基地建设，重点建设大型原油和成品油储备库，逐步开展炼油、天然气等项目。将威海市建设成为新能源基地和现代石化基地。

四 促进优势产业发展的战略思考

威海市应该紧紧抓住"山东半岛蓝色经济区"规划机遇，优化产业结构，重点培育特色优势产业，调整产业布局，充分利用海洋资源和滨海区位优势，建立以海洋开发为中心的海洋产业链条，使之成为威海市经济增长的核心动力，努力把威海市建设成山东半岛蓝色经济区核心区域的重点城市。

(一) 政府政策引导

作为海洋资源大国，海洋经济将在我国未来发展中扮演重要角色。《国家中长期科学和技术发展规划纲要》首次把海洋列为超前部署的全国五大重点战略领域之一。威海市政府应该加强政策引导，借势山东半岛蓝色经济区和胶东半岛高端产业聚集区规划，必须充分利用开放、海洋、人才和生态优势，积极发展海洋渔业、海洋能源、滨海旅游、港口物流、临港工业，加快推进海产品生产加工、临港制造、港口物流、滨海休闲旅游、新能源、石油化工六大海洋经济基地建设。

1. 调整产业布局，加速产业集聚，继续推进产业集群建设

产业集群是提升产业竞争力的有效选择，应积极进行布局结构调整，推进产业集群化建设。根据工业发展对土地的需求结合城市规划，充分考虑现有产业发展和布局情况，优化产业布局。抓住蓝色经济区建设的机遇，培育海洋优势产业集群。同时加快市高端产业聚集区建设，优先发展高新技术产业、大力提升传统制造业、积极发展现代服务业、着力发展高效生态农业、加快发展能源等战略性产业。完善集群内产业分工，实现主导产业与配套产

业的有机结合。

2. 海洋资源开发与环境保护相结合

海洋产业既是经济国际化的先驱，又是外向型经济的载体。在搞好海洋资源开发的同时，注重海洋环境保护，强化海洋意识，实施海洋可持续发展战略。

3. 优化政策环境

充分发挥政策的引导作用，为蓝色经济区建设提供财税、金融及用地政策支持。促进优势产业快速发展，加大财税投入，推进产业基地建设。增加蓝色经济的信贷投放规模，建立服务于蓝色经济发展的多元化金融组织。严格执行海洋功能区划制度，大力推进集中集约用海，为蓝色经济区发展预留用地空间。

（二）优势产业自身建设

蓝色经济区建设是提升区域发展质量的重大战略举措。充分利用、深度开发蓝色资源，培育地区特色优势产业，既要加强企业自身建设，又要注重整个产业链条的配套升级。因此，必须依靠科技进步和创新，改造提升传统优势产业，推进产业高端化。

1. 强化科技支持

企业要加大自主创新的投入力度，全面加强产学研合作。特别注重海洋高新技术的研发、海洋资源开发与保护和海洋新兴产业技术等重点领域的科技创新。充分利用蓝色经济信息交流和合作平台，获取新技术、新品种等有关信息，并积极将新的科技成果转化为生产力。

2. 加强人才队伍建设

增强企业的创新能力需要有充足的人力资源做保障。企业要重视创新人才培养开发，加大对以高水平研发人才、高技能生产人才和高层次管理人才为主体的高新技术产业专门人才的培养。同时与大中专院校相结合，实现在职人员技能的提升。

3. 完善配套服务体系

优势产业的发展，离不开配套产业及服务的支持。在产业链条上，从上游设计、策划、咨询到下游的物流、配送、营销建立完善的生产服务体系，为优势产业竞争力的增强提供有力支撑。

［作者单位：山东大学（威海）　课题组成员：
林占平　师晓青　白　霜　王　洋］

关于提升威海港核心竞争力研究

左　峰

近年来，威海港一心一意抓建设，聚精会神谋发展。经过全体港人的不懈努力，威海港的港口建设和发展取得巨大成就：综合经济实力迅速提升，产业结构逐渐清晰，合资合作及企业融资取得新的进展，综合管理水平不断提高，企业精神文明建设成效显著。然而，与城市发展需要相比，港口发展仍显得滞后。尤其是在推进蓝色经济区建设背景下，威海港的核心竞争力问题更加凸显。因此，尽快提高其核心竞争力已成为目前威海港亟待解决的重大问题。

一　提升威海港核心竞争力是大势所趋

（一）山东半岛和威海蓝色经济区建设的需要

威海既是山东半岛蓝色经济区七个重点城市之一，又是胶东半岛高端产业聚集区四个重点城市之一，在山东半岛蓝色经济区"一区三带"总体发展格局中的作用举足轻重。同时，在推进威海蓝色经济区建设的过程中，突出威海港在蓝色经济区建设中的引擎地位，充分发挥其辐射带动作用是至关重要的。威海港地处蓝色经济区深蓝区，对于威海港而言，这是在新一轮竞争中抢占发展先机、谋求新飞跃的一次重大机遇，是谋求在山东半岛、环渤海经济圈乃至在东北亚经济圈中更加有利地位的重要战略平台。

在山东半岛蓝色经济区建设和威海蓝色经济区建设的大浪潮中，威海港需要重新审视，威海港不仅仅是威海的威海港，也是山东半岛的威海港，要作为山东半岛港群中一个不可或缺的港口来认识。威海港的核心竞争力问题不仅关系到威海市的发展，也关系到山东半岛蓝色经济区建设，因此，对威海港的核心竞争力提升问题必须上升到一定的战略高度来认识：提升威海港的核心竞争力不是可有可无，可快可慢，而是必须要快速提高其核心竞争力，这是大势所趋、势在必行。

（二）威海城市发展的需要

港口和城市是共生的，互相为对方提供发展的强大动力，从区域经济发展载体互动的角度来看，港口与城市之间存在着密切的互动关系，城市所具有的良好依托条件会促进港口建设；反过来，港口的快速发展也会增强港口城市的辐射效应，实现陆向腹地、海向腹地双赢。

但是就威海目前的情况来看，港城互动的力度还不大，港城互动模式在威海还没有得以实现。威海经济社会迅猛发展，成为中国改革开放以来发展最快、活力最强的地区之一。目前，威海已发展成为全国最大的渔具、轮胎、医用高分子制品、木工机械、地毯等生产基地，重要的造船、汽车零配件、玻璃等生产基地。加之2009年山东半岛蓝色经济区建设的提出，地处深蓝区的威海，牢牢抓住这一历史机遇，利用自身优势，大力加快发展海洋经济。然而，与威海市经济的迅猛发展相比，威海港的发展相对滞后，港口发展与经济强市的地位不对称，港口对城市的拉动作用不是很明显，城市的发展并没有充分利用港口的天然优势。因此，威海港在新一轮大发展的关键时期，应牢牢抓住蓝色经济区和高端产业聚集区战略强力推进、中韩陆海联运开通、青烟威城际铁路的建设、中日韩自由贸易区推进的百年不遇且具有战略性、标志性、历史性的重大机遇，力促港口建设再上新台阶。

（三）临港产业发展

临港产业是指那些地理位置毗邻港口，相关业务与港口关联，依托港口资源和运转优势而发展起来的有关产业部门。港口是威海市重要组成部分，临港产业是港口发展必不可少的后盾支撑，也日益成为城市经济、区域经济各种要素的聚集中心。同时，临港产业还可以将整个城市的生产力、生产要素凝聚起来，实现城市经济的一体化，并且带动地区经济的发展。而临港产业的发展也需要港口的依托，港口的强大才可以更容易地带动临港产业的发展。

近几年来，威海的临港产业有了显著的发展，主要包括港口建设、船舶修造业等港口的上游产业以及港口服务业等。例如，各修造船业的聚集区快速发展，在聚集区内，除了船舶工业还有配套发展的船舶零部件产业都在快速地发展着，为港口的发展提供着支撑，同时也在另一方面促进港口的发展。以沿海港口为核心，海陆相连、港城联动、空地一体的临港物流体系也在快速发展着，威海国际物流园区的建设、青荣城际的建设开通以及可能出现的威海铁路送归国有，都为港口的发展提供着便利，同时也刺激着港口的发展等等。可见，威海的临港产业正在顺应时事快速发展着，在这样的状态下，威海港也应该把握好定位，努力提高自己的核心竞争力，换句话说，提升威海港的核心竞争力是顺应时势、势在必行的，而且也是迫在眉睫的事。

二　威海市主要毗邻港口核心竞争力对比分析

（一）青岛港

青岛港是我国第二个外贸亿吨吞吐大港，是太平洋西海岸重要的国际贸易口岸和海上运输枢纽。青岛港自然条件极为优越，基础设施建设也相当完善。腹地经济发达，进出口货源充沛，集装箱货流大。有良好的内陆集疏运通道、海上支线网络与电子资讯网络。技术设施条件先进。此外，青岛港是晋中煤炭和胜利油田原油的主要输出港，也是我国仅次于上海、深圳的第三大集装箱运输港口。青岛港还是我国最大的原油码头、最大的集装箱专用码头、最大的矿石码头、世界先进的现代化煤码头，大陆沿海港口中规模最大的港航电子数据交换中心（EDI）都集中在青岛港。青岛港交通运输条件十分便利，有辐射世界主要港口的定期直达航线和基本的航班密度。海上与世界150多个国家和地区的450多个港口有贸易往来。世界知名集装箱班轮公司在青岛港开辟国际集装箱干线32条，每月有640多个航班把青岛港和美东、美西、欧洲、地中海、波斯湾、澳洲、东南亚等世界主要航区连为一体，还有两条日本定时精品集装箱航线及上海、天津、大连、香港4条国内集装箱支线。青岛港已真正意义上形成了海、陆、空立体式的交通网络。

（二）烟台港

烟台港是国家综合运输体系的重要枢纽和沿海主要港口之一，是建设半岛蓝色经济区的重要引擎。在今年前三季度，烟台港完成货物吞吐量11334.7万吨，同比增长了18%，预计高出沿海港口平均增速3~4个百分点。同时，港口资产规模和抗风险能力成倍增长，并始终坚持有自己特色的发展道路，将集装箱、散杂货、客运滚装作为港口的三大支柱产业。烟台港注重港口建设、市场开拓、运输便利、服务全面等方面，并不断加强货源网络建设，寻求集装箱港企联营，水运秩序安全稳定，推出客滚运输、密集内外贸航线、绿色快航，拥有精品装卸、集装箱大型化能力，实现了环渤海湾地区、长三角、珠三角三大经济区的紧密连接。目前，烟台港正努力争取挤进油品、矿石、集装箱、煤炭四大货类区域战略层面，已与宝钢集团、中海集团、国投交通公司缔结战略重组合作伙伴，全力打造港口核心竞争力。由此可见，烟台港在货源结构、临港产业水平、业务人员水平和港口费用等方面具有极强的竞争力；在地理位置、泊位航道条件、仓储设备、机械效率和企业文化等方面具有一定的竞争力；但是在外部运输条件、装卸设备、新技术应用、人才储备、通关效率、管理信息系统、平均在港时间和经营管理模式等方面的竞争力还需要不断改善与提高。

（三）日照港

日照港近几年的发展可以用异军突起来形容，2009 年，日照港实现港口吞吐量 1.18 亿吨，同比增长 20.1%，无论增量还是增幅均高居全国沿海十大港口首位。吞吐量比 2005 年增长 1.2 倍。实际上，最近几年，日照港吞吐量年均增速为 26% 左右，在全国沿海港口中居首位，今年已经突破了 2 亿吨。港口装卸以镍矿、木片、水泥、粮食等货物为主，构筑起"大宗干散货、原油、集装箱运输和现代物流"四大体系，打造我国著名的大宗散货出口中转基地、华东地区重要的杂货进出口中转基地、亚欧大陆桥东端区域性集装箱转运中心和区域性国际物流中心。由此可见，日照港的核心竞争力主要表现在：以钢铁工业为主导的沿海工业的发展的促进，以散杂货作为港口的主要货种，同时发展其他货种，货种结构相对合理；同时注重港口文化的建设，努力创建"创新学习型、质量效益型、诚信责任型、阳光和谐型"企业，树立了良好社会形象，并进一步提升了企业凝聚力；也比较重视对外合作，如荷兰孚宝集团成功合作经营岚山港区中区 1#、2#液化泊位，与陕西煤业化工集团和中煤能源山东公司，与河南煤化集团就合作共建现代大物流体系签订了协议，与河南安阳市政府签订了友好合作意向书，与山钢集团就合作建设日照钢铁精品基地配套码头进行了深入沟通和协商等等。

通过以上对比分析可以看出，相比较其他山东省内兄弟港口，威海港在基础设施建设、腹地经济、货种结构以及集疏运体系等方面还有一定差距。但我们还必须要看到威海港还是具有其自身特色及核心竞争力之所在的。首先，在地理区位方面表现出来的竞争力。威海港是我国北方的著名天然良港，自然条件优越，常年不淤不冻，四季通航，是我国离韩国西海岸最近的沿海主要港口，也是我国大陆通往韩国、日本等国的便捷的出海口，同时随着中日韩自贸区先行区建设的推进，威海港在该方面的竞争力将更加凸显。其次，在港口服务业方面所表现出来的竞争力。威海港服务门类齐全；费用低廉；通关效率高；港口物流发展迅速；高附加值的港口服务业已经起步。同时，威海客运新站的建设为威海港客滚运服务的提升提供了基础保证。优越的综合服务条件，是威海港核心竞争力的重要组成部分，为促进港口经济的加速发展提供了砝码。再次，在物流园区建设方面表现出的竞争力。威海国际物流园已被列入2010年山东省重点工程建设项目，在"2010年全国通用仓储企业50强"评选中位列第22位。威海国际物流园区集公路、铁路、海运等多种运输方式于一体，是起步较早的胶东大物流园之一、山东省规划建设的四大临港物流中心之一，采用最先进的信息化管理模式，实现全过程信息化管理，提高了园区作业效率和准确率。

三 威海港现状分析

表一 威海港发展情况 SWOT 分析

优势（S）	劣势（W）
1. 区位优势 2. 港口吞吐量稳步增长，新港基础设施建设加快 3. 优越的综合服务条件 4. 近几年威海市经济发展的推动作用 5. 威海国际物流园区的建设及初步投入使用	1. 腹地条件无法与青岛、烟台、日照相比 2. 产业集聚程度不高，临港产业配套设施不完善，缺乏大型业务的支撑 3. 货物结构不合理，散杂货比重较低 4. 集疏运体系不完善，现有港口铁路运能不足，不利于威海港的进一步发展 5. 港口自由度程度不够 6. 港口建设用地紧缺，规模效应有待提高
机会（O）	威胁（T）
1. 制造业基地的快速发展与大规模承接日韩产业转移带来的机遇 2. 山东半岛蓝色经济区建设的提出 3. 政府支持，政策环境良好 4. 东北亚地区贸易物流的合作 5. 青荣城际、中韩陆港联运建设开通	1. 港口之间的竞争激烈 2. 青岛港、烟台港等临近港口对威海港腹地货源的争夺 3. 其他运输方式的激烈竞争 4. 后国际金融危机时代的影响

（一）优势（Strength）

1. 区位优势：威海港地处东北亚经济圈和环渤海经济圈的中心地带，同时位于蓝色经济带深蓝区，西与内地京津相连，东与日本、韩国隔海相望，南下可直抵长三角、珠三角，北与辽东半岛旅顺口共轭渤海咽喉，陆域海域辐射面广，经济区位优势明显。而正在建设中的威海新港港区的建港条件十分优越，岸线长达12公里，地质条件稳定，港区终年不冻不淤、港阔水深、掩护条件良好，东部3公里的深水岸线离岸100米水深可达20米以上，可建设多个20万吨级到30万吨级大型专业化深水泊位，属北方少见的天然良港。另外，威海新港三面陆地，风浪较小，而且西侧杨家湾湾底具有良好的泊稳条件以及与主城区便利的交通条件，适合建设客运滚装作业区。

2. 港口吞吐量稳步增长，新港基础设施建设加快。最近几年，威海港发展迅速，2006年威海港货物年吞吐量为1414.1万吨，同比增长39.3%；2007年威海港货物年吞吐量为1730.5万吨，同比增长22.4%；2008年威海港货物年吞吐量达到1619.6万吨，同比增长－6.4%；2009年威海港货物年吞吐量为2008万吨，同比增长11.9%；而2010年威海港前三季度的货物吞吐量为2340万吨，可见威海港的港口吞吐量除2008年受国际金融危机的影响稍有下降以外，均是稳步增长的。港口吞吐量的稳步增长正是说明了威海港的发展，也为威海港未来的加快发展提供了动力。

近年来，为了适应威海港的发展，威海新港的建设不断加快。2006年，威海港一次性开工建设了2个5万吨级、2个7万吨级、2个10万吨级共6个大型深水泊位，其建设规模之大在国内同行业内罕见。经过4年多的紧张建设，目前，在6个5万吨级以上大型深水泊位中，有三个泊位已装备齐全并开始投入使用；2010年8月10日，第一艘5.5万吨的化肥散货船靠泊，它标志着小港的历史从这天结束，大港的进程从这刻开始；与港口配套的5万吨级航道工程已经竣工，7万吨级航道扩建工程已经启动；国际客运中心初具规模，明年12月底将全面竣工并投入使用。届时，公交客运站、疏港公路二期等工程也将随之建设，威海市区交通将在很大程度上得以缓解。不仅如此，威海港还投资建设了30万平方米的货场、5万吨级单向航道工程，以及明年即将开工的800米突堤工程，对于威海港的发展发挥着自己应有的作用。

3. 优越的综合服务条件。港口服务业是与港口航运活动直接联系的以及由港口所派生出的一系列服务行业和活动的集合，是影响港口竞争力和发挥港口对经济带动作用的重要因素。对于威海港的服务业来说，以提供船舶进出港所需的基本服务、供给服务、行政服务等传统意义上的港口服务为主，高附加值的航运信息、金融、保险咨询等都还处于起步阶段。主要表现在：各种与港口相关的服务产业都具备，基本的服务门类齐全；费用低廉；通关效率高；港口物流发展迅速；高附加值的港口服务业虽然处于起步阶段，但也不容小觑。如此优越的综合服务条件，为威海港的发展增加了砝码，促进港口经济的发展。

另外，威海客运新站的建设为威海港客滚运服务的提升提供了基础保证。客滚服务业也是港口服务必不可少的，对于威海港来说，客滚服务是其重要业务之一，而且还是优势业务之一，原因在于威海港是日韩两国友人来华时最近的登陆地点，"金桥"线的开通更是方便了中韩两国的交流，再加上威海的环境优美，威海港的客流比较大，为旅客提供方便快捷的服务就成了必然。

4. 近几年威海市经济发展的推动作用。威海近几年经济发展迅速，2006年 GDP 为 1368.53 亿元，比上年增长 17.0%；2007 年 GDP 为 1583.45 亿元，比上年增长 15.7%；2008 年 GDP 为 1780.55 亿元，比上年增长 12.4%；2009年 GDP 为 1969.36 亿元，比上年增长 12.8%。每年的 GDP 增长率都超过10%。威海市是威海港的直接经济腹地，其经济的增长为威海港的发展提供了经济保障，为威海港的发展提供强大的推动作用。

5. 威海国际物流园区的建设及初步投入使用。物流业对港口来说是不可或缺的。2006 年威海港开始论证威海国际物流园的建设，并且于 2008 年 11月开始动工建设距离威海新港 18 公里，计划总投资 30 亿元，项目规划用地2700 亩，集公路、铁路、海运等多种运输方式于一体的国际物流园区，是起步最早的胶东大物流园之一、山东省规划建设的四大临港物流中心之一。园区定位是：以港口物流为中心，以第三方物流为载体，以保税物流为目标，以信息技术为支撑，争取用四到五年时间将园区建成集公路、铁路、海运等多种运输方式于一体，集产品的仓储、包装、加工、配送、分拣、装卸、理货和保税等服务功能为一体的高起点、高标准的现代化国际物流园区。其采用最先进的信息化管理模式，将专业的物流管理软件与条形码技术、RFID 电子标签技术、GPS 定位系统以及视频监控系统进行集成，从而建立威海国际物流园信息化平台，实现了接货、入库、管理、出库全过程信息化管理，优化了操作流程，节省了大量人力、物力，从根本上提高了园区作业效率和准确率。特别是 RFID 技术如此大规模的应用，在国内尚属首次。物流园建成后，将通过发展货物集散网络，在港口的上游延伸产业链条，促进港口业务发展。

威海国际物流园已被列入 2010 年山东省重点工程建设项目，在"2010 年全国通用仓储企业 50 强"评选中位列第 22 位。威海国际物流园边建设，边招商，边经营，已初步形成以三角轮胎第三方物流项目为龙头，以中石油、中石化原材料仓储和配送项目为支撑，以中国化工建设公司、威海橡胶化工和青岛耐克森等的轮胎成品仓储业务为补充，以中农集团的化肥物流项目为带动的物流体系。看到物流园现场忙碌的情形就可以想象到未来物流园区的繁荣景象，威海国际物流园建设之初的美好愿景已经逐渐显现。

（二）劣势（Weakness）

1. 腹地条件无法与青岛、烟台、日照相比。按照传统的"腹地"观念，想要建成一个现代化的大港口，在面向大海的同时还必须背倚广阔的腹地，否则货源的稳定很难保证。而威海地处胶东半岛最东端，目前的经济腹地为威海市，远期随桃威铁路及港口自身能力的提高，腹地有可能进一步向内地延伸，但是威海港的腹地与周边港口重叠交错，腹地条件不占优势，可以说无法与青岛、烟台、日照相比。再加上威海的腹地经济相对于青岛、烟台、日照的腹地经济来说还存在一定的不足，经济发展水平相对较弱，影响威海港的发展。

2. 产业集聚程度不高，临港产业配套设施不完善，缺乏大型业务的支撑。临港产业是世界港口城市发展的首选产业、城市经济的重要支撑和带动城市产业结构调整的关节点；以港口为中心龙头，大力发展临港产业，摆脱港口单纯作为交通枢纽的一元化发展模式，促使港口的多功能效应充分发挥，辐射、带动整个城市的发展，是港口城市发展的必由之路。目前，威海的港口正由一元模式向多元模式发展，对港口的服务功能要求越来越高，城市与港口的关系变得越来越密切。而临港产业是在港口腹地和港口城市相互联系、相互促进中发展的。港口、临港产业和城市在循环累积因果效应中，不断地发展和壮大是未来的发展趋势。

就目前威海市来说，威海港口发展与经济强市的地位还不相称，以港兴市的作用还没有充分发挥出来。与城市经济的迅猛发展相比，威海市的港口发展相对滞后，港口对城市的拉动作用不是很明显，城市的发展并没有充分利用港口的天然优势。依据先进港口城市的发展经验，优越的港口条件会带来城市发展的加速度，城市反过来又能扩大、增强港口的规模和功能。这种港城互动模式在威海还没有得以实现。另外，威海的临港产业集聚度不高，没有自己的特色临港产业，相比较青岛港的港口产业群、家电电子产业群、水产品出口加工产业群、临港重工业产业群和新材料产业群五大产业集群，日照港的钢铁、石化、纸浆、粮油加工、汽车及零部件等产业，烟台港的建材加工、汽车配套、电子信息等产业来说，威海港的造船、石化、汽车及零部件、电子信息在其他港口都有，没有突出自己的特色产业，竞争力不强。

3. 货物结构不合理，散杂货比重较低。港口的货物结构对于港口的发展有一定的作用，合理的货物结构有助于港口的健康、快速发展。例如，青岛港的矿石和油品吞吐量在全国位列前茅，而其他货种则相对比例较低；烟台港将集装箱、散杂货、客运滚装作为港口的三大支柱产业，将这三产业的货物作为主要货种。日照港则以散杂货为主打，重点突出铁矿石、镍矿、木片、粮食等的运输，发展异常迅速。山东半岛这三个大型港口都凭借自己的货物结构、突出自己的特色货种，发展态势良好。相比较威海港来说，威海港的集装箱业务比较突出，但散杂货比重相对较低，而威海市的主要贸易产品包括轮胎、机电产品、渔具、水产品、服装等，因此散杂货的比重不应该如此低，也就是说威海港的货物结构不合理，应当注意散杂货的比重。

4. 集疏运体系不完善，现有港口铁路运能不足，不利于威海港的进一步发展。港口的综合通过能力主要由船舶进出港、码头装卸、库场堆存以及集疏运四大系统组成，并由最薄弱的系统能力所控制。由此可见，集疏运体系对于威海港的发展必不可少。港口的集疏运方式主要有水路运输、铁路运输、公路运输和航空运输，而铁路运输的优势最大、发展潜力最大。然而，就威海港目前的情况来看，铁路运输这一瓶颈对于威海港的发展来说阻碍作用极大。港口铁路建成后，由于各种原因，很长时间里一直未得到有效利用，对港口吞吐量的促进作用也一直未得到充分发挥。随着 2009 年 10 月威海港化肥出口项目的引进，沉寂了数年之久的港口铁路终于得到了恢复使用，但是仍然存在一些问题：

（1）现有港口铁路运能严重不足。港口铁路建设与码头建设不相配套，港口铁路区间通过能力较小，限制着港口通过能力的进一步发挥。现有港口铁路为单线，火车运行速度慢，没有铁路堆场，没有装卸作业平台，种种因素导致铁路运能严重不足。

（2）港口铁路向东延伸阻力大。威海港新港区现有作业区目前限于华能威海电厂以西，着眼长远发展，港区必须东扩，港口铁路也必须向东延伸。然而，目前华能威海电厂横亘于整个港区，阻碍了港口铁路的向东延伸。如果港口铁路无法贯通，东部港区的开发和建设将会受到很大的制约。

（3）总规线条较粗，不能满足发展需要。港口总体规划虽然对港口铁路进行了规划，但作为总规，线条较粗，需要尽快组织编制专项规划、详细规划。

（4）地方铁路竞争上处于劣势。由于体制上的原因，地方铁路相对于国家铁路在竞争上处于劣势。地方铁路要进行运输，必须同所在地的国家铁路局签订运输协议或合同，执行国家铁路的列车运行图和列车编组计划，服从国家铁路的指挥，执行国家铁路的有关规定，地方铁路必须受制于国家铁路。而且，所有车皮全部由国家铁路局垄断，造成车皮紧张，地方铁路常年处于车皮供不应求的境况，运输受到很大制约。此外，地方铁路没有定价权，始终只能作为一个价格接受者，既不能通过价格体现投资成本，也不能以此来调节供求以及掌控未来的收益。而威海的铁路正是属于处于劣势的地方铁路。另外，我们还听到了一个对于威海港来说有利的消息，威海市政府打算将威海铁路交给国家，届时威海铁路的这一劣势就会相应消失。

5. 港口自由度程度不够。在国际贸易与物流活动中，货物报关、通关的手续是否方便健全对于港口的发展至关重要，试想一下，不管是出口方还是进口方，都希望自己的货物尽可能方便快捷地到达目的地，而报关通关手续在港口国际贸易运输中是必不可少的，港口的自由度正是研究港口报关通关等问题的一个视角，港口自由度提高了，货物通关自然便捷，而且还可以吸收国际贸易中的货物在此中转，不必担心中转时的费用、时间等问题。港口自由度程度高，则会形成自由贸易区、自由港等形式（当然在形成的过程中少不了政府的批准与支持），自由贸易区与自由港的发展对于港口以及港口腹地经济来说，带动作用是无法忽视的，世界上很多著名的港口如鹿特丹、汉堡以及中国的香港等都是在自由港的模式下发展壮大的。

就威海来说，发展成像鹿特丹、汉堡以及中国的香港等那样的大港不太现实，但是发展自由贸易区还是可行的，尤其是利用自身的区位优势发展中日韩自贸区。然而，威海目前的自由程度不够，对于自贸区的发展还有一段距离，需要加大自由度的开放，为自贸区的建设创造条件。

6. 港口建设用地紧缺，规模效应有待提高。港口的发展必须有自己的场地、基础设施等硬件的支撑，有足够的土地才可以建设港口的基础设施，促进港口经济的发展，而威海港在这方面却存在制约因素：（1）威海近几年经济的发展，各公司都有扩大规模的趋势。再加上房地产市场的发展，使土地价格急剧上升，而且可用于建设的土地随着经济的发展变得越来越紧俏，征地成为一大难题。（2）威海新港以及威海客运站的建设需要大宗的土地。以威海国际物流园区来说，规划建设用地 2700 亩，但目前还仅有 800 亩，而且还是费尽心力才得到的划拨,可见威海港口建设用地的紧缺。而建设用地得不到保障,港口的规模就达不到预定的水平,就会影响港口的规模效应。

(三)机会(Opportunity)

1. 制造业基地的快速发展与大规模承接日韩产业转移带来的机遇。目前,日本、韩国由于国内劳动力成本、产业发展空间、原材料等方面的原因,经济发展受到一定的限制,面临着产业向外转移的趋势。而山东半岛是我国沿海对外开放和经济发达的地区之一,有着良好的工农业基础、发达的交通环境。与日本一衣带水,和韩国隔海相望,是中国距日本、韩国最近的地区,具有经贸往来的地缘优势。因此,也成为日本、韩国产业转移的重点区域。山东半岛制造业基地建设及其与日韩产业转移的对接,就成为更加迫切的现实。威海市正是产业转移的重点,从日韩产业转移中寻找机会是威海重要的发展战略。为此目前威海市提出将在更高层次上打好"环境"和"开放"两张牌,向环境要竞争力,构筑对内对外全方位开放新格局,并建设了一批相应的开发区和加工区。这些开发区和加工区的建设为威海经济的发展提供了机遇,威海经济的发展则为威海港的发展提供了便利:日韩产业转移与制造业发展所产生的大量产品需要通过港口运到世界各地,而制造这些产品所需的原材料等也有一部分是需要通过港口运输的,因而也就增加了港口的货物运输。同时,制造业及日韩转移产业的发展也会带动其他产业的发展,带动威海经济的发展,加快港口进步。

2. 山东半岛蓝色经济区建设的提出。2009 年 4 月 21 日至 22 日,胡锦涛总书记在山东视察工作时指出:"要大力发展海洋经济,科学开发海洋资源,培育海洋优势产业,打造山东半岛蓝色经济区。"随后,山东省委省政府召开会议研究部署了打造山东半岛蓝色经济区这一重大战略任务,山东半岛蓝色经济区建设进入加快发展阶段。山东半岛蓝色经济区建设的提出,不仅对山东半岛经济发展来说是一个机会,对于处于蓝色经济区深蓝区的威海港来说更是不可多得的发展机会。威海港不仅仅是威海的威海港,也是山东半岛港口群必不可少的威海港,山东半岛的威海港。山东半岛蓝色经济区的建设自然少不了威海港的建设。

3. 政府支持,政策环境良好。"十一五"期间,威海市委、市政府提出"兴港强市"战略,围绕中心,服务大局,依法行政,真抓实干,扩大口岸开放,加强口岸管理,优化口岸环境,推进口岸大通关建设,确保了全市口岸的文明高效、安全畅通,在促进威海经济社会又好又快发展、建设和谐社会、提升城市综合竞争力等方面发挥了重要作用。而在"十二五"的制定过程中，威海港也被威海市委、市政府所重视。在威海市"十二五"口岸发展规划中，对于威海市的港口未来五年的发展作了详细的规划，其中对于威海港的规划是这样的：根据"兴港强市"战略和《威海港总体规划》，威海市将实行"一市一港一政"，做大做强做精威海港，统筹配置中小港口和货主专用码头，实现优势互补和港口资源利用效益的最大化，构筑全面开放的口岸格局；大力推进"兴港强市"战略，突出威海港作为中心港的地位等等。可见，威海市委、市政府对于威海港的发展建设还是十分重视的。

4. 东北亚地区贸易物流的合作。全球经济一体化趋势日趋明显，世界经济中心不断转移，东北亚以其独特的地缘优势和经济互补优势正日益成为世界经济新的增长点。随着东北亚地区经济贸易规模的不断扩大，该地区港口的发展也非常迅速，新的国际航运中心正在形成中。在这一大好的趋势下，东北亚地区贸易物流合作加强，为这一地区港口的发展提供了机会。威海港作为山东半岛最东端的港口，可以说接近于东北亚经济圈的地理中心位置，在东北亚经济圈中有着不可替代的作用。在东北亚经济发展、贸易物流合作的大好趋势下，威海港也迎来了新的发展机遇，抓住这一机遇，做强做精东北亚经济圈中自己独有的业务，把威海港的竞争力发挥出来，实现在东北亚经济圈贸易物流中不可替代的作用，这对于威海港来说势在必行。

5. 青荣城际的建设开通。青荣城际铁路是山东省内第一条区域性城际高速铁路，也是省内投资最大的单体铁路建设项目。这条铁路位于胶东半岛，连接了青岛、烟台、威海三个主要城市，是构建半岛城市群间最重要的交通基础设施和最快捷运输通道。青荣城际的开通，对于威海港的发展可以说是一个很好的机会：青荣城际的开通为威海港的集运输体系增加了一道保障，换句话说就是可以把青荣城际作为威海港集运输体系的一部分；青荣城际的开通方便了威海港与周边港口青岛港、烟台港等的联系，有助于港口之间的合作，促进山东半岛港口群的协作与竞争，带动威海港的进步。

6. 中韩陆港联运的即将开通。威海交通部门制定了《关于加快推进中韩陆海联运汽车货物运输工作的实施方案》，建立了分工明确的工作机制，规划建设了监管作业区场地、外服务区、通关口岸设施。2010 年 9 月 7 日，中国与韩国在威海正式签署《陆海联运汽车货物运输协定》及其议定书，根据协议，从今年年底开始，威海港、龙眼港、石岛港将与山东其他 3 个口岸在全国率先尝鲜陆海联运。中韩陆海联运的开通，将实现中韩"门到门"直达运输，以潍坊出口蔬菜为例，过去，菜在潍坊装车，到了威海港卸车，然后装进集装箱、装船，到了韩国港口后卸船、装车，最后运到超市。在这个过程中，有很多装卸车船的环节。换成陆海联运汽车运输之后，物流过程就变为"中国装车、韩国卸车"，蔬菜在潍坊装上车之后，到了威海港不再卸车，而是连菜带车一起上船，到了韩国的港口后，还是这辆车载着这些菜，下船后直送超市。两相比较，陆海联运汽车运输装卸次数、污染排放都大为减少。

如此便捷的运输组合，更有助于威海港抓住中韩这一优势，发展中韩贸易，同时也有利于以此吸引周围腹地的货源，保证港口陆海联运货源的供应。中韩陆海联运的开通，为威海港发展中韩货物运输这一优势提供了机会。

（四）威胁（Theaten）

1. 港口之间的竞争激烈。随着经济中心的不断转移，东北亚以其独特的地缘优势和经济互补优势正逐渐成为世界经济新的增长点，东北亚地区经济贸易的发展，使得这一地区港口的发展也非常迅速，为竞争国际集装箱枢纽港、国际航运中心的地位，各大港口也都在全力以赴建设软硬件环境，以确立自己的国际航运中心的地位，形成各港口相互竞争的格局在所难免。不仅仅东北亚经济圈中各港口竞争激烈，就是在环渤海经济区，甚至是山东半岛港口群各港口之间的竞争也是显而易见的：日本的仁川、韩国的釜山等大港为了自己的国际航运中心的地位竞争激烈，各种竞争方式层出不穷，有大港之间的强强联合、协作发展，也有港口之间的恶性竞争；天津、大连等港口也在各自发挥优势，提高自身的竞争力，在环渤海经济圈甚至东北亚经济圈中分得一杯羹；而山东半岛各港口也在为自己的发展而努力着。可见，港口之间的竞争随处可见，这对于核心竞争力并不怎么突出的威海港来说是最大的威胁。

2. 青岛港、烟台港等邻近港口对威海港腹地货源的争夺。在上一条中已经谈到各港口之间的竞争，在此处仅仅涉及港口竞争中对腹地货源的争夺。威海港、烟台港、青岛港及周边一些小港之间距离并不远，各港口腹地重叠交错，对于腹地货源的争夺一直很激烈，而且有愈演愈烈的趋势。在劣势中曾经提到过，威海港的腹地一直以威海市为主，腹地条件本来就不乐观，再加上周边港口对腹地的争夺，威海港腹地就更小了，这对于港口的货源有很大的影响，阻碍港口的进一步发展。

3. 其他运输方式的激烈竞争。运输方式主要包括铁路、公路、水运、航空、管道运输，其中在远洋运输中水运运输的主导地位仍然是无法撼动的，但是在其他运输中各运输方式之间的竞争一直很激烈，当然管道运输除外，因为管道运输仅能运输某些指定的油、气等。对于另外的四种运输方式，在其他运输中各自有各自的优势，再次仅以货运为例说明：铁路货运主要以大宗货物为主，以运输距离遥远为特色，在完成大宗货物运输的同时，为增强市场竞争能力，已在部分对铁路货运市场影响较大的区段开行一批定点、定线、定车次、定时、定价的"五定"货物快运班列，以快捷、方便、准时的运输服务，拓展货运市场。公路货物运输则以短途运输为主，并以其小批量、快速、"门到门"运输的优势，在高价值、高时效的区域内及区域间货物运输中将占有重要地位；而航空运输可以适应人们在长距离旅行时对时间、舒适性的要求以及快速货物运输需求，是我国正在快速发展的一种运输方式。三种运输方式的发展对于水运来说有一定的阻碍作用，而威海港除远洋运输以外，还有一些国内的客流、货物的运输，运输方式的竞争可以说是与港口争夺客、货源，对于港口的发展来说阻力也是不容小觑的。

4. 后国际金融危机时代的影响。2008 年席卷全球的金融危机对于港口运输业来说至今仍有余悸，可以说当时对于港口的发展影响不小，威海港在 2008 年的货物吞吐量相对于 2007 年不仅没有增长，反而有所下降就是很好的例子。金融危机之后的调理都是艰难的，过程曲折，进展缓慢。目前，金融危机不仅本身尚未见底，而且对实体经济的影响会进一步加深，严重后果会进一步显现。虽然金融危机对我国的影响并不明显，但对于外贸来说冲击也不小。危机之后各国实行不同的贸易保护主义，对于进口的货物有各种各样的阻挠措施，这对于外贸的恢复有一定的阻碍作用，而外贸恢复不了，给外贸提供运输的港口也存在后金融危机特殊时代的挑战。

综上所述，我们可以看出，威海港最大的自身优势就在于其本身良好的港口资源和广阔的发展前景，以及日韩产业转移和山东省加快建设半岛产业基地的机遇，而充分利用自身的优势和外部的机遇，加快港口建设，努力发展新的腹地，加快同其他港口的合作，正是威海港发展的必由之路。

四 威海港核心竞争力评价

（一）核心竞争力评价指标体系的确定

所谓港口的核心竞争力是在港口内部经过整合了的专业知识和专业技能，是港口在生产经营和管理过程中，逐步有计划地培育成的、不易被竞争对手效仿的，能带来超额利润的独特竞争力。同样，它也可详细表达为是港口长期形成的、蕴涵于港口内质中的、独具的、支撑港口过去、现在和未来竞争优势，并使港口在长时间的竞争环境中能取得主动的竞争力。而影响港口核心竞争力的因素主要包括地理位置、自然条件、港口经营环境、港口管理、港口基础设施、航运状况等。而指标体系是评论的基准，只有采用统一的标准和方法，才能对港口企业的竞争力做出正确的评价，只有具有可比性的计算结果，才可能对正确决策给予有效的支持。

这里在借鉴前人研究成果的基础上，结合前文对港口竞争力影响因素的分析，通过比较与综合，最终确定的指标体系如下：

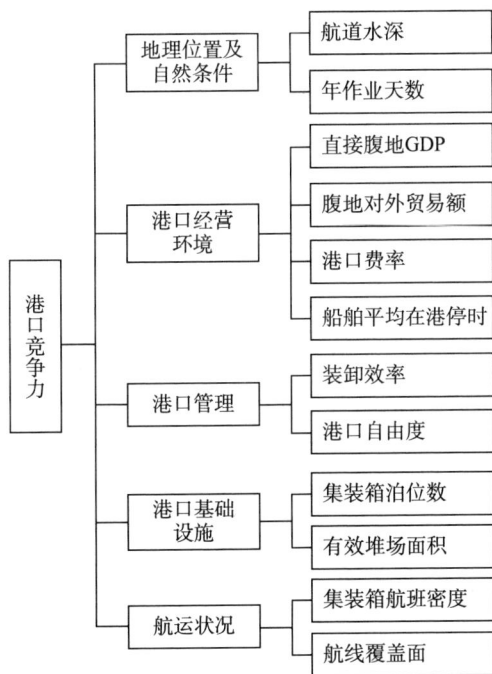

1. 各指标具体解释如下：

航道水深（米）：是一个定量的指标，指港口的主航道水深值。短期内各个港口随时间变化水深值变化不大。

年作业天数（天）：是指港口一年中去掉由于天气因素而不能开展作业的有效工作天数，是一个定量的指标。

腹地经济 GDP（亿人民币）：是一个定量的指标，将各个港口直接腹地的GDP 进行汇总。

腹地对外贸易额（亿美元）：是一个定量指标，将各个港口直接腹地的对外贸易额进行汇总。

港口费率（美元 T/EU）：是一个定量指标，这里采用单箱综合商务费用，为港口总费用/总 TEU 数，港口总费用包含进港费吨税、引水费、拖轮费、停泊费、码头费、装卸费。

船舶平均在港停时（小时）：船舶进港至离港停泊总艘时数/船舶停泊总艘次数。

装卸效率（TEU/小时）：是一个定量的指标，一般说来评价标准有单机效率和单船效率两种，这里采取单船效率来进行评价。

港口自由度（1分~7分）：定性指标。

集装箱泊位数（个）：是一个定量指标，指港口集装箱专用泊位总数。

有效堆场面积（万平方米）：是一个定量指标，指集装箱堆场面积中实际可用于堆存的面积。

集装箱航班密度（班/月）：是一个定量的指标，本文中指港口平均每年运行的集装箱航班总次数/12。

航线覆盖面（条）：是一个定量指标，包括近洋、远洋所有航线条数。

2. 指标权重的确定

即确定指标体系中各级指标对于评价目标的相对重要性程度系数。目前常用的方法有直接评分法、功能评分法、二项系数法及层次分析法等。这里选用直接评分法为权重确定方法。采用先设计好指标体系，以表格的形式由行业专家赋予 H 级指标体系中各层次指标的权重，然后进行平均统计和归一化处理。

（1）第一层指标权重的确定

①由各位专家在给定的值域区间内就指标的重要性评分。设第 i 位专家对第 j 个指标的重要性评分为 x_{ij}，i = 1，2，…，n，n 为专家总数；j = 1，2，…，m，m 为指标总数。

②第 i 位专家的资信等级为 k，k = 1，2，3，k = 1 表示专家很熟悉被评价的内容；k = 2 表示专家较熟悉被评价的内容；k = 3 表示专家不太熟悉被评价的内容。y_{ik} 为第 i 位专家的资信权重，且 $y_{i1} = 1$，$y_{i2} = 0.8$，$y_{i3} = 0.5$。

③第 j 项指标的综合重要性评分为 $x_j = \sum_{i=1}^{n} x_{ij} y_{ik} / \sum_{i=1}^{n} y_{ik}$，j = 1，2，…m

④指标权重的归一化处理为 $x_j = x_j / \sum_{j=1}^{m} x_j$，j = 1，2，…，m

（2）第二层指标的权重确定

①首先，在同一大类指标下的几项小类指标，采用上述同样的方法确定

其权重。如在 j 大类下的指标，设 1 = 1，2，…，Oj，Oj 为 j 大类指标下的小指标数，则 x_{ijl} 为第 i 个专家对 j 大类 1 小类指标的重要性评分值。则

$$x_{jl} = \sum_{i=1}^{n} x_{ijl} y_{ik} / \sum_{i=1}^{m} y_{ik}, 1 = 1, 2, \cdots, Oj, j = 1, 2, \cdots\cdots, m$$

归一化为 $x_{jl} = x_{jl} / \sum_{l=1}^{o_j} x_{jl}, 1 = 1, 2, \cdots, Oj, j = 1, 2, \cdots\cdots, m$

②指标权重的绝对值确定

$$Z_{jl} = X_j * X_{jl}, 1 = 1, 2, \cdots Oj, j = 1, 2, \cdots, m$$

（二）威海港核心竞争力评价

通过对相关专家的问卷调查与访谈，综合整理专家评价结果和建议，并结合具体情况进行修正，利用上述步骤可得到权重结果如下：

1. 第一层指标的权重

$X_1 = 87.589286$，$X_2 = 78.57143$，$X_3 = 79.44643$，$X_4 = 83.50893$，$X_5 = 70.57143$；

归一化后的权重分别为：

$X_1 = 0.2191444$，$X_2 = 0.196582$，$X_3 = 0.198771$，$X_4 = 0.208936$，$X_5 = 0.176567$。

2. 第二层指标的权重

$Z_{11} = 0.109096499$，$Z_{12} = 0.110047922$；

$Z_{21} = 0.045137073$，$Z_{22} = 0.049525992$，$Z_{23} = 0.053056606$，$Z_{24} = 0.04886248$；

$Z_{31} = 0.10043061$，$Z_{32} = 0.098340752$；

$Z_{41} = 0.1083094$，$Z_{42} = 0.100626153$；

$Z_{51} = 0.09068715$，$Z_{52} = 0.08587936$。

由此可见，在第一层指标中，各指标的影响从大到小依次是地理位置及自然条件、港口基础设施、港口管理、港口经营环境、航运状况。换句话说，港口的区位优势在威海港的核心竞争力中占主导地位，而基础设施建设尤其是港口泊位等的建设也不容忽视，相较于此，港口管理、港口经营环境、航运状况等的影响稍差一些。

在地理位置及自然条件下，第二层指标中年作业天数的影响要比航道水深大，也就是说，港口连续作业天数对于港口竞争力来说是至关重要的。在港口基础设施中，第二层指标中集装箱泊位数的影响要比有效堆卸面积大，有了泊位船才能停靠，货物才能有效地发出，有效堆卸面积只是改变了以前货到必须装船运走的限制，可以在一定程度上吸引货源，如果没有泊位，货到了也无法装船运出。在港口管理中，第二层指标中装卸效率、领航效率的

影响要比港口自由度大，可见港口的服务好坏对于港口竞争力的提升有很大的影响。在港口经营环境中，第二层指标的影响因素从大到小依次是港口费率、腹地对外贸易额、船舶平均在港停时、直接腹地 GDP，货主对于运输成本还是比较重视的，而相对于此，腹地条件的影响稍弱。在航运状况中，第二层指标中集装箱航班密度的影响要比航线覆盖率大，"小而精"并不一定比"大而强"弱，有时做精某一重要航线比"广撒网"要好得多。

五　提升威海港核心竞争力的对策

港口是威海市的优势所在、特色所在、发展潜力所在。在激烈的港口竞争中，威海港应寻找港口区域协作与竞争的平衡，形成错位发展态势，抓住中韩，突出中韩的客滚运输以及刚刚开通的中韩路港联运，做精做细做专做强，发展成为东北亚地区连接中韩贸易的重要中转枢纽港和山东半岛蓝色经济区甚至环渤海地区不可或缺的重要港口之一，将自身打造成"**小而专、小而精、小而特、小而强**"的精品港口。本着这一基本思路和战略框架，努力探寻适合威海港的"专精特强"提升模式。

（一）港口服务

港口企业的产品就是服务。服务客户对港口企业的发展起着举足轻重的作用。港口企业除了要关注吞吐量、集装箱量等生产任务的指标外，更要努力丰富服务内容，向延伸服务和配套服务方向发展，"想客户之所想，急客户之所急"，千方百计地满足客户的要求，把客户满意作为检验服务质量的唯一标准。尤其在区域间港口竞争日益激烈的今天，威海港要想巩固现有优势，提升核心竞争力，还需要从完善港口服务着手。

1. 加强港口服务文化建设

服务文化是以服务价值观为核心，以创造客户满意为目标，以形成共同的服务价值认知和行为规范为内容，以服务机制流程为保证，以服务创新为动力的企业文化。加强和推进威海港服务文化建设，是应对现代市场激烈竞争的客观要求，是丰富和实现威海港长期高效发展的有效途径，也是构建和谐港口提升服务功能的重要内容。因此，威海港要加强港口服务文化建设。

（1）在思想上要创新理念、强化服务意识。建设服务文化，关键要创新服务理念，提升服务水平。威海港要形成和建立新的理念，需要找出与先进服务文化的差距，学习借鉴国内外优秀港口的先进经验；需要员工的深入讨论和广泛认同，成为共同遵守、共同履行的信条；需要不断创新服务手段、完善服务规范，兑现服务承诺，为客户提供便捷、高效、优质的一流服务。

（2）在工作上要建章立制，强化规范意识。管理制度的严格规范和持续改进，是服务文化长期有效推进的基础。因此，威海港要在积极探索以客户为中心的服务体系和管理模式，畅通与客户沟通渠道，建立起科学规范的内部管控体系前提下，进一步完善内部工作职责和协作机制，并将其渗透到威海港经营管理的全过程，渗透到各个管理环节上；要把抽象的服务概念变为具体的服务行为，细化服务标准和要求，明确人员和岗位的责任，形成以外促内、以内保外的良性循环；要通过强化机制创新和管理流程再造，做到与服务文化的深度融合，使员工既有价值观的导向又有制度化的约束，促进威海港优质服务的规范化、常态化。

（3）在行动上要全员落实，强化责任意识。特别是在当前威海港发展面临严重困难和挑战的形势下，要正确处理好促进威海港发展和推进企业服务文化建设的关系，切实加强组织领导，分层、分级、分项落实责任。要坚持从基层、基本、基础抓起，深化服务文化和职业道德教育，通过大力宣传贯彻服务理念，重视培育和树立先进典型，进一步增强全体员工的文化意识与责任意识。

2. 延伸威海港服务功能，并努力向物流化、高端化发展

当前，世界港口正处于第三代向第四代转型的时期，港口功能更加注重纵向整合与横向拓展。港口服务物流化，就是对港口功能的纵向延伸，在运输、仓储、装卸等传统服务基础上，发展保税、堆存、配送、中转、交易等综合物流功能，同时注重港口物流供应链上下游之间的紧密联系和有效衔接。而港口服务高端化则是指发展航运金融、航运保险、信息服务等高端服务业，注重港口间的合作与联盟，可以视为对港口物流功能的横向拓展。因此，威海港要努力延伸港口服务功能，并向物流化、高端化发展。

（1）强化合作联盟。港口区域化整合是第四代港口发展的重要特征，也是推进港口服务向物流化、高端化发展的必然要求。威海港要加强内部资源整合，强化港口企业、航运企业、物流企业之间的合作；加强与青岛等港口间的联盟，深化合作；加强与日本、韩国等国大港及国际海运集团的战略合作，增强国际竞争力；加强与物流供应链上下游企业间的合作联盟。

（2）拓展增值服务。威海港应该努力提高特色服务质量，提高港口运作效率，为货主和船公司提供极具个性化的物流增值服务。例如，威海港可以推行"一票到底"的多式联运模式，这样既可以优化物流服务的流程、降低

物流成本、缩短物流时间，又可以为客户提供相对完整的物流解决方案，节约了客户的大量精力；在依法行政、严密监管、严格把关服务的前提下，以科技创新来推动体制创新，大胆改革传统的通关模式，例如，可以改变货物到港后方可办理通关手续的传统方式，以"提高进出口通关效率、降低通关成本"为着力点，以"提前报关、实货放行"为主要形式的快速通关新模式，缩短了货物在港的滞留时间；对出口货物做到全天候24小时预约值班，方便企业通过网上办理货物申报手续；对高新技术企业特别实施便捷通关程序，使企业能够享受提前报关、联网报关、快速转关、上门验放、加急通关、担保验放等优惠便利；提供现货贸易、信息发布、远期合同、期货交割、物流配送等服务；大力发展电子商务，构建网上货运交易市场和物流综合服务交易市场；支持物流服务供应商与客户企业纵向协作及与港口运营商横向协作延伸物流价值链；另外，威海港应不断深化服务的深度，在改善货物通关速度、港口生产效率等方面，做出更大的努力，通过向货主提供高水平的物流延伸服务，吸引更多的货主将货物在威海港转运，从而保证了货源。

（二）港口信息系统构建

港口信息系统功能不全面，将严重影响港口整体功能的发挥。威海港目前所采用的物流信息系统的技术水平多处于较低层次，只局限于仓储、运输等基本业务层面，对外也只是通过 EDI 系统与海关进行实时数据交换，而不能提供更多的增值服务的支持与决策。更大的局限性在于，威海港不向竞争者开放系统资源，使得港口间的信息管理系统不能进行有效对接。因此，需要做到以下几点：

1. 转变观念、提升信息技术应用水平

威海港应当从思想上重视信息系统的建设，转变观念，积极实现港口物流信息化。威海港要增加信息化建设资金投入，积极与管理软件资讯公司合作，培训内部员工或基地成员的信息系统技能，从而提高制造业基地成员企业的信息化水平。首先，应大力发展和推广物流设备类信息化工具。如采用条形码技术和射频识别技术提高信息采集效率和准确性；采用基于互联网的电子数据交换技术进行企业内外的信息传输。广泛应用仓库管理系统（WMS）和运输管理系统（TMS）来提高运输与仓储效率。其次，以信息技术实现对供应链进行整合性的运营管理。通过信息技术实现运营智能化，构建全面智能化的物流系统。外部沟通方面，除了传统的客户管理模块以外，在保证双方数据安全以及合作可靠的前提下，加强与客户间的信息数据交换，

真正实现供应链一体化。

2. 构建基地公共信息平台，优化信息共享体制

公共信息平台是实现威海港整体竞争能力提升和快速响应市场的有力措施。针对信息化的三层要求制定统一的标准体系，即最底层信息化必须制定统一标准的编码、传输协议、网络接口等物理层面信息系统集成设施。第二层建立统一的系统操作层，以便上层的应用能有一个统一的接口，实现数据和信息在各个企业之间的直达化共享和交流。第三层是建立一个具有较强移植性应用层软件，使之能适用于大多数成员企业信息共享和交流的需求，从而快速响应市场，在一个统一的信息平台上协调各个成员企业的日程生产活动。同时构建公共信息平台，要充分考虑威海港的业务发展现状，确定现阶段建设的侧重点和发展趋势，以满足不同层次用户的需求。

3. 大力推行信息系统的标准化

在信息系统标准化建设方面，威海港应做好以下工作：第一，结合现行相关法律、法规，建立和完善威海港信息系统标准化体系，统一威海港物流信息系统的标准。第二，加大威海港物流信息基础设施建设投资，充分利用已有的资源，尽快建设信息化配套支持体系。

（三）港口物流

物流体系的构建是一个庞大的系统的工程，既涉及物流管理软技术，又涉及相关设施、设备等物流硬件。

1. 降低港口物流成本

（1）把威海港整个物流供应链当成一个系统来抓。威海港的未来特征应该是物流集约化、专业化和高效化。要促进威海港港口物流服务全程化成长，并通过一条产业链来把生产、仓储、采购、装卸、运输、包装、配送、信息等有机结合起来，有效整合本市各种运输、仓储等能力，取消不合理收费，降低运营成本，提高生产效率。

（2）规划建设好威海国际物流园区及物流中心。多功能、高层次、集散功能强、辐射范围广的港口综合物流中心在降低进出港口物流费用等方面有着极其重要的作用。

2. 加快物流企业的集聚

加快传统港口物流企业向现代物流企业转变。通过深化体制改革，优化结构，调整布局，使传统港口物流业初步建立起适应现代港口货物流通需要的社会化、专业化物流服务体系，造就一批具有市场竞争能力、经营规模合

理、技术装备和管理水平较高的现代物流企业。引进一批高水平的跨国物流企业。通过引进国外先进的物流企业，引进先进的物流理念、物流技术等，引领本地物流企业发展，提高威海港港口物流服务水平。

另外，还要做好保税物流、多式联运以及国内高货值产品的运输业务，形成连接国际和国内市场的区域物流中心。稳步发展第三方物流。从威海港港口物流环境看，目前还不能盲目追求第三方物流企业的运作模式，而应该根据自身的特点为生产制造企业提供阶段性的和有特色的物流服务。一方面，鼓励新型的第三方物流企业出现，并向企业内部延伸；另一方面，大力推进有实力的企业物流，向社会化的港口物流拓展，求得更大的经济效益。

3. 坚持质与量的统一，保持威海港物流协调发展

威海港港口物流业要保证港口货物吞吐量和货物贸易额协调增长。由于货物进出口贸易额与集装箱运输有良好的相关性，因此，我们在强调提高威海港货物吞吐量，稳步发展的同时，要努力发挥集装箱枢纽港的作用，强化威海港集装箱吞吐能力。集装箱化运输，具有运输方便、费用低、无污染的特点。因此，威海港要不断调整生产结构，从人力、物力、财力向集装箱业务进行全面倾斜，主动为"山东"地区、华东地区等港口腹地做好服务。控制基础客户，不断提高货物的适箱比例，维护威海港作为国内集装箱运输港的地位。积极谋求同北方的青岛和大连，东部的上海和宁波，以及南方的深圳和广州等港口在集装箱业务上的合作，更多地生成威海港的集装箱货源。

另外威海港还要开展绿色物流。环境保护和经济发展协调平衡是港口物流业可持续发展的根本保证。威海港港口物流业要改变传统的高投入、高消耗、高污染的增长模式，提高港口物流效益，实施绿色物流。依靠环境科技进步，推行清洁港口物流，为威海港港口物流的可持续发展奠定基础。

4. 进一步完善集疏运体系

由于威海港的吞吐量日益激增，现有的集疏运体系已经不能适应威海港现代物流发展的需要。同时，相对于其他集疏运方式，港口铁路的优势最大、发展潜力最大。海铁联运具有运输时间短、运输成本低、运输效率高、受天气路况等因素影响小等特点。因此，港口铁路是威海港集疏运体系中不可或缺的组成部分，是提升威海港集疏运能力的重要力量，此外，加快港口铁路建设，是威海港建设与发展的需要，并能够破解威海港陆向腹地狭小的难题。

（1）建立专门机构，加强组织管理。目前，威海港虽然有港口铁路，但是尚未成立专门的管理机构。铁路的日常维修养护没有专人负责，港内道口没有专门机构管理，没有专人值守，行车安全得不到保障。建议逐步建立起

专门的机构来管理港口铁路，随着港口铁路建设和业务发展的需要，可以成立港口铁路公司，负责港口铁路的规划建设、线路养护、安全生产、运输组织、车辆调度以及铁路运费管理等。

（2）制定建设发展规划，坚持稳步有序推进。威海港应编制港口铁路发展规划，在港口总体规划的基础上编制专项规划、详细规划，构建起港口铁路建设和发展的战略框架。要合理规划港口车站、编组站、装卸平台等，预留出足够的空间用于建设铁路堆场，根据港口建设科学规划连接各作业区、各码头的连接线、装卸线等，要预留空间用于复线建设等。

（3）研究改造现有港口铁路，扩大运能。鉴于当前市场开发工作取得突破，化肥出口、铁矿石进口等项目已进入实质性操作阶段，现有港口铁路运能不足的问题日益突出。建议抓紧组织或委托专门机构，研究现有港口铁路改造的可行性，尽快开展改造方案设计，并组织实施，千方百计想办法，尽量扩大现有铁路的运能，确保化肥出口、铁矿石进口等项目的顺利实施。

（4）高度重视港口铁路向东延伸的问题。建议加大工作力度，成立由政府主导的工作组，大力推动与华能威海电厂煤码头以及威洋石油码头的资源整合。与华能威海电厂之间加强沟通和协调，力争在最短的时间内突破华能威海电厂厂区这个港口铁路向东延伸面临的第一个也是最大一个障碍，先期将港口铁路延伸至威洋石油码头，结束威洋石油码头没有疏港铁路的历史。实现以港口铁路为轴线，将西、中、东港区串联起来，加快东部港区建设与发展的目的。

5. 培养高素质的物流专业人员

培养物流人才、提高物流人员素质是实现港口物流业可持续发展的战略重点。威海港港口物流部门要进一步加快物流人才的培养，借鉴国际经验，利用国内外办学资源，多渠道、多形式地开展人才教育，造就一支优秀的、层次合理的人才队伍，研究和开发高新技术，改造和提升威海港的物流产业。

（四）威海港要采用多种融资方式，拓宽融资渠道，积极解决融资难问题

港口基础设施是港口经济发展的重要物质基础。但由于港口基础设施建设需要巨额的资金投入并且能够带来巨大的经济效益和社会效益，并且具有明显的公共品属性，很难为项目经营者提供产权明晰的稳定的资金流。另一方面，港口建设具有区域性、排他性、竞争性等经济属性，从而使得港口基础设施建设，必须选择多元化的融资渠道。随着威海港基础设施建设高潮持

续不断，建设规模日益加大，威海港融资问题亟待解决。需要区别不同基础设施的特点，辩证分析各种融资渠道的利弊和适应性，为威海港基础设施建设选择合理的融资策略。

目前来说，威海港的主要项目、设施按其性质可以划分为公益性设施、经营性基础设施、经营性一般设施三大类：公益性设施包括港口航道、防波堤、导流堤、护岸、港池、锚地、船闸；经营性基础设施包括码头水下设施；经营性一般设施包括码头泊位和其他岸上设施。在同一港口，由于不同的基础设施项目具有完全不同的投资收益率，从而导致了不同投资项目的投资主体各不相同，即选择不同的投融资模式，这样有利于解决资金供求平衡的问题，建立合理的港口建设还贷机制，而且还有利于拓展港口建设的融资渠道。

1. 公益性项目建设：政府主导，以财政投融资模式为主

在理论方面来讲，公益性基础设施项目具有非排他性与非竞争性特点，再加上其投资额巨大且不能取得直接的投资回报，因而，一般企业或个人没有能力也不愿承担其投融资活动，其投融资主体只能是政府部门。采用财政投融资模式来发展威海港公益性基础设施建设，由于以政府信用为基础进行投融资，可以相对容易地筹集到大规模资金，并且，由于政府所具有的征税偿债能力，国家财政融资不像企业或居民那样受到市场的限制和容易陷入破产的风险，同时财政投融资资金对基础设施项目的投入还可以对企业和商业银行投资产生诱导作用，从而增加社会资金对基础设施的总投入，可以缓解威海市政府拨款的不足。

在具体操作方面，首先，要明确财政资金在威海港各具体建设项目中的比重，努力提高公益性和基础性项目的财政资金比重。其次，要注意提高财政投融资的效率，注意财政投融资模式的创新。财政投融资模式主要采用贷款、股权或证券、担保三种形式，其中贷款是最主要的使用方式。此外，政府还可以采用港口投资补贴，无偿提供诸如航道疏浚、航标设置等服务，提供各种财政优惠（如税收优惠、担保贷款、低息贷款保证）、科研开发及技术支持等形式支持港口基础设施的建设、允许营造土地、允许置换土地或者直接划拨土地等方式，以增加对威海港建设的资金投入。最后，在财政投资使用方面，应尽量采用市场化的运作方式，注意财政资金的引导作用，吸引社会资金和外资的投入。总之，虽然各级政府对建港资金的投入数额在逐年减小，但财政资金在未来一段时间内仍会成为威海港公益性项目资金的主要来源。

2. 经营性基础项目建设：政府、企业与民间资本混合投融资模式

港口经营性基础项目一般包括与港口经营有关的装卸机械、设备、车辆、船舶、仓库、堆场等设施，其功能在于为社会生产进行水上运输活动，主要体现为直接经济效益，部分体现为社会效益，投资规模相对较小，具有半竞争性性质，投资回报相对较高，由此决定这类项目的建设资金通常由港口自行筹措，其相应的投资主体一般是政府、企业或个人。从融资方式看，由于其投资营利性相对较高，投资周转速度相对较快，因而，适合于企业和个人进行直接融资和间接融资，对部分社会效益较高的经营性基础设施也可由政府直接投资。从投资资金使用方式看，由于盈利率相对较高，具有一定程度的竞争性，因此，要进入这类项目并占有一定的市场份额，就要求投资企业和个人有强劲的实力，这样才能将优良资本引入港口经营性基础项目中，带动港口发展。因此，威海港港口经营性基础项目可以采用市场化程度较高的政府、企业与民间资本混合投融资模式。

具体可采用以下方案：（1）岸下设施主要依靠银行贷款：银行贷款仍要作为经营性基础项目建设的主要融资渠道，因为在经营性基础项目建设过程中，政府主管部门贯穿于规划、建设、经营、还贷的全过程，项目风险得到较好的控制，有些大型项目还有政府主管部门的信贷担保，且经营性基础项目虽然财务效益有限，但具有较稳定的投资回报率，金融机构乐于贷款。（2）岸上设施主要采取融资租赁方式：港口企业由于设施多，固定资产投资大，回收期长，现金流量好，因而十分适合采用融资租赁方式筹资。此外，采用融资租赁方式筹集的资金不占基建投资规模，有利于港口的立项审批。在大项目中部分设备采用融资租赁可以缩小投资规模，有利于工程项目的建设进度。

3. 经营性一般项目：多元化投融资模式

威海港港口经营性一般项目包括泊位、港内道路等设施，投融资活动部分或大部分体现为社会效益，投资规模相对较大，具有一定的垄断性质，能够取得一定的投资回报。由于港口经营性一般设施主要为投资的直接经济效益所驱使，这类项目是民间资本可以进入的投资领域，由此决定这类项目的投资主体包含的范围较广，其中主要是企业或个人。因此，对于威海港港口经营性的一般项目，应采用多元化的投融资模式，即在港口设施建设中，内资外资并举，国有民营并举，通过各种投资主体的介入，优化港口资本结构的投融资模式，政府一般不参与这类项目的投融资活动，只是为企业或个人进入这类项目给予政策支持。

（1）集装箱码头等高收益项目：股权融资模式

股票市场融资的优势有：①股票融资数额较大、成本低、无还本付息压力。尤其适合港口建设项目投资大、回收期长的特点。②威海港没有定期支付股利的义务，也没有到期必须还本的压力，因而减少了企业出现财务危机的可能性，增加了主权资本，为企业扩大举债融资筹资奠定了基础。③威海港可根据需要，通过配股、送股灵活融资。④港口企业的内部回报率往往都高于人民币偿债收益率，因此具有相当的投资价值，会吸引大量国际资本和国内闲置资本用于港口基础建设。⑤有利于盘活港口企业的存量资产，发掘和放大港口企业无形资产的价值，还能实现对投资运作更有效的制约，实现港口的监督社会化，有助于提高资金使用效益和经营效益，并推动威海港建立起完善的法人治理结构和现代企业制度。

（2）威海港新建重大工程项目：项目融资模式

项目融资模式是一种股权、债权融资结合更有效，对投资者更有利的融资方式。威海港为利用项目融资结构，可以首先以优惠条件吸引国内外有实力的投资者，另外也吸引一些小投资者（主要是航运企业），目的在于增加部分货运量来保证港口的日常收入；其次是安排产品（主要指利用项目融资建成的码头、仓储设施）的租赁和转让，借此来保证项目将来有稳定的收益和能够按期偿还贷款，一般是通过向股东或第三方签订设施租赁合同完成。

（3）建设资金需求大的经营性一般项目：吸引国外资本和民间资本

首先，合资对于威海港是利多于弊的融资模式。合资是由港务局和一个或多个其他组织设立一个共同所有的独立的组织。由这些"母"组织分担成本并共享收益（包括利润和所获得的技术）。实力雄厚的跨国海运公司是港口的民营化投融资模式中的主要投资主体之一。它们经营着大量船舶，运力充足、航线众多，可以为港口创造大量的集装箱吞吐量，政府或港口当局往往采取极其优惠的政策吸引这些大公司参与经营。班轮公司投资港口则主要出于控制港口操作、降低成本、提高竞争力的战略考虑。

其次，利用基础产业投资基金的方式吸收民间资本建设威海港。威海港可以通过发行受益凭证把社会上众多投资者的闲散资金集中起来，组成契约型基金，通过建立专门的威海港投资基金管理部门进行投资管理，由这一部门的投资专家进行以威海港经营性基础项目、经营性一般项目为主的投资，投资收益归原投资者所有，以此引导社会闲散资金投入威海港经营性项目的建设。此外，威海港还可以借鉴美国产业投资基金的做法，可将所筹集到的资金的70%以上的份额投资于建设项目或建设投资开发经营公司，不多于

30%的份额用于证券市场中股票、债券、其他基金的投资，这可以部分解决收益性、安全性和流动性之间的矛盾。

再次，信托融资将居民储蓄有效地向投资转化成为可能。威海港可以采取信托贷款、债权信托、股权信托以及或者受益权信托等多种方式。无论威海港采取哪种融资方式，都是为了获取资金推动项目建设，作为受托方，信托投资公司的目的是为投资者谋取最大的投资收益。两者有机结合，可为金融市场增加更多的投资产品，也可为众多居民储蓄有效地向投资转化成为可能，较好地满足普通投资者的投资需求，达到"三赢"的局面。

（五）以威海港核心竞争力提升为平台，大力发展临港产业

海港和城市是共生的，互相为对方提供发展的强大动力，双方的发展都以临港产业为基点。从区域经济发展载体互动的角度来看，港口、城市、临港产业之间存在密切的互动关系，城市所具有的良好依托条件会促进港口建设，拓展临港产业发展空间；反过来，港口和临港产业的快速发展也会增强港口城市的辐射效应，实现陆向腹地、海向腹地双赢。

目前，威海港正由一元模式向多元模式发展，对港口的服务功能要求越来越高，城市与港口的关系变得越来越密切。而临港产业是在港口腹地和港口城市相互联系、相互促进中发展的。港口、临港产业和城市在循环累积因果效应中，不断地发展和壮大是未来的发展趋势。港口、城市、临港产业三位一体共同推进，实现港城联动，发展壮大临港产业，不失为威海发展的理性选择。

威海港要以核心竞争力的提升为平台，大力发展临港产业，形成临港产业集群，最终实现产业布局和发展与城市发展良性互动，共生共赢，构筑港口—临港产业—城市三位一体同步发展格局。全面系统深入实施"兴港强市"战略，威海港必须不断开拓创新，整合大资源，寻求新突破，切实把威海港做成精品、优质港口，充分发挥港口对城市的拉动作用和城市对港口的支撑作用，形成良性循环，真正实现"港城联动"，为蓝色经济区和高端产业聚集区建设提供强大动力和支撑。

[作者单位：山东大学（威海）　课题组成员：
刘东霞　臧　雯　张建臻　刘方圆]

苹果生产情况调查

刘 杰

2010 年是威海市苹果收益非常好的一年，受产量和价格的双重拉动，全市苹果净收入比去年增加近 60%。在产量上今年是"大年"，全市总产量比去年增加 20% 以上；在价格上是历史最高的一年，延续了去年的涨势，平均价格提高 30% 以上，主要品种红富士平均每斤 2.4 元、比去年高 0.7 元，增加 40%，一改前几年价格随着"大小年"波动的趋势，实现了增产又增收。

苹果具体的生产和收益情况，市农业局目前正在组织全面调查和测算。初步情况为：全市苹果面积 53 万亩，比上年增加 1.8 万亩；预计总产量 80 万吨，增加 13.8 万吨；总收入 35 亿元，增加 12.5 亿元；净收入 26.7 亿元，增加 9.8 亿元。平均每亩净收入 5040 元，增加 1740 元。全市 18 万户果农，平均每户净收入近 1.5 万元、增加 5400 元。平均到全市农民，按统计农民人均纯收入口径，172 万农村集体经济组织成员人均增加纯收入 1550 元；按农村户籍人口 130 万人计算，人均增加纯收入 2050 元。

以上产值和收入，均不包括生产环节给他人套袋、摘果等务工。此外，苹果产业链条延伸比较长，如流通环节的包装、运输，产后处理环节的储藏、加工，以及纸箱、果袋、垫板等制作和销售，批发市场建设，外贸出口等，对经济发展和增加收入都具有较强的拉动能力。

从我们村看，由于大多数果园处在盛果期，这种好形势表现得更为突出一些，净收入基本翻了一番。我父亲 1.6 亩果园，今年产量 1.8 万斤，比去年增加 2000 斤，毛收入 4.3 万元、增加 1.9 万元，净收入 3.2 万元、增加 1.8 万元，平均一亩 2 万元、增加 1.1 万元。我们村有 176 户、528 人，耕地 630 亩，苹果园 240 亩，约 100 户有果园，少的一两亩，多的五六亩。全村苹果总产 950 吨、比去年增加 100 吨，总收入 420 万元、增加 180 万元，净收入

280 万元、增加 140 万元，平均每亩 1.2 万元、增加 6000 元。有果园的平均每户净收入 2.8 万元，最多的户超过 10 万元。平均到全村，每户增收 1.6 万元、每人 5300 元。

在苹果专业镇、专业村，由于品质好、品牌响，苹果对增收的拉动也愈发明显。如乳山市崖子镇，全镇 1.47 万户，农业人口 3.88 万人，有苹果 5.5 万亩，1.2 万户果农，户均 4.6 亩。今年总产 16 万吨，与去年持平，总收入 8.1 亿元，净收入 6.5 亿元、增加 1.9 亿元，平均每亩净收入 1.2 万元、增加 3450 元。平均每户果农净收入 5.5 万元、增加 1.6 万元，拉动全镇人均增收 16750 元、比去年增加 6250 元。这个镇的老百姓非常富裕，很多家庭有几十万元的存款，子女结婚大多在城里买楼、有的还购买了小汽车。有"威海苹果第一村"之称的环翠区桥头镇碑鲁村，全村 523 户、1300 人，有苹果 1680 亩、占耕地的 84%，380 户果农户均 4.4 亩。今年总产 6720 吨、比去年增加 320 吨，总收入 3763 万元，净收入 3091 万元、增加 1267 万元，平均每亩净收入 1.8 万元、增加 7540 元。平均每户果农净收入 8.1 万元、增加 3.3 万元，有一半多的户在 10 万元以上，有十几户超过 20 万元。拉动全村人均增收 23780 元、比去年增加 9750 元。

今年苹果价格上涨这么大，是多方面原因叠加的结果。有粮食、花生、蔬菜等其他农副产品涨价带来的市场联动效应，有化肥、农药、劳动力等生产成本增加的因素，有陕西、山西等苹果主产区去冬今春遭受冻害造成产量下降的影响，有国内外消费需求上升的拉动。还有一个重要因素是，通过近两年的郁闭园改造，威海市果品品质有了较大幅度提高。今年直径 8.5cm 以上的红富士每斤 3.5 元以上，比去年高 1.2 元以上，其中全红的 4.5 元以上、高 1.5 元；8cm 以上的混级 3 元、比去年高 1 元；7.5cm、7cm、6.5cm 以上的为 2.5 元、1.8 元、1 元，分别高 0.8 元、0.6 元、0.4 元，各个等级之间的差价比去年拉得更大，充分体现了优质优价的特点。

在苹果产业一片红火的同时，也有一个问题日益显现出来，就是随着农村劳动力的减少和老化，苹果生产后继无人的问题非常突出。相对于其他种植业，苹果是高技术含量产业，是高投入高产出产业，也是劳动密集型产业，是劳动强度很高的产业。特别是在老式果园，一亩要套 2 万左右个袋，要打 10 多遍药，从剪枝、追肥、浇水、点花、疏果、套袋、打药、除袋、摘叶、转果，到采摘、分拣、销售，需要投入人工 100 多个，而且劳动条件很恶劣，经常要蹲着、跪着、躬着甚至趴着干活。尽管收入很可观，但很多农民特别是年轻人宁可出去打工，也不愿意在家里种苹果。在套袋、除袋比较忙的时候，雇一名妇女一天要60~70元，也很难雇到，我们周边村一般是互相帮工或找亲戚帮忙。在崖子镇调研时听说，今年套袋一个工涨到了100元，还要管三顿饭，每顿要有八个菜，还要有鱼有虾。现在种苹果的基本都是五十岁以上的，还有很多六十多岁的。我父亲今年66岁了，二十多年在果园的劳累，身体越来越差，虽然今年苹果效益很好，真想着再种一年，但实在干不动了，只能无奈地放弃果园。这种现象比较普遍，如不尽快解决，恐怕十年之后，就没有人种苹果了。

不论大年小年，不管价格高低，近三十年来，苹果一直是威海市农村特别是内陆农民增收的支柱产业。对这个优势特色产业，决不能任其衰败，必须千方百计把它做得更优更特、更大更强。对此，市农业局的同志和广大果树技术人员很有信心，想了很多办法，采取了一系列措施。在苹果单产难以大幅度提高的情况下，主要是围绕实施提质扩量增效工程，全面推行新技术、新品种、新方法，减轻劳动强度，降低生产成本，提高苹果品质，增加产出效益，让更多的农民群众想种能种，不用出大力能够多挣钱。

第一，通过郁闭园改造提升老果园。老式盛果期果园枝条过密、留果量多、通风透光不良，是影响苹果品质的重要原因。通过间伐、提干、疏枝改造后，产量基本不受影响，但苹果的规格、色泽、含糖量明显提高，优质果率由不到50%提高到80%以上。而且改善了劳动环境，提高了劳动效率，大幅减少了果袋、劳力等投入，也为机械化作业创造了条件。改和不改大不一样，目前果农的认识都上来了，积极性很高。每个园片改造一般需要三年，市农业局从2009年开始，计划分三批用五年时间，到2013年对全市应改的40万亩果园全部改造完毕，去年和今年已改了两批共26万亩。按今年的价格，每完成一亩郁闭园改造，可增加收入2500元左右，40万亩全部改造后年可增加收入10亿元。

第二，采取现代栽培模式发展新果园。主要是推行矮化的优良品种，同时采取宽行、密株、架式栽培技术，这种果园具有早果、丰产、稳产、优质、适宜机械化操作等特点。荣成市滕家镇鲍村2005年通过这种模式发展"三优富士"500亩，株距1米，行距3.5米，每亩200株左右，2007年即结果，2008年亩产2000斤，2009年亩产6000斤，此后亩产可稳定在6000斤以上，优质果率达到85%以上，去年就以每斤3元被全部收购，今年又以每斤3.2元被全部提前订购。去年和今年在滕家北庄、埠柳等地又发展该品种1000亩以上，计划明年春天再发展3000亩。近几年全市采用现代栽培模式发展新果园1.8万亩，其中仅今年就发展了1.5万亩，准备3~5年内再发展10万亩。

　　第三，大力推广苹果种植综合配套技术。除了上面说的几种技术，还有一些成熟、实用的技术，如渗灌滴灌、穴贮肥水等节水灌溉技术，施肥、喷药、采收等机械化作业，纺锤形及组合纺锤体整形修剪方式，土壤配方施肥，壁蜂授粉，适时采收，等等。有的技术很简单，只是改变一下生产方式，就能达到很好的效果。如改传统的清耕制为覆草或生草制，以前大多数果农认为果园锄得越干净越好，现在提倡自然生草和人工种草，有利于保持水土，改良生态环境，提高土壤有机质含量。套袋是当年苹果生产技术上的一次重要革命，威海市在国内是率先试验和推广普及的，苹果好看了，药残减少了，也带来了价格的跃升，但费工费力、增加成本，而且影响了口味。现在无袋化又是世界上一个新的发展方向，日本套袋面积已减少到20%，韩国基本不套袋，欧美等国都不套袋。如果全部实行无袋化栽培，生产成本能减少1/3，全市每年可节支增收3亿多元。随着病虫害防治等技术的提高，目前推行无袋化栽培最主要的阻碍是市场认可问题。威海市作为苹果生产的发达地区，应该也有条件率先加快推进步伐，为全国苹果发展做出新的贡献。

　　第四，进一步打响"威海苹果"品牌。威海苹果品质没得说，特别是红富士更是以果皮薄、色泽艳、果形正、果肉脆、汁液丰、口感爽等鲜明特点备受欢迎，销往全国各地和70多个国家或地区。但很多果农、企业的品牌意识还不强。我们虽有"威海苹果"国家地理标志认证产品，但没有充分利用起来；据市工商局了解，全市涉及苹果的商标有109件，但叫得响的不多，相当一部分苹果至今还在用"烟台苹果"的包装卖。在打造威海农产品质量安全最放心城市这个大品牌的统领下，应抓紧制定威海的苹果地方标准，在生产、包装、销售等环节统一推行。同时，加大品牌推介营销力度，在鼓励争创驰名商标的同时，对符合质量标准的苹果可以免费使用"威海苹果"包装，在国内外市场进一步打响"威海苹果"品牌，使之与"威海刺参"一起，成为威海农副产品乃至威海城市形象的亮丽名片。11月20日，威海市农业局组织的"韩孚杯·威海市首届苹果擂台赛"在人民广场举行，果农比苹果，专家评苹果，市民尝苹果，场面热闹非凡。果农和技术人员竞相登台交流种植经验，宣传自己的产品，让广大果农和市民开阔了眼界，增强了科技意识和品牌意识。很多果农说，种了一辈子苹果，没想到可以这么种，没想到能种这么好。很多市民说，从来没看见过这么精美的苹果，从来没有吃过这么好吃的苹果。擂台赛还邀请了中央、省里很多媒体参加，对宣传"威海苹果"品牌起到了很大的助推作用。获得擂台赛奖杯和1万元特等大奖的荣成市荫子镇马家岭村果农张永鼎，在实验园里用大豆饼和花生饼作肥料，高投入也带来高回报，今年 10 亩果园收入 30 多万元，赛后联系他订购苹果的电话不断，要求到他果园参观的人更是络绎不绝。威海农业局准备把擂台赛长期搞下去，使之成为宣传先进技术、推介威海苹果的一个品牌活动。

第五，政府要加强示范引导。示范的效果最直观，说服力强，带动作用明显，是推广新技术的最好力法。刚开始搞郁闭园改造，十几年的树伐倒了，胳膊粗的主枝锯掉了，能结果的枝条剪掉了，老百姓很难接受。于是各级果树部门先搞示范园，让老百姓尝到甜头；然后组织观摩，让老百姓看到变化；再组织技术培训，让老百姓知道怎么改。目前全市已设立苹果高标准示范园 71 处，其中郁闭园改造示范园 53 处，新植苹果示范园 13 处，农业部标准果园 4 处，无袋化栽培示范园 1 处，准备三年内发展到 100 处以上。另外，市、市区两级共组织了培训班 26 期、培训 3000 多人次，组织大规模的观摩活动 9 次。搞示范，必须要加大投入，由政府承担初始风险。20 世纪 90 年代威海市推广红富士苹果时，采取的就是政府出钱买芽送给农民嫁接、买树送给农民栽种的办法，使全市苹果很快更新换代。为建设郁闭改造示范园，文登市通过提供果袋、化肥、农药等方式三年内每亩补助 2000 多元。从今年开始，市委、市政府将苹果提质扩量增效工作列入对各市区的目标绩效管理考核，并安排 100 万元专项资金用于苹果提质扩量增效工作，今后还将继续追加。各市区和有实力的镇也都拿出专门资金，投入力度都很大。在农机、节水灌溉等方面，也有一些补贴政策，今后应当更多地多向苹果产业倾斜。相对于苹果产业的重要性和改造升级的紧迫性来说，政府投入再多也是值得的。

第六，充分发挥农民专业合作社的作用。苹果产业在较长时间内还将持续一家一户生产的情况下，迫切需要通过合作社把农户和市场连接起来，为群众提供全面的服务，也替政府分担一部分工作。合作社除了产供销服务外，在技术服务上也有很大优势，比如推行标准化生产，施什么肥，打什么药，什么时候施肥、打药，什么时候套袋、除袋、采摘，政府管不了、不好管的事，合作社很容易就能做到。再比如由合作社成立统防统治专业队，实行统一防治时间、药剂、器械、技术，规范药剂使用，降低防治成本，从根本上解决打药这个既遭罪又打不好的问题，果农对这方面的需求非常迫切。乳山市青山果品专业合作社 2008 年 3 月成立，建有包装厂、气调库和多处服务点，常年聘请多名专家担任技术顾问，成立了 20 人的防治专业队，实行"统一供应化肥农药，统一技术服务，统一管理，统一收购"，为社员提供生产、收购、储藏和农资、机械供应以及技术指导、资金周转等一条龙服务。目前社员发展到 1300 户，基地发展到 8000 亩，辐射 50 多个村。对社员的苹果以高于市场价 0.2~0.3 元收购，今年每斤收购价比去年高 1.4 元，合作社成员亩均净收入 1.8 万元。在继续加大对专业合作社鼓励扶持的同时，应在整合、壮大、规范上多下功夫，积极发展有实体、有实力、有技术、带动作用大的合作社，增强市场话语权，提高综合服务能力。

《威海市 2011~2015 年果业振兴规划》提出，到 2015 年，全市苹果面积达到 66 万亩，产量 85 万吨以上，优质果率达到 80% 以上，总产值 40 亿元以上，拉动全市农民人均增收 2000 元以上。相信有各级党委、政府的高度重视和大力支持，有广大果树技术人员和果农的辛勤劳动，"威海苹果"这株"摇钱树"一定能够更加旺盛，结出更加丰硕的成果，为农民群众带来更加富足甜美的生活。

（作者单位：中共威海市委办公室）

关于发展威海市金融服务业的调研报告

贾国哲　曲兴

金融是国民经济的血液和核心，对于优化市场资源配置，转变经济方式和调整产业结构起着极为重要的作用。近年来，市委、市政府高度重视金融工作，加大措施改善金融生态环境，做大做强金融产业，全市金融业保持健康平稳运行态势，较好地支持了地方经济发展。九三学社威海市委六、七月份，采用书面问卷调查、召开座谈会、到企业走访等形式，对市人民银行、市银监局、市金融办、市中行等金融部门和一些企业就发展金融服务业开展了调研工作，现将情况报告如下：

一　基本情况

（一）银行业长足发展。目前，威海市有银行业金融机构 11 家，其中，1 家政策性银行、4 家国有商业银行、4 家股份制银行、1 家城市商业银行、1 家省联社威海办事处（管辖 4 家农村信用社联社），从业人员近 8000 人。2009 年年底，全市各项存款余额 1415.27 亿元，比年初增加 302.19 亿元，增长 27%。本外币各项贷款余额 983.98 亿元，增加 217.54 亿元，增长 28%。

（二）保险业快速发展。威海市保险业继续保持快速增长。新引进生命人寿保险、长安责任财险、泛华鑫泰代理 3 家保险公司。2009 年年末，全市有保险公司 32 家，其中财产险公司 17 家，寿险公司 15 家。有 49 个支公司，5 个营业部，138 个营销服务部。全年实现保费收入 35.42 亿元，比上年增长 15%。全市保险业支付赔款和给付保险金 12.2 亿元，增长 15.3%。

（三）证券业稳步发展。2009 年年底，全市有证券营业部 7 家，比上年增加 1 家，全年累计实现业务交易量 1341.5 亿元，同比增长 90.7%；股民开户 16.79 万户，同比增加 1.8 万户；证券机构实现净利润 1.87 亿元，同比增加 0.77 亿元；客户保证金余额为 20.3 亿元，同比增加 11 亿元。2009 年年底，共有上市公司 10 家，比上年增加 1 家，总市值 127.61 亿元。

（四）典当业小步前进。目前，全市典当行共 11 家，企业注册资本合计 2.25 亿元。2009 年，累计业务次数 1946 笔，比上年增长 2%；典当余额合计 8899.4 万元，增长 10.1%；累计发放典当金 3.53 亿元，同比增长 23.9%；利息及综合服务费总收入 992.6 万元，比上年增长 1.2%。

二 存在问题

（一）金融业总体规模偏小，促进经济发展的力度仍需加强。从银行业金融机构数量上看，目前在我省设立分支机构的内外资银行已达到 30 家，烟台和潍坊金融机构数量分别达到了 18 家和 16 家，威海市明显落后。山东省已设立农村合作银行 20 家，农村商业银行 3 家，威海市尚未设立，威海市专门面向"三农"的农村金融机构较少。山东省已批准设立小额贷款公司 49 家，威海市仅有 2 家。2009 年，山东省金融产业增加值为 1080.07 亿元，占全省 GDP 的比重为 3.2%。威海市金融产业增加值仅为 16.97 亿元，占 GDP 的比重为 0.86%，占第三产业增加值的比重为 2.6%，金融业发展速度低于全省总体水平，对经济发展的促进作用受到了制约。

（二）信贷投放结构不尽合理，信贷资源闲置与中小企业融资难并存。主要表现在信贷期限与投向结构需要进一步完善。以 2010 年一季度为例：从期限看，新增中长期贷款占比过高，较上年同期提高 19.7 个百分点，达到 85.1%，一定程度上影响了企业短期流动资金需求。投向方面，实体经济的贷款增量占比进一步降低。农林牧副渔业和制造业贷款增量占比分别为 8.4% 和 19.2%，比去年同期分别下降 6% 和 4.2%，一定程度上影响了金融支持实体经济的发展力度。授信额度过度集中于大型企业，造成了授信额度闲置和资源的浪费，不仅影响了银行自身的经营效益，而且进一步加剧了中小企业，特别是小企业的资金紧张程度。2009 年，威海市金融机构对企业的融资总授信额度为 690.4 亿元，其中大型企业 398.35 亿元，占 58%；中型企业 233.75 亿元，占 34%；小型企业 58.3 亿元，仅占 8%。目前七大商业银行共闲置授信额度 281.51 亿元。如三角集团，工商银行给予的授信额度是 5 亿元，实际使用 2 亿元，农业银行给予的授信额度是 8 亿元，实际使用 3 亿元，闲置额度达 7 亿元。与之相比，融资难依然是制约中小企业发展的一个亟待解决的问题。目前，威海市银行机构尚未完全设立中小企业专营机构，小额贷款公司试点还处于初步阶段，支撑力不强，导致占全市企业总数量99%，对财政和就业贡献率达到70%以上的中小企业，贷款余额仅占全市贷款总余额的28.3%，融资投入与对经济和社会的贡献不匹配。

（三）融资格局发展不均衡。从融资结构看，受市场现有条件制约，目前企业主要以银行间接融资为主，上市融资、股权融资、债券融资等直接融资发展相对缓慢。2009年全市直接融资比重仅为0.91%，占比偏低。存在企业对上市意义认识不到位，上市积极性不高，上市公司数量偏少，后备资源缺乏等问题。目前全省共有上市公司160家，累计融资1631亿元，而威海市仅有11家，累计融资66.7亿元，分别占全省的7%和4%。

（四）金融业发展的生态环境有待改善。几年来，威海市金融业发展的生态环境得到很大改善，但一些方面还需要进一步改善。比如，全市统一的征信体系尚未形成，信用数据分散在工商、税务、国土资源、房产等部门，给银行采集使用带来很大的麻烦。融资担保平台还需加强建设，目前威海市担保公司只有40家，注册资金仅16.67亿元，数量少，规模小，担保能力低，有的担保费用较高，融资担保难成为制约当前中小企业发展的一个瓶颈。保安公司押运费用和土地、房产评估及抵押登记费用过高。威海市银行对大企业贷款利率普遍低于全省平均水平，致使达不到基准利率水平，造成金融机构的资金收益率过低，看起来是给企业带来效益，实际上是把双刃剑，其直接后果是省金融机构批复贷款的额度和速度降低，形成恶性循环，资金"洼地效应"无法实现，等等。

三 几点建议

（一）进一步优化信贷结构，加大中小企业的支持力度。要引导金融部门为促进威海市经济发展方式转变和经济结构调整，加快培育和发展战略性新兴产业，推进自主创新成果产业化，全面提高服务业发展水平的支持；要引导金融部门在满足民众在教育、劳动就业、社会保障、医药卫生、住房等方面的基本需求的支持；要引导金融部门加大对中小企业支持力度，贯彻国家"两个不低于"原则，同时，对中小企业的金融支持，也要坚持有保有压、明确支持重点，积极推动符合国家产业政策要求的中小企业健康发展。现在必须痛下决心，咬紧牙关挺住，在可承受的最低经济增速下，充分利用信贷这一经济杠杆，进一步优化信贷结构，加大经济发展方式转变和经济结构调整的力度，这是威海市可持续发展的战略选择和百年大计。要以农业产业化、乡镇企业、农村物流、基础设施、新民居建设和农民消费信贷为重点，积极运用多种货币政策工具，引导更多的信贷资金投向农村。

（二）千方百计吸引金融机构来威海设立分支机构，加快金融服务体系建设和金融产品创新。一是强化金融产业招商，千方百计吸引金融机构来威海设立分支机构，进一步强化金融聚集效应。引导民间资本投向金融领域，进一步壮大农信社和小额贷款公司，建立适应"三农"特点的农村金融服务体系。十七届三中全会明确指出，"允许有条件的农民专业合作社开展信用合作"。我们应当抓住国家放宽农村金融机构准入政策的机遇，大力发展村镇银行、小额贷款公司、农村资金互助社等新型农村金融机构，规范和引导民间借贷，使之成为农村金融市场的重要补充。其他国有、股份制和地方性商业银行，要努力拓展延伸农村金融服务，积极在县域和农村地区设立分支机构，为农村经济组织和广大农户提供优质金融产品和服务。二是积极引导银行业金融机构建立中小企业专营机构和专为科技型中小企业服务的"科技支行"。三是大力推广股权、专利权、商标使用权、应收账款质押贷款和农户、林权、海域使用权等贷款抵押业务，积极推进中小企业集合票据融资新方式。通过金融产品创新最大限度地拓宽中小企业的融资渠道。

（三）改善政银企对接与合作机制。一是建立相关制度把政银企对接与合作作为一种长效机制固定下来；二是要采取定期对接、随时对接、多形式对接，讲求实效，防止流于形式和"老面孔"的问题；三是既重视大型企业、政府与银行的对接与合作，要更加重视中小企业与银行的对接与合作；四是大型项目融资争取与总行直接对接，积极与有实力的银行发展战略合作关系；五是要切实从促进经济金融协调发展的角度出发，正确处理政银企三方面利益的均衡关系，在进行干预时以是否有利于推动银企合作发展为标准，杜绝以损害银行利益来发展地方经济的短期行为。

（四）加强金融业发展的生态环境建设。一是要建立全市统一的征信体系平台。建议市政府牵头，协商有关工商、税务、国土资源、房产等部门，将分散在相关部门的企业信息，互联互通，整合共享。二是要增强担保能力，建立再担保机构，完善反担保机制，建立担保发展奖励和风险补偿机制。三是要强化监督，有效维护金融秩序，建立起政府、金融监管部门、金融部门之间有效的工作联系和信息沟通机制，提高融资服务效率，坚决打击非法违规融资活动，切实加大对胜诉金融案件的执行力度，杜绝行政负面干预金融案件的执行，严厉打击企业以破产等名义逃废金融债务的行为，加强对金融风险的防范，完善预测预警机制，确保金融环境的安全与稳定。四是建议市委、市政府出台促进金融产业发展的意见，从政策上给予扶持。在有关收费方面给予更多的政策优惠。

（五）加强对保险业的规范管理。近年来，威海市保险业发展势头迅猛，不仅为威海市提供了5000多个就业岗位，对转移风险，实行经济补偿，为经济和社会的平稳发展提供了有效的保障。但是保险业有其特有的运行模式，它把大部分资金从威海市抽走，这是对威海市不利的一面。由于发展速度过快，也给有效监管下隐患，今后应在市场准入和有效监管上下功夫，规范企业行为，促进保险业健康有序发展。同时，要加强与保险资产管理公司的联系与合作，积极争取威海市对保险资金的运用。

（六）大力发展典当业。典当行是主要以财物作为质押进行有偿有期借贷融资的非银行金融机构。威海市典当业的发展为中小企业提供快捷、便利的融资手段，促进了生产的发展，繁荣了金融业，同时还在增加财政收入和调节经济等方面发挥了重要的作用。但威海市典当行的业务总体来讲没有开展起来，原因一是由于以物换钱是典当的本质特征和运作模式，许多人碍于面子不愿与典当行打交道；二是典当行数量少、规模小，融资能力受到限制；三是许多人不了解典当行的功能。因此，一是要加强宣传，充分发挥现有典当行的融资服务功能，把现有典当做大做强；二是要增加数量，扩大规模，提高融资服务能力。

（作者单位：九三学社威海市委员会）

后　记

　　威海市社会科学优秀成果奖,是威海市政府奖。1997 年,时值威海市成立 10 周年之际,中共威海市委宣传部、威海市人事局、威海市财政局、威海市社会科学界联合会联合报请,经时任市委副书记、市长孙守璞同志亲自过问并批准设立。

　　自 1997 年设立威海市社会科学优秀成果奖至今,共举行 20 次评选,有接近 1400 项成果获奖。许多成果进入决策,较好地解决了经济社会发展实践中的难题。

　　2007 年,为庆祝威海市建市 20 周年,我们编辑出版了《威海市社会科学优秀成果获奖作品文库》(第一卷~第十卷)。近 10 年来,威海的哲学社会科学事业,尤其是社科理论研究领域,从人才队伍到研究领域到成果质量水平,都得到了全面的发展。2017 年,威海市成立 30 周年,我们继续组织编辑了本套《威海市社会科学优秀成果获奖作品文库》(第十一卷~第二十卷)。

　　《威海市社会科学优秀成果获奖作品文库》(第十一卷~第二十卷),汇集了 2008~2017 年获得威海市社会科学优秀成果奖的著作、论文、研究报告,集中反映了近十年威海市哲学社会科学界取得的优秀成果,研究范围涉及经济学、管理学、语言文字学、教育学、文艺理论、外国文学、哲学、政治学、社会学、法学、科学社会主义理论等专业领域以及党的建设、历史文化、社会发展、经济建设、体制改革、马克思主义研究等诸多方面。

　　受篇幅的限制,编辑过程中,我们删除了成果原文中的“内容提要”“关键词”“参考文献”以及“尾注”“角注”“夹注”,加注了作者所在单位。若需详查,读者可与作者直接联系。

　　编辑过程中,有些文稿中图片的清晰度不够,达不到印刷要求,在不影响原意表达的前提下,一般作删除处理。因时间跨度较长以及各种社会因素变化,有些获奖成果已难以搜集,有些作者提供的资料过于简单或者缺乏研究的深意，也有个别研究因为资料来源不规范和一些认识偏差，没有收录，在此一并说明。

社会科学文献出版社的领导和编辑们，在文库的编辑工作中展现了出色的业务能力、精益求精的工作态度和一切从客户愿望出发的职业道德，成为我们学习的榜样。在此，表示衷心感谢！

编　者
2017 年 9 月